高校经管类创新型人才培养研究

主　编：葛金田　柳兴国　朱青梅

编　委：常相全　高　霞　李　凡
刘　毅　梅　青　马　黎
任启平　汤卫东

中国财富出版社

图书在版编目（CIP）数据

高校经管类创新型人才培养研究／葛金田，柳兴国，朱青梅主编．—北京：中国财富出版社，2018.10

ISBN 978－7－5047－6782－0

Ⅰ.①高…　Ⅱ.①葛…　②柳…　③朱…　Ⅲ.①经济管理—人才培养—高等学校—文集　Ⅳ.①F2－4

中国版本图书馆 CIP 数据核字（2018）第 240090 号

策划编辑　寇俊玲　　**责任编辑**　戴海林　沈安琪　栗　源

责任印制　尚立业　　**责任校对**　孙丽丽　　**责任发行**　杨　江

出版发行　中国财富出版社

社　　址　北京市丰台区南四环西路 188 号 5 区 20 楼　　**邮政编码**　100070

电　　话　010－52227588 转 2098（发行部）　　010－52227588 转 321（总编室）

010－52227588 转 100（读者服务部）　　010－52227588 转 305（质检部）

网　　址　http://www.cfpress.com.cn

经　　销　新华书店

印　　刷　北京九州迅驰传媒文化有限公司

书　　号　ISBN 978－7－5047－6782－0/F·2949

开　　本　787mm×1092mm　1/16　　**版　　次**　2020 年 5 月第 1 版

印　　张　30.25　　**印　　次**　2020 年 5 月第 1 次印刷

字　　数　681 千字　　**定　　价**　109.00 元

葛金田教授简历

葛金田，男，1964年8月生，山东青州人，济南大学商学院党委书记，山东物流发展研究中心主任，经济学教授，管理学博士，硕士生导师。主要研究领域：流通经济（物流经济）、物流规划与供应链管理、城市与区域经济、宏观经济、企业战略与营销等。

学习工作经历：先后毕业于山东财经大学（原山东经济学院）、辽宁大学、河海大学，分获经济学学士、硕士和管理学博士。曾任山东省物资学校校长，济南大学应用技术学院（高职学院）院长、经济学院党委书记兼院长等职务。

主要社会兼职：山东省智库高端人才岗位专家，山东省政协人口资源环境委员会特聘专家，济南市“5150引才计划”海内外高层次人才、泉城特聘专家，济南市委首批决策研究专家智库成员，山东省住房和城乡建设厅专家委员会委员；中国物流学会常务理事，新亚欧大陆桥物流行业协会联盟专家委员会副主任，山东省商贸物流标准化技术委员会副主任，山东省物流与采购协会专家委员会委员，山东省物流与交通运输协会专家委员会委员，山东省仓储协会专家委员会委员，济南物流与供应链学会理事长；中国宏观经济管理教育学会常务理事，山东省产业经济学会副会长，山东省企业经营管理学会副会长，山东省区域经济学会常务理事；美国剑桥学院教授，曲阜师范大学、临沂大学兼职教授等。

主要学术成就：在国内外重要学术期刊发表学术论文80余篇，出版专著、教材32部，主持国家社会科学基金项目、国家发展和改革委员会重大项目、教育部人文社会科学研究项目、省社会科学基金项目、济南市社会科学基金重大项目等重要项目40余项，获山东省社会科学优秀成果二等奖、山东省研究生教育省级教学成果二等奖、山东省科技进步三等奖等重要奖励30余项。

前　言

为更好地实现山东省高水平应用型专业建设目标，推进教育教学改革与发展，促进教育教学研究成果的应用，提高人才培养质量和教学研究水平，做好教育教学成果的培育和积累，进一步打造教育教学文化，我们编纂了《高校经管类创新型人才培养研究》和《高校经管类课程建设与教学改革研究》两本论文集。

两本论文集主要围绕“人才培养模式改革”“专业特色培育与建设”“实践教学与能力培养”“研究生教育教学研究”“课程建设与教学改革”“教育教学管理”“师德师风建设与思想政治教育”等主题开展研究。选入的论文是各位作者近年来省级或校级教研项目的阶段性研究成果，或是他们多年的教育教学实践的成果；既涉及教育教学改革的热点问题，也涉及保证和促进高校育人质量提升的重要手段及方法，是对在新时代提高高校人才培养质量的新探索。

两本论文集编纂过程历时近一年，各位作者积极参与，编委会成员认真负责，学校和学院领导主动支持，出版社热情服务，在此感谢大家。在编写过程中，编者们参考了国内外专家学者的相关研究成果，在此深表谢意。

编委会

2018 年 5 月

前言

目　录

人才培养模式改革

专业特色培育与建设

实践教学与能力培养

研究生教育教学研究

人才培养模式改革

应用型财务管理人才培养措施探讨

丁晓英

摘　要：应用型财务管理人才的培养目标应突出对创新能力和实践能力的培养，尤其需要在知识结构、能力结构和素质结构方面进行准确定位，而培养大学生的自主学习能力是实现应用型财务管理人才培养目标的重要途径，应用型本科院校应着力构建有利于大学生自主学习的教学环境，培养学生的自主学习能力。

关键词：应用型；财务管理；培养；措施

一、应用型财务管理人才的培养目标

在1998年国家教育部发布的《普通高等学校本科专业目录》中，财务管理专业的培养目标被定位为"培养具有管理、经济、法律和理财、金融等方面的知识和能力，能在工商、金融企业、事业单位及政府部门从事财务、金融管理以及教学科研等方面工作的工商管理学科高级专门人才"。具体到应用型本科院校，财务管理人才的培养目标可以定位为：培养德、智、体、美全面发展，具备经济、管理、金融等方面的专业知识，具备财务管理、财务规划等方面的基本技能，能在工商、金融企业、事业单位及政府部门从事财务管理工作的应用型、复合型、创新型、国际化的专业人才。应用型财务管理人才培养目标的定位，可进一步分解为以下几方面：

（一）素质结构定位

素质结构包括基本素质和专业素质等方面。基本素质是指学生作为社会的一员应具备的起码素质，指思想素质、人文素质、心理素质和身体素质。专业素质是指学生将来成为应用型财务管理人才应具备的素质，包括职业道德、财务管理专业知识、对事物的洞察力以及人际沟通的能力，一定的分析能力、业务能力、鉴别能力、表达能力、决策能力，同时还包括全局意识、协作意识、超前意识和创新精神。

（二）知识结构定位

知识结构是指应用型财务管理人才在财务管理实践中所具备的专业知识、技能，他们不但要掌握较为宽广的经济和财务管理理论基础以及相关的会计、金融、管理、法律知识，而且要具备从事财务管理工作所必需的技能，如投资、融资、决策技能，财务制度设计、财务分析、资本预算、业绩考核等实际操作技能。这些知识和技能，是他们通过学习和实践积累起来的，是他们形成财务管理专业职业敏感性和专业判断力的基础。

（三）能力结构定位

能力结构包括三种能力，即环境适应能力、认知表达能力和组织管理能力。其中，环境适应能力是指应用型财务管理人才面对各种复杂的环境特别是理财环境，应具有高度的敏感性和信心；认知表达能力是指其对理财环境及其变化情势，应有敏感的洞察力和分析判断能力，能够独立思考、勤于学习，积极主动地吸收和运用新知识，有一定的创新能力，并具备语言表达能力、文字表达能力；组织管理能力包括分析、决策能力以及分配和组织协调能力，即较强的分析问题和解决问题的能力。

培养大学生的自主学习能力是实现人才培养目标的重要途径。笔者通过多年应用型本科财务管理专业教学实践，对学生自主学习的基本认知是：以学生为主体的自主学习是学生在总体教学目标的调控和教师的指导下，根据自身认知结构和需要，积极、主动、创造性地完成具体学习目标的一种学习模式。

二、应用型财务管理人才的培养措施

（一）注重独立思考能力培养的教育理念

教育理念是人才培养的整体思路和宏观指导，只有在科学、先进、完善的教育理念指导下，高等教育才会健康快速地发展。我国财务管理专业的教学理念中虽然包含了对学生理论和实践能力的培养，但仍然存在着重知识、轻能力的局面，忽视学生深层次的独立思考。财务管理教学中应注重学生独立思考能力的培养，以学生为中心来设计和开展教学活动，采取指导性教学和自主性学习相结合的模式，运用各种教学手段激发学生的学习兴趣，使学生在独立思考的同时，掌握财务管理学科的特点，深层次的理解该学科，从而加强对学生职业道德素质和终身学习能力的培养。

（二）激发学生自主学习的兴趣

有关学习动机的研究发现，只有学习者具备了强烈的学习动机，他们才会有学习的原动力，才会积极主动地学习。而兴趣又是学习动机的出发点，因此教师应采取积极的手段激发学生自主学习的兴趣，增强学生学习的信心，实现良性循环。这就需要教师根据学生的心理特点，改革现有的财务管理教学内容。一方面，在课堂教学上教师应从学生感兴趣的话题入手，结合现实中存在的财务管理问题，引导学生进行思考，变枯燥的财务理论为有趣的生活案例，增强财务管理知识的实用性；另一方面，课堂之外教师还应利用现代化的技术手段扩展学生的学习视野，使学生了解财务工作的特性，自觉激发其融入性动机。同时，教师应强化对学生的学习成就感的培养，通过激发成就感使学生对财务管理的学习产生兴趣。这就需要老师在设定学习任务时把握适度原则，既不能使学生丧失信心，也不能太过于简单，对学生没有吸引力。一旦学生对专业学习产生了兴趣，形成了一个乐观向上的态度，学习效果就会更好。

（三）改进教学方法

在教学方法上，教师应采取讲授、研讨、模拟、案例教学等多种手段结合的教学方式，给予学生更多的自学时间，培养学生用所学的知识独立分析问题、解决问题。通过研讨、辅导，鼓励学生交流思想观点，引导学生以积极主动的态度更加深入地掌握知识，同时在学习中锻炼表达能力和逻辑思维能力。其中，案例教学法近年来在财务管理教学中被广泛地采用，并取得了一定的成就。一方面，学生通过课下对案例的相关背景资料的收集、整理、理解以及课堂上对案例的讨论和总结，可以针对自己掌握知识的薄弱环节加以学习，更深入地理解财务管理知识和其他相关知识；另一方面，这种教学方法有助于激发学生的学习兴趣，培养学生独立分析和解决问题的能力以及创新思维能力。在讨论中，学生与人沟通的技巧以及团队合作能力也会得到进一步的提高。另外，模拟教学法也是一种行之有效的方法，这种教学方法是教师事先按照企业财务管理的内容，如财务预测、决策、计划和控制以及筹资、投资、资金经营和利润分配等设计模拟方案，由学生自己动手，充当企业财务人员，进行实际操作的一种实践性教学方法。

模拟教学法的关键有三点：第一，设计模拟方案。教师要在收集大量实践资料的基础上，根据学生所学的理论知识和业务知识，设计出覆盖财务管理全过程的方案，包括各环节的模拟方案以及综合模拟方案等，并用现代化教学手段，将其开发成计算机软件，供学生模拟学习。据了解，现在大部分企业都要求财务管理人才要具备熟练使用 Excel（电子表格软件）的能力，并不是简单掌握计算机基础知识，而是要将 Excel 应用到财务管理的各个环节中去。这就要求教师将这点纳入日常教学中，在设计案例时将 Excel 的运用结合进去，使学生在学习的过程中把所学的理论知识运用到实践中去。这既满足了用人单位的人才需求，也符合理论联系实际的应用型财务管理人才培养目标。在课余时间老师们也应加紧编写财务管理的大型案例，让学生能够得到充分的锻炼。第二，组织学生模拟实习。为了提高模拟教学效果，教师通常可以将学生分为若干小组，轮流对不同模拟方案进行实习。模拟实习小组可以对不同方案进行讨论，并根据实习的目标和原则选择最佳方案。第三，事后总结。模拟实习后，以小组为单位归纳模拟实习过程中的得失，并写出书面总结，最后由指导老师进行分析总结。这种教学方法可以充分调动学生的积极性，使学生将所学的知识运用到实践当中，以提高学生的操作能力和创新能力。

（四）构建合作学习的模式

合作学习是为了共同的学习目标共同学习、共同提高的学习方式和教学策略。合作学习培养了学生自主学习的能力和合作精神，突破了大班教学在空间上的限制，学生在课堂课下都可以组成小组学习，小组同学可以就遇到的问题展开讨论，可以合作完成教师分配的任务，还可以互相交流学习心得。这种方式让学生在交际活动中锻炼思维，为不同层次的学生提供了有利的学习条件，弥补了大班学习的不足，通过学生之间的互动、互补、互进，提高整体教学质量。教师应把小组合作学习和班级授课、个人学习有机结合起来，合理分配各部分的学习时间。同时，教师在小组合作学习活动中，还应主动了解各小组的情况，并给予及时的帮助和指导。通过合作学习这种模式，既提高了学生的自主学习兴趣，又促进了同学之间的交流，培养了学生的团队精神。

（五）充分利用网络资源

随着现代化教育技术手段的发展，网络教学资源的开发拓展了学生学习空间，为学生自主学习创造了良好的环境和条件，学生能够充分、快捷、不受时空限制地利用网络资源进行学习。将网上课堂和现实课堂相结合，学生主体和教师主导相结合，成为保证教学质量的主要手段。网上教学实现了多种教学方法、多种教学媒体、多种教学技术的结合，提供了个性化自主学习的环境，通过教师、学生与教学资源三者之间的互动，实现了培养学生终身学习能力的目标。网络资源的利用还需要学校和教师努力创造基于网络的专业学习环境，开设财务管理网上课堂，建立网上模拟实验室，构建网络交流平台，引导学生利用相关网络资源。从专业学科门类的角度看，此举可以为学生搭建一个积极、交互、资源丰富的学习环境，帮助其打通各门专业课程之间的关节，让他们可以自由地遨游在专业学科知识的海洋中，利用网络资源，逐步形成“教师导学—学生自主学习—教师助学”的“三学”教学模式。

（六）构建完善的财务管理实践教学体系

1. 实验室模拟实习

模拟实习对提高学生的动手操作、分析问题和解决问题的能力，具有非常重要的作用。实验室模拟实习的主要方式是电算化实习。电算化实习是在认真分析财务管理教材和企业理财实践的基础上，将财务管理实验分为基础实验、单向实验和综合实验三类。基础实验是针对财务管理电算化软件的各种功能及基本操作分别设计若干实验项目，目的是培养学生对计算机财务管理应用的基本操作能力。单向实验是针对财务管理的每一个重要知识点分别设计若干个实验项目，如在企业实践中，资金需求量预测、资本成本和资本结构决策、货币时间价值应用、最佳现金持有量的确定、存货经济订货量决策、最佳信用政策决策、销售收入预测、利润预测及本量利分析、全面预算的编制和财务分析等均可通过软件进行，因此，这些知识点可以分别设计成多个单向实验项目。综合实验是将财务管理与会计学的知识融合在一起，以案例的形式加以体现，如可以分别设计筹资决策综合分析、企业并购决策分析、企业财务分析等实验项目，旨在培养学生对财务管理知识和会计知识的综合运用能力。

2. 校外实习

针对校外实习，校方可以采取以下措施以确保其收到良好的效果：第一，集中实习与分散实习相结合。学校应鼓励学生自己联系实习单位，但必须建立相应的考核约束机制，以确保学生完成实习大纲中规定的实习内容并收到良好的实习效果；对于联系不到实习单位的学生，学校必须承担起为其联系实习单位的责任，绝不能让一个学生因无实习单位而不能进行实习。第二，针对一些企业担心的商业秘密泄露问题，实习学生或学校可主动要求与实习单位签订具有法律效力的包含保密条款的实习合同。如果因实习学生泄密给实习单位造成损失的，实习单位可依法追究泄密者的法律责任。这样既解除了实习单位的后顾之忧，又给学生实习的权益提供了保障。第三，与会计业务不同的是，财务管理的多数业务并非经常发生，学生实习期间不能遇上的话，将使学生的学习内容不完整。为解决这一问题，学生可以请企业财务人员介绍该企业曾经进行过的诸如长期筹资决策、长期投资决策业务，学生亦可通过翻阅企业的历史资料增加感性认识。

从以上所提出的应用型财务管理人才培养的措施中可以发现，教师在这其中扮演多重角色，既是知识和技能的传授者，过程的组织者和管理者，网上资源的建设者、整合者、维护者，又是学生自主学习的指导者、促进者，是学生良好情操的培育者和心理问题的疏通者。教师的这种新的角色，更加强化了对教师自身素质的要求，教师应更多地接触新知识，不断发展自己的创新精神和实践能力，去培养、提高学生的自主学习能力，为实现应用型财务管理人才培养目标服务。

参考文献

[1] 吴丽娜，李鸣. 应用型财务管理人才培养模式研究[J]. 黑龙江科学，2016(23)：100－101.

[2] 李建刚. 应用型财务管理人才培养模式探讨[J]. 商场现代化，2014(14)：159.

[3] 李莹，陶元磊，李阿姣. 财务管理专业应用型创新人才培养模式研究 [J]. 商业会计，2014 (11)：118－120.

作者简介：

丁晓英（1971—），济南大学商学院讲师，研究方向为财务管理。

大学生创业教育教学模式的反思

董晓庆　袁朋伟

摘　要： 当前面临"大众创新、万众创业"的社会环境，大学教育有必要重新反思创业教育的目的、意义与教学方式。本研究通过分析目前的创业教育概况，以及国外对创业教育意义的反思，提出创业教育不应以鼓励学生创立企业为唯一目标，而应转向培养学生在日常生活中不断努力地改变与解放自我，从而开启一种带有开创精神的生活，并且在创业课程设计上一定要强化实训学习的部分。

关键词： 大学生；创业教育；教学模式

创业与创新是拉动国家经济增长与经济转型的重要力量，是破解大学生就业难题的有效措施。因此，创业教育越来越受到高等院校与学者们的重视。有学者认为创业教育是培养未来企业家的重要一步，其重要性不言而喻。各个大学纷纷开设创业管理相关课程。尽管国内学界已开始重视创业教育并将创业课程纳入相关课程体系中，然而现行的创业教育仍存在着不少问题，其中一项最主要的因素就是教学上的瓶颈。创业教育不同于一般管理课程的主要原因在于，创业教育的目的不在于单纯的知识传授，而是希望引发学生真正展开行动去创业，也正是这样的行动导向，致使创业教育与一般管理教育目的不同——一般管理教育目的在于培养职业经理人，但创业教育的目的在于培育出实际可以进行创业的创业者，一个具有创业精神与创业能力的行动主体。教育目的不同，自然应当在课程的设计与教学模式上也有差异，然而我们当前创业教育的教学模式是否如此，仍值得讨论。

一、主要的创业教育教学模式

当前创业教育的教学模式主要有课程讲授、创业竞赛与案例教学三种。

1. 课程讲授

课程讲授是最基本也最常用的一种教学模式，大学教师只要指定好教材，就可以开课。课程讲授的优点是可以在有限的时间内帮助学生对创业理论有所掌握，也可以让学生"感觉学习到许多新知识"。将知识说得清楚明白容易做到，但若要学生真正活用，却是另外一回事。在创业教学中若只采用课程讲授的方式，其结果可能是造就出一群纸上谈兵的创业学生，他们能将创业理论说得头头是道，实际上了“战场”却不知如何起步。

2. 创业竞赛

创业竞赛以一种模拟的方式来鼓励学生做创业方案，让学生通过组建创业团队来发现主题、撰写企划书，甚至展示一部分的创业内容，最后通过评比的方式让参赛学生“体验”创业的感觉。国内这类大大小小的创业竞赛数不胜数，小到新产品、新技术开发，大到创新商业模式改革。国内较具规模的创业竞赛包括：由共产主义青年团中央委员会牵头的“创青春”全国大学生创业大赛（原“挑战杯”中国大学生创业计划竞赛），由科学技术部、财政部、教育部和中华全国工商业联合会举办的“中国创新创业大赛”，由中国宋庆龄基金会与人力资源和社会保障部举办的“中国创翼”青年创业创新大赛，由教育部牵头举办的“互联网+”大学生创新创业大赛，这些都是鼓励高等学校和中等专业学校在校生积极参与的创业竞赛。对大学生来说，创业竞赛比课程讲授更有吸引力。因为在竞赛过程中，学生可以将课堂所学的知识予以整合应用，有机会在课堂之外的舞台小试身手，如此学生的参与感会提高。创业竞赛在创业管理教学上的优点也不少，包括鼓励团队合作、知识整合，也重视学生与企业主之间的沟通协调，拉近学与做之间的距离，再加上竞赛本身的评比特质，相对来说更鼓励学生天马行空地发挥创意，确实在培养创新思维上更为有利。

但创业竞赛也有其局限。首先，竞赛本身仍脱离不了“模拟”的限制，学生是在自己的想象中模拟创业，无法体会在现实世界真正进行创业时遇到的动态环境变化，自然也无从体会创业过程本身的复杂与其中的灵活多变；其次，创业竞赛难免看重最后的宣讲，有时学生本末倒置，过于重视报告呈现或产品展示的华丽，而未能注意到实际的创业必须具有务实的特质，许多时候理想与现实之间必须有所妥协；最后，可能创业竞赛会培养出“竞赛场上的冠军”，但最后却只有少部分学生真正走上创业一途，也有部分学生成立公司一段时间之后草草退场，社会各界付出众多资源，鼓励学生参与竞赛，却不一定能培育出真正成功的创业者，这是最为可惜之处。

3. 案例教学

案例教学是介于上面两者之间的教学模式，通过实际的案例整理来帮助学生了解一间新创公司如何走过创业之路，再经由课堂讨论的方式来增进学生的理解深度。案例教学一方面具有课程讲授的优点，可以在有限的时间内传达给学生许多关于创业的重要观点；另一方面，相较于创业竞赛的模拟性质，案例等于是新创事业的历时性记录，好的案例会保留现实世界的复杂度，描述新创企业在创业过程中，如何与社会环境发生互动，也帮助学生去思考新创企业在面临各种创业瓶颈时，创业者是如何决策的。尽管案例教学优点良多，但在实际教学上仍有不少限制。创业管理是一项与社会环境相关的实务活动，在教学上最好能有中国本土的案例方能帮助学生理解与应用。目前国内大学在创业教育上面临的问题不光是本土案例不足，还有教学师资与教学经验上的限制。首先，国内大多数创业课程的教师没有相关实际经验，这不是要求讲授创业课程的教师必须自行创业，而是强调教师必须与企业界有频繁的交流与互动，取得第一手的资料，才能体会与转化案例中所描述的情境。其次，案例教学非常注重课堂上的讨论，教学经验不足又无实际经历的新手教师，往往不易在课堂上发起热烈的讨论，自然也无法让同学有更多的启发与反思。这两项不利因素带来的结果就是，教师将自己对案例的有限理解，再以一种理论包装的形式过渡到学生身上，结果只是让学生吸收到有限的知识。

其实，创业教育并无最好的教学模式，上述三种教学模式也各有优缺点，可为学生带来不同的收获，教师也不应该排斥任一种教学模式。而本研究提出的反思是：创业教育该将自己的目标设定在哪里？是培养更多的创业者吗？

二、创业教育的反思

Gibb（1999）率先提出创业课程应该要帮助学生理解创业是一种生活方式，才能使学生能够在日常的各层面上处理不确定与复杂的事物。Gibb 强调，这种理解才是创业者所需具备的最基本能力。综观 Gibb 所谈的“创业是一种生活方式”，主要是让学生理解创业会带来个人社会生活与家庭生活上的转变，理解创业者将享有更多的自由，但也意味着更多的责任、更长的工作时间，事必躬亲、在压力中学习、对于手头的事物必须有更高的掌控力，甚至是了解创业必然会经历的孤独感，而这些都不是现有的创业课程所能提供的内容。

除了从课程设计的角度来研究创业教育之外，Jones（2010）则对创业教育的本质与教育者角色提出深刻的反省。Jones 点出三个重要的创业教育议题：第一，是对创业教育生产力（productivity）的质疑。正如医学教育的目的在于培育医生，商学院教育的目的在于培养职业经理人，那么创业教育的目的是否在于创造更多创业者？但是，即便没有创业教育的支持，这个社会依然有许多创业者出现，那么创业教育的意义何在？第二，商业计划书常被视为创业教育的成果展现，但没有足够证据显示学生真的能从学习撰写商业计划书中获利，那么现行这种过度重视商业计划书的创业教育模式究竟能为学生带来多少收获？第三，Jones 认为，在高等教育里，创业教育作为一个学科尚缺乏合理的来源，我们欠缺一套合理的理论来证明创业教育在当前社会中是一个可行且必需的教育形式。

上述这些重要问题，Jones 没有给予明确的答复，反而带领大家反思创业教育的本质以及创业知识的本体论问题：创业教育中所指的“教育”是什么？创业教育所涉及的知识又是什么样的知识？在 Jones 看来，教育不单指知识的传递，教育是一个改变人类行为模式的过程。这里的行为指的是一种广义的行为，包括思考、感觉，以及明显的行动（Tyler，1949）。换言之，我们应该用更宽广的观点来看待创业教育，创业教育应该是一种关于如何使人类的行动和思考更趋向创业精神的课程，而不再只是自我窄化于创立事业或是培育创业家；更进一步看，创业知识的本体关乎一种带来“改变”

的知识。Jones（2010）认为创业教育应减少对“创设企业”的过度执着，转而去关注学生在思考与觉知上的改变。教师也许无法在短时间内看到学生真正创设一家企业，但有机会在课程中看到学生突破自己的思考习惯并改变行为，将来投入社会后也许能真正创业。

随着对创业教育的反思，新兴的创业教育模式已不断推陈出新，例如，德国的大学就采用了“模拟企业”的方式来帮助学生增加实践经验，该方式综合了角色扮演、个案讨论、计算机仿真等教学方法，让毫无创业经验的学生可以先踏出尝试的第一步。另外，纽约大学的史登商学院也提出“无边界教室”的概念，让学生组成团队，利用寒假的两周到印度的社会企业实际体验社会创业所面临的一切问题，让学生在经验中反思学习。

在这个充满不确定性的时代，不论是企业或个人都面临着日新月异的挑战。对企业而言，最好的应变方式就是主动出击；对个人来说，最好的适应技巧就是不断地学习。创业教育就是在为这样的未来做准备，不只是每一个组织都需要新的思维，每一个个人也都需要自我突破与解放，创业是为了带动变化，而非被动适应。因此，创业教育教学的目标在课程设计上应有新的进展，以培育能在日常生活中采取具体创业行动的实务工作者为目标，而不是训练出一批对创业理论了如指掌却无法付诸行动的学生。创业学习是一种多元的发展，要求学习者从自我的实际经验出发进行改变与创造，从最熟悉的小地方创新。创业教育应鼓励学生从日常生活开始尝试创新，甚至鼓励学生犯错，让学生从亲身经验里发展出深层的感悟，并将这种学习历程转化为创新的能力，才能真正培养出一群肯实际付诸行动的创业人才。因此，在课程设计上一定要强化实训学习的部分，例如，鼓励学生进入创业者实际工作的场所中与创业者一同工作，或是让学生进入自己感兴趣的社团进行长时间的管理工作，都是可以强化实训学习的方式。另外，为了培养学生实际动手的能力，应该给予他们犯错的机会和空间，在课程设计上也必须保留大量的弹性，让教师能随着学生的状态进行调整，而不是照本宣科地授课。在创业教育体系中，教师与学校都应该逐渐调整自己的角色，学校不只是传授知识的学术殿堂，教师也不是高高在上的知识传授者。相反地，学校与教师应作为学生发展开创性思维与进行创业行动的坚实后盾，当学生在实际操作中遭遇困难或瓶颈的时候，可以回到学校这个知识资源丰富的平台寻求新的方案。学校内的老师就是创业行动的最佳顾问，校园资源就是学生的重要起点与基础。我们鼓励有心学习创业的学生“将问题带回教室”，也期许每一位创业教育的教师都能成为学生咨询的顾问，以使更多学生“把创业行动带入社会生活”。

参考文献

[1] RIDEOUT E C, GRAY D O. Does Entrepreneurship Education Really Work? A Review and Methodological Critique of the Empirical Literature on the Effects of University -

Based Entrepreneurship Education [J]. Journal of Small Business Management, 2013 (3): 329-351.

[2] 梅伟惠，徐小洲. 中国高校创业教育的发展难题与策略 [J]. 教育研究，2009 (4): 67-72.

[3] 李伟铭，黎春燕，杜晓华. 我国高校创业教育十年：演进、问题与体系建设 [J]. 教育研究，2013 (6): 42-51.

[4] 唐德海，常小勇. 从就业教育走向创业教育的历程 [J]. 教育研究，2001 (2): 30-33.

[5] GIBB A. Can We Build "Effective" Entrepreneurship Through Management Development? [J]. Journal of General Management, 1999 (4): 1-21.

[6] JONES C. Entrepreneurship Education: Revisiting Our Role and Its Purpose [J]. Journal of Small Business & Enterprise Development, 2010 (17): 500-513.

作者简介：

董晓庆（1984—），济南大学商学院讲师，博士，研究方向为企业创新、企业管理。

袁朋伟（1984—），济南大学商学院讲师，博士，研究方向为风险管理。

我国高校人才培养模式改革研究

高文玲

摘　要：人才培养模式改革是提高高等教育质量的重要保证，在经济全球化时代，只有拥有大量知识的高素质人才，才能在竞争中占有主动权。近年来，很多高校不断改革传统人才培养模式，在学生个性化培养、高素质复合型人才培养、实践教学改革、构建创新人才培养体系等方面进行了较为有效的探索。在遵循教育规律和人才成长规律的同时，进一步确立创新教育理念，并通过完善人才培养方案、科学制订人才培养目标，通过推进教学与科研的紧密结合等途径，积极推进高素质人才培养。

关键词：人才培养模式改革；高等教育；高素质人才

我国高等教育的快速发展，对于提升我国人口素质、促进经济发展与社会进步发挥了巨大作用。但在这快速发展的过程中，诸多矛盾和问题也越加突显，因此人才培养模式改革成为近年来高校教育教学改革中的重要问题。虽然人们都清楚人才培养模式改革的重要性、必要性和紧迫性，都在从不同的角度、不同的层面来阐述这一新课题，但时至今日，尚未形成比较成熟的理论和成功的模式。

如何从教育观念、教学方法、教学内容、学习评价体系等方面对整个高校人才培养模式进行改革，从而培养出社会需要的创新型人才？

一、高校人才培养模式改革的内涵

高校人才培养模式改革，是指高校基于为社会服务的宗旨，发挥自身专业特色和优势，坚持正确的教育指导思想，对人才培养目标、培养制度、培养过程及评价结果等方面进行的变革和调整。随着科学技术的发展和社会变革的加速，教育外部环境或外部因素对高校人才培养模式改革的驱动作用愈来愈明显，除外部环境的驱动外，还有培养模式内部主要因素的驱动，即教育思想、教育价值观念及其价值取向的选择等内在要素对人才培养模式改革产生的巨大影响。

高校创新人才培养模式是一个系统，包括创新人才的培养模式和人才成长环境。创新人才培养模式是创新人才培养的核心，是在一定的教学组织管理下构建的，包括培养目标、专业结构、课程体系、教学制度、教学模式和日常教学管理；创新人才成长的环境是培养创新人才的保证，包括师资队伍、教学硬件和校园文化氛围。高质量的创新人才培养应该是从教师到学生、从观念到制度、从软件环境到硬件环境进行全方位、多角度地综合建设。

二、转变教育观念是人才培养模式改革的基础

在高校教育中，要不断提高教学的质量，建立更加完善的人才培养方案，就要在教学中转变教育观念，进行教育改革。

（一）转变教学观念，注重对学生的能力培养

为了培养学生的实践能力，使学生更具实践探索和创新精神，在高校课程教学中，要让学生参与到实践中，通过实践来检验学生对理论知识掌握的牢固程度。通过让学生参与实践，可以帮助学生培养思考问题、解决问题的思维与能力，使学生的能力得到全方位的培养。

（二）建立激励机制，激发学生学习兴趣

教师在教学中起主导作用，师生双方都对教学质量有着直接的影响。为了调动教师与学生参与教育教学改革，可以构建和完善系统的激励机制，使学生能够主动地参与到教学中来。通过建立教学质量评估与评价体系，对教师的教学质量进行评价，对存在严重教学质量问题的教师进行处罚。根据评价的结果选出学科带头人，并且培养新的学科带头人，使教学质量能够不断地提高。

（三）完善教学手段，丰富教学形式

随着科学的进步和各个学科之间的互相渗透，各个学科之间的联系越来越紧密，因此，有必要转变教学理念，进行教学改革，不断地完善教学手段，丰富教学形式。

三、教学方法改革是人才培养模式改革的关键

人才培养模式改革是一项综合工程，涵盖人才培养的全过程，即人才培养目标、课程和教学三个方面。

所谓教学方法，是教师为了完成课程规定的任务、实现培养目标，采用的教的方法和引导学生学的方法的总和。

改善高校教师管理制度，健全高校教学管理，是提高教学质量的主要途径。高校教师管理制度应能形成教师对学校的向心力，并能提高其责任心和工作积极性。除此之外，教师按照符合学生学习规律的教学方法教学，也是提高教学质量的有效途径。

教师教的方法，包括教师组织、呈现课程中知识的方法，引导和组织学生学习的

方法，处理教师教和学生学的关系的方法，评价教学效果的方法等。教学方法涉及教学过程所有重要环节，从课程内容的组织、教学组织形式的设计、课堂教学的方式和手段，到促进学生参与教学过程、学生获取知识的方式，以及考核学生学业成绩的方法等。

只有符合培养目标的教学方法，才是合适的教学方法；反过来，只有合适的教学方法，才能实现培养目标，在人才培养模式改革过程中，实现新的培养目标，需要有与新的培养目标相适应的新课程和新教学方法。教学方法改革，尤其是教师教的方法的改革，是人才培养模式改革的关键环节。

四、教学内容改革是人才培养模式改革的核心

教学内容改革，在高等教育各项改革中居于核心地位，是人才培养模式改革的核心。而课程改革则是实现教学内容改革的最基本、最重要的途径。

教学内容改革，主要通过课程体系改革优化来实现，它对于大学生奉献社会、对广大教师提高教书育人的水平都将产生巨大的促进作用。

国家实施科教兴国和人才强国战略，高等学校理应发挥其独特的支持作用。高校管理者要强化培养适应 21 世纪的基础扎实、知识面宽、能力强、素质高的人才的总体思路，要坚持使教学内容改革更好地服务发展、以用为本、创新机制、高端引领、整体开发的指导方针，强化基础性、前沿性和共性技术人才的培育平台建设，强化教学内容改革对培育现代化建设需要的各类人才的支持力度，为大学生知识创新和技术创新创造条件；要从促进人的全面发展的角度思考问题，充分发挥文化引领社会、推动发展的功能，要创造机会使大学生立足于火热的建设实践。

经济社会需求是高校教学内容改革的主要依据。高校教学内容改革要契合大学生服务经济社会发展的强烈愿望，应做好以下几方面的工作：

第一，要研究当代大学生思想、观念的变化和发展，探索大学生适应我国经济、社会、科技、文化发展的条件和方式。

第二，要研究我国经济社会发展的目标、任务和要求。

第三，要保留和优化传统优势课程，发展新兴课程和交叉课程。

第四，要具有超前性和新颖性，让大学生掌握最新的知识内容，了解世界最新的发展动态，使大学生的知识结构和层次与世界先进水平趋于同步。

同时，高等学校教学内容改革，要处理好传统教学内容和新教学内容的关系：要保留具有传统优势的基础课程，夯实大学生的基础；要注意保持具有自己特色的优势课程，这有助于提高教学的效率和促进高等教育在不同地区之间的公平；要促进新兴课程和交叉课程进入课堂，这是促进大学生适应我国经济社会发展的素质教育的重要内容。

在将新兴课程、交叉课程引入课堂的时候，要注意处理好继承与创新的关系，要

正确处理好基础知识、新内容新知识、能力和素质的关系，处理好课程内容改革、高等教育发展和大学秩序稳定的关系。

加速课程修订和再版的速度，促进符合国家经济社会发展要求的教学新内容进入课堂。在高等学校教学内容改革的过程中，应设定不同的高校毕业生服务经济社会的不同层次和方向，有针对性地提出具体的课程改革计划，服务国家经济社会发展。

五、构建科学的学习评价体系是人才培养模式改革的保障

科学的学习评价体系是规范高校管理行为的关键。它不仅要关注学生的学业成绩，而且要发现和发展学生多方面的潜能，了解学生在发展中的需求，帮助学生认识自我，建立自信。

高校要充分发挥评价的教育功能，促进学生在原有的水平上发展。学校应该保证教学内容的科学合理，保证其前沿性、科学性，使得学生在专业学习中能够了解自己所学领域的最新科技进展，努力营造良好的学术氛围，从而激发学生的学习兴趣。

优化教育手段，对部分实践性强的科目，淡化应试方式，尝试使学生平时的出勤情况、课堂交流情况、课后作业情况、随堂小测验等综合因素在总成绩里占一定的比例。

通过改进评价方式，激发学生的积极性，使学生牢固掌握所学的理论知识，形成思想和观点，提高科学素养，使每个学生都能得到充分地发展，要使评价内容多元化、评价方式多样化，做到单一评价向综合性评价、结论性评价向过程性评价的转变，构建科学的评价体系。

在做好学生日常思想教育的同时，将实践性教学作为改革的重心，始终注重发展学生的实践技能，构建科学的评价体系，才能促使大学生成绩不断提高，使高校人才培养模式改革迈上新的台阶。

参考文献

[1] 钱昭英．浅谈高校教学改革及教育观念的转变——以水生生物学专业为例[J]．亚太教育，2015（22）：188.

[2] 马凤岐，王伟廉．教学方法改革在人才培养模式改革中的地位[J]．中国大学教学，2009（3）：11－13.

[3] 边高峰．高校人才培养模式改革浅探[J]．江苏高教，2014（6）：93－94.

[4] 张眺．浅谈在教育教学中如何评价学生[J]．动动画世界：教育技术研究，2011（12）：27.

[5] 翟海魂．高校人才培养模式改革：理念、框架和方法[J]．浙江工商职业技术学院学报，2013（3）：1－5.

［6］李新市．高等学校教学内容改革若干问题探讨［J］．江西教育学院学报，2011（4）：84－87.

作者简介：

高文玲（1985—），济南大学商学院讲师，博士，研究方向为公司金融和国际金融。

基于智慧物流的高层次专业人才培养模式创新研究

葛金田　刘孟帆

摘　要：在智慧物流的时代背景下，对高层次专业人才的需求旺盛，然而现有的智慧物流人才未能很好地满足这一需求，如何开发智慧物流人才是目前研究的重要命题。本文在智慧物流的基础上，重点研究高层次专业人才的培养模式创新。

关键词：智慧物流；高层次专业人才；培养模式

智慧物流实践包括智慧物流园建设、智能物流跟踪系统及智慧物流数据分享平台开发与建设等内容，但智慧物流这一创新概念的真正落地需要“智慧人才”的支撑，倘若能培养出符合智慧物流需求的高层人才，智慧物流的良好甚至突破性发展是可以预见的。

一、物流业快速发展需要更多的高素质、应用型物流专业人才

近年来，物流业得到各方关注且已走进百姓视野，对物流人才的需求增长的同时学习物流专业的人也越来越多，但物流学科的教学质量却没有跟上时代的发展，我国目前尚未形成层次分明的物流专业教育体系，高等职业教育与大学本科教育仍存在很多重叠部分，而本科与研究生的教学内容跨度也不大，高层次物流人才严重缺乏。当前中国物流业呈现出日新月异、突飞猛进的发展态势，人才创新与科技进步必将对我国物流业的发展起着巨大的推动和引领作用，物流业的快速发展和物流水平的提高也将倒逼物流人才的创新转型发展。

高层次物流人才是传统物流人才的复合转型。学术型物流人才以研究为导向，偏重理论和研究，专业知识扎实，且物流理论研究基础好，但实践能力不足。这就导致学术型人才缺乏实战应用经验，参加项目难以胜任，不能充分运用自己所学知识提升项目质量。应用型物流人才以实践为导向，拥有高水平训练的实操能力；但物流知识掌握薄弱甚至未能接触先进的物流知识。这就导致应用型物流人才参加项目时难以运用先进的物流理念进行设计，项目的完成度高但前瞻性不够。在当今“产教融合”的人才培养趋势下，以理论为基础、以学生为主体、以实践为核心，培育学术与应用相结合、能够胜任任务需要、解决物流企业需求的应用型、复合型物流专业人才更加迫切。

管理本科教育仍然面临着许多问题，影响并制约着酒店管理专业的顺利发展。

（一）招生难

目前我国酒店管理本科专业存在着招生难的问题，一方面，表现在学生录取时第一志愿率偏低，另一方面，在部分实行专业大平台招生的本科院校，酒店管理专业由于学生报名人数太少，甚至已经在一定程度上影响到了专业的生存。我国酒店管理本科专业招生难的问题，反映了我国酒店管理本科专业在社会传统观念、高校教育体制以及学生自我人生定位等因素的影响下，专业吸引力不强。近几年，随着学校招生宣传力度的增加，以及酒店行业本身良好的发展势头等原因的影响，我国酒店管理本科院校招生情况有所改观，招生数量保持稳中有升的趋势，酒店行业各领域的后备人才的数量也不断增长。然而一些高校为了保证酒店管理专业的学生数量增加，一方面，把不符合酒店行业要求的学生（身高不达标、有不适于酒店工作的传染性疾病等）录取到酒店管理院系，以至于这些学生无法进入酒店行业工作，只能转行；另一方面，把报考本学校其他专业但分数不够的学生调剂到酒店管理专业，由于学生不是自愿选择酒店管理专业，导致其对所学内容有一定的抗拒心理，学习兴趣不浓厚，职业适应性较差，学生毕业后急于转行，酒店管理专业招生陷入了招生难与行业就业率低的恶性循环。同时，我国酒店行业从业人员社会地位不高、待遇低、工作强度大和个人发展空间较小等因素的影响也进一步增加了酒店管理专业招生的困难程度。

（二）培养目标定位模糊

培养目标定位模糊是目前酒店管理本科教育中存在的较为突出的问题。我国酒店管理本科教育致力于培养符合酒店行业需求的高级管理人才，大部分酒店管理本科院校遵循这一培养目标，设置了“大而全”的培养方案，宣称他们的学生将成为适合各类企业，包括酒店和行政部门的高级管理人才。但是多年的实践证明，这种目标定位不切实际，一些高校根本达不到这种要求，培养出来的人才“高不成低不就”，不能解决市场实际需求。由于人才培养目标界定不清晰、层次定位模糊，客观上造成了本科教育与行业对人才需求的脱节，酒店管理专业本科生陷入了“不上不下”的尴尬境地。

（三）课程设置不完善

在课程设置上，大部分高校将四年的本科学位课程分为公共课程、专业基础课程、专业领域课程和学生选修课程。具体来说，酒店管理本科课程设置存在以下几方面的问题：

1. 课程目标不明确

目前我国高校酒店管理本科课程缺乏针对性和有效性，导致学生缺乏核心竞争力和实际操作技能。酒店管理专业无法厘清学位教育与专业教育、理论教育与实践教学的关系，无法形成专业特色，培养出来的学生难以满足酒店管理人才市场的实际需求。

高校课程设置上“大而全”的特点，导致部分课程在教学内容上的重复，造成教学资源的浪费和学生学习的疲惫与乏味，无法达到教学质量的优化。

2. 课程结构不合理

目前，我国大多数酒店管理专业的高校在培养学生时都侧重于培养学生的理论知识，理论课与专业课结构失衡，专业课在总体课程中的比重偏小，这些都与市场对酒店管理人才的需求严重脱节。这使得毕业生都能成为“学习型”人才，而不是酒店需要的高素质综合型人才。另外，酒店管理本科教育的必修课与选修课的结构也较为普遍地存在着不合理现象，必修课的课时远远多于选修课课时，一些高校选修课的内容安排得不合理，缺乏实用性，造成学生兴趣不高，部分学生为了凑学分才选课，学习积极性不高。对于酒店管理这一对实践性要求很强的专业来说，这样的课程比例安排不能使学生达到酒店业的实际要求，使得本科生毕业后很难迅速适应工作岗位的要求。

3. 课程内容滞后

目前，高校的部分教学内容落后，与酒店实际情况不一致。高校酒店管理本科专业的教学内容，多集中在旅游管理以及饭店管理等领域，一些在酒店经营管理与服务中出现的新兴领域如会展、高级管家等方面的课程内容较少，教学内容的滞后，导致高校培养出来的学生难以满足酒店的实际需要，难以满足酒店市场多元化、国际化的发展需求。

三、酒店管理本科教育发展建议

（一）增强酒店管理专业的吸引力

招生难对于高校和企业的影响都是十分严重的，高校有责任也有义务为酒店管理本科专业的发展作出努力，改善招生难的问题。具体来说，可以从以下两个方面增强酒店管理专业的吸引力。

1. 提高社会认可度

提升社会对酒店行业的正确认知是改变酒店管理本科专业招生难的根本所在，改变社会对酒店行业的偏见不是朝夕之事，高校要作出很大努力。第一，高校要明确办学理念，创办特色教育；第二，高校要规范与酒店的合作，确保学生在实习过程中受到正规专业培训，保障学生利益；第三，高校可以联合国内外优秀的酒店管理专业高校，定期举办酒店管理本科教育会议或论坛，探讨研究酒店行业的现状、问题及发展趋势，为专业发展及教学内容的不断更新提供依据。

2. 树立学生正确的职业理念

高校酒店管理本科教育的目的是帮助学生合理、正确地定位自身的角色，要让学生适应酒店行业，因为任何一个行业都不会因为个人的喜好而发生改变。在学生学习过程中教师要不断引导学生调整心态和状态，强化其敬业精神、服务精神、创新精神、合作能力、承受能力和应变能力。

（二）明确培养目标，突出办学特色

1. 明确培养目标

酒店管理本科专业的目标是培养中、高级酒店管理人才，企业要求人才不仅要有实践操作技能，更要有管理能力和经营能力。因此，高校应明确酒店管理本科人才的培养目标，是以职业能力为本位、以市场需求为导向，以培养为未来工作的人才为最终目标，从而界定主辅地位，分清主次，注重职业能力的培养，以提高应用能力为主，培养研究能力为辅，彻底打破供需错位的局面。

2. 突出办学特色

高校要明确酒店管理专业的学科定位，完善教学体制，突出办学特色。要突出培养学生的创新能力和应用能力，改革课程体系。要致力于使学校在培养模式、学生能力、专业品牌等方面形成自己的市场知名度和号召力，形成学校独特的办学理念和特色。

（三）完善课程设置

我国酒店管理本科教育目前所面临的一个关键问题，是课程设置不完善，这一问题已经成为制约酒店行业与酒店管理本科教育供需和谐的主要因素。因此，完善课程设置对于培养酒店需要的人才具有重大影响。

1. 确立以职业活动为核心的课程设计

打破传统的教学模式，建立以职业活动为核心的教学模式，以“职业分析”为导向，体现出符合企业需求、相对稳定和广泛适应的三大原则，克服以往以专业导向来设置课程的弊端。将知识、能力、素质结构，分解为不同的模块来组织教学。培养学生的酒店服务技能、职业礼仪、职业道德、语言表达能力、外语表达能力、对酒店行业政策法规的领悟和理解能力、酒店经营与管理能力、酒店资源的规划与开发能力、良好的沟通能力以及计算机办公软件的操作能力等酒店行业需要的能力。

2. 完善设置课程

酒店管理专业是一个应用性较强的专业，高校在设置课程时要注重课程体系的完善与协调性。要注重对学生科学、人文素质的培养，稳固基础理论课程。在专业课的设计上，既要有适应不断变化的行业需要的宏观课程，即宽口径的课程，又要有在某一领域深入研究的课程，也就是初级课程（包括基础知识、技能训练）和高级研究课程。酒店管理专业的选修课一般分为两部分，一部分是校内外跨学科选修课；另一部分是专业内选修课。为培养酒店管理专业本科生广博的知识面，应适当增加选修课课时，确保涉及的知识领域广泛。同时，在酒店管理专业的延伸知识和能力方面，也应加强课程设置，以使学生更好地适应未来酒店管理工作的实际需要。同时，鉴于酒店管理专业培养目标中重实践的实际要求，也应适当增加实践课程在总课程中的比重。

3. 拓展教学内容和方式

完善课程设置，要构建多元化的课程结构，增加大量实用的公共和专业选修课程，

可根据行业发展趋势和需要开设危机公关、职业生涯规划、形象设计、烹饪基础、会展等扩展和充实职业能力的课程。教学方式上应采取多媒体互动教学，学校应扩充图书馆，定期更新藏书，为学生提供各种国内外专业报刊，同时加大计算机机房建设，使学生熟练操作先进的酒店计算机管理与服务系统、航空订票系统等。

四、结语

为行业发展服务，为社会服务，是酒店管理本科教育义不容辞的义务，酒店管理本科院校应坚持以学生发展和行业发展为本的基本教育教学理念，努力培养符合现代酒店要求的合格人才。高校应当更新观念，学习国际上的先进办学经验，采取先进的教学模式，走特色培养之路，培养出更多符合市场需要的高素质的现代酒店管理人才，为我国酒店业的发展作出贡献。

参考文献

［1］查爱苹，邹光勇．酒店管理专业本科生培养模式对比研究［J］．当代旅游，2012（1）．

［2］郑群．关于人才培养模式的概念与构成［J］．河南师范大学学报，2004（1）：187.

［3］BAUM T. Mature Doctoral Candidates：The Case in Hospitality Education［J］. Tourism Management，1998（9）：463－474.

［4］徐文燕．普通高等学校旅游管理应用型人才培养模式探析［J］．商业经济，2007（5）．

［5］LINN R L，GRONLUND N E. Measurement and Assessment in Teaching［M］. NJ：Prentice Hall，2000.

作者简介：

公学国（1972—），济南大学商学院副教授，硕士，研究方向为酒店管理和乡村旅游。

基于协同教育的酒店管理专业人才培养研究*

蒋 婷 梅 青

摘 要：应用型本科人才培养是高等院校同行业企业、政府部门、科研院所、其他高校等共同协作、协同教育的系统工程。酒店管理作为典型的应用型本科专业，更需要协同教育理念下的培养模式构建与改革。本文根据酒店管理专业本科生的素养与能力和市场需求状况，构建了基于协同教育的酒店管理专业人才培养的实现路径、运作机制和协调模式，为酒店管理专业应用型本科人才培养提供有益的指导。

关键词：协同教育；酒店管理；人才培养

协同教育是近年来高校培养模式探索和创新的重要理念。协同理论认为，系统内部各要素间和子系统间复杂、随机的相互联系和作用，具有明显的自组织特征，其核心思想是“协同导致有序”。在协同理论的指导下，协同教育主要探讨的是如何联合对学生有影响的各社会机构的力量，使教育系统有序运行，以提高教育的效果、效率和效益。李运林教授指出，协同教育将成为未来教育的主流。应用性作为应用型本科院校的本质属性，应该树立协同教育的基本理念，强调人才培养的职业化和应用性，推进人才培养模式的创新，为培养应用型、创新型、复合型人才创造条件。

一、应用型本科人才培养的定位

应用型人才培养要以学生能力为本，以素质为核心，以知识为基础，紧密围绕自身的人才培养目标定位，以培养基础实、能力强、具有创新创业意识、良好职业素养，具有国际视野的高素质应用型人才为主要目标，积极构建符合应用型人才培养目标的组织体系和运行机制作为保障。应用型本科人才具有不同于学术型本科人才的知识结构，其知识结构是学术知识和经验知识的统一，体现为学生在行动中获取知识，在实践中应用理论。应用型本科人才对实践的依赖性，决定了其培养过程必须是理论与实践相结合的过程，凸显教学的实践性，遵循“从实践到理论再到实践”的认识论。因

* 本文是山东省本科高校教学改革研究项目（项目编号：2015M043）的阶段性成果。

此，应用型本科人才培养模式改革不是孤立的改革，而是一项应用型本科院校同行业企业、政府部门、科研院所、其他高校等共同协作、协同教育的工程。

二、酒店管理专业学生所需的素养与能力

通过前期的市场调研，我们发现业界对酒店管理专业从业人员的要求特别强调以下几点：

（1）加强职业意识的培养，包括对职业的认同感、职业道德、服务意识、职业忠诚度。

（2）加强体能训练，培养吃苦耐劳精神。

（3）加强心理素质训练，提高受挫折能力。

（4）加强职业技能训练。

（5）加强沟通应变等综合职业素质的培养。

（6）加强形象气质、语言表达能力、英语口语能力等的培养。

三、基于协同教育的酒店管理专业人才培养的实现路径

基于协同教育的酒店管理专业人才培养的实现路径如图 1 所示。在对酒店业人才需求充分调研的基础上，结合酒店管理的应用型专业特点，以及职业教育理念，进行

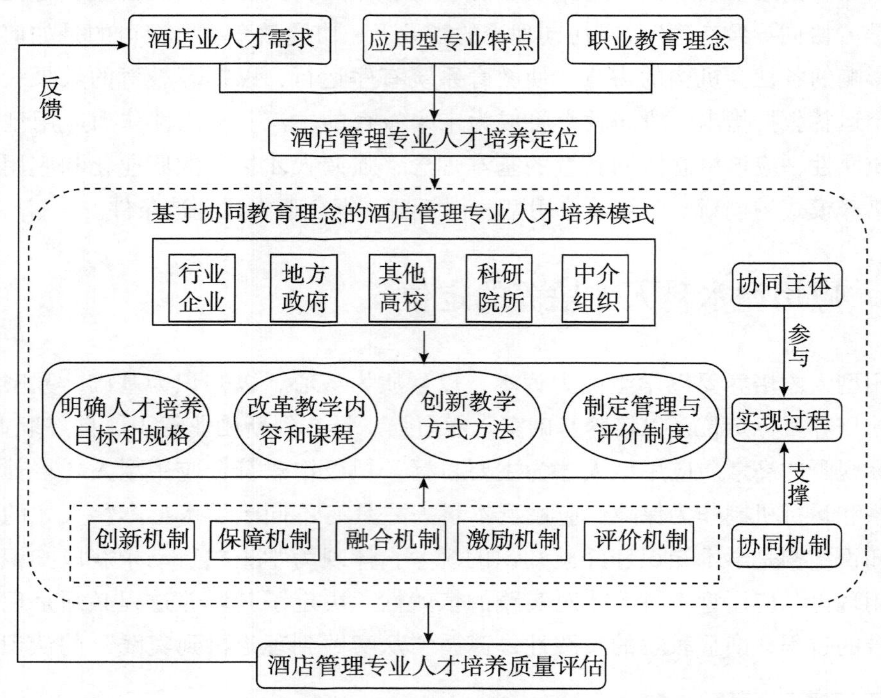

图 1　酒店管理专业人才培养的实现路径

酒店管理专业人才培养定位，进而基于协同教育理念，构建酒店管理专业人才培养模式，该模式的主要内容和形成过程包括：首先明确人才培养目标和规格；其次改革教学内容和课程；再次创新教学方式方法；最后制定管理与评价制度。人才培养模式的形成和实现过程贯穿了协同教育的理念，一方面，包括行业企业、地方政府、其他高校、科研院所和中介组织在内的多方主体协同参与，实现各方协同共赢；另一方面，以包含创新、保障、融合、激励、评价机制在内的多元化的人才培养协同机制为支撑，确保人才培养模式的顺利实施。最后，对人才培养模式应用后的酒店管理专业人才培养质量进行评估，评估结果将反馈给人才培养的各个阶段，从而为人才培养模式的进一步调整和优化提供启示。

四、酒店管理专业人才培养的协同机制

构建多样化酒店管理专业人才培养的协同机制，要注重整合课内与课外、校内与校外、国内与国外，包括企业、政府、校友、学生家长等各方面的教育资源，实现各方协同共赢。

1. 创新机制

建立酒店管理专业人才培养、科学研究、学科建设相融合的创新机制，将酒店管理专业人才培养真正与学科建设、科学研究结合起来，实现协同创新。

2. 保障机制

从制度上进行规范，明确酒店管理专业人才培养的各个环节的责任。加强规划，制定协同教学战略，使其成果有效和自觉地转化为人才培养的优质资源，为酒店管理专业人才培养奠定基础。

3. 融合机制

通过建立酒店管理专业人才培养的融合机制，为人才培养提供跨组织边界的资源深度共享的条件，通过资源的深度共享，一方面有效解决高校自身的能力局限问题，使其自身承担的人才培养、科学研究或社会服务等职能更好实现；另一方面让高校与“各有其长”的协同体互相配合，充分发挥优质资源共享的实际效应。

4. 激励机制

应营造人才培养的合作氛围，制定酒店管理专业人才培养的激励制度，对合作培养进行引导，同时通过问责制度来调控各单位的行为和关系。

5. 评价机制

评价机制具有导向功能，综合化的评价机制应包括联合培养创新人才的持续制度。这里强调“持续”是因为酒店管理专业人才培养是一个长期的过程，需要保持制度的连续性。通过建立综合化的评价机制，促使教学与科研协同进行，既秉承“教学、科研相融合的理念”，又能够切实培育跨学科、跨领域的教学科研相结合的团队。

五、酒店管理专业人才培养的协同模式

1. 校企（行业）协同人才培养模式

依托高校与企业（行业）结合比较紧密的学科或专业，充分发挥企业（行业）的特色优势和地域优势，使其积极服务于经济社会发展、地方产业升级转型和行业结构调整，探索建立多学科融合、多团队协同、多技术集成的研发与应用人才培养平台，积极开展应用型、复合型人才培养的协同创新。

2. 校校协同人才培养模式

高校与高校之间联合办学，是现代教育协同发展的基本表现和客观需要，也是实现科教兴国战略和高校可持续发展战略的必然趋势。高校和高校之间协同创新的方式和途径比较多，高校在专业设置、教育教学改革、人才培养等方面有诸多相似之处，而不同的高校，由于历史、地域等原因，势必有不同的优势和特色，在师资力量、课程资源丰富程度、教科研力量、教育信息技术、学生实习实践能力培养等方面，都可以实现协同创新人才培养。

3. 校地（区域与政府）协同人才培养模式

很多高校在人才培养过程中和区域与政府的合作不够紧密，出现脱节的情况。因此，校地（区域与政府）合作共同研究人才培养规格、课程体系以及课程内容等，是当前高校必须充分重视的一个课题。同时，校地（区域与政府）协同人才培养模式能够加强科研成果的多元化转化，通过构建地域辐射模式，充分带动区域产业结构调整和新兴产业发展，在此过程中为学生提供更多的实习、实践机会，进一步促进高校学科交叉型、复合应用型创新人才培养模式的形成。

4. 国际交流协同人才培养模式

受文化等因素的影响，国外大学或教育机构在人才培养方面，有很多值得国内高校学习借鉴的地方，如基于学生能力培养、创新意识培养、实践能力培养等方面的课程体系，以学生为中心的教学模式等。与国外大学或教育机构进行多方位合作，有利于进一步开阔我国高校教育工作者和学生的视野，有利于拓展学生的知识运用能力、实践能力和创新能力。

参考文献

［1］李运林．协同教育是未来教育的主流［J］．电化教育研究，2007（9）：5－7.

［2］徐光年，常文贵，金俊成，等．新形势下应用型本科院校人才培养模式改革之思考［J］．皖西学院学报，2014（3）：109－111.

［3］曾小彬．创新人才培养模式 提升应用型人才培养质量［J］．中国大学教学，2010（3）：17－18.

作者简介：

蒋婷（1978—），济南大学商学院副教授，博士，研究方向为酒店管理。
梅青（1970—），济南大学商学院教授，研究方向为旅游管理。

人工智能环境下会计人才培养模式创新研究

乐菲菲

摘　要： 人工智能环境下会计行业面临重大变革，人工智能会计系统在提高会计信息质量、提高会计工作效率、提高企业防范风险能力、促进传统会计工作模式转变等方面具有积极作用，因此，人工智能环境下会计人才培养模式创新研究迫在眉睫。

关键词： 人工智能；会计人才；培养；创新

一、引言

20 世纪中叶，以英国数学家图灵为首的科学家们开创了人工智能的先河。1956 年达特茅斯会议上，人工智能（Artificial Intelligence）一词被提出，标志着人工智能学科的正式诞生。在过去的几十多年中，大数据、云计算等信息技术给人工智能快速发展带来了新动力，一个“机器人流程自动化”的时代正在悄悄来临。根据 Gartner（高德纳咨询公司）2017 年发布的《机器人流程自动化软件市场指南》，投资者对机器人流程自动化（Robotic Process Automation，RPA）的投资回报非常乐观。银行、保险、财务、税务、招聘等传统行业，对 RPA 的发展前景都持积极态度。人工智能已经成为全球新一轮科技革命及产业变革的着力点。2017 年 7 月 20 日，国务院印发了《新一代人工智能发展规划》，首次提出我国面向 2030 年的人工智能发展规划，明确了我国新一代人工智能发展战略目标。紧接着，德勤会计师事务所宣布，与加拿大创业公司 Kira Systems 合作，在审计、税务和会计等领域引入人工智能；而中化国际（控股）股份有限公司财务共享中心选择普华永道机器人，帮助提高其财务、税务工作效率，显著降低了财务人员的时间成本，提高了工作质量。人工智能被运用到财务环节，能够全天候不间断地保证大量耗时的财务业务的流程自动化。会计界人士惊呼，人工智能必将给会计行业带来重大影响及变革。

众所周知，人工智能虽然不同于人的“智能”，但人工智能可以模拟人类的思想方式，在某种程度上甚至有过人的智慧。随着人工智能的普及，机器人开始处理一些简单重复技术含量低的工作。随着各类数据处理软件的推出以及人工智能的引入，曾经从事计算、数据录入等琐碎工作的会计从业人员将逐渐丧失工作机会，基础财务人员逐渐减少，企业财务工作信息化处理，人工智能的发展最大程度地减轻了企业财务人员的工作负担。在这样的时代背景之下，应该培养怎样的会计人员才能适应时代，不为时代浪潮淘汰，成为人们讨论的热点，因此，会计人才培养模式创新研究受到越来越多的关注。

二、人工智能会计的作用

人工智能（Artificial Intelligence）是研究、开发用于模拟、延伸和扩展人的智能的理论、方法、技术及应用系统的一门新的技术科学。人工智能会计就是将计算机技术用于会计领域中，通过模仿人类的思维与意识解决会计问题，从事会计工作。人工智能会计的作用有以下几点：

（一）提高会计信息质量

人工智能能减少低级错误，大幅度提高会计信息质量。目前，我国会计信息处理中存在着大量人工操作，一方面由于数据多，工作量大，因此可能存在人工失误；另一方面也有可能存在故意造假等徇私舞弊行为，而人为因素正是我国会计信息失真的主要原因。实现人工智能，按照既定程序处理数据，可以避免手工账中的计算错误，提高会计信息的准确度。

（二）提高会计工作效率

会计职能包括会计核算和会计监督，传统会计核算工作由许多重复性、事务性的财务活动组成，人工智能会计系统完全可以代替这类最为烦琐、最为耗时、工作量最大的工作，如数据的输入、计算、过账、科目汇总表编制、材料收发统计等。建立会计人工智能系统可以将财务人员从机械、单一、重复的财务活动中解脱出来，可以大大提高会计工作效率。

（三）提高企业防范风险能力

人工智能会计系统通过数据挖掘，建立财务数据库，可以对财务数据模型进行跟踪分析，从过往的会计数据中汲取经验，识别各项企业财务支出的利益贡献率，分析其成因及影响并进行成本控制，合理控制企业预算；通过对财务数据的分析处理，可以对企业各类投融资活动等重大财务事项进行预测，作出企业战略性决策；通过结合专家决策系统，建立财务风险预警模型，可以识别企业投融资活动风险，化解财务安全隐患，从而提高企业防范风险能力。

（四）促进传统会计工作模式转变

现行的企业财务核算，主要是按照财务业务流程划分财务人员工作职能，而人工智能会计系统可以从事那些程序化的高频财务工作，手工记账环境下存在的单一财务岗位可能会被取消或者被大幅消减，人工智能会计系统可以帮助企业员工阅读合同等相关文件，从而释放大量会计人力资源，促使普通会计核算人员向管理会计人员转型，分析、预测、统筹等复合型管理会计人员，将是未来会计人员的主流。

三、人工智能环境下会计人才培养模式创新

（一）基础核算等低端会计人员向高端复合型会计人才转变

传统会计人员需要花费大量人力处理银行对账、往来款项确认、增值税账务核对、增值税发票查验等工作，而人工智能会计系统可以从事财务数据的输入、计算、过账等程序性会计基础工作。中化国际（控股）股份有限公司财务共享中心在引入人工智能会计系统之后，大大提升了银行对账、月末入款提醒、增值税进销项差额提醒以及增值税真伪验证等业务过程的效率和准确性，其财务机器人每日自动完成15家银行共80个银行账号的对账以及银行存款余额调节表的输出打印工作，全程无须任何人工干预。财务机器人能够自动录入银行存贷款，并给指定财务人员自动发送邮件确认款项事由；财务机器人定期生成增值税进销项差额提醒表格，并给指定财务人员自动发送邮件确认增值税进销项差额提醒事项；税务机器人能够将需要进行真伪验证的增值税专用发票提交到国家税务总局查验平台验证真伪，并自动记录反馈结果。人工智能会计系统通过重新定义、分配财务工作，使基础核算会计人员从繁重枯燥、低价值的会计事务中解放出来，转而专注于高价值的创造性工作。人工智能环境下需要的是高端复合型会计人才，能够熟练掌握会计理论和会计实务操作，擅长大数据的数据分析和挖掘等计算机技术，同时熟知资本运营、纳税筹划、金融保险等多领域专业知识和实务操作，具备较强的应变和处置本职工作的能力，能够在以会计领域为中心的较大范围内进行职业判断和自如处理。高校在会计人才培养过程中应该强调跨界，实现会计与其他学科的交叉融合，使学生既懂计算机技术、金融保险业务，又熟练掌握会计处理技能。在实际操作中，高校可以规定会计专业学生必须同时辅修计算机等第二专业，以适应未来人工智能环境。

（二）传统会计人员向管理会计人才演变

人工智能系统产生后，数据的输入、计算、过账、科目汇总表编制等基础会计岗位将被取代，这将大大地提高会计工作效率，减少传统会计人员，改善会计结构，使传统会计人员向管理会计人才演变。会计业务除了重复、机械、琐碎的基础会计业务之外，更多的是评估、判断、沟通、协作、建议等业务。比如，有证据表明企业的存货有明显减值迹象，如果不及时作出确认资产减值损失的会计处理，就会虚增企业资产，虚增企业利润，对企业而言这属于信息失真。但是，人工智能会计系统并不能准确地对存货的可变现净值进行确定，不能准确判断存货的减值金额，这仍然需要会计

人员进行人工判断。人工智能会计系统也不能对企业固定折旧方法进行正确选择，即到底是采用加速折旧还是平均折旧的方法，也不能有效估计固定资产预计净残值，并不能判断固定资产到底减值多少，这仍然需要会计人员来判断。对于企业投资性房地产与非投资性房地产的转换，企业必须存在确凿证据证明房地产用途发生改变，这种判断也是人工智能会计系统无法自动完成的。因此，在人工智能环境下，管理会计人才的存在非常重要，管理会计人才的任务就是通过会计核算出的准确信息来对企业作出判断、评估、建议，以及帮助企业作出财务决策。

（三）做人工智能会计系统的主导者

人工智能会计系统的设计，离不开计算机技术，更离不开专业财务知识。计算机技术只是辅助，会计人员才是人工智能会计系统的控制者。人工智能会计系统毕竟要基于系统的规则和大数据，虽然人工智能的发展取得了显著进步，但是人工智能依然是计算机系统，“智能”并非“智慧”。从 AlphaGo（阿尔法围棋，是一款围棋人工智能程序）与韩国围棋高手李世石的对决中可以看出，人工智能长期从事单一活动仍然能够保持高效快速的处理能力，具备庞大的数据处理能力以及高效的信息收集能力，但是人工智能并不具备人类的灵活性与学习能力。会计职业非常具有灵活性，只有人类的应急处理思维才能把会计工作进行得风生水起，使其适应企业社会发展；将人工智能引入会计活动，要确保市场数据快速获得、决策信息准确转化，确保会计人员主导人工智能会计系统。2016 年，作为会计行业“火车头”的中国注册会计师协会，明确提出要打造互联化、移动化、智能化的注册会计师行业信息化体系，同时，中国注册会计师协会开始选拔信息化方向的全国会计领军后备人才，注重实现信息技术和数据技术的双重发展。Forrester Research 公司发布报告预测，到 2025 年，人工智能系统将取代美国 7% 的人类工作，会计师的角色在企业中也会出现重大改变，会计师将提供更多有价值的商业咨询业务，人工智能技术将帮助会计人员变得更为强大；从另一角度来说，会计人员也能通过做人工智能会计系统的主导者，发挥人工智能技术的更大威力。

四、结语

在人工智能环境下，会计行业并不会被淘汰，但是企业需要寻找和培养具备战略远见和综合分析能力的复合型会计人才。核算类会计岗位将慢慢消失，会计转型迫在眉睫，管理型会计人员才是大势所趋。会计人员的着眼点应该转移到更为宽泛的管理会计方面。高校应明确人才培养计划，建立培训机制和提供相应学习资源，提升会计人员财务决策分析能力，才能真正满足企业对复合型会计人才的需要。人工智能的发展为我们带来挑战，同时也带来发展机遇，抓住机遇就能实现双赢，我们必须积极培养适应人工智能环境的会计人才，适应社会对会计人才的需要。

参考文献

覃勤．人工智能环境下会计人才培养研究［J］．农林经济与科技，2017（10）：97.

作者简介：

乐菲菲（1970—），济南大学商学院教授，博士，研究方向为财务管理。

基于 QFD 理论的经管类专业“理实一体化”教学模式研究

李晓冬　柳兴国　安强身

摘　要：将质量机能展开（Quality Function Deployment，QFD）理论应用到高校经管类专业教学模式改善中，能很好地展现高校经管类专业教学模式与各相关方对高校经管类毕业生综合职业能力要求的对接关系。具体包括以下几点：首先，进行需求分析，设计教学质量要素、明确教学质量指标；其次，创建高校经管类专业“理实一体化”教学质量机能展开模型（Teaching - Quality Function Deployment Model，T - QFDM），构建高校经管类专业“理实一体化”教学质量屋（Teaching - House of Quality，T - HOQ），将各相关方对高校经管类毕业生综合职业能力要求的需求展开至教学过程的各具体步骤中；最后，通过不断检验各相关方对高校经管类毕业生综合职业能力要求的需求满足程度，指导教育教学质量持续提升，实现人才培养目标。

关键词：质量机能展开；“理实一体化”教学质量机能展开模型；教学质量；教学质量屋

一、问题的提出

（一）高校经管类专业教学模式现状

理论教学与实践教学紧密结合，历来是培养符合市场需求的人才的前提，实践育人是促进学生知行统一、全面发展的必要环节，是培养学生实践创新能力的重要途径。因此，实践教学是高校教育体系中重要的组成部分。设计科学实用的“理实一体化”教学模式，有助于高校经管类学生提高对基础理论知识及专业知识的理解程度和掌握水平，培养学生的综合实干能力。高校教学模式的传统形式是：高校一般比较重视理工科专业学生的在校实践，除建有校内的实验室和实习中心外，还和企业密切合作，建有若干校外实习基地，实践资源丰富，对学生的动脑动手能力、理论联系实际能力的培养，以及毕业后无缝衔接上岗工作都是强有力的保障。但是，高校经管类专业的教学模式却存在着先天缺陷和后天不足，因为经管类专业属于软科学，所以其校内校外实践不容易实现。因而，造成了高校经管类学生毕业后走上工作岗位时存在若干问题。

（二）高校经管类专业教学模式存在的问题

高校经管类专业的学生是各种组织都需要的人才，但现在高校的教学培养模式还存在以下问题：

（1）学生培养模式先天不足。对高校经管类专业学生来说，首先因为缺乏经管方面的实习，所以对经管基础理论研究的管理对象缺乏了解，进而影响到其对经管理论和方法的理解、掌握和实操。

（2）课程设置存在缺陷。有的开设课程与实际工作（岗位）要求脱节。有的课程根本没有课内实验学时，有的课程中理论是理论，实验是实验，理论讲授和实验是脱节的。致使学生在学习理论知识时没有实践基础及对实践的初步感性认识，而难以理解理论知识及其实践价值，更无法提升用专业思维发现问题、分析问题和解决问题的素质能力。

（3）教学材料落后。教材与参考资料滞后于现实的发展，不能紧跟经管当前的工作岗位实际与发展趋势。

（4）教师的教学过程存在问题。教学理念落后，以讲完为上；教学过程不规范；教学方式多为单向讲授，学生基本上无机会参与；教学手段落后也影响着课堂效率。

（5）教学质量管控与检验存在问题。教学过程质量还缺乏监控、教学质量管理体系还不健全，侧重理论知识点考核，考核学生实践能力的指标和方式基本没有或占比极小。

归根结底，现有教学模式存在问题的主要原因是对毕业生的需求把握不清晰、不准确、不全面，很难实现理论联系，致使高校经管类专业毕业生综合素质差、创新能力不足、就业竞争力低、专业实践能力和社会适应性差。

二、研究的理论基础

（一）质量机能展开（QFD）理论

质量机能展开理论是由质量管理专家赤尾洋二和水野兹于20世纪60年代创立的，适用于并行工程。它是在产品开发过程中，提前明确顾客对产品的各种需求，并为满足顾客的系统化需求设置质量要素和技术水平，由全企业来完成的一种科学的质量保证方法。

（二）质量机能展开（QFD）工具图——质量屋

质量机能展开是一种旨在研制开发阶段就对未来产品适用性进行全方位质量保证的系统方法。它以顾客以及市场对产品的要求为起点，从顾客的需求语言出发，将其转化为设计语言，寻找明确实现目标和保证质量的要素，进而纵向经过部件、组件、零件展开直至工序作业指导书；横向进行技术展开、可靠性展开、成本展开、市场开发与营销服务展开，然后与企业的各项质量职能相对应，即对产品研制与生产过程中可能出现的问题和风险尽量提前予以预警、处理、监控，逐项检查落实，寻求对策，实现保证产品质量的目的。

将上述系统展开形成的图表即为质量屋。这种并行工程质量保证方法可以用于对高校经管类专业教学模式的改进，从而提高高校经管类人才培养的质量。

三、高校经管类专业“理实一体化”教学质量机能展开模型（T－QFDM）——教学质量屋（T－HOQ）

为了提高高校经管类毕业生的就业竞争力，高校应不断改进教学模式。“理实一体化”教学模式就是改变传统教学模式中理论教学与实际工作相脱节的状态，将理论教学与实验教学、实践教学相结合，以使学生在校期间就能通过课程学习熟悉将来的工作实际。高校经管类专业“理实一体化”教学质量机能展开模型（T－QFDM）在需求分析的基础上，从学生、家长和社会对高等教育组织的教育培养过程的要求的语言出发，借助教学质量屋（T－HOQ）将其转化为教学模式设计语言，构造教学质量要素，配置教学要素模块，继而纵向经过各级教学部门展开，横向通过教师的教学文件（课程大纲、课程指南、授课计划、教案）展开，与高校的各项质量职能相对应，并逐项检查落实，寻求对策，控制教学质量，提高各相关方满意度。

“理实一体化”教学模式质量屋主要由五大要素构建：左墙、天花板、屋顶、屋内、地板。

（一）“理实一体化”教学质量屋的左墙

左墙：教学各相关方的教学质量需求及其重要程度。

进行各相关方对高校经管类毕业生综合职业能力要求的需求分析前，应先明确提出需求的各方主体，他们是学生、学生家长、社会用人单位。高校教学模式的好坏先天地影响着培养人才的质量高低，进而影响着用人单位对高校的满意度、学生和学生家长对高校的信任度以及高校的社会美誉度，最终关系着高校的生存与发展。

1. 学生对教学模式的需求

①理论学习：寓教于乐，活泼有趣。②实践练习：情景逼真、身临其境、体验性强。教学过程能模拟实际工作场景，使学生直接到实际的工作岗位上学习，至少要实现每门主要专业课中的最重要章节（理论方法）能到实际中学。③考核方式：灵活综合。

2. 学生家长对教学模式的需求

学生能够顺利地按时毕业，学有所成，有“一技”之长，立即找到合适的工作。

3. 用人单位对教学模式的需求

用人单位需要思维具有创新性，既经过基础理论学习，又经过实操训练，具有综合素质能力，能马上上岗独当一面的员工。

（二）“理实一体化”教学质量屋的天花板

天花板：教学模式质量要素（设计）。

教学模式质量要素：在职能上覆盖各教学部门，在时空上涉及各教学环节，在考核上包括各个方面。因此，需要整合教学内容，营造逼真工作环境，全面考核效果。具体需要设计四大要素模块：

（1）教学内容设计“理实一体化”：无论哪门课程，都应该设计引导案例，并利用一切先进的教学手段给学生演示实际工作状况。不能只讲原理公式，不讲实操。实操使学生在学习新知识的同时，能通过实践加深理解和强化记忆。也能让学生在实践的过程中充分体会不能蛮干、瞎干的道理，明白实操应该有理论的指导。

（2）教学时间分配“理实一体化”：不论是整个学期还是每一节课，都应该设计和加长学生实习、实训、实践的时间。

（3）教学空间布置“理实一体化”：校内实验室（经管综合模拟实验平台）、教师研究室、校外实习基地企业实习、校外兼职实践、各种科创活动赛场都应成为学生课堂的一部分。

（4）教学考核方式“理实一体化”：减少对单纯知识考核的考试占比，鼓励学生参加科创、企业实习和真实创业活动，增加学生参加实践性学习的成绩考核占比。

（三）“理实一体化”教学质量屋的屋顶

屋顶：教学模式各质量要素之间的相关关系（分析）。

教学时间分配“理实一体化”和教学空间配置“理实一体化”都与教学内容“理实一体化”设计密切相关，是一种支持性关系和正相关关系。教学模式只有先实行时间和空间的“理实一体化”，才能保证教学内容“理实一体化”的实现。

（四）“理实一体化”教学质量屋的屋内

屋内：教学模式质量要素（教学措施）与人才培养质量（各相关方需求质量要求）的支持关系。

（五）“理实一体化”教学质量屋的地板

地板：落实“理实一体化”教学模式的教学质量保证措施和考核“理实一体化”教学模式实效的质量指标。

（1）教学内容设计“理实一体化”指标：教学内容在实践性、创新性、新理论、新技能、新行业领域发展趋势等方面的融入程度。

（2）教学时间分配“理实一体化”指标：每门专业课程的实训实践在时间方面的改进与提高，一般来说，在学时安排上全学期应占50%及以上，每堂课应占到20%～50%。

（3）教学空间布置“理实一体化”指标：理论教授场合与实训实践环境的融合度。融合度低的方式是在传统教室里讲授理论的时候放映视频资料展现实操过程。融合度中等的方式是在实训（校内实验室、教师工作室等）现场，教师一边演示一边讲解理论，学生一边听讲一边练习。融合度高的方式是在工作岗位上利用“师傅带徒弟”或“项目管理制”的方式实现教师或单位指导老师一边传授理论知识，学生一边观察一边亲自实干。

（4）教学考核方式“理实一体化”指标：强调过程考核和对学生实践能力的考核。考核成绩由四大部分构成：过程学习效果（考勤、发言、小组作业、研究报告、班长评价、自我评价）占30%，实践效果（模拟练习成绩、上岗实习成绩、兼职时间与单位评价）占40%、期中测试（基础知识）占10%、期末考试（综合考察）占20%。

根据各相关方需求的质量要求，在教学过程的各个环节，建立起一系列流程规范和检查指标，通过设计各种教学质量要素与管理措施保证实现这些指标，达到控制、保证和提高教学质量的教学目标。

四、研究结论

高校经管类专业“理实一体化”教学模式是从尊重学生出发，以学生为本，了解学生及相关方的需求，使学生增加教学过程参与度、提升学生实操能力的教学模式。

（一）软硬件结合配置

要实现理论、实验和实践等教学过程一体化，首先应通过软硬件结合配置实现“理实一体化”教学：硬件就是教室、实验室、实习基地；软件就是教学大纲、授课计划、教材编制、实训软件、实习指导书。

其中最重要的是配合“理实一体化”的教学模式编写教材，教材往往滞后于时代发展，新理论、新方法、新规范、新标准会不断出现，因此，应该顺应时代发展和专业需求，适时编写新教材。

（二）时空融合设计

通过时空融合设计实现“理实一体化”教学：基于质量机能建构的高校经管类学生“理实一体化”模式将颠覆传统教学模式中教学过程时空分离的状况，以及理论教学与实践不能紧密结合的状况，将实现教学过程在时空上的统一，将理论教学的课堂与实验或实践的场所融为一体，使理论教学过程始终贯穿在实验或实践过程中，使理论紧密地结合实际。

（三）师生合作完成

“理实一体化”教学模式培养学生通过多个角度、多个角色、多个岗位、多个职能来体验不同课程知识的交叉融合、综合运用，加深学生对相关经济管理知识的全面理解，提高经管类学生发现问题、分析问题和解决问题的综合能力。让学生有所学、有所思、有所悟、有所练、有所成。

（四）理论知识与实践技能

“理实一体化”教学模式通过教师科学地课堂组织，实现理论知识和实践技能一体化。让教、学、做、练融为一体，通过理论指导实践，使学生通过实践理解理论，将理论知识与实干技能充分融合，从而培养出拥有坚实理论基础和实践能力的专业性经管人才。

高校经管类学生“理实一体化”教学模式即在教学过程中将理论与实践有机地结合起来，将实践教学融入理论教学中，在理论教学中实践，在实践教学中讲解理论知识，真正实现在实践中学理论、在应用中学理论、边实践边学习的理想教学状态，采用“理实一体化”教学模式教学，能够使学生在潜移默化中掌握理论知识，提高学生的实践能力，进而实现和保证专业人才的培养质量，确保满足各相关方的需求质量要求，最终保证实现高校健康持续发展的目的。

参考文献

[1] 杨保成，陈庆樟．应用型本科理实一体化教学模式的实施与探索——以汽车服务工程专业为例［J］．教育教学论坛，2016（36）：156－157.

[2] 熊伟，龚玉．基于 QFD 理论的大学课程教学设计［J］．高等工程教育研究，2006（6）：126－130.

[3] 柯焱林．理实一体化课堂教学质量评价指标体系研究［J］．武汉交通职业学院院报，2013（3）：35－39.

[4] 张帆．电子商务专业理实一体化教学改革模式初探［J］．教育教学论坛，2016（10）：103－104.

[5] 李爱军．地方应用型本科高校经管类专业“理实一体化”教学模式探讨——以国际贸易专业为例［J］．赤峰学院学报，2015（12）：241－244.

[6] 吕小莲，林植慧，吴卫明，等．应用型本科院校“理实一体化”教学模式的研究［J］．大学教育，2016（7）：23－25.

[7] 王丽丽．理实一体化教学模式在 SMT 人才培养中的应用［J］．产业与科技论坛，2016（14）：117－118.

作者简介：

李晓冬（1963—），济南大学商学院副教授，研究方向为营销管理、质量管理。

柳兴国（1965—），济南大学商学院教授，研究方向为营销管理。

安强身（1972—），济南大学商学院教授，研究方向为民间金融。

高校培养大学生创新能力的方法探讨

刘 鹏 韩 丹 宋 磊 郭春燕

摘 要：本文以济南大学教学改革为样本，总结其培养创新型人才的效果，提出提高大学生综合素质及创新能力的建议和方法，提出通过创新型教学改革模式有针对性地开展高校教育与科研工作，提高我国大学生的综合素质尤其是科技创新能力。

关键词：创新能力；实践教学；创新教育

一、引言

中国社会科学院调查指出，我国大学本科毕业生数量在2006—2015年，由370万人攀升至接近800万人，而报告同时指出我国大学生科技创新能力评价指数持续偏低，中国大学生的创新能力在世界大学中的排名是在不断下降的。为了有效改变当前高校教育缺乏科技创新型、综合型人才培养的现状，我们应当将大学课堂知识和实践相结合，研究提高大学生创新素质的方法，培养适合社会和企业需求的，具备独特创新思维和科技创新能力的高素质大学生，这样才有可能更进一步地推进我国科技创新时代的发展。

二、创新的内涵

创新型的思维方式是创造的前提和基础，只有有了不同寻常的思考问题的方式，才可能创造出新的事物和成果。创新不是纯粹的想象，更是一种需要智力和知识相结合的，坚持不懈地投入的劳动，它需要有追逐目标的迫切期望，需要大胆地实践开拓，更长远的分析眼光，通过对已有事物的改造，实现更好的效果或产物。所以说创新的核心是什么？是拓展、发散、求知型的思维方式。如果按照传统的、固有的思维方式，没有创新、创意存在，就不可能有新的解决问题的方法，自然不会有突出的成果。创新的思维方式应当是喜欢尝试、敢于探索，还应当有永不放弃的精神和永不服输的气魄。高校大学生担负着主导中国未来发展的重任，他们应该不畏世俗眼光、勇于怀疑、勇于批判、勇于尝试。而创新思维是创新能力的前提，是一种更高级的从事创新的思维活动，是指发现新问题、思考解决新问题的方法并且产生有价值的新的解决方案的思想功能，包括逻辑性的思维，能够独立、果断、包容和批判的分析看待问题。因此，提高创新能力，从根本上说就要求高校把杜绝应试教育体制下的传统思维方式，培养大学生各具特点的创新性思维作为首要任务。

三、提高大学生创新能力的建议和方法

提高大学生的创新能力，不仅仅是让学生具备创新精神，更重要的是使其在掌握好基础知识之上学以致用。如何有效培养具备创新能力和求知探索精神的大学生，是我国各类高校都面临的教育培养的研究重点，建议和方法包括打造创新型的大学教育培养目标体系，建立具有时代性的创新人才培养理念，构建真实的社会实践环境及更宽泛的课堂知识结构，组建以大学教师为核心的创新型培养指导团队以及营造创新型的高等教育校园文化环境，健全完善相关的指导政策保障体系，形成适合我国高等院校特点的、有利于在校进行各类科技创新的管理机制。下面从三个不同的方面分析高校有效提升大学生创新能力的建议和方法。

（一）培养大学生创新性的思维方式及创新意识

1. 教学理念及教学方法的创新

众所周知，教师传授给学生们的是相对比较成熟的知识，已经经历了社会的认知和历史的检验，这些知识是对传统世界规律的总结和客观的反映，但在科技日新月异发展的今天，我们的社会不断发生着各种变化，已有的知识并非完全符合时代发展的需要。当前的高等教育侧重对传统知识内容的灌输和传播，而忽略了引导学生自主发现现实社会不断改变的规律，因此培养出一批又一批的传统教育体制下的不会思考、不会创新、按部就班、一成不变的“精英”。他们对存在的新问题毫无分析和解决的能力，造成了没有创新性的引导就不会产生创新的教育结果。这就要求当前高校的教育理念要进行一场大的“改革”，应更加注重别具一格的教育理念及人才培养，摒弃以往的一成不变的“灌输式”的教学方法。

2. 课程体系的创新

在经济全球化和科技发展的背景下，许多国内、国外知名院校的精品课程都可以从互联网上下载或观看，这其实也对国内高校课程体系的设置提出了挑战。传统的课程教育模式已不能适应互联网科技时代对创新型人才培养的需求。因此，高校应在课程体系上注重增加选择内容的广度和深度，同时在教学体系中更进一步针对不同的学生特点给出不同的课程选择，以学生的各自特点和选择来主导课程安排，而非用课程来束缚和压制。

通过对教师教学理念、方法及课程体系的改进，转变以往应试教育体制下的教育方法，引进更多的探讨式教学方式，有目标、循序渐进地启发学生自主思考，对培养学生的创新思维以及创意都将是卓有成效的。以济南大学创新培养模式为例，为增强

对大学生创新能力的培养，2011 年济南大学开设了创新思维的公共选修课程，并在课程中向大家展示最新的科技专利案例、创新创业案例，同时邀请校外知名创业者与学生近距离沟通，取得了非常有效的成果。

（二）教学和科研结合，开拓学生的科创精神

教学和科研是高校最重要的两个领域，两者似乎毫无关联，其实并非如此，从另外一个角度而言，它们恰好是相互依存、相互促进、不可分割的一个体系。教学环节是大学传授知识的核心环节，但也是大学科研创新的前提条件；科研是体现一所高校水平和能力的重要因素，科研水平的高低将决定其获得的政府资金支持和软硬件的各类保障，从而又作用于教学环境和条件的好坏。教学和科研两者相互融合，在传递知识过程中发现存在问题，而学生也在吸收知识的过程中自主思考，它们的融合更进一步提高了高校教学的质量。教育部曾不止一次指出，高校应当结合社会需求，顺应科技发展，注重培养具有独立思考能力、创造力、实践能力的综合性人才，显然，这不仅仅是要求学生学习基础知识，更强调动手能力和创造力。科研创新能力也是综合素质的一个考察因素，学校应鼓励学生在学习之余更多地关注科研，将课堂上自己感兴趣的知识与课下的研究相结合，培养学生的科研兴趣，让更多的同学投身到教师的科研团队中，为培养和提高大学生的创新能力和实践能力营造良好的校园氛围。关注大学生参加各类社会或企业的实践成果，包括校内各种创新性活动，更多地推进高校与社会、企业之间的各类合作，使大部分学生在吸收课堂知识的同时也可以进行社会热点问题、难题的研究乃至科技创新，在更深层次上培养学生的自信心。

进一步提高学生创新能力的方法就是激发学生的兴趣。高校应当进一步明确科研对教学的促进推动作用，引导教师将自己研究的科研问题、社会难题以及自我见解在课堂上与同学们分享，可以适当地进行小组讨论，同时加大高校师生对科技创新的认知度和宣传力度。可以根据教师的研究方向设定选题，让大学生自主分成科研小组，协助教师收集资料，分析问题。一方面，可以分担教师科研的压力，另一方面，通过自身的耳濡目染会对部分有潜力的学生起到科研引导的作用，激发其科研兴趣，也是有效培养大学生科技创新能力的一种重要手段。

（三）利用“创新”“创意”大赛作为培养创新力的“发动机”

通过对济南大学创新培养模式案例的分析，本文认为创新教育是一种启发式教育，而教育的结果反映在学生现有知识基础上各自不同的创新思维和能力技巧，这并非知识的简单累加，更像是引导及对主体的启迪。济南大学以及国内其他高校应用的主要是一种通识教育体系，应试教育中，学生可以通过考试成绩得到肯定，但是在创新培养模式中，如何有效检验学生能力，从而使大学生得到自我肯定呢？自 2010 年以后，国内教育部门不断推出各类“创新”“创意”大赛，鼓励大学生的各类创新、创业行为。参加这类比赛，不但有助于大学生在比赛过程中培养团体合作意识及竞争意识，

还可以培养学生的动手能力及实践创作能力，同时可以作为检验其创新能力的手段，学生通过各类比赛的成果对自己的各项能力进行验证，得到自我肯定后，也会反过来继续推动其对创新和学习。

同时，高校应当为各类创新大赛提供比赛经费和其他设施，如以项目资助方式给予参赛同学经济补贴，为团队提供实验室及图书馆等配套资源；建立以指导教师为核心或以团队为单位的相应的激励机制，将大赛的指导工作纳入日常考核和评比中，组建一支指导团队，以教师为主体，吸收各类大赛的优秀获奖学生作为成员，承上启下，传递大赛的各种心得和经验；对各类“创新”“创意”大赛设置评级，对不同种类的大赛设立奖励和激励机制，同时将比赛的获奖情况纳入优秀学生干部评选、优秀毕业生评选及学校保送研究生等考核体系中。通过以上几种方式，让大学生在不断地尝试和学习中建立起发现问题的能力，并能做到开拓性地辩证思考，创造性地提出观点，进行分析、判断，真正把课堂知识和实践结合起来。

四、创新教育实施效果

本文对济南大学管理学院电商专业 2011 级大学生在创新教育培养模式下的情况，在大一和大四时分别进行了对比分析，建立了一个全面反映各方面情况的评价指标体系，较为真实地体现了创新教育的效果。

（一）样本概况

选取济南大学管理学院电商专业 2011 级共计 126 名大学生作为样本，该样本群体经历了学校自 2011 年推行的创新培养计划。本文采用问卷调查的形式，回收问卷 125 份，有效率达到 99%，并进一步汇总了调查数据，做了模型分析。

（二）对创新型高校教育培养模式的认可度

被调查者中，认为学校连续四年的创新教育非常必要的占 71%，认为有必要的占 18%，认为一般的占 10%，认为没有用的占 1%；而在其他传统教育模式培养的学生中，有 52% 认可创新教育的重要性，40% 不认可，还有 8% 的学生认为与己无关。在自己的职业发展计划方面，80% 的学生都有非常明确的目标，并且随着时间的变化不断修正；17% 的学生有目标，但是不确定；只有 3% 的学生不知道将来从事何种专业，比较盲目；但是没有经过创新教育的学生只有 30% 有明确的目标，并能为此努力，70% 的学生不知道或者不曾思考如何制定人生目标，只是完成学业，对将来的发展没有想法。

通过创新教育模式培养的大学生创新创业意识有明显增强，同时最显著的特点是充满自信，并且学会了在日常工作和学习中找寻创新、创业的机会，这也是社会和企业非常期望和需求人才具备的能力；而其他专业传统教育培养模式下的学生，在创新能力、企业需求匹配、自信心和抗打击度等方面存在明显的不足。

（三）对创新和就业的思想状况以及心态的调查情况

被调查者中，认为尝试创新创业一定可以成功的占60%，有可能成功的占35%；通过课外科技活动如创业计划大赛、挑战杯等提高自身创业能力的有47%，通过参加创业实践情景模拟，如ERP（企业资源计划）、企业沙盘模拟大赛提升能力的有30%，参加过大学生创新类大赛的有84%，开展社会调研与实践活动的有79%，大部分学生在校四年都培养了较好的创新思维，锻炼了自身的能力；而没有进行过培训的学生中，只有15%左右参加过这些活动，绝大部分没有创新意识和经验。

综上所述，高校创新性人才教育模式无论对国家、社会还是大学生自身，都有着重要的价值和意义。教育部和地方各级政府的政策引导和推动，为大学生创新创业提供了制度上的保障，同时高校、企业的各类实践及合作活动也为广大学生提供了实践创新平台和环境。但是，开展创新教育、推动创新型社会建设是一个长期而又艰巨的任务，关键是要构建一个符合我国高校实际情况和各自特点的创新教育模式。这个模式不应该是一成不变、按部就班的，高校通过建设适合自身情况的教育培养模式，能够真正拓展学生的创新思维，培养创新能力和专业实践能力以及创业能力，最终提高学生的整体科技创新能力。

五、结语

本文以济南大学创新教育培养模式为例，并对其培养效果做了总结分析，给出培养和提高当前大学生科技创新能力的建议和方法，研究创新的各种特点和培养当前大学生科技创新能力，应该是高校需要更多关注的领域。在后续的研究探索中，我们将继续以济南大学为研究样本，在不同专业领域分别设计符合其专业特点的创新培养模型，分析采用科技创新性的教学方式与应试教育方式的效果差别，按照线性回归模型找出某类专业或者某类高校所适合的教育培养模式。

参考文献

［1］孙利．树立科学的人才观［J］．奋斗，2015（4）：37－38.

［2］刘艳．创新创业教育与专业教育的深度融合［J］．中国大学教学，2014（11）：35－37.

作者简介：

刘鹏（1980—），济南大学商学院副教授，硕士，研究方向为信息管理及电子商务创新方向。

韩丹（1980—），济南大学商学院讲师，硕士，研究方向为食品安全及供应链管理。

宋磊（1978—），济南大学商学院教授，硕士，研究方向为信息管理。

郭春燕（1976—），济南大学商学院讲师，硕士，主要从事信息管理及软实力研究。

“新常态”背景下外贸人才培养模式创新研究

刘祥霞　张　桢　张　莹

摘　要：随着外部环境压力的增大和国内发展动力的不足，我国出口贸易增速近年来不断出现下滑，外贸发展进入“新常态”。在新旧动能转换时期，高校应分析目前国际经济与贸易专业人才培养模式存在的问题以及外贸发展对人才需求的影响，从而对外贸人才的培养模式进行调整以适应社会发展和企业的需要。

关键词：外贸人才；新常态；培养模式；创新

随着全球经济低迷和国内经济增速放缓，中国对外贸易的发展也遇到了较强的压力，出口增速放缓已成为常态，实现外贸的优进优出成为“十三五”的重要目标之一。一方面，这使得国际经济与贸易专业的学生就业越来越困难；另一方面，很多外贸企业难以寻找到合适的外贸人才。为了解决这种矛盾，本文通过梳理现有的国际经济与贸易专业培养方案，分析国内外贸发展所引起的对外贸人才需求的新变化，对高校外贸人才培养提出改革建议。在外贸新旧动能转换背景下探讨国际经济与贸易专业人才培养目标和方向，具有重要的实践和指导意义。

一、高校现有外贸人才培养模式存在的问题

（一）人才培养目标和培养规格不够明确

目前，很多高校的人才培养目标和培养规格不够明确，培养重点和专业特色不明显，导致对外贸人才的培养与社会需求相脱节。据统计，国际经济与贸易专业的学生毕业从事本专业的仅有 20%，从事与之相关的行业约占 20%，约有 50% 的毕业生从事的是与本专业无关的行业，造成大量教育资源的浪费。

（二）课程体系设置不合理

有些地方高校在国际经济与贸易专业的课程设置方面没有特色，往往参照国内重点大学的培养方案设置课程体系，没有考虑本区域经济和社会发展的需求，且一些高校多年来一直沿用相同的教学模式，没有紧跟社会经济、贸易发展的新变化作出调整，

课程类型相对陈旧、粗泛，课时分配不合理。有些课程的总课时偏多，存在理论课程比例过大、实践性较强的专业技能课程比例偏低，专业必修课过多、而选修课过少的现象。

（三）专业实践教学环节薄弱、实训基地建设不充分

在目前高校的培养方案中，原有教学条件的限制使得国际经济与贸易专业的课程更侧重于理论环节，实践教学环节相对比较薄弱。一些实务类课程尽管设有实践课时，但由于实验室建设不够充分以及师资力量的限制，很多实践课时并没有按时完成，仍然以课堂讲授代替。特别是在模拟实训环节中，受制于实践学时和经贸软件更新不足的限制，学生对外贸具体流程的掌握，并没有得到足够的锻炼和培训。再加上，目前高校的很多校外实训基地，受制于建设规模和合作深度的限制，学生很难利用这些基地从事第一线的工作，不利于学生培养相关的专业技能。

（四）师资队伍结构不够完善

目前，很多高校对教师的招聘，大多是以学术研究能力作为基本的引进条件，缺乏对具有外贸实践经验的高级人才的引进。由于引进的专业教师缺乏实践经验，因此在授课时只能单一地讲授理论知识，很难培养学生的专业技能，提高学生的实践经验，且一些高校忽视了对“双师”型人才的培养，教师缺乏进入企业培训和挂职锻炼的机会，无法增强自身的专业素养和实践教学能力。

二、外贸发展进入“新常态”对外贸人才需求的影响

（一）贸易强国目标对外贸专业人才素质的要求全面提升

商务部国际贸易经济合作研究院在 2010 年的《后危机时代中国外贸发展战略研究》中提出，未来十年中国将推动货物和服务贸易双双实现“倍增”，到 2030 年前后“初步实现贸易强国的目标”。虽然从贸易总量来看，中国已经成为贸易大国，但与贸易强国相比仍然存在较大差距。我们要实现从贸易大国向贸易强国转型，一是必须摆脱对传统要素的依赖，增强品牌和营销渠道等服务环节的发展，提高产品质量；二是改变服务贸易薄弱的局面，实现产业链升级；三是积极参与国际经贸合作，增强制定全球贸易规则的能力。在这一过程中，对人才的需求必然发生转变，对外贸人才的素质要求全面提升。仅是单一的学习营销、外语、外贸等专业知识已不能满足社会对于外贸人才的需求，而对于能较为全面地掌握金融、管理、电子商务和国际商务谈判等复合型人才的需求将不断增加。

（二）新贸易业态的发展推动了传统外贸人才外延的不断扩大

中国外贸企业自主开拓国际市场能力进一步增强。在“十二五”期间，民营企业

成为外贸发展的重要力量，在我国出口贸易总额中的比重首次超过外资企业，由 2001 年的 7.3% 提高到 2015 年的 45.2%。跨境电子商务、市场采购贸易等新型贸易模式成为新的外贸增长点，2015 年增幅分别超过 30% 和 60%。以民营企业为主体，以跨境电商、市场采购贸易和外贸综合服务企业为代表的新动能正在聚集，将成为引领未来外贸平稳发展的重要力量。这使得企业对传统外贸人才的需求外延进一步扩大，原先传统的培养模式已无法适应新的发展要求。新的历史时期，新贸易业态的快速发展对外贸人才的专业技能和素质、对外贸流程的精通程度、开拓市场的能力、语言能力、法律知识等提出了多方面的要求。

（三）“一带一路”政策的提出推动了复合型外贸人才需求的攀升

2015 年 3 月 28 日，国家发展和改革委员会、外交部、商务部联合发布了《推动共建丝绸之路经济带和 21 世纪海上丝绸之路的愿景与行动》，并提出了“五通”的合作重点，即政策、设施、贸易、资金、民心相通。随着“五通”的提出，中国与“一带一路”沿线国家的经贸合作不断深入。近年来，中国与沿线国家贸易总额增速高于全球平均水平，投资总额也在不断增加。但由于存在缺乏国际化经营管理人才、投资经验不足等问题，企业在利用“一带一路”倡议“走出去”时也面临着许多实际困难。而“一带一路”所提出的资金和贸易融通，都需要高校在国际经济贸易专业建设中做好课程建设布局和人才培养的创新。知识结构全面，了解本地经济文化，有一定小语种知识的复合型外贸人才将成为“一带一路”倡议推行中亟须重点培养的人才。

三、“新常态”背景下对外贸创新人才培养模式进行改革的建议

在新的历史条件下，要保持外贸稳定增长、实现优进优出的目标，外贸人才的培养成为关键，而过去单一性的人才培养模式已经无法满足社会的需要。《国家中长期人才发展规划纲要（2010—2020 年）》中明确提出“把促进人的全面发展、适应社会需要作为衡量教育质量的根本标准”，并“大力开发经济社会发展重点领域急需紧缺专门人才”。因此，在新旧动能转换的背景下，要解决外贸就业中的矛盾，应逐渐建立健全学生自主选择教师、自主选择课程、自主选择学习进程的制度，培养基础扎实、具有国际化视野、具备良好的外语交流能力、可从事对外经贸活动的高素质复合型专门人才，并构建与其他专业联合培养复合或交叉人才的新模式。

（一）加强理论与实践相结合培养创新型外贸人才

借助国内有利的政策以及学校、教师所掌握的行业内资源，提高学校与地方、与企业的联合培养能力。一方面，需要改革现有的实践教学环节，充分利用和升级目前高校拥有的经贸实训室和实践基地，通过模拟实习和课程设计强化学生对理论和实践知识的初步运用；另一方面，需要借助企业家讲堂、校内外竞赛以及专兼职“双师型”

导师等，使学生将知识不断进行检验，通过“引进来”和“走出去”相结合的实习锻炼理论知识的实际应用，使学生真正把所学到的理论知识用于解决实际问题，提高学生的外贸实战经验和创新能力。

（二）面向新贸易业态的发展，进一步优化课程知识体系

培养高校国际经济与贸易专业的学生，高校应该重视各地区和各种企业，特别是民营企业对外贸人才的实际需求，通过设置问卷和进行访谈的方式展开实际调研，了解外贸企业以及跨境电商、外贸综合服务企业、市场采购贸易等新贸易业态的需要，包括外贸人才对外贸相关专业知识的掌握、具备的品质和从业素质、适应能力等，从课程设置、实践环节、师资培训、情商培养、素质拓展等方面着手改革现有的国际经济与贸易专业课程体系，使得外贸专业的毕业生更符合本土经济和社会发展对外贸人才的需求，更好地实现就业。

（三）借助“一带一路”政策，加大对国际化专业外贸人才的培养

1. 不断推进国际经济与贸易专业国际化进程

在本专业建设中，可加大对“一带一路”沿线国家留学生的招引和培养，建设国际化人才培养基地。这部分留学生不仅可以成为未来企业和外贸人才走出去的重要战略财富，也为专业建设实现国际接轨提供了平台，更有助于培养国际专业化人才。

2. 要重视“一带一路”跨文化研究和对相关商贸法律、小语种人才的培养

在本专业学生培养中，要注重引导学生理解“一带一路”沿线国家文化历史，特别是熟悉有关商业文化和礼仪、法律知识，并注重培养一些能掌握小语种的外贸专业人才。

（四）加强师资队伍建设，完善师资队伍结构

1. 邀请相关企业外贸从业人员进入学校给学生授课

在本专业的培养方案中，设立相关的实训模块，邀请校外企业或金融机构的从业人员到学校给学生讲课、定期举办相关企业讲座等，使学生对外贸行业有更加直观的了解，并增进学生对外贸专业的兴趣和能力，提高学生的实战技能。

2. 加强对本校专业教师的培训，增加“双师型”教师数量

应该逐步建立对现有专业教师的实践能力进行培养的机制，克服专业教学任务繁重以及科研压力较大的困难，鼓励教师特别是青年教师到企业进行挂职锻炼。通过不断提高现有人员的实践教学能力，使教师改变目前偏重理论教学的模式，将理论和实践在课堂中充分结合。

参考文献

[1] 周恩德，杜小艳，耿杰．新常态下国际经济与贸易专业人才培养模式研究

[J]．对外经贸，2015（10）：137－140.

［2］周敏仪，文嘉仪．新常态经济下外贸应用型人才需求情况调查研究——以深圳市为例［J］．对外经贸，2016（8）：158－160.

［3］杨会全，邝子茜．新常态下应用型本科国际经济与贸易课程体系重构的思考［J］．经营管理者，2016（27）：453.

［4］尚爱英，孟书霞，王军英，等．“新常态”下国际贸易应用型人才培养模式研究［J］．现代商贸工业，2017（14）：30－31.

［5］李世红．“一带一路”背景下　跨境电商人才培养体系创新研究［J］．港口经济，2017（2）：55－59.

作者简介：

刘祥霞（1979—），济南大学商学院副教授，博士，研究方向为国际贸易政策与理论。

张桢（1977—），西北工业大学管理学院在读硕士，研究方向为工程管理。

张莹（1981—），济南大学商学院讲师，硕士，研究方向为医疗信息化。

基于 DSR 框架的高校跨学科人才培养问题探讨

刘 洋

摘 要：跨学科人才培养是高等教育改革与发展的重要趋势。本文基于驱动力—现状—响应（Driver - State - Response，DSR）框架，分析了跨学科人才培养的内部和外部驱动力，在总结国内外跨学科教育现状的基础上，明确了我国跨学科人才培养面临的主要问题，同时结合国外高等教育的成功经验，探索我国高校跨学科人才培养的响应机制，以应对存在的相关问题，从而为我国高等教育的发展和创新型人才的培养提供理论支撑。

关键词：跨学科；人才培养；DSR 框架；高等教育

现如今，知识日益丰富，科技迅速发展，社会不断进步，对人才培养提出了新要求。在日渐综合化、复杂化的社会背景下，学科之间的关联性逐渐加强，界限也越来越模糊。跨学科（Interdisciplinary）是指超越单一学科边界，涉及两个或两个以上学科的知识创造与传播活动，是多种学科合作的统称。随着高等教育改革的深入，跨学科教育（Inter disciplinary Education，IDE）已经从边缘向主流发展。为此，推进跨学科人才培养模式，造就具有复合知识、综合能力与高素质的拔尖创新人才，已成为高等教育改革与发展的重要趋势。本文借助联合国可持续发展委员会（CSD）提出的驱动力—现状—响应（Driver - State - Response，DSR）框架，围绕跨学科人才培养这一核心问题，分析其产生的驱动力、发展现状及其响应机制，并结合我国高校的实际情况，提出可行的优化路径，从而为我国高等教育的改革与发展提供理论支撑。

一、跨学科人才培养的驱动力分析

DSR 框架分析首先需要分析其驱动力（Driver），具体来说，主要是跨学科人才培养的外部与内部驱动力。

（一）外部驱动力

21 世纪以来，世界范围内涌现出了一大批新兴交叉学科，科学技术在进一步分化的同时，也走上了高度综合的道路。自然科学、社会科学和工程技术之间互融互通，促使新的科技不断产生。据统计，20 世纪获得诺贝尔自然科学奖的 466 位科学家中，具有学科交叉背景的人数占 41.63%。科技研究的现状表明，单一学科知识已经难以解决复杂问题，只有具备多学科知识，才能深入认知事物的相关性和整体性，去粗取精，去伪存真，发现新问题，进行科学创造。同样地，在环境、人权、宗教、医疗等社会重大问题上，跨学科教育有利于培养学生系统、综合、开放的思维方式，使学生具备从广阔视角思考和处理问题的能力，从而有助于解决现实中复杂的社会问题。正如法国作家普鲁斯特所言："真正的发现之旅，并不是去寻找新大陆，而是采用一种新视角。"通过跨学科教育帮助学生寻找新视角，探索新道路，是科学技术研究和社会问题处理的必然选择。

我国的高等教育虽然取得了举世瞩目的成就，但在创新型人才培养方面仍存在不足，因而有了"钱学森之问"，即为什么我们的学校总是培养不出杰出的人才。解决"钱学森之问"成为我国高等教育改革的核心内容。2015 年 5 月，国务院办公厅印发了《关于深化高等学校创新创业教育改革的实施意见》，主要任务之一便是建立创新人才培养机制，要求"高校要打通一级学科或专业类下相近学科专业的基础课程，开设跨学科专业的交叉课程，探索建立跨院系、跨学科、跨专业交叉培养创新创业人才的新机制，促进人才培养由学科专业单一型向多学科融合型转变"。2017 年 9 月，中共中央办公厅和国务院办公厅印发了《关于深化教育体制机制改革的意见》，再次强调把创新创业教育贯穿于人才培养全过程，通过建立健全学科专业动态调整机制，完善课程体系和学分制，实施灵活的学习制度和创新教学方法，着重培养适应社会需要的创新型、复合型、应用型人才。由此可见，在我国高校创新创业教育改革背景下，跨学科人才培养必将成为高等教育发展的重要落脚点。

（二）内部驱动力

跨学科人才培养的内部驱动力，主要源于高校学科发展和学生学习需求两方面。大学教育通过设置自然科学和社会科学等众多课程，培养学生探索并解决相关基础研究问题的能力。由学科交融而产生的综合性科学理论，有助于进一步解释基础研究问题，并不断诱发新的研究问题，从而推动科学的创新。综合性科学理论以及由此产生的综合学科、交叉学科促进高校学科由单一学科结构逐渐转向多学科、跨学科结构。因此，高校人才培养模式也应紧跟学科的发展而产生相应的变化。

具有跨学科性质的专业课程体系中，多种学科知识紧密相连，不仅需要学生掌握本专业知识，还要理解、掌握与本专业相关的学科知识，能够做到融会贯通。在这种情况下，高校应设置跨学科人才培养机构、专业及课程来拓展专业涵盖面，使学生克服知识的局限性和认识的单向性，提高综合能力。与此同时，大学生群体的异质性与多样化日益突出，学生的兴趣爱好和个性需求也存在显著差异。尤其是面临错综复杂的就业环境，通过设置人文、自然及社会等交叉学科的课程，高校建立起跨学科的人才培养模式，以满足不同学生的学习需求，有效应对未来环境的不确定性，提高学生的社会适应能力。

二、跨学科人才培养的发展现状分析

DSR 框架中的现状（State）是指研究问题的实际表现状态，具体到本文中主要是指跨学科人才培养的国内外发展现状。

（一）国外发展现状

目前，跨学科人才培养已成为国际高等教育改革的趋势，各国政府纷纷通过制定相关的政策法规加以引导，推进跨学科教育。美国许多研究型高校通过建立跨学科教学中心和科研中心，协调和推动跨学科的科教研究和人才培养。例如，密歇根大学始终把发展跨学科研究与教学作为学校的一项重要任务，通过建立跨学科协同教学委员会来协调跨学科的具体事宜；启动 MITT 资助项目，每年资助 4 门新的跨学科协同教学课程和学位计划，并批准设立新的教学计划和课程，同时还提供资金、教学咨询，以帮助学校开设跨学科教学研讨班。美国斯坦福大学的本科教育采用厚基础、宽口径的课程体系，并在人类健康、环境和可持续发展、国际化及艺术方面推出了多学科教学与研究的行动计划，以促进跨学科教育与科研的融合。麻省理工学院建立了 60 多个跨学科研究机构，承担跨学科科研工作与本科生培养任务；专门成立了“科学、技术与社会规划”（STS）学院，在自然、技术、人文及社会科学相互交叉的学科领域进行跨学科研究与教学。此外，普林斯顿大学的“综合科学”（Integrated Science）课程计划、约翰·霍普金斯大学的跨学科主修专业框架、加州大学洛杉矶分校的“跨学科课程串”，以及宾夕法尼亚大学的跨学科复合课程等均是美国高等院校的跨学科教学的典范。

英国的高校强调教育的效率和效益，强调宽口径教学，着力培养复合型人才。很多高校都为本科生开设跨学科的综合性课程，重视多学科交叉训练，鼓励本科生选择涉及多个学科领域的课题进行研究，培养学生的综合能力和开放性思维。例如，牛津大学 1/3 课程都是由两种以上科目组合而成，如经济学与工程科学课、哲学与数学课、生理学与哲学课等。利兹大学采用创新人才培养模式，在理科、现代语言、艺术与社会科学等学科领域设置了多种组合课程，包括音乐与电子工程、音乐、图像与艺术表演等不太常见的学科组合，并利用已有研究基础和最新技术为教学提供支撑。英国曼彻斯特大学根据学科群组织本科教育课程，不同学科的课程模块交叉融合形成不同专业，以满足学生多样化的学习需求。此外，伦敦大学的双科荣誉学位制和跨学科学位制，斯特林大学以研究为主导、跨学科教育的课程体系等均为宽口径教育模式，有利于开拓学生的思路，为创新人才的培养构建了综合的知识结构和坚实的学科基础。

此外，德国高等教育实行人才分类培养，其高校主要分为综合型高校和应用科学型高校两大类。其中，综合型高校强调专业理论知识的系统化，注重培养学生较强的科学研究和独立工作能力。例如，柏林工业大学强调教育的系统性和综合性，开设了大量的理工科、人文、社会学科课程，并成立了众多跨学科的教育和科研机构，在促进学科整合及前沿学科发展的同时，培养高层次、复合型人才。日本高校注重校企联合办学，积极开展跨学科教学与研究。例如，名古屋大学建立了由单一学科专业群和复合专业群组成的流动型教育体系，从而推进学校课程体系的弹性化和综合化，培养复合型高层次人才；九州大学实施学府—研究院组织制度，突破一般高校的组织结构和形态，实现了高校教育的跨学科发展，也提高了高校对外界的适应性和灵活性；筑波大学将人文科学、社会科学、自然科学、工程技术组成多个学科群，其下设置学类，开展跨学科教学和科研。

（二）国内发展现状

我国高校人才培养多以单一学科制为主，学科专业之间形成森严的壁垒，难以培养解决重大科学、技术、社会、经济问题的复合型创新人才。为改革人才培养模式，促进跨学科发展，国家在实施“211 工程”时便提出了学科交叉的理念。2015 年国家出台的《关于深化高等学校创新创业教育改革的实施意见》中，提出建立跨学科培养创新创业人才的新机制，以促进多学科融合型的人才培养模式的发展。我国一些高校在国家政策推动和国外高等教育发展启示下，也开始进行跨学科人才培养的探索。例如，中山大学通过与国内外一流教育机构合作，构建了众多有影响的学科汇聚平台，包括逸仙学院、中山大学—卡内基梅隆大学联合工程学院、中法核工程与技术学院、移动信息工程学院、超级计算学院等，从而有效促进学校教学与科研互动发展，有助于高素质创新型人才的培养。总体来看，我国高校跨学科人才培养现状可归纳为四方面：一是在一级学科下开设通选课（或公共课），其下所有二级学科的学生共同学习；二是学生通过参与导师跨学科课题研究来提高综合能力；三是学生到其他学院的课堂上选修相关课程，以弥补知识的欠缺；四是学校通过召开学术论坛、跨学科讲座等方式，为师生提供更多交流机会，开拓研究和学习视野。

然而，我国高校由于现有管理制度和考核体系的约束，尚未实现真正的多学科融合，仍存在如下几个问题：

（1）院系本位观念根深蒂固，院系之间难以实现资源整合。尽管高校支持跨学科人才培养，但在学院层面上没有真正形成资源整合、共享及信息互动，跨学科教师之间的交流合作机制也未建立，对跨学科人才培养目标缺乏整体把握。

（2）跨学科人才培养制度和平台缺乏。高校没有从宏观层次上建立起指导跨学科培养的方针政策，没有建立承接跨学科研究任务的载体，难以组织相关的人力、物力进行跨学科平台建设。

（3）跨学科课程设置缺乏科学合理的规划。目前我国高校的跨学科教学普遍存在课程体系规划不完善的问题，尤其是在实际操作中，高校对跨学科课程的目标和价值取向缺少深刻认识，与跨学科人才培养目标不协调。

(4）跨学科教学质量评价标准欠缺。一般来说，教学质量的评价按照所在一级学科或者二级学科的要求标准进行评定，但针对跨学科教学来说，这样做可能会导致评价不全面和不公平，进而影响教师教学和学生学习的积极性。

三、跨学科人才培养的响应机制分析

DSR 框架中的响应（Response）是指针对研究问题的现状而产生的响应机制。针对我国跨学科人才培养现状的主要问题，我国高校需要建立响应机制，采取应对措施，促进不同学科的交叉融合，培养具有跨学科知识结构、思维能力及科学素养的创新型人才。响应机制包括如下几个方面。

（一）合理制订教学建设规划

跨学科人才培养首先应做好教学建设规划。美国的《促进跨学科研究》报告中指出，要在大学水平上进行跨学科管理，而非局限于学院水平。这说明跨学科教学建设规划应建立在大学的多层级上，根据学校的发展目标和专业特色，探索合适的规划方案与相关的配套制度。具体而言，就是要在学校和院系层面建立组织保障制度、日常工作制度、学生管理制度、教学考评制度等。同时，在机构建设、人员配备及经费投入等方面也需制定详细的计划方案，切实推进跨学科人才培养机制的建设。

（二）尝试探索跨学科教研平台

跨学科教研平台是跨学科人才培养任务的载体。国外高校的跨学科教研平台一般有两种形式：一是建立跨学科研究中心，开设研究项目及教学课程，并设置联合教师职位，成立跨学科教学团队，支持学生进行跨学科学习；二是按照研究方向而非传统的学院模式来组织教学和科研，具有学科整合式的学术组织结构，其灵活性和流动性较强。据此，我国高校可结合自身的实际情况进行教学改革，尝试建立超越学院层次的跨学科组织，打破学科壁垒；同时，给学生提供跨学科的学术交流平台，以拓展学生的视野，培养具有创新思维的高层次人才，从而全面推动跨学科人才培养机制的落实。

（三）科学优化课程体系

科学的课程体系建设是跨学科人才培养机制的核心内容，它是指以培养复合型、创新型人才为目标，在调整学生培养方案的基础上，按照“宽专业、厚基础”的原则，进行课程设置，选择有内在联系的相关专业，制订系统的、结构合理的课程体系。一般来说，通识教育课多为基础性课程，可为学生提供更多的选择机会，因此可以将通识课作为切入点，探索跨学科课程在通识课教学中的应用。同时，高校应鼓励教师在专业课中开拓新领域，整合多学科知识，探索跨学科教学的内容和方法。此外，在课上可以将探究和提问作为贯穿教学过程的主线，结合多样化的教学方式，引导学生参与课堂互动；课后可鼓励学生参加老师的跨学科研究项目，指导学生参与课外科技创新和社会实践活动，从而为跨学科人才培养提供良好的环境。

（四）完善教学评价标准

教学评价标准的转变有助于规范跨学科人才培养过程，激发教师开展跨学科教学。国外著名高校多采用多样化的教学评价形式，如通过教师表现性评价、全国学生调查和国际学生晴雨表调查等形式评价教师的授课情况，了解学生对教学内容的掌握程度及学生学习感受等。我国高校在跨学科教学中可以借鉴相关的评价体系，转变传统的重结果的评价方式，关注过程性评价，重新审视和界定关于教师教学和学生学习的评价标准，关注学生各项能力和综合素质的提升，从而不断调整和改善跨学科教学方式，提高跨学科教学质量。

四、结论与展望

跨学科人才培养是高校适应学科发展和社会需求的必要途径，本文基于 DSR 框架分析了跨学科人才培养的驱动力、发展现状以及响应机制。结果表明，跨学科人才培养的外部驱动力为世界科技进步和创新型人才需求，内部驱动力为高校学科发展和学生学习需求。跨学科人才培养的发展现状方面，发达国家已有序推进，我国虽有一些高校尝试探索，但普遍存在教育机制方面的问题。为此，应在教学建设规划、教研平台、课程体系及教学评价标准方面采取相应措施，以推动我国跨学科人才培养。

本文为我国高等教育的改革与发展奠定理论基础，也为培养复合型、创新型人才提供有效途径，未来可结合我国高校的典型案例进行解析，推动理论成果的实际运用，不断丰富、深化和完善跨学科人才培养机制，建立一整套行之有效的工作程序与方法，形成详细的规划方案，以点带面推动我国跨学科人才培养的不断深入与扩大，促进具有综合能力、创新思维及高素质的人才不断增加。

参考文献

[1] 刘小平．高等教育中基于问题的跨学科学习［J］．中国成人教育，2016（12）：12－14.

[2] 刘仲林．跨学科教育论［M］．郑州：河南教育出版社，1991.

[3] 陈其荣，殷南根．交叉学科研究与教育：21 世纪一流大学的必然选择［J］．研究与发展管理，2001（3）：44－48.

[4] 李一菲，钱天伟．中美高等教育的差异及其启示［J］．教育理论与实践，2013（24）：16－18.

[5] 谢和平. 综合性大学的学科交叉融合与新跨越 [J]. 中国大学教学，2004 (9)：4 - 6.

[6] 孙美荣. 牛津大学教学评价的特色与启示 [J]. 重庆高教研究，2014 (6)：72 - 76.

[7] 王振超. 面向国际"实战"育人——曼彻斯特大学 [J]. 教育与职业，2014 (10)：104 - 105.

[8] 张炜. 德国柏林工业大学的跨学科学术组织 [J]. 比较教育研究，2003 (9)：59 - 61.

[9] 吴琦来，魏薇. 日本高等教育交叉学科建设的范例及其启示 [J]. 比较教育研究，2008 (3)：26 - 30.

[10] 吴宏元，郑晓齐. 日本九州大学新型的教育和研究组织结构及其启示 [J]. 高等教育研究，2005 (1)：93 - 97.

[11] 许长青. 跨学科教育与创新型人才培养的探索——以中山大学为例 [J]. 煤炭高等教育，2014 (3)：6 - 11.

作者简介：

刘洋（1986—），济南大学商学院讲师，博士，研究方向为环境管理与政策及资源环境审计。

高校商科类专业能力导向型人才培养模式探索*

柳兴国　杨美艳

摘　要：构建能力导向型人才培养模式有利于满足社会对商科应用型人才持续增长的需求。本文分别从学习能力、专业胜任能力、人际交往能力与创新实践能力四个方面，分析高校商科类专业人才培养模式的能力结构要求，并提出当前我国高校商科类专业能力导向型人才培养模式存在的问题，在此基础上提出从增强学生自主学习能力、鼓励学生参加职业技能考试、强化实践教学环节与内容以及积极举办创新实践比赛几个方面构建商科类专业能力导向的人才培养模式的建议。

关键词：能力导向；人才培养；商科类专业

一、引言

人才培养模式是指在一定的教育理论、教育思想指导下，根据特定的培养目标和规格，以相对稳定的教学内容和课程体系为依托，对不同类型专业人才、教育和教学模式、管理制度、评估方式及其实施过程的总和。能力导向型人才培养模式突出能力的实效性和人才的“实用型”，体现注重应用能力和技能培养的特色。能力导向型人才培养模式以培养学生在实际应用各方面能力为主要特色，以适应社会需求为目标，以培养学生的技术应用能力为主线，科学设计人才培养的知识结构、能力结构和素质结构，优化培养方案，努力为社会培养综合素质较高，学习能力、专业胜任能力、人际交往能力及创新能力较强的能力型人才。这里所指的“能力”，是“知”与“做”有效结合、胜任某领域工作任务的综合能力，这种能力不但可以表现一个人的工作水平，也可以表现一个人的基本素质。

随着我国经济社会的快速发展，社会对商科类专业人才的需求状况也发生了较大的变化。商科类专业是实践性很强的应用性学科，高校要通过实践给学生以思维素质的训练、行为规范的训练、基本技能的训练和基本环境的训练，让学生了解最新的管

* 本文系山东省本科高校教学改革研究项目“综合职业能力导向的经管类专业‘理实一体化’实践教学模式研究”（2015M040）的成果。

理信息，接触最前沿的管理活动。过去那种单纯追求学历学位的高层次，过度注重对理论知识的深度掌握的人才需求模式逐渐被实用主义的人才需求模式所替代，使商科类专业能力型人才越来越受到用人单位的青睐。

探索高校商科类专业能力导向型人才培养模式，拓宽人才培养途径，能够避免在传统高校教育中，过窄的专业知识使学生的学科视野和择业范围受到局限、过重的知识传授使学生的技能训练受到影响、过分的共性制约使大学生个性发展受到抑制的现象。在这种背景下，商科类专业能力导向型人才培养模式的探索成为高等教育发展过程中一个亟待解决的问题，培养高素质能力导向型人才是我国高校商科类专业教育应对经济快速发展的必然选择。

二、商科类专业能力导向型人才培养模式的能力结构要求

社会对商科类人才能力的需求除必备的专业技能之外，更为重要的是良好的综合素质和完整的、合理的能力结构，具体表现在以下几个方面：其一，学习能力；其二，专业胜任能力；其三，人际交往能力；其四，创新实践能力。因此，商科类专业能力导向型人才培养模式对于学生的培养方向，是既有较强的学习能力和专业胜任能力，又需要具备良好的人际交往能力与创新实践应用能力。

（一）学习能力

学习能力是四大能力中最基本的能力，商科类专业人才在高校期间学习的不只是专业知识，更重要的是如何做人、做事，因此，大学生学习能力的提升既是专业知识的提升，同时也是人格魅力、工作态度和职业精神的提升。

（二）专业胜任能力

专业胜任能力主要反映在为了实现现有任务需要的专业知识以及相关技能。以会计专业为例，专业知识主要包括会计理论与方法、税法、公司理财、风险管理和内部控制等；相关技能包括实务操作技能、现代信息技术、企业与行业经验。专业胜任能力的核心在于对会计标准的理解与应用能力、对会计信息的理解与应用、现代信息技术应用能力。因此，对于商科类学生专业胜任能力的培养是高校人才培养模式中关键的一环。

（三）人际交往能力

商科类专业的特点，要求学生能够学会如何与客户进行沟通与交流，要求学生处理制造商、厂商以及零售商之间关系的能力比较强，能够及时地与客户沟通自己的想法和观念，使双方达成共识，才能更加有效地开展工作。因此，良好的人际交往能力是商科类专业人才必须具备的能力。

（四）创新实践能力

培养具有创新实践能力的合格人才，是高等教育的根本任务之一，创新实践能力是学生利用基本理论分析和解决实际问题的能力。商科类专业能力导向型人才培养模式，应当挖掘学生的创新素质、培养学生的创造能力、创新意识和实践能力，引导学生从事创造性思维与开拓性的工作。

三、商科类专业能力导向型人才培养模式存在的问题

我国高校对商科类专业人才的培养应该在商科类专业基本特点的基础上，将商科类专业人才的能力结构与素质结构相结合，从而达到培养商科类专业能力导向型人才的目标。但在实际的人才培养过程中，未能体现出能力导向的特点，而是一味地按照以前的培养方案与教学方式，存在的问题具体表现为以下几个方面：

（一）人才培养目标单一

商科类专业人才培养不能只局限于教会学生做某一具体工作、掌握某一具体的工作程序这一单一的培养目标。实际上，经营管理、智力服务等工作内容和程序是千差万别的，而且在不断地发展变化之中，单纯地训练学生去掌握某些具体工作技能，是不可能实现培养目标的。人才培养的核心应当是让学生在具体专业技能的学习与训练中，全面认知本专业领域，进行专业知识的应用，在各种学习活动中提高综合素质。商科类专业能力导向型人才培养模式倡导培养学生多方面的能力，同时为了锻炼不同学生的多方面能力，应该根据不同类型学生的特征与能力，设计不同层次的培养目标。而大多数高校的人才培养目标过于单一，并不能满足高端生源的发展要求。高校应以培养能力型人才为目标，锻炼学生全方位的能力，使学生为走上工作岗位积累必需的经验。

（二）课程体系不够科学

高校商科类课程体系设置单一，理论学习和实践能力的培养存在着严重脱节。首先，主要表现在商科类专业覆盖面狭窄，市场经济、经营管理方面知识的教育比较薄弱，高校尚未将培养学生的市场意识、经营管理能力提高到主要的地位；其次，是学生的实践技能训练体系建设有待成熟、完善，提高学生的综合专业实践能力的措施不够得力，技术示范能力与创新能力不强。此外，我国多数高校尚未建立一套完整的与专业教育密切结合的商科类专业技能训练体系，实习基地流于形式，导致商科类专业毕业生在专业知识、技能和职业能力等方面与商界的实际要求有较大的差距。

（三）实践教学环节不完善

高校实践教学环节是培养学生职业能力、知识应用能力、创新实践能力的重要途

径，最能体现人才培养的特色，理应受到高校的广泛重视。但在现实中许多高校由于办学指导思想不明确，服务意识不强，尤其是实验经费投入不足等，实践基地的资源条件建设十分薄弱，没有建立起适应高等教育发展要求的实践教学体系。此外，高校很少主动与企业合作，无法在企业建立相应的实习基地。目前可提供给学生系统实习实践的机会不多，而且学生实习的内容也受到限制，甚至实习的内容往往与理论教学脱节较大，且实习时间通常较短暂。

四、商科类专业能力导向型人才培养模式构建

我国高校商科类专业通过探索能力导向型人才培养模式，以培养学生能力为导向，以专业发展为出发点，以课程改革为核心，力求达到促进学生各方面能力的提升。立足于能力导向型人才培养的能力结构要求，针对国内能力型人才培养方面存在的问题，对商科类专业能力导向型人才培养模式的构建需要从以下几个方面进行实践探索：

（一）增强学生自主学习能力

适应能力型人才的需要，高校商科类专业教学的重心应转向发展学生能力，尤其是发展学生的自主学习能力，促进其终生可持续发展。引导学生设计契合实际的、富有前瞻性的学习目标，使学生明确学习目标的重要性及目标的价值，培养学生自主学习的能力，鼓励学生自主学习理论知识、课程内容以及其他与自身专业有关的学习内容，逐渐增强自主学习能力，为以后走上工作岗位打好坚实的基础。

另外，学生应充分利用网络资源。在当今信息爆炸的时代，教育机构的信息供给已经远远不能满足人们的学习需求。然而与此同时，信息技术的普及应用又给学生创造了自主学习、自主获取信息的便利条件。因为网络上的知识量浩如烟海，所以学生可以在此过程中有很大的选择余地，网络上的知识相对于课本来说，信息量更大，角度更多，知识更新更快，但是面对大容量的信息，学生必须进行选择分析和加工，提高自主学习能力。

（二）鼓励学生参加职业技能考试

高校商科类专业人才培养模式应鼓励学生努力掌握专业知识技能，积极参加商科类专业的职业技能证书考试，培养学生的职业胜任能力。同时也可以将职业考试认证嵌入学生培养方案，调整课程内容，用职业资格考试成绩转换课程学分，以此引导学生积极参加职业资格认证考试。学生在掌握一门专业技能的同时，也要获得几个职业技能证书，如会计从业资格证书、证券从业资格证书、人力资源管理师证书、商务策划师证书等，学生在通过职业技能证书考试之后，绝大多数已经具备了相关职业技能要求和职业胜任能力。

（三）强化实践教学环节

商科类专业人才培养的理论课程要紧跟行业发展的需要，更多地围绕商科类专业总体

培养目标，有针对性、选择性地构建专业基础，为专业教学服务。学科专业基础课与专业课的比例要适度，确保应用型的专业课程比例。专业课的教学要紧密结合学生的创业实践，减少理论教学的比重，强化实践教学环节，构建一个由课程单项性实验、课程综合性实践项目、专业综合性实践项目、毕业论文、创业实践等环节组成的以实践能力为导向，以综合性实践项目为主体的实践教学体系，突出培养商科人才的综合素质和专业实践能力。

（四）积极举办创新实践比赛

通过积极举办商科类有关的创新实践比赛等方式，对有创业想法和对创业感兴趣的学生进行指导，为学生将来的实践打好基础。同时学生在参与创新实践比赛的过程中，一方面，将学习到的理论知识付诸实际操作，对于更好地掌握理论也起到很大帮助；另一方面，一般创新实践比赛都是要求团队报名合作参与，在整个团队合作过程中，也锻炼了商科类专业学生与其他合作伙伴的人际交往能力与团队协作的能力。

高校商科类专业人才培养并不把成功创业作为创新实践教育的唯一目的，而是通过举办创新实践比赛，让学生接受创新实践能力的培训，使其掌握创新实践知识，得到创新实践锻炼。通过老师的指导，学生模拟参与“从无到有”的创新实践过程，应用所学知识，把它转变成可以不断创新、开拓新的市场或工作领域的能力，最终目的是提升每位学生的综合职业能力。

参考文献

［1］高浩，牟世超．民办高校商科专业能力导向型人才培养模式探索［J］．时代金融，2015（30）：265－268.

［2］夏庆利，周一萍．地方本科院校商科人才个性化培养模式的构建［J］．财务与会计，2012（6）：56－59.

［3］李敏．创新人才培养模式 打造创业型商科学院——以丽水学院商学院为例［J］．丽水学院学报，2014（1）：111－115.

［4］吴国君．地方高校商科专业人才培养模式创新研究［J］．黑河学刊，2016（6）：168－170.

［5］张莉．工商管理重点专业群创新创业型人才培养模式的研究［J］．科教文汇，2014（2）：168－170.

［6］李金昌．特色办学与高层次应用型人才培养模式探索［J］．浙江工商大学学报，2010（4）：84－92.

作者简介：

柳兴国（1965—），济南大学商学院教授，研究方向为营销管理。

杨美艳（1991—），山西科城环保产业协同创新研究院，硕士，研究方向为营销管理。

大学教师评价：困境、成因及对策*

任启平

摘　要：教师工作“碎片化”，育人职责被忽视；科研评价只重学术价值，不关注育人价值；“不可量化”的教师育人行为评价长期缺位；学生评教制度的初衷与实践效果出现严重反差；绩效导向下功利主义思想愈演愈烈，这些是当前我国大学教师评价面临的几个主要困境。这些困境产生的原因分为认识和技术两个层面：在认识层面上，崇高目标缺失、孤立地看待大学“三大职能”、“科研与教学相结合原则”被片面理解是主要原因；在技术层面上，信息技术不健全、行政部门主导教师评价、评价主体与评价权不适切、重“物质激励”轻“精神激励”是主要原因。本文建议通过确立学术性为大学组织的第一属性、从“知识”和“人”两个维度认识大学职能和大学教师的职责，促进理念方面的变革；通过加快大数据技术在大学教师评价领域中的应用、加快“第三方”教师评价组织建设、加快探索多元化精神激励方式三个方面入手促进技术方面的发展。

关键词：大学教师评价；困境；认识层面；技术层面；对策

一、当前我国大学教师评价面临的主要困境

（一）教师工作“碎片化”，育人职责被忽视

我国大学主要从教学、科研、社会服务三个方面对教师的工作状况展开评价。长期以来，人们认为这样的评价内容体系抓住了大学教师工作的关键构成要素，评价结果可以很好地反映其工作状态，并促进其做好这几项工作。实践证明这样的预期效果确实实现了，大学教师将越来越多的精力投入到教学、科研和社会服务工作当中。但由于教学、科研、社会服务的评价标准差异很大，且大学教师评价体系并不关注三者间的相互作用关系，因此这三方面工作之间的分离度明显高于融合度。教师需要在不同的空间与时间下完成这三项工作，且工作内容与工作性质差异很大，这使得大学教师的工作被分裂为相互关联并不大的三块，犹如碎片般拼凑成大学教师的全部工作图

* 本论文是济南大学教研项目重点项目：“高校学生评教体系改革研究”（JZ1412）阶段性成果。

景。伴随着工作的这种“碎片化”，大学教师也日益分裂为知识传递者、知识发现者、知识应用者三种角色，且三种角色间的冲突不断加大。这些似乎正验证了英国著名教育家纽曼的判断，发现和教学是性质截然不同的职能，也是性质截然不同的两种才能。同一个人兼有这两种才能的情况并不多见，而且更糟糕的是，当教师们在每一种角色中追求卓越的时候，其育人职责越来越被忽视，主要体现在以下几个方面：第一，多元化的工作占据了大量的时间与精力，教师与学生间的接触越来越少；第二，除了课程之外，教师很少为学生提供其他的学习性资源，如科研资源、社会实践资源、学术交流资源等；第三，依据评价标准，教师们往往制订教学计划、科研计划或社会服务计划，却很少有人制订育人计划，这使得育人工作充满了偶然性，并逐渐被边缘化。

（二）科研评价只重学术价值，不关注育人价值

谈到科研评价，大多数人关注的是量化的评价方式对科研质量的忽视，然而无论是量化评价还是质性评价，其指向的都是科研成果的学术价值，对其是否具有育人价值并不关注。这样的科研评价是否适用于大学教师，尤其是本科阶段的大学教师是值得反思的。首先，从体制、强制性的工作时间、薪酬结构的角度来看，大学教师可被称作“专职教师兼职研究者”。也就是说，对于大学教师来讲育人是主业，科研是辅业，因而现在的大学教师评价只关注辅业的成绩，不关注辅业对主业的支持度与贡献度，这显然是不恰当的。其次，很多发达国家的大学教师在接受政府或社会机构资助的项目时，必须阐明该项目在学生培养与培训方面的价值与作用，这是其科研评价中的一个重要组成部分。反观我国大学，虽然也试图通过要求教授上讲台、资助本科生搞科研等方式促进科研育人价值的实现，但不得不说，无论是教授上讲台也好，还是资助本科生搞科研也好，大学科研活动育人价值的体现仍处于浅层的、形式化阶段——大学管理者对于大学教师的科研内容是否与所授课程有效融合、大学教师是否通过科研活动对学生的逻辑思维水平进行了有效训练、大学教师是否利用科研将学生从知识的被动接受者转变为主动的探究者等深层次的东西关注得很少，相应的评价也是缺失的。这是导致大学教师的科研活动与育人活动联系不紧密的重要原因。

（三）“不可量化”的教师育人行为评价长期缺位

大学教师的育人行为大致可分为“可量化”和“不可量化”两类，长期以来，我国大学教师评价一直只关注那些“可量化”的育人行为。但事实上，大学教师在促进学生成长方面所做的工作，大部分是无法量化且具有隐蔽性的，如课后与学生的交往、与学生每一次的促膝谈心、对学生非官方学术研究活动[①]的指导、对学生日常行为的关注与关心以及在精神层面上对学生的引导，等等。这种“不可量化”的教师育人行为

① 非官方学术研究活动主要指除了各层次的大学生科技创新比赛之外，由学生或教师与学生自主开展的学术研究活动。

评价的长期缺位主要带来以下两方面问题：第一，“不可量化”的教师育人行为日益减少。在可量化行为评价与不可量化行为评价严重失衡的状况下，教师重点关注的是那些可被量化的行为，如论文发表、项目申请、课堂教学、学生科技创新竞赛指导等，逐渐减少甚至忽视那些具有隐蔽性和无法量化特征的，但同时又具有重要价值的育人行为就成为一种必然。第二，诱发了部分教师“不可量化”行为的不良变化。在“量化评价”盛行与“不可量化”行为评价缺失的共同作用下，如何获得高分评价逐渐成为一部分大学教师的工作逻辑起点，其“不可量化”行为也随之发生变化，出现了诸多不良行为，如为了获得学生的评教高分而放低对学生的要求、为了追求科研产量而放弃与学生的来往、为了完成学术与服务任务将学生当成廉价劳动力或侵占学生研究成果、对各种利益得失都斤斤计较等。这些不良行为的出现严重冲击着大学精神与大学文化。

（四）学生评教制度的初衷与实践效果出现严重反差

在我国，学生评教制度始于20世纪80年代，至今已有30多年的发展历程。在这30多年间，研究者和大学管理者围绕着评价指标体系、评价内容、评价方式等方面展开了大量的研究与实践活动，使学生评教制度实现了从粗糙到精细、从小规模到大规模、从纸质调查到网络调查、从个别高校使用到高校普遍采用的快速发展。但不能忽视的是，目前我国的学生评教制度的实践效果与其初衷——“提升教学质量”之间仍有很大的距离，甚至出现了严重的反差。首先，学生评教制度旨在引导教师关注学生的学习特点与需求，进而提升教学质量。但随着学生评教成绩逐渐与大学教师的评优评奖、职称晋升相挂钩，一些教师开始通过给学生成绩“放水”、放松课堂纪律要求、放松考试纪律要求等方式获得学生较高评教成绩，这些行为的出现导致了“破窗效应”，促使一种“我对你手下留情，你对我也要手下留情”的师生交往模式蔓延开来，成为阻碍教学质量提升的一个重要因素。其次，学生评教制度旨在让学生成为促进教学改革的一股强大力量。但在现实中，学生的改革建议很少被教师所采纳，即使被采纳，由于学生在评教之后便与此课程再无关系（除非学生挂科），学生也无从得知自己的改革建议是否被教师采纳以及实施的效果如何，这严重影响了学生评教的积极性与认真程度，一种“评教就是走过场，敷衍了事即可”的思想在学生群体中弥漫，学生评教在促进教学改革方面的价值大打折扣。

（五）绩效导向下功利主义思想愈演愈烈

综观我国当前的大学教师评价活动，绩效导向日益明显。不可否认，这种“以绩效为导向”的评价，确实起到了激发大学教师工作积极性和竞争积极性的作用，但功利主义思想也随之产生，并愈演愈烈，成为阻碍大学师资队伍建设水平进一步提升的重要因素。首先，在处处指向绩效的评价环境里，大学教师很难再安心治学、育人，“板凳要坐十年冷，文章不写半句空”的学术精神日渐式微。一场场残酷的竞争耗费了教师大量的精力，甚至扭曲了其价值观。我国学者的研究已表明，大学教师评价制度中过强的绩效导向，是导致大学教师治学心态浮躁、学术越轨行为滋生的重要原因。其次，在持续的、不断强化的绩效追逐过程中，大学教师的行为开始呈现趋利性特征，其结果是导致那些没有经济利益回报或经济利益回报小的行为逐渐减少，突出地体现为大学教师对教学和育人投入的减少——在科研与教学在经济收益方面形成巨大悬殊的情况下，大学教师普遍“重科研轻教学”也就成为一种必然。最后，在绩效导向日益增强的情况下，大学教师更加关注可视化、可速成的成果，忽视那些具有滞后性的成果，如育人的成果、创新性的学术成果、基础理论研究成果等，这在根本上制约着大学教师育人水平和创新水平的进一步提升。

二、我国大学教师评价困境产生的认识层面原因

大多数人将以上大学教师评价困境产生的原因归结为制度或评价技术的不完善，但无论是制度还是评价技术都是服务于理念和认识的，这提示我们，应首先从理念或认识层面探究原因。本文通过深入分析发现，崇高目标缺失、孤立地看待大学“三大职能”、“科研与教学相结合原则”被片面理解是当前我国大学教师评价产生困境的三个主要的认识层面的原因。

（一）崇高目标缺失：大学教师陷入“功利主义”泥潭

在现行的评价制度下，我国大学教师已经深陷“功利主义”泥潭，大学学术发展的生态环境遭到严重破坏。对此，我国学者进行了较为广泛地批判，并指出科研资源的短缺、科研管理的“行政化”、市场竞争原则在高校管理领域内的运用、物化逻辑在教师评价中的渗透等因素导致“学术目的背离了学术发展本身”，严重的工具化性质与学术的本性及其应有价值是相背离的。从本质上来讲，教师评价是对教师工作现实的或潜在的价值作出判断的活动，而价值是相对于大学目标或大学发展需求而言的，因此本文认为，除上述因素外，我国大学发展目标是否科学、合理也是需要反思的。综观我国大学发展目标，无论是“高水平”，还是“世界一流”，都是一种追赶性、竞争性的目标，在此种类型目标的指导下大学产生了按竞争指标办学的强大需求，因此，在以科研成果产量为核心竞争指标的世界大学评价体系影响下，我国大学教师评价强调科研成果产量就成为一种必然。那么，为什么在世界各国大学都在科研竞技场上“争芳斗艳”的情况下，我国大学教师评价制度的“功利主义”倾向格外显著呢？通过比较不难看到，在英国、美国、德国等高等教育发达国家，大学除了有一些很现实、具体的发展目标之外，更主要的是还有一套需要人们代代坚守、立意高远的目标体系左右着大学的发展，这套目标体系包括对真、善、美的追求，传递、创新人类文明的意愿，促进人类社会进步的责任，对学术自由的向往，对学术自治的坚守等。从西方大学发展历程中可以看到，这套崇高目标体系的存在有效减少了一些不良思想，尤其

是功利主义思想对大学的影响程度，从而使西方大学始终保持着旺盛的学术生长力，而那些将这套崇高目标与国家社会具体需求有机结合的大学最终走上了世界高等教育的巅峰——德国大学是实现了国家本位与学术本位有机结合的典范；美国大学是实现了社会本位与学术本位有机结合的典范。相比之下，我国大学发展速度虽快，却一直未建立起一套崇高的目标体系，因此，单一地受国家需求和社会发展需求影响，是造成我国大学教师评价在功利主义的道路上越走越远的根本原因。

（二）孤立地看待大学“三大职能”：教师职责“碎片化”成必然

众所周知，教学、科研、社会服务是现代大学的三大职能，且三种职能之间是一种“共存关系”而不是“替代关系”，这就催生了三种职能如何“和谐共存”的问题。从世界高等教育发展史来看，德国大学与美国大学的兴盛不仅与其提出了新的大学职能有关，更与其很好地处理了多元大学职能间的关系密切相关——德国大学通过确立“科研与教学相结合的原则”促进了教学与科研的有机融合；美国通过构建多层次的高等教育体系和发展“多元巨型大学”促进了教学、科研与社会服务三大职能的和谐共存。反观我国大学，至今仍没有很好地处理三种职能间的关系——三种职能间呈现出明显的排他性，相互间的冲突也日益增强。那么，为什么“三大职能”间的关系问题在我国大学中会如此凸显呢？本文认为，我国大学管理者普遍孤立地看待“三大职能”是症结所在——一种教学、科研、社会服务可以各自独立发展、各自精彩的思想一直支配着我国大学的管理实践，主要体现在以下几个方面：

第一，大多数大学管理者认同“三大职能”是需要所有高等教育机构共同完成的职能，而不是由一所大学或一位老师来完成，因此鼓励大学以及教师在三者之间进行选择，以提升其中一项或两项职能的实现水平，这种做法显然忽视了三种职能间的内在联系及相互促进作用。

第二，在一所大学内，教师的教学、科研、社会服务工作往往是由不同的职能部门进行管理，并且各职能部门普遍处于“各自为政”的状态，大学关注的是三种职能各自的实现水平，并构建各自独立的荣誉体系。

第三，在教师考核时，大学只是将三方面的工作成果换算成分数，然后通过简单相加得出其最后工作绩效得分，完全不考虑三者间的相互作用关系。总之，这种孤立地看待“三大职能”的思想和相应的管理实践，在客观上加剧了三者的分离，使教师疲于在知识传授者、知识发现者、知识应用者三种角色间转换，履行相关性并不强的三类职责。

（三）“科研与教学相结合原则”被片面理解，科研育人价值遭忽视

“科研与教学相结合原则”是德国柏林大学在把学术研究确定为大学首要职能的情况下提出的办学原则，同时也是一种教师发展原则、人才培养原则和学生学习原则。作为办学原则，其强调的是大学除了教学职能之外，更重要的是科研职能；作为教师

发展原则，其强调的是教师不仅要传播知识，更要创新知识；作为人才培养原则，其强调的是科研为教学提供最新的知识内容，同时科研本身也是一种育人形式；作为学生学习原则，其强调的是学生不仅要学习知识，更要掌握探究知识的方法，养成从事探索的兴趣与习惯。因此，“科研与教学相结合原则”的内涵是十分丰富的，对柏林大学的影响也是多方面的。其中最值得我们关注的是，在这一原则指导下，柏林大学的教学采取了新的方式，将课程主要分为讲授课和讨论课两种，前者是由教师向学生报告自己最新的学术研究成果，后者则是在教师的指导下，学生（主要是高年级）直接从事某个课题的研究。在新的教学方式下，许多在未知领域辛勤耕耘的探索者虽是拙劣的讲课者或不善表达者，但他们以其对科学的热情和献身精神，极大地鼓舞着年轻人。相比较而言，我国大学管理者在对“科研与教学相结合原则”的理解方面存在片面性，更多地将其视为办学原则和教师发展原则，而忽视了它作为人才培养原则和学生学习原则的方面，具体表现在以下几点：第一，在大学管理者眼中，“教学与科研相结合”更多地意味着教师要处理好教学与科研之间的精力分配问题，进而在完成规定教学工作的同时做好科研工作；第二，在大学教师眼中，“教学与科研相结合”更多地意味着同时做好教学和科研这两项工作，而不是将两者有机融合在一起，这是促进其职业发展的关键；第三，大学普遍要求教师做科学研究，提升学术水平，但却并不要求其将学术研究成果转变成课程，同时大学也很少为教师将科研成果转变为课程提供制度与条件支持；第四，与教学一样，科研也被更多地认为是大学教师的责任而非学生的责任，因此大学教师成为科研活动的主体，大部分学生游离在科研活动之外，成为知识的被动接受者。显然，这种对“科研与教学相结合原则”的片面理解与应用造成了人们对科研育人价值的忽视。

三、我国大学教师评价困境产生的技术层面原因

在明晰了认识层面的原因之后，技术层面的原因也是不容忽视的，因为即使有好的理念和正确的认识，如果没有相应的技术支持，理念和认识也会落空。组织理论家雅克·埃尔卢把技术界定为：“技术是为了达到某些实际目的而对知识的组织与应用。它包括具有物质的表象的工具和机器。同时也包括那些为解决问题和获得某种所期望的结果而使用的智力技巧和方法。”依据这一定义，本文主要从物质工具、智力技巧与方法两个方面展开分析，发现信息技术不健全、行政部门主导教师评价、评价主体与评价权之间的不适切、重“物质激励”轻“精神激励”是导致当前我国大学教师评价困境产生以及阻碍科学评价理念实现的主要技术层面原因。

（一）信息技术不健全，教师评价信息收集与分析处于低水平

信息技术不健全是导致“不可量化的教师育人行为评价长期缺位”“学生评教制度的初衷与实践效果出现严重反差”两个困境产生的关键性因素。前者与管理者无法获

得丰富的、真实的相关信息有关；后者与管理者无法获得有效的、可靠的过程性信息密切相关。因此，信息技术的进一步完善是突破这两个困境的关键。目前，我国大学虽然在经历了网络校园、数字化校园两个建设阶段之后，信息化水平已经有了显著提升，但在信息收集、存储、分析的软硬件建设方面仍比较薄弱，如在信息收集方面，只能收集一些人为操作的信息，即相关主体主动提交的信息或人为输入的信息，这就很容易出现“信息失真”“信息片面化”“信息量少”“信息迟缓”等现象，进而影响信息分析的科学性与可靠性；在信息存储方面普遍处于“条块分割状态”，即各部门或信息收集机构之间的信息处于相对独立的状态，相互间的信息不能共享、通用，因而很难进行不同事务间的相关性或因果性分析；在信息分析方面，由于采集到的大多是可量化信息，且主要是满足评估鉴定的需要，因此只做一些简单的统计分析。总之，由于受到信息技术的制约，我国大学教师评价的信息收集与分析一直处于较低水平，不能支持“不可量化的教师育人行为评价”，也无法实现对教学过程数据的全面采集。随着云计算、物联网、移动互联、大数据以及知识管理与社交网络等新型信息技术的出现，我国大学提出了建设“智慧校园”的信息化发展目标，这为大学信息技术革新带来了契机。当然，新型信息技术在大学中的应用不能仅仅局限于提供更为便捷的信息服务——一些学者将“智慧校园”定位为能够利用无线网络随时、随地进行教学、科研、管理的方便快捷的校园生活。新型信息技术的应用更应致力于功能性信息的采集，如有针对性地收集教学过程信息和师生交往信息，从而为运用大数据技术分析师生的行为特征、教学影响因素，评估师生间的交往质量奠定基础。

（二）行政部门主导教师评价，制约教师评价科学水平的提升

我国大学教师评价具有鲜明的行政主导特征，这是制约其科学性进一步提升的重要因素。首先，大学教师具有组织和学术双重身份，而在由行政部门主导的教师评价体系下，大学教师的组织身份更为突出，这集中地体现为大学教师往往为了完成组织的竞争性目标，放弃一些应肩负的学术责任，如不断提升学术研究质量的责任、维护学术自由的责任、坚守学术道德的责任等。这是我国大学教师学术活动更容易受功利主义思想影响的重要原因。其次，正如前文所述，我国大学需要确立一套崇高目标体系以增强大学教师对功利主义思想的抵御能力，扭转大学教师评价中以“利益为导向”的局面，但显然，这套崇高目标体系的确立依靠行政管理部门或行政管理人员是难以实现的，因为目标体系的确立不仅表现为相关口号的提出，更重要的在于要设计一套支撑这一目标实现的制度与配套措施，而这只能由深谙学术发展之道的学者来完成。再次，教学、科研、社会服务之间的相互作用关系及三者对“育人”的支持力度均应是大学教师评价的重要内容，随着信息技术的发展，这种评价也是能够实现的，但是行政部门间的精细化分工及“各自为政”的状态却很容易使得这种评价成为无人关注的“盲区”。最后，教师评价由行政部门主导是其鉴定、奖惩功能显著强于诊断、促进功能的最主要原因。为了达到资源配置的目的，行政管理部门更看重教师评价的鉴定

功能，同时通过奖惩手段，发挥行政权力的杠杆功能，这本是无可厚非的事情。但由于行政部门主导着教师评价，因此评价的鉴定与奖惩功能“独占鳌头”，评价的诊断与促进功能无从发挥。

（三）评价主体与评价权不适切，降低评教的权威性

评价权一方面指的是评价权力，另一方面指的是评价权限。评价权力与评价权限规定了评价主体对某一事物、事件或人的评价边界，即明晰评价主体能评价什么，不能评价什么。评价主体与评价权之间的适切性，直接决定着评价的科学性与权威性。目前，在我国大学教师教学质量评价中没有很好地处理评价主体与评价权之间的适切性问题，这是导致学生评教制度设计初衷与其实践效果出现严重反差的另一重要原因。学生作为教学的“服务对象”毫无疑问拥有对教学质量的评价权力，但是教学同时也是一项学术活动，这就引发了以学生的资历和学术修养能否恰当地对教学质量作出评判的问题——在实践中确实存在着让学生去评价授课内容的创新性、前沿性、逻辑性以及教学方法的适合性、科学性等现象——这种超越评价主体能力范围的评价，其准确性与权威性必然受到质疑。而一旦学生评教的权威性受到质疑，在利益的驱动下，大学教师就会只看重评教结果，而不在意评教中传递出的改进、改革信息。目前，我国学者为了进一步提升大学教师教学质量评价的科学性，提出了增加评教主体的策略，即建议评教主体由现在的学生、管理者扩展为学生、管理者、同行专家、教师本人、企业精英等。这是一个很好的思路，从信息多元化、全面性的角度来看，促进评价主体的多元化对于提升教师教学质量评价的科学性是有帮助的。但其意义并不仅仅局限于扩展了观察视角，以更全面地获得有关大学教师教学活动的信息；更在于有利于加强评价主体与评价权之间的适切性，即明确每一个评价主体的评价权力与评价权限，进而提升评价的准确性与权威性。换言之，在促进评价主体多元化的同时，我们一方面要思考“谁有权力评价大学教师教学质量”的问题，另一方面更要思考“谁在哪些方面可以展开评价”的问题，从而让“适合的人”去评价“适当的内容”。

（四）重“物质激励”轻“精神激励”，难以激发教师创新积极性

当前我国大学管理者偏爱物质激励方法，这使得评价的激励作用突出地表现为获得高的评价可以为教师带来巨大的利益，如各种资金奖励、各种科研项目资源、高津贴的岗位、职称晋升等。在这种物质激励策略的作用下，教师的工作积极性确实有了显著的提升，大学的学术成果数量也突飞猛进，但不能否认的是，这种物质激励策略同时也激发了教师的功利主义思想，促进了一大批“精致利己主义者”① 的出现。一种

① 北京大学钱理群教授在武汉大学老校长刘道玉召集的“‘理想大学’专题研讨会”上指出的，他认为：“我们的一些大学，包括北京大学，都正在培养一些‘精致的利己主义者’，他们高智商、世俗、老到、善于表演、懂得配合、更善于利用体制达到自己的目的。这种人一旦掌握权力，比一般的贪官污吏危害更大。”（2012 年 5 月 3 日《中国青年报》）

教师的工作积极性较高，而创新积极性却偏低的怪现象也由此而形成。那么，过度的物质激励是如何降低大学教师的创新积极性的呢？它除了引发了强大的功利主义思想之外，也使得来自工作本身的喜悦感和成就感体验日益偏少、偏弱。正如美国著名心理学家爱默比尔说："内在动机原则是创造力的社会心理学基础，当人们被工作本身的满意和挑战所激发，而不是被外在压力所激发时，才表现得最有创造力。"以大学教师的科研工作为例，在管理者只依据项目层次、期刊层次、成果数量等标准作出水平高低的判断，并依此将教师间的经济收入差距拉大的情况下，大学教师更多思考的是如何获批高层次课题，如何在高层次期刊上发表论文，如何快速地发表论文，日益忽视由学术研究本身所带来的理性愉悦与逻辑之美；在科研成果仅以量化方式呈现时——为了达到公平、公正地进行奖惩和资源分配的目标，大学管理者更偏爱量化评价方式——大学教师的科研工作和科研成果本身的价值和意义无法被学术同行、其他利益相关者或公众广泛而深入地了解，这大大降低了大学教师的学术成就感，同时也降低了其进一步接受挑战的意愿。

四、破解我国大学教师评价困境的策略建议

为了进一步提升我国大学整体办学水平，创办世界一流大学，改革现有的大学教师评价制度，进一步激发教师的学术活力已势在必行。然而大学教师评价制度的改革不能"头痛医头、脚痛医脚"。从上文的分析不难看出，导致我国大学教师评价困境产生的原因既有理念层面的，也有技术层面的，其中理念方面的问题是根本制约因素。因此，我国大学教师评价制度改革要进行系统设计，并应首先着手解决理念问题，以理念的变革引领、促进技术层面的进步与发展。

（一）促进理念变革的策略建议

结合我国大学的实际情况，要解决以上理念问题，以下两点十分关键。

第一，确立学术性为大学组织的第一属性。大学组织是具有多重属性的特殊社会组织，既具有学术性，又具有科层性和产业性，其中学术性应是大学组织的首要属性。但是，我国大学组织的学术性并不凸显，反而科层性更为突出，这是导致我国大学崇高目标体系缺失且很难建立起来的关键原因所在。首先，在以科层性为主要属性的大学组织中，行政权力明显强于学术权力，这使得学术发展的目标与需求得不到应有的重视。其次，行政权力的强大使得行政思维，而不是学术思维主导着各种大学制度与行为规范的形成，这是导致绩效主义、效率优先、量化为主等思想盛行的最主要原因。最后，行政权力对学术事务或资源分配的过度干预，催生了学术权力向行政权力"谄媚"的不良现象，严重削弱了大学教师对"真、善、美"等崇高价值的追求意愿。正如中山大学校长黄达人指出的，"剽窃别人的成果是学术腐败，这只是学术界的个别现象。有一种更大的学术腐败值得大家重视，有些人利用手中的学术权力去置换行政权

力，这是值得我们深思的。”可见，确立学术属性的首要地位，围绕学术发展目标与需求进行大学组织再造是促进大学崇高目标价值体系构建的前提与基础。目前，我国正在逐步推行大学的“去行政化”，这是正确的方向，但对于提升大学组织的“学术性”而言，这只是万里长征的第一步。更为关键的是要改变科层管理思维，根据学术发展的特点与需要，变革大学权力配置、运行、监督机制，让大学真正由“科层组织”转变为“学术组织”。简言之，就是要明确“学术本位”的大学逻辑，以之作为大学治理结构及教师评价制度改革的准则。

第二，从“知识”与“人”两个维度认识大学职能和大学教师的职责。目前，人们普遍将大学的教学、科研、社会服务“三大职能”与知识传递、知识创新、知识应用三类活动相对应，认为大学教师应兼具知识传递、创新和应用的职责。这是一种只见“知识”、不见“人”的思维方式，实践证明，这样的思维方式已经造成了对“知识的过分关注”和对“人的成长与发展”的忽视。从本质上讲，大学主要由“人”与“知识”两个要素构成，是一个人与知识交互作用的场域——这种交互作用主要体现为教师与学生在一系列与知识相关的活动中实现人和知识的共同发展。从“知识”和“人”两个角度来看，大学的教学、科研和社会服务职能不仅意味着知识的传递、创新与应用，还意味着人（包括教师和学生）在知识传递、创新与应用活动中获得成长，并重点提升人的知识传承、发现与使用方面的素养。换言之，无论是教学、科研还是社会服务都必须有利于促进人（包括教师和学生）的发展，离开了人才培养的职能不应被称为大学职能。相应地，大学教师的职责也就不能简单地理解为知识传递、创新与应用，而应是把学生的发展融合于各类知识活动之中，使学生在与知识的交互作用中实现成长。可以预见，从“知识”和“人”两个角度来认识大学职能，有利于促进大学的教学、科研和社会服务职能走出当前的分裂状态，围绕着人的成长需要逐渐融合为一个有机的育人体系。

（二）促进技术发展的策略建议

理念的实现需要技术的支撑，因此技术方面的发展步伐不仅不能放缓，还应进一步增速。

第一，需要加快大数据技术在大学教师评价领域中的应用。目前，大数据技术对教育领域的影响，主要体现在智能网络学习平台的开发与应用方面，在大学内部管理以及教师评价领域，大数据技术还未得到有效应用。但事实上，在大学内部管理过程中、教师的教学过程中、学术研究过程中、师生交往过程中都会产生大量的数据，这些数据不仅可以帮助管理者或评价者更全面、真实地了解学校的运行状态和教师的工作状态，而且还可以对学校或教师的未来发展趋势进行预测，为学校科学决策提供依据。以教师的课程教学活动为例，若将课程教案或授课计划、师生间的网络互动、教室的预约与更改、学生到课率、学生课堂参与率、试卷类型与内容、学生成绩、学生对教师和课程的评价等信息综合起来，一方面可以使人们更全面、真实地了解一位教师的教学投入、授课效果、对学生成长的影响（主要是那些隐性的影响）等情况，帮助管理者对教师的教学质量作出公正的评判；另一方面还可以及时诊断教师教学过程中存在的问题、探索总结高质量教学的构成要素与基本特征，为学校制订教师发展与培训计划提供依据。

第二，需要加快“第三方”教师评价组织建设，提升教师评价的专业性与科学性。目前，“第三方”评估的理念与模式虽已为我国高校管理者所广泛接受，但仍仅限于高校外部评价领域。笔者认为，对于高校内部的教师评价而言，“第三方”评估理念与模式同样适用，而且有助于解决或避免当前由“行政主导教师评价”所引发的“功利性趋势过强”“评估专业水平偏低”“违背学术发展规律”“忽视育人价值”“重奖惩轻发展”等一系列问题。首先，专门的“第三方”教师评价机构可以有效地促进教师评价专业化水平的提升，而且在脱离了行政干预的评价活动中，评价理念、评价技术的选择以及评价结果的呈现更容易朝着充分尊重教师工作特殊性的方向发展。其次，“第三方”教师评价模式更有利于评价的多元功能的实现，即除了甄别、奖惩功能之外，还可以发挥发现问题、促进发展、支持研究等多项功能。再次，“第三方”教师评价更有助于促进评价权的合理配置。失去了行政力量庇佑的“第三方”教师评价机构必须依靠评价的客观性、合理性和科学性来确立自身的合法性与权威性地位。这样，如何合理地配置评价权，让“适当的人”进行“适当的评价”，以获得更为客观、真实的评价结果必然成为其思考的重点。

第三，加快探索多元化精神激励方式，增强教师的内在发展动力。精神激励是满足大学教师自尊、自我发展和自我实现需求，激发教师内在发展动力的重要方式。精神激励的方式有很多种，包括理想信念激励、荣誉激励、兴趣激励、自我激励、道德激励、环境激励、关怀激励、成就激励、期望激励等。然而当前，我国大学的精神激励方式却相对单一——主要采用荣誉激励法，这严重制约着精神激励水平的进一步提升，同时也难以满足教师的多方面精神需求。大学教师是一项具有较高德性修养要求的学术性职业，是一项充满特殊想象力的学术性职业，是一项需要特别安全感的学术性职业。因此，大学教师群体对尊重的需求，对知识探索的渴望，对安全、自由和宁静的工作环境的需求较其他类型职业群体都要更为强烈。大学除了要进一步完善荣誉体系之外，还应该通过确立崇高的理想信念；赋予更多的工作自主权；营造更为宽松、自由的学术发展环境；提供稳定的、较高水平的职业发展保障；减少行政化、非学术性事务的干扰等方式激发教师的内在发展动力，使教师更多地从工作本身的价值与意义获得激励，更多地从工作本身所带来的愉悦感与成就感获得前进的动力，更多地从大学组织目标与学术活动目标之间的一致性中找到创造性地完成组织目标的路径与方式。

参考文献

［1］韩延明．大学理念论纲［M］．北京：人民教育出版社，2003：127.

［2］沈红．论大学教师评价的目的［J］．高等教育研究，2012（11）：43－48.

[3] 沈红，刘盛．大学教师评价制度的物化逻辑及其二重性 [J]．教育研究，2016 (3)：46－55.

[4] 张继明．学术本位视域中的大学章程研究 [M]．济南：山东人民出版社，2015：98.

[5] 刘亚敏．大学精神谈论 [M]．青岛：中国海洋大学出版社，2006：103.

[6] 张帆．德国高等学校的兴衰与等级形成 [M]．北京：北京师范大学出版社，2012：12.

[7] 贺国庆．德国和美国大学发达史 [M]．北京：人民教育出版社，1998：58.

[8] 卡斯特，罗森茨韦克．组织与管理 [M]．北京：中国科学出版社，1985：205.

[9] 茅志刚．基于移动互联网的智慧校园服务平台的研究与实现 [D]．浙江：杭州电子科技大学，2014.

[10] 董建春，张旭邦，曾庆龙，等．创新教育的理论与操作 [M]．赤峰：内蒙古科学技术出版社，2003：63.

[11] 张忠华．高等教育专题新论 [M]．北京：光明日报出版社，2013：174.

[12] 高校学术权力和行政权力如何平衡 [N/OL]．中国教育报，[2004－08－10] (2016. 09. 09)．http：//www. edu. cn/20040810/3112460. shtml.

[13] 张继明．学术本位视域中的大学章程研究 [M]．济南：山东人民出版社，2015：53.

[14]《中国人才队伍建设实用全书》编委会．中国人才队伍建设实用全书（下卷）[M]．北京：当代中国出版社，2002：1754.

[15] 王保星．德性·想象力·职业安全——大学教师职业断想 [J]．江苏高教，2007 (5)．

作者简介：

任启平（1972—），济南大学商学院副教授，博士，研究方向为区域经济、国际贸易。

物流专业人才培养模式研究

王光玲　周婧怡

摘　要：目前我国高校物流人才培养模式存在专业培养目标不够明确、专业教学方法陈旧、专业教材及设施建设落后、专业实践教学环节薄弱等方面的问题，与社会对物流专业人才的需求存在着一定的差距，因此，物流专业人才培养模式的改革迫在眉睫。文章从科学制订人才培养目标、改进专业教学方法、完善教材及设施建设、建设实习实训基地四个方面提出了改进建议。

关键词：物流；物流专业；培养模式

一、引言

随着近年来物流业的快速发展，社会对于物流人才的需求量越来越大，但是人才培养的数量与质量远远不能满足社会的需求，物流业高层次人才面临严重紧缺。而高校作为人才培养的中坚力量，要承担起培养高素质应用型人才的责任。目前高校在日常的教学过程中，仍然不能摆脱传统观念的束缚，专业培养目标不够明确、专业教学方法略显陈旧、专业教材及设施建设相对落后、专业实践教学环节相对薄弱，导致毕业生不能够满足企业的用人需求。因此，物流专业的人才培养模式亟待改革。

二、我国高校物流专业人才培养模式存在的问题

（一）专业培养目标不够明确

目前高校的物流专业教育缺乏针对性，许多院校的人才培养目标设置太笼统，甚至不知道培养出来的学生将来能够从事什么样的工作。高校仍是以完成教学任务为主要目的，没有明确定位其作用，培养出来的学生虽然有比较扎实的理论知识和科研潜力，但是动手能力较差，很难胜任一线的基础业务工作，与目前物流企业急需的基础操作熟练、实践能力强、具有管理潜能的技能型中高级物流人才的要求不符。物流专业人才培养的目标应该面向企业，培养出符合企业需求的高素质人才。作为一名高层次的物流专业人才，不仅要具备基本物流知识，而且要通晓物流技术，拥有国际化的

战略眼光和胆识，因此，重理论轻实践的培养模式是无法满足现实人才需要的。

（二）专业教学方法略显陈旧

物流专业是一个实践性很强的专业，传统的以课堂教授为主的教学方法已经不合时宜。目前我国大多数高校的教学方式都相对陈旧，仍然是采用注入式、满堂灌的教学方法，教师单方面灌输基本上占据了整个课堂时间，学生缺乏参与的机会，造成学生只会简单地模仿，缺少主动探索问题、分析问题的精神。教师在授课过程中，启发式教学方式运用不够透彻，导致学生既没有积极学习的主动性，也没有思维扩展的空间，学生在教学过程中缺乏主体意识，缺乏独立思维，陷入一种僵化死板的学习状态之中。对于部分需要识记的物流基础知识尚可使用“讲授法”，但是，如果在物流专业技能课程和实务操作性很强的课程上也使用这种方法，就违背了高等教育的基本准则。

（三）专业教材及设施建设相对落后

我国物流专业起步较晚，因此专业教材及设施配置也远落后于物流业的迅猛发展，而且现在出版的物流专业课本很多很杂，不能完全保证教材的质量，教材内容脱离物流行业和职业发展的实际，实践性与指导性差。部分学校在选择课本时并不是由授课老师自己选择教材，而是由学校统一订购，由于购买教材的人不像专业老师那样了解物流专业，容易选择一些质量不高的教材。同时，物流专业所需设施也比较稀缺，没有足够进行实践模拟的设施，无法让学生通过实验加深对物流过程的理解，这样必然导致学生的见识面狭窄，无法做到很好地将专业理论与实际相联系。

（四）专业实践教学环节相对薄弱

物流人才培养要注重实践教学和经验积累，要通过企业实习来提高学生的动手能力和协调能力。学校受传统观念的影响，向学生传授自认为比较系统实用的物流基础知识，而忽视了企业对物流人才的需求标准，不太重视实践教学活动，即使每学期安排暑期的短期实习，或是毕业实习，但没有统一的强制性规章制度，最后使得实习往往流于表面。一是学生到物流公司见习，基本是走马观花，无法深入了解物流设施设备的运作及物流的整个工作流程，由此导致学生实践经验不足。二是实验室条件落后和实验师资缺乏，难以满足实践教学的需要。因此，高校物流实践教学体系建设亟待解决。

三、改进我国高校物流专业人才培养模式的建议

（一）科学制订人才培养目标

人才培养目标是指受教育者在经过计划和教育活动后应达到的目标和要求，高等院校人才培养目标既要符合学校办学特色和地域特征，又要体现物流行业特点。应用型物流人才培养的目标应根据现在社会对人才的需要和学科理论体系来制订，应该在

重基础理论的同时也应该注重实践经验。高校不能仅仅是简单地向学生传授物流专业理论知识，而应该按照培养和提高学生创新精神和实践能力的要求，构建研究应用型物流人才的培养所需要的知识结构体系，强化物流基础知识和实践经验，培养具有扎实物流理论知识及丰富实践经验的应用型物流人才。

（二）改进专业教学方法

在物流教学过程中要淡化以前教师单独传授知识的方法，将以教师为中心的教学方式转变为以学生为中心的教学方式，探索灵活多样的教学方式，如虚拟游戏法、情景模拟法、问题教学法、实验室模拟法，交互式教学等。教学是传递知识，传递信息的一个重要途径，是一项复杂的系统工程。高校要鼓励教师进行教学方法的改革，多让学生参加课外活动，增长见识，发挥学生的主观能动性。同时，将通信视频技术、网络技术、多媒体技术也要运用到教学过程中，加速物流知识的传播和创新，使物流教育突破传统的教学方式，推进现代化的教学手段，培养出更多的应用型物流人才。

（三）完善教材及设施建设

高校的教材及设施建设，是其教学管理过程中的一个重要环节，学校要在现有教材及设施的基础上，引进更适合学生的教材和设施。随着物流行业的发展，教材建设也要与时俱进，及时更新，以市场为导向，以企业人才实际需求为依据，根据物流行业具有技术密集型的特征，结合高等院校人才培养的现状，确定基于工作过程中的“工学结合”为高校教材编写思路。首先，通过深入企业调研，对物流职业岗位进行描述和分析，为确定课程名称提供依据；其次，制定课程标准，为确定教材编写内容提供依据；然后，根据课程标准，撰写教材编写体系。同时，高校在教学过程中要重视物流实验室建设，重视学生动手能力的培养。实验室要具备模拟真实企业环境、深度剖析操作细节和工作原理的功能，要能够科学的管理实验过程，引进物流教学过程中所需要的一些软件，比如用友、金蝶、络捷斯特等。

（四）建设实习实训基地

在培养物流人才的过程中，要加强校企合作，为学生提供实习平台，并进行实习指导。高校在培养物流专业的学生时，需要安排他们到企业各个部门去实习，了解每个部门的特点、物流需求、主要业务，熟悉各个物流层次物流从业人员的情况，更好地确定自己的目标。校企合作是一种“双赢”的合作模式，它不仅可以让学生走进企业，理论联系实际，培养学生的动手能力，而且可以将学校作为企业人才培养基地，利用高校优质的教学资源，培养出适合企业需求的应用型人才。值得注意的是，在进行校企合作时，学校和企业要在价值追求上尽可能达成一致，规范合作制度和合作模式，以提高学生的实践操作能力。另外，学校也可以邀请一些具有丰富物流经验的从业人员来担任实践教学工作。

四、结语

在经济技术快速发展的今天，催生了各行各业对物流人才的需求。作为培养人才的场所，高等院校应该担负其责任，培养出既有基础理论知识，又有较强动手能力的符合企业需求的高技能人才。以应用型能力为基础，以综合素质为核心，以促进就业为目的的人才培养模式改革，必将解决我国物流人才的供需矛盾，从而推进我国物流业的健康、快速、可持续发展。

参考文献

［1］胡艺．高职院校物流人才培养模式创新研究——基于重庆商务职业学院的分析［D］．重庆：重庆师范大学，2012.

［2］李蓉．我国高校物流人才培养模式创新研究［J］．物流科技，2010（9）：26－27.

［3］戴晋．国内外物流人才培养模式之对比研究［J］．企业导报，2010（4）：277－278.

［4］张芮．我国高校物流人才培养模式的策略研究［J］．物流科技，2008（1）：133－134.

［5］王永富．新时期广西高职物流专业教材建设研究［J］．物流工程与管理，2012（4）：171－172.

作者简介：

王光玲（1964—），济南大学商学院教授，博士，研究方向为国民经济学、企业物流与供应链管理。

周婧怡（1995—），济南大学商学院硕士研究生，研究方向为企业物流与供应链管理。

基于“互联网 +”背景下，高校跨境电子商务人才培养模式研究

王庆东

摘　要：在经济全球化背景下，跨境电子商务人才培养工作对我国经济的发展发挥着重要的作用，可是在人才供需实际中，高校与社会企业作为跨境电子商务人才的供需双方，却出现了一定的失衡。本文根据跨境电子商务企业对人才岗位技能的要求，总结高校跨境电子商务教学存在的问题，研究并探讨高校跨境电子商务人才培养模式改革方案。

关键词：跨境电子商务；电子商务人才；培养模式

跨境电子商务与传统电子商务的人才技能要求，在岗位职能以及胜任条件等方面具有很大的差异。在经济全球化的背景下，跨境电子商务人才不仅需要具备电子商务专业知识，同时要具备国际贸易业务知识、跨文化交流能力等，因此，高校跨境电子商务人才培养需要与传统的电子商务人才培养体现出差异。在跨境电子商务专业课程设计、人才培养办法以及专业教师队伍建设等方面进行研究并改革，对于高校跨境电子商务教育质量、跨境电子商务人才专业素养的提升以及跨境电子商务产业的发展都具有重要的现实意义。

一、高校跨境电子商务人才需求

电子商务的发展依托于互联网技术的发展，这个专业本身就属于新兴行业，而在全球化背景下产生的跨境电子商务更是一个较新的概念，这也决定了高校跨境电子商务人才培养工作还有很长的路要走。从高校跨境电子商务人才需求的紧迫性来看，在国际贸易发展过程中，受到2008年国际金融危机的影响，加之人民币升值和劳动力成本持续上升的影响，我国传统的外贸行业遭受很大的打击，进出口增速明显下跌，很多外贸企业尤其是中小外贸企业纷纷倒闭。与此形成鲜明对比的是，跨境电子商务因为具备中间环节少、价格低廉和利润率高等优点，呈现出良好的发展势头。2012年，中国跨境电子商务进出口交易额为2.3万亿元，较2011年同比增长32%；2013年，我国跨境电子商务交易额与2012年比增速更是将近30%；2016年，中国进出口跨境电子

商务（含零售及 B2B）[①] 整体交易规模更是达到 6.3 万亿元。在全球电子商务快速发展和中国电子商务全球化的大趋势下，中国跨境电子商务交易规模将持续高速扩大，进口零售跨境电子商务在进出口跨境电子商务交易规模中占比将不断提升。在这样的背景下，我国许多高校的电子商务教育，仅仅针对国内市场开展而忽略了市场对跨境电子商务人才的需求，因此，从跨境电子商务人才的供需关系来看，作为需求者的跨境电子商务企业，对跨境电子商务人才提出了迫切的需求，而高校在跨境电子商务人才培养方面则存在着很大的缺口。

二、跨境电子商务企业岗位技能要求

在信息技术高速发展的今天，国际贸易呈现出新的发展趋势，跨境电子商务这种新型的贸易模式被越来越多的企业所重视，前景大好。而新型贸易模式快速发展的背后，人才的缺乏成为阻挠企业发展的重要原因。那么跨境电子商务企业需要怎样的人才，具有怎样专业背景的人才适合进入跨境电子商务企业呢?

1. 外贸技能

跨境电子商务企业的业务范围是全球化的，从业务性质上说属于国际贸易的范畴，这势必要求跨境电子商务的从业人员具有相当的外贸业务能力。从业人员需做到能与国外客户沟通交流，洽谈业务，开发新客户；能熟知外贸业务流程，独立处理国外客户订单；能跟进国际物流、国际保险、国际结算、报关报检的相关业务处理，以及其他相关事项；了解国际商务法律法规，妥善处理跨境业务纠纷；掌握国际物流相关技能，除普通的集装箱运输外，也要了解小包进出境的国际物流途径，使货物快速准确地送到客户手中。

2. 电子商务技能

跨境电子商务是利用互联网搭建的电子商务平台开展的业务活动，从业务媒介上说属于电子商务的范畴，这又要求从业人员具有一定的电子商务能力。从业人员要熟悉网络客户开发，能在 B2B、B2C[②] 网络平台上发布产品，处理订单；能利用网络平台做好产品互联网推广，装修网店。

3. 英语技能

跨境电子商务活动面向的是国外客户，这就对从业人员的英语能力提出了较高的要求。除了基本的书面表达能力外，对从业人员英语口语同样提出了较高的要求。产品的介绍、往来信函的处理、在线客户谈判、售后客服等工作内容都需要用英语来完成。

---

① B2B（也可写作 BTB，是 Business - to - Business 的缩写）是指企业与企业之间通过网络，进行数据信息的交换、传递，开展交易活动的商业模式。

② B2C 是 Business - to - Customer 的缩写，而其中文简称为“商对客”，它是电子商务的一种模式，也就是直接面向消费者销售产品和服务的商业零售模式。

4. 计算机操作技能

当今的商务活动离不开计算机，跨境电子商务活动更是如此。除了日常的计算机操作与办公软件使用外，跨境电子商务从业人员还需要更强大的计算机应用能力，要熟悉数据统计软件，对网页设计软件、美图软件有所了解，对于互联网的利用也需要更灵活与深入。

5. 较高的职业素养

跨境电子商务行业对人才的职业素养也提出了更高的要求。跨境业务面临的是来自世界各地的客户，他们语言不同、思维方式不同、文化习惯不同，跨境电子商务从业人员将面临更加复杂的商务环境。这势必要求从业人员具有灵活应变的处事能力、良好的沟通交流能力、踏实认真的工作态度与积极合作的团队意识。

另外，跨境电子商务市场和企业也在营销技能、综合素质及实际能力方面，对跨境电子商务人才提出了较高的要求。

三、高校跨境电子商务人才培养存在的问题

我国高校在跨境电子商务人才培养方面起步较晚，相关专业的培养在教学目标设定、课程设置、教学内容等方面存在较多的问题，严重影响了我国跨境电子商务的迅速发展。

1. 跨境电子商务人才培养目标不明确

跨境电子商务是集经济、管理、计算机及法律等多个学科于一体的交叉性学科，而高校电子商务专业开设的课程大都是计算机和经济管理类，以及电子商务概论与原理，没能把电子与商务进行有机整合，涉及跨国交易的内容更是很少。课程设置的随意性很大，其问题主要表现在两个方面：一是将现有的有关技术和商务的课程简单堆砌，缺乏有机结合；二是强于书本而弱于实务，缺乏必要的案例教学和实务操作能力的培养。由于很多院校对电子商务的概念没有明确的把握，因此跨境电子商务专业的课程设置成为一个“大拼盘”，导致人才培养目标方向不明、定位不准，课程设置不合理，最终造成培养目标不明确，毕业生在就业市场上失去了自己的个性，因而也就丧失了竞争力。

2. 课程设置和教学内容缺乏针对性

因为对专业的重视程度不够，所以高校往往把跨境电子商务专业看作边缘化的专业，课程设置和教学内容出现盲目性，课程体系缺乏对培养目标的支撑，教学内容与就业岗位需求严重脱节。在课程建设上或注重电子技术，或注重商务教学，或把电子技术和商务课程简单叠加和重组，缺乏融电子技术与商务于一体的综合性核心课程。国际贸易、市场营销等教材都是其他专业现有的，而不是为本专业专门设计的，授课老师也是按自己的理解各说各的，而不是依照一条主线索来组织教学。

3. 教学方法单一，不能与企业实际接轨

在理论教学方法上，跨境电子商务理论传统教学以教师为中心，借助于多媒体，

通过教师的讲解主要解决“是什么”的问题，使学生在听觉和视觉上产生双重“刺激”，最终达到学生理解和记忆理论知识的目的。对这种教学方式而言，教师在整个教学过程中处于主体地位，因而教学的效果也只停留在教师传授知识的层面上，学生在具体问题具体分析及采用最优方法解决实际问题等方面的能力得不到培养与提高，毕业之后与社会的适应性较差。

4. 实践操作条件欠缺

跨境电子商务专业是知识复合、技能复合的典型应用型专业，需要有电子商务专业特色实验室。这样的实验室能够为学生提供理性认知和模拟实验操作的平台，进而提供互联网真实环境下的部分电子商务实践平台，更进一步可以提供理论与实践相结合的创新平台。同时，该专业的学生需要得到比一般专业更多、更好的实践锻炼。这就必须建设一大批电子商务实践基地，通过这些基地让学生身临其境，深刻理解电子商务在企业和组织中的作用及应用状况，掌握电子商务新的技术和新的商务模式，了解电子商务的发展趋势和应当解决的问题等。然而，现有的实训模拟软件的功能还不太完善，升级换代不及时，与跨境电子商务的实际环境差距较大；同时，真正实现网上交易、网上业务处理、网上支付的企业很少，因此，学校要建立电子商务实习基地还比较困难。

5. 教师队伍不成熟

跨境电子商务是集信息化管理、网络技术、市场营销、广告学、心理学、经济学等知识在内的实践性很强的交叉性学科，对教师的要求远远超过对普通课程的教师的要求。而实际的情形是，从事跨境电子商务专业教学的教师，原来大多从事计算机或经济管理类专业课程的教学，大多数教师并没有经过系统全面地跨境电子商务专业学习或培训，尤其是缺少与一线接触的实践经验。

跨境电子商务教学存在的诸多问题，导致高校对跨境电子商务人才的培养与市场需求往往不能有效地接轨。学生四年所学的专业课往往不能与互联网新形势有效地契合，这就使学生走上工作岗位以后不能发挥自己所学。在这样的背景下，高校培养的电子商务人才只能算是半成品，因此出现企业需求很旺，但学生不能很好就业的现象也就不足为怪了。

四、跨境电子商务教学改革的建议

当今社会的竞争归根到底是人才竞争，一切先进的技术与设备都离不开人才的参与。因此，跨境电子商务的人才培养，必须立足于企业实际需求，在培养目标、课程整合及实践教学等方面进行改革与实践。

1. 改革人才培养目标，创新专业课程体系

高校跨境电子商务专业人才培养目标的定位，应该通过比较国内外高校教育现状，研究企业跨境电子商务专业人才的岗位技能要求，分析当前电子商务专业的就业形势，结合学生现有知识水平结构，研究企业与学校互惠互赢的切入点，从而制订符合社会需求的跨境电子商务专业培养目标和课程体系；搭建校企合作的平台，将企业的项目案例引入课堂，突出培养学生的动手能力，并研究如何严格按照公司用人标准和规章制度展开项目教学，培养适应社会需求的专业人才。

2. 加大课程整合，优化理论教学，激发学生的创造力

跨境电子商务是一门新兴学科，这就需要教师在教学过程中不拘泥于传统的教学模式，实现大胆突破，采用多种多样的教学方式来达到教学目的，激发学生的创造性和主动性，以适应电子商务快速发展和不断变化的需要。在电子商务教学过程中，如果教师单纯依靠教科书，其教学往往难以适应社会节奏，还会造成教学与社会脱节。这就需要电子商务教学不仅仅依靠教科书，还要与网络更新速度同步。有些教学内容在教科书来不及更新换代的时候，可以根据电子商务的现实发展需要进行补充。而不必遵循教科书的要求，这样的教学方式既新颖有趣又能迎合电子商务的发展要求。

3. 重视实践教学，提升学生的综合素质

跨境电子商务的教学要进一步强化实践课的教学，因此实现学科专业建设、实验室、实践教学基地建设的有机结合，促进校企联合培养模式下的一体化学科建设就显得尤为重要。实验室、实践教学基地建设要指向专业结构调整，并进一步提高和优化实验室资源建设，促使学科建设、适应社会需求的专业结构调整和教师开展科研得到有效支撑。

4. 专业课程考核体系的改革

高校现有的考核方式有闭卷笔试、开卷笔试、课程论文等，单一地运用任何一种方式都不能全面反映学生对课程知识掌握的程度。在考核体系的改革方面，应力求考核内容以课程标准为依据，倡导灵活多样的考核原则，充分考虑学生差异，注重学习和发展过程评价。对理论性强的课程可以采取笔试加平时测验的方式，对实践性强的课程可以采取平时设计与作业相结合的方式进行考核，对实习、实训、课程设计的考核，可以采取设计成果和设计答辩等灵活多样的考核方式，同时要将职业资格认证和技术等级考试纳入教育教学和考核体系当中，可以将其作为人才培养工作的重要内容和标准。

5. 加强师资队伍建设

增强现有师资的培养，提高教师“双师素质”，加大力度引进有企业工作经验的专职教师，完善“双师结构”；逐步建立完善的兼职教师库，聘请具有丰富实践经验的工程师、技师进课堂，使他们在学生技能指导、现场实习教学、学生顶岗实习指导等方面发挥重要作用，组建专兼结合、分工协作的“双师”教学团队。

五、结语

随着跨境电子商务的迅猛发展，提高人才培养质量是高等学校教学改革的重要目标之一，而毕业生能否很好地适应社会的需求则是社会评价的重要内容。因此，高等学校教学改革，从本质上说就是提高人才的社会适应程度，培养出更多的高质量跨境电子商务人才才是最现实的需要，这需要高校教师准确定位人才培养目标，不断地钻研教学方法，提高教学质量；另外教师也应该主动地与企业沟通，了解跨境电子商务发展的前沿知识，只有这样才能培养出高质量的跨境电子商务人才，助推中国跨境电子商务的发展。

参考文献

[1] 陈旭华. 跨境电子商务人才培养模式研究——以义乌市为例 [J]. 价格月刊，2014 (3)：66－69.

[2] 华国振. 义乌多层次跨境电子商务人才的本土化培养策略 [J]. 电子世界，2014 (4)：164－166.

[3] 梅蒋巧. 跨境电子商务人才需求特征研究 [J]. 管理观察，2014 (31)：119－120.

[4] 陈国雄. 温州跨境电子商务人才培养路径与实践 [J]. 温州职业技术学院学报，2015 (1)：38－41.

作者简介：

王庆东 (1967—)，济南大学商学院讲师，研究方向为电子商务、商务谈判。

“慕课”环境下二专业教学模式优化策略

王艺霖　赵以阁

摘　要： 在大数据时代，作为网络课程的延伸与发展，“慕课”成为一种重要的学习手段和教学模式。本文针对二专业教学存在的一些显著问题，在对“慕课”优劣势进行分析的基础上，提出以二专业教学模式创新为切入点，推进高校教学模式优化的思路。

关键词： 慕课；教学模式；优化策略

《教育信息化十年发展规划（2011—2020年）》中明确提出，要以育人为本，以信息化引领教育理念和教育模式的创新，进行课程和专业的数字化改造，创新信息化教学与学习方式，提升个性化互动教学水平，增强学生在网络环境下提出问题、分析问题和解决问题的能力。在大数据时代，作为网络课程的延伸与发展，“慕课”以其独特的优点吸引了数量庞大的群体，成为越来越重要的一种学习手段和教学模式。同时，随着“慕课”的进一步推广，对其缺点的批评也日渐增多，质疑和反对的观点不断涌现。在信息化大潮下，如何利用“慕课”这种创新教学模式来促进高校教学模式的优化，是一个值得深思的课题。本文在对“慕课”优劣势进行分析的基础上，提出以二专业教学模式创新为切入点，来推进高校教学模式优化的思路。

一、“慕课”的优劣势分析

“慕课”，英文为MOOC，是Massive Open Online Course的缩写。用户只需利用邮箱注册，便可免费进行线上课程的学习。相较于传统课堂40～50分钟的时长，“慕课”的一节课一般为15～20分钟，知识相对浓缩和集中，同时学习者可以反复观看。因此，“慕课”这种不受时间地点限制且成本低廉的模式对传统的教学模式产生了巨大的冲击，在国家相关部门的支持下，“慕课”将成为未来高校重要的教学手段之一。

（一）“慕课”的优势

第一，依托“慕课”，可以实现教学资源的共享，推进教学模式的优化。“慕课”

的显著特征是开放性与共享性，这决定了它的最大优势是学习可以不受时空限制。“慕课”的资源优质丰富，教学内容通常由专业教师团队精心打造，知识点清晰，重难点突出，案例丰富生动。相比较而言，二专业的教学工作一般安排在周六周日两天，强度较大，时间较长。因此，慕课的推广和采用对于二专业学生具有极大吸引力。学生可以随时随地学习，自由分配课外时间，从而提高了学生学习的积极性与主动性，避免出现因高强度上课导致学生学习效率不高的现象。

第二，“慕课”采用互动式教学模式，学生可以高度参与，有利于提高其学习效果。在“慕课”环境下，教师与学生实现了“一对一”的教学互动，学生可以参与到教学过程中，学生与教师之间或者学生之间可以针对学习内容在线上进行讨论，学生可以针对教学内容进行线上提问，并得到老师的及时反馈。相较于传统课堂对学生容量的限制，“慕课”可以同时容纳万人观看，并且学生可以反复看视频，直到自己看懂为止，这是传统课堂所不具备的优势。因此，相较于传统课堂，“慕课”的这种个性化辅导方式对于课程相对紧缩的二专业学生的专业知识体系的构建更有价值。

第三，“慕课”的推广将促进高校教师在教学效率和教学质量上提高。“慕课”的实施将进一步促使原来以教师为中心、知识灌输为主的教学模式转变为以学生为中心、以能力提升为核心的个性化教学模式。传统课堂要求教师独自进行课程设计、备课、教学，重复性工作多，教师之间缺乏资源整合和协作，不同教师教学质量差别较大。“慕课”则可以促使高校教师之间的联合与协作，共同进行课程设计，解决教学过程中的问题。同时，利用“慕课”资源，教师可以学习和借鉴其他优秀教师的教学设计和教学过程，促进教学质量的提升。

（二）“慕课”的劣势及存在问题

尽管“慕课”具有众多优势，但是“慕课”遭受的批评和反对也同样多。总体来看，有以下几点：第一，“慕课”的发展迅速并被广泛接受，但是与“慕课”发展相匹配的制度体系、政策法规等并不完善。当前，我国的“慕课”学习是学生通过完成相应课程获取证书的方式进行，没有实现学分互通，更没有能够将之与获取学位进行关联。因此，“慕课”的发展还很不成熟。第二，“慕课”课程往往出自名校名师，因此“慕课”课程科目有限。课程构建需要大量资金投入，具有一定的商业性质。在实施过程中，学生课程完成率不高，并且出现在线课程常遇到的“刷课”问题。由于借助计算机网络平台来实现高效学习，缺乏面对面的沟通与交流，因此，如何避免学生“刷课”是当前“慕课”面临的一个难题。观看课程的人与需要学习的学生是否是同一个人，这是在线课程无法确定的，因而难以解决学生“刷课”的问题。第三，高校教师是否利用“慕课”提高了教学质量是一个具有争议的问题。高校教师对于“慕课”的接受度不高，对在线课程建设并不积极，并且由于“慕课”制作需要耗费大量人力、物力和财力，需要团队运作，因此高校教师在“慕课”的制作上存在较大障碍。

二、二专业学生培养存在的问题

本科阶段的辅修二专业的双学位制度在我国已经实施30多年，但是，至今为止它仍存在一些问题。第一，二专业教学在高校内定位不独立，在社会上认可度低。在高校内，学生第二专业的辅修需要满足条件方可申请，并且是依附于其第一专业，属于从属地位。学校不能以第二专业来发放派遣证，学生不能以第二专业参与工作竞聘和获得相应的工资待遇。二专业教学定位模糊，导致了一些显著问题，例如，虽然学校往往针对二专业教学制定严格的政策制度，但是在具体实施过程中，对学生的要求十分宽松。有些课程，尤其是实践实习课程严重缩水。教师对课程的重视性不够，对学生的考核不像第一专业一样严格。在课程质量监管方面，二专业的教学管理不像一专业那样有完整的质量监控体系，缺乏专门的机构和专门的人员进行控制和管理，甚至在一些高校，二专业教学成为学校增收的重要手段，其人才培养效果得不到保障。第二，在学生方面，由于辅修二专业的学生学业压力加倍，所学课程多且不同课程的知识体系有差异，课程紧缩且集中，加上外部监管的执行和落实不到位，教师考核不严格等原因，普遍出现学生到课率不高，学生学习积极性较差的情况。这就直接导致教学质量不高。第三，在教师方面，教师普遍对二专业学生的授课重视程度不够，教师在思想上的懈怠直接导致了对二专业学生考核和监管的宽松，不利于复合型人才的培养。

三、二专业教学模式优化策略

第一，以混合式教学为教学改革的主导方向，提高二专业学生学习的效率和效果。当前的大学教学有三种范式：课堂教学、虚拟教学和结合前两种教学的混合式教学。随着“慕课”的发展，结合课堂教学和虚拟教学的混合式教学成为大学教学改革的主导方向。结合二专业学生的学习状况和时间分配上的压力，利用“慕课”这种无时空限制的教学模式进行教学将使学生不再受制于传统的课堂，不再是周六、周日全天高强度上课，而是可以随时随地反复观看视频，从而真正学懂，进而能更好地促进二专业学生的学习，提高学生的学习效率以及学习的效果。在具体实施过程中，以受众较广的专业基础课为起点入手，组建精英教师团队，以团队合作的形式完成“慕课”的制作，在小范围试行的基础上进行大规模的社会推广，吸引商业投资，进一步促进“慕课”制作质量的提高，从而形成学生学习效果提高——教师教学能力提高——学校创收的良性循环。

第二，加强对教师教学理念的更新，构建网络时代教师教学技能提高的新模式。当前，高校教师虽然已经充分意识到“慕课”等新型课程对传统课堂的冲击。但是，许多教师在潜意识中还将在线课程视为对传统面对面课程的一种替代。高校要加强对教师的培训，进一步强调，“慕课”等在线课程是传统课程的重要补充，在网络形势下教师应重新进行课程设计，借助“慕课”等网络课程来推动教师与学生之间更好的互动与交流，更好地对学生的学习进行指导，提升传统课堂教学效果。在教师考核上，鼓励教师积极采用新的教学模式授课，实行相应的激励措施，促进混合式教学模式的实施。

第三，教务管理的改革。教学模式改革离不开教务管理系统的支持。与混合式教学模式相适应的教务管理系统、质量监管系统等并不完备，是阻碍其进一步发展的重要因素。因此，相关部门需要投入时间、经费等进一步改造升级配套体系，以保障混合式教学模式的实施。在此基础上，构建“外语 + X”“数学 + 金融”“数学 + 经济”等不同模式的双学位学生培养模式。

第四，渐进式改革，提升大学教学改革效果。以二专业教学模式改革入手，在总结反思“慕课”与传统课堂教学相结合的教学模式优化的基础上，进一步推进所有专业的教学模式的改革和优化，不仅能够降低全面推行教学模式优化的风险，也有利于增强教师对新的教学模式的接受度，提升教学效果。在此基础上，进一步完善教学体系，优化第一专业和第二专业的双专业联合培养模式，超越原有的二专业教学将不同专业机械组合或者简单叠加的模式，更有利于复合型人才的培养。

参考文献

[1] 张绍东，黄明东，肖安东. 依托慕课课程共享教学资源优化教学模式 [J]. 中国高等教育，2015 (24)：11 - 12.

[2] 刘济良，王洪席. “慕课”之于大学教学变革：价值与限度 [J]. 教育研究，2015 (8)：61 - 64.

[3] 杨红，王大海. 探析“双学位”培养的不同路径 [J]. 教育教学论坛，2016 (16)：189 - 190.

[4] 杨宗仁. 复合型人才培养模式多元化——辅修及双学位本科教育研究 [J]. 江苏高教，2011 (3)：102 - 104.

[5] 丁妍，王颖. “慕课”背景下我国大学教师的教学应对 [J]. 中国高等教育，2014 (20)：59 - 60.

[6] 王俊菊. “外语 + X”双学位人才培养模式创新与实践——以山东大学为例 [J]. 中国大学教学，2011 (8)：28 - 32.

作者简介：

王艺霖（1984—），济南大学商学院讲师，博士，研究方向为企业战略与国际化。

赵以阁（1986—），济南大学商学院讲师，博士，研究方向为微分方程理论。

校企合作模式下高校创新型人才培养的探讨

徐凤环

摘　要： 作为创新主体的创新型人才，对我国生产力及社会主义市场经济的可持续发展具有重要的推动作用。高校是培养创新型人才的重要基地，校企合作是高校联合企业培养创新型人才的一种有效模式。多年实践证明，这种模式在培养创新型人才方面成效显著。但是目前仍然存在一些问题，影响了该模式作用的发挥。为了更好地发挥校企合作模式培养创新型人才的作用，本文从高校、企业、学生和政府等几方面，对存在的问题进行剖析，并提出相应的改进措施。

关键词： 校企合作；创新型人才；改进措施

《中共中央关于制定国民经济和社会发展第十三个五年规划的建议》中提出，要建设现代职业教育体系，推进产教融合、校企合作。这对我国高校教育的发展提出了新的要求，即鼓励高校进行专业性、应用型教育发展，培养符合社会发展需要的人才。"高校毕业生就业形势难""创新型人才缺乏"等现象反映了高校培养人才方面出现的问题，对高校教育改革，以及培养专业性人才、企业所需人才和创新型人才提出了挑战。作为培养创新型人才重要途径之一的校企合作，经过近几年的实践验证，在培养创新型人才方面成效显著。目前，校企合作这种新的创新型人才培养模式，在取得成效的同时也出现了一些问题。如何针对这些问题提出创新措施，开创校企合作新局面，培养更多的社会所需创新型人才成为高校教育工作者探讨的焦点。

一、校企合作模式下高校创新型人才培养的意义

所谓校企合作，是以社会主义市场经济需求为目标导向的高等院校，为了培养社会和企业所需要的专业型创新人才，和企业联合培养人才的一种教育模式。其核心是产学合作、双向参与，实现高校人才培养模式以及企业人才招录模式的转变。校企合作的主要任务：一是为了学生的未来职业发展，对学生进行专业知识培训；二是为了锻炼和提升学生的实际操作能力，为学生提供实践场地。创新型人才指的是具有创新意识和创新能力，从事创新性活动，并能为社会和组织创造价值和贡献的人才。创新

型人才一般有较高的学历或专业知识、技能，学习能力和创新能力，并且善于学习，能够不断提升个人素质，以适应社会快速发展的需要。

国内外校企合作的实践都证明，良好的校企合作是培养创新型人才的重要途径，同时有利于高校和企业的可持续发展。高校通过校企合作，可以将科研成果进行转化，还可以培养出企业和社会所需要的创新型人才，提升人才的培养质量和高校毕业生的就业率；企业通过校企合作，借助高校科研力量，可以实现创新资源共享和优化配置，缩短研发周期，降低研发风险和成本，迅速研发出新产品，提升产品在市场上的核心竞争力，并且通过校企合作，企业比较容易获得高素质的员工，可以为企业长期发展储备人才。

二、校企合作模式下高校创新型人才培养面临的主要问题

我国实行校企合作模式以来，在培养创新型人才方面，虽然成绩显著，但由于种种原因，仍存在一些问题，影响了校企合作模式作用的发挥。

（一）校企合作仅停留在表面，缺乏长远规划

目前，我国大多数校企合作还仅停留在表面，并没达到深入合作的程度，这种模式实际上偏离了真正意义上的校企合作。究其原因，一是企业缺乏与高校合作的意愿和动力，一般都是高校主动联系企业进行人才合作培养。二是即使高校与企业达成合作，企业一般也只是给高校提供实习基地、项目或资金上的部分支持。高校学生到企业进行培训，一般是高校教师负责带队，企业人员很少参与。高校和企业的合作仅停留在表面，没有针对如何培养创新型人才进行认真磋商或制订长远规划，因而未能实现创新型人才培养的无缝对接和可持续发展。

（二）高校的教育教学体系老化，缺乏创新

实行校企合作后，高校的教育教学体系依然老化，缺乏创新，仍然注重理论教育，忽略对学生实践能力的培养。课程的设置还是沿用传统的课程体系，缺乏培养学生实践能力的课程，更多的依然是讲授理论知识。不能根据企业所需，有针对性地设置具有创新性的课程。高校授课模式也比较单一，更多的是课堂讲授的形式，“校外厂”“校中厂”等实践基地也比较少。

（三）对校企合作培养的学生缺乏科学的管理

目前，校企合作大多流于形式，在学生选拔、培养方面，缺乏科学的管理和监控。一方面，参与校企合作的学生，职业生涯规划不清楚，专业基础知识薄弱，缺乏参加校企合作项目的热情和主动性。这反映出校企合作在选拔人才方面出现了问题。另一方面，对学生参与校企合作的过程管理和质量监控不到位，不能对学生的绩效进行真

实的考核。这些问题都反映出目前校企合作过程中存在的对学生疏于管理的问题，不仅不利于创新型人才的培养，而且还会导致高校和企业资源的浪费。

（四）政府对校企合作缺乏规范化管理

目前，校企合作这种形式缺乏制度保障和第三方的监督，削弱了双方合作办学的积极性。目前校企合作办学的动力不足，与缺少政府经费支持和未执行劳动准入制度密切相关。为此，政府需要出台并落实有关政策法规。

三、校企合作模式下高校创新型人才培养的改进措施

从上述对当前校企合作模式下高校创新型人才培养面临的问题的剖析可知，校企合作培养创新型人才的模式，只有在政府、学校、企业和学生等多方面的共同努力下，才能取得丰硕的成果。

（一）建立校企合作规章制度和理事会，促进校企合作向纵深发展

其一，根据《中华人民共和国教育法》《中华人民共和国高等教育法》《中华人民共和国劳动法》与《中华人民共和国就业促进法》等法律制订校企合作规章制度，规范高校与企业的行为，保障学校、学生、企业的权利与义务并制订绩效考核制度、奖惩制度和反馈制度，从而使学校、企业、学生的行为有法可依，使校企合作能得到切实保障。其二，在原有校企合作的基础上，建立校企合作理事会，并接受政府相关部门的监督。理事按适当比例由高校教师和企业专家组成，理事会在学校、院系、专业3个层次均有设立。校企双方共同商讨制订教学计划，企业为学校提供基地、设备、原料等，并指定专业技术人员参与高校的教学实践过程，为高校制订专业发展规划提供帮助、为毕业生提供就业指导。校企双方共同制订创新型人才培养方案，实现对创新型人才的可持续培养。

（二）改革专业课程教学体系，构建培养创新型人才的新模式

改革专业课程教学体系，可依据专业发展规划设置教学课程，不仅注重专业知识的培养，更要制订与提高学生职业能力有关的课程，体现对学生创新、应用能力的培养，实现专业与产业、课程与岗位、教师与技师、教室与车间、校园文化与企业文化的对接。改革偏重理论知识传授的传统教学体系，改变以往“以教师为中心、以课堂为中心、以知识为中心”的传统培养模式，采用情境式、案例式、项目式等教学方法，进而形成以项目教学、技能实训为主要特点的创新型教学体系，以提升创新型人才培养的质量。此外，在学时分配上，企业职业培训的时间可以适当大于学校理论培训的时间。校企合作也可引入“校中厂”的实践教学模式，利用学校丰富的学术资源、场地、优秀教师，配合企业提供的资金、设备、原材料、专业技术人员，由校企共同建

立“校中厂”，从而为培养创新型人才提供实践基地，提升学生的实际操作能力。

（三）帮助学生制订职业生涯规划，对学生进行科学管理

首先，采用校企合作模式培养创新人才，应认真选拔学生，帮助学生发现其专业兴趣和能力强项，因材施教，对不同学生进行不同创新项目的培养。教师在选拔学生过程中，注意对其进行专业认知教育，进而帮助他们对专业有深入地认识，激发他们的学习兴趣。校企有关人员共同帮助学生制订职业生涯规划，使得对学生的培养具有目的性、针对性，还可以使学生对未来的工作有职业定位，在以后的学习和训练中能有的放矢，并激发其对所选专业的热爱和兴趣，这是保证学生创新能力产生的重要条件。其次，对参与创新型人才培养项目的学生进行科学管理，如设置相应的部门专门负责学生的考勤、纪律，并对学生的能力和表现进行量化、定期考评，将成绩与学分挂钩，从而保证对学生培养的过程管理和质量监控。

（四）政府制订相关规章制度，鼓励高校和企业积极合作办学

政府应该作为除了企业和高校之外的第三主体，制订相关规章制度，使得校企合作有法可依，保证校企合作的落实。政府可以通过制订相关政策，保证财政部门的资金支持等，鼓励企业与高校积极合作。这方面可借鉴德国“双元制”中政府的做法。首先，企业对高校进行资金、设备、实践场地等方面的投资，投资的前提是高校要定向培养企业所需的创新型人才，并且企业有权根据投资的比例分享学校的教育成果。其次，政府设立“产业合作委员会”，对高校和企业的活动进行监控，并对与高校有项目合作的企业进行财政上的补助，如明确规定接受学生实习的企业可免交部分国税，以鼓励企业与高校积极合作办学，培养更多社会发展需要的创新型人才。

总之，校企合作模式下创新型人才的培养，应根据企业的实际需求，坚持以就业为指针，建立校企合作理事会，由政府制订或完善相关规章制度，充分利用高校教学资源优势及企业的资金资助、先进设备等产学条件，促进产、学、研结合和科技成果的转化，构建并完善高校为主的知识创新和企业为主的技术创新一体化的人才培养体系。

参考文献

［1］阎玉秀，毛雯，楼丽娟，等．本科人才培养现状调查及校企合作 SWOT 分析——基于浙江理工大学服装设计与工程专业［J］．浙江理工大学学报，2012（6）：915－918.

［2］吴琼，肖利华．促进大学生就业的校企合作模式与对策探讨［J］．中国电力教育，2011（29）：167－169.

［3］文魁，吴冬梅．异质人才的异常激励——北京市高科技企业人才激励机制调

研报告［J］．管理世界，2003（10）：110－114.

［4］陈伟，左艳．校企合作模式下应用性创新型人才培养实践教学体系的构建［J］．经济研究导刊，2016（12）：115－116，142.

［5］赵峰，徐晓雯，孙震．创新人才培养的体制机制建设研究［J］．科学管理研究，2016（2）：70－73.

作者简介：

徐凤环（1964—），济南大学商学院副教授，研究方向为会计学。

中外著名商学院人才培养模式的比较与借鉴*

张　环　赵　芳　蔡婉妮

摘　要：我国近年来对商学院人才的需求日益旺盛，但由于发展历程较短，我国商学院在人才培养模式上还存在一定问题，其人才培养不能很好地符合社会发展的需求。因此，对我国和国外尤其是发达国家商学院高等教育的人才培养模式进行多层次和全方位的比较研究，借鉴各大著名商学院人才培养的成功经验，探索如何促进我国商学院教育的发展具有十分重要的理论和现实意义。

关键词：人才培养模式；比较；借鉴

人才培养模式是指由相应的办学主体、培养目标、课程体系、教学模式、师资等教育要素有机结合而成的关于实际人才培养方式的理论化的范型。本文主要从培养目标、课程设置、培养方法和途径以及培养制度四大方面对中外著名商学院人才培养模式进行比较分析，并探讨国外商学院人才培养模式对中国商学院的借鉴意义。

一、中外商学院人才培养模式的比较

（一）培养目标

培养目标是在专业人才培养理念的指导下制订的人才培养方向。它规定着专业人才的培养规格和要求，也规定着专业人才的培养方法和途径。通过比较发现，我国商学院比较重视对培养目标的阐述，培养计划一般都包括培养目标，并将其置于首项。有的还包括培养规格和要求及就业方向，但目标的阐述不够具体，相关要求较空泛。各学校间培养目标格式统一、内容雷同，而且主要都是介绍专业技能目标，缺少人文内容。与此相比，国外商学院的培养目标在阐述形式上没有统一格式，有的单列陈述，有的在专业介绍中陈述，但比较具体、指导性强，学生能根据目标的说明了解就业去向和设计学习计划。这体现了国外商学院的教育“以学生为中心”，我国商学院为学生服务的意识有待加强。

---

* 本文为济南大学教研项目“商学院人才培养模式的中外比较与改革策略”（项目编号：J1615）的阶段性成果。

（二）课程设置

培养目标中的培养规格或素质要求直接影响着课程结构和水平。因此，培养目标既是课程设置的依据，又是课程的目的。在中外商学院培养计划中，按课程性质，可将课程分为通识教育课、专业基础课和专业课；按课程要求，可将课程分为必修课和选修课。对于课程总学分和学分分配，中外商学院存在着很大的差异。

（1）通识教育课。我国商学院的通识教育课大致包括自然科学、社会科学、语言等，其学分一般占总学分的33%。必修课包括外语、计算机、体育等，一般占通识教育课的71.45%。美国商学院的通识教育课学分一般占总学分的46%以上。通识教育课中，必修学分一般占30%以下。日本、加拿大和新加坡商学院的通识教育课一般占总学分的25%以上。通识教育课中，必修学分一般占30%以下。由此来看，我国商学院通识教育课占总学分的比例比美国低，比日本、加拿大和新加坡高。计算机和外语等占了较大的必修学分，而人文历史、语言文学、社会科学、自然科学等以课程模块的形式供学生选修，所占学分较少。

（2）专业基础课。为拓宽专业基础，国内外商学院一般都趋向于将专业基础课在学科范围内通开，称为“学科共同课”“专业核心课”等。以会计学为例，专业基础课占总学分的比例，我国为20%左右，美国、澳大利亚、加拿大都在23%以上，日本最低。专业基础课的比例过大或过小都不利于人才培养。按照现代人才培养观念，一般来说，专业基础课占总学分的30%左右比较合理。专业基础课一般都为必修课，而且大部分以商学院核心课程的形式开设，尤其是在美国，情况更是如此。科目设置上，国内外商学院基本上都包括经济学、管理学、会计学、统计学、法学、数学等学科方面的课程。

（3）专业课。在强调通识教育、专业基础教育的情况下，专业特色只有通过专业课来体现。我国的商学院的专业课学分一般占总学分的18.28%～39.35%。但是，选修课与专业课的比例一般在27.5%～55.13%。专业课一般为必修+选修，但选修多为限定选修，不设选修模块。这说明我国的专业课中必修的多、专业分流少，结果导致学生专业志向趋同。美国商学院专业课所占学分最少，一般占总学分的19.53%～25%，但选修学分中专业课的比例却相对较高，一般在50%～55.17%，而且选修专业课可以按专业方向分模块选修。日本的专业课学分最多，一般占总学分的43.92%～59.35%。这与其专业基础课学分少相关。日本商学院专业课几乎都以选修形式设置。

总之，从课程设置看，我国商学院的课程结构总体上呈“圆柱形”，上下比例几乎接近，但是因为底部结构不合理、选修少，所以专业技能趋同、创新能力不足。美国商学院的课程结构呈“树状型”，“根底厚，树干精，枝叶多”，在一定程度上反映了人才成长的生物学原理。因此，美国的商学院人才知识面宽，具有个性特色，富有创新活力。

（三）培养方法和途径

中外商学院大部分都实行学分制，但国外商学院尤其是欧洲和美国、日本实行学分制比较早。由于教育理念的不同，我国的学分制和欧美相比存在较大的差异，主要表现在以下几个方面：

（1）获得学位的总学分不同。我国商学院学生获得学位的总学分一般为 80～150 分，而美国、加拿大、日本、新加坡一般为 30～120 分，只有澳大利亚为 144 分。我国商学院更多注重的是课程的数量，对课程内容的深度和质量重视不够。

（2）学生在专业、课程选择上的自主性和灵活性。目前我国商学院学生入学是通过全国统一的招生考试，入学时专业已定，在校期间改换专业的可能性很小，这种方式对学生的自主发展和就业都带来了很多负面影响。国外商学院的学生入学后首先修读校级通识教育课程，并根据专业意向修读所在学院的专业核心课程。三年级之后，再根据自己的学习状况和专业兴趣选修某个专业的课程。专业选定之后，若不满意还可改选。国外商学院还根据市场需求情况，设计一些专业方向，供学生选修。这样，学生的选修范围非常大，除核心课程和少部分通识教育课程为必修外，其他都由学生自己选修。

（3）培养途径的灵活性。我国商学院在学分互认方面比较落后，目前只有少数大学实行了学分互认，还有一些大学只是在选修课方面开展此项工作。而国外商学院某一门课程所要求的学分，不管学生通过哪个途径完成，只要通过校方认证，均可视为通过。此外，国外很多商学院积极推行网络教学和远程教学途径，不固定教学时间和地点，学生这样完成的学习和交流，学校也承认其效力。

（4）对实践经验的重视和作为。国外商学院注重理论与实习一体化，理论讲授和实习配套进行，注重教学社会化，教师要有社会兼职或兼职经历，注重个体发展。

（5）教学方式。目前我国商学院的教学方法单一，教与学、学与用相脱节。在现有商学院专业教学中，理论课程明显重于实践课程，在课程设置上，专业理论课的开设越来越多，而传授应用性知识、培养学生实际工作能力的实践教学环节受到轻视和排挤。同时，专业教师一般具有较高学历和深厚的理论功底、擅长理论教学，但是绝大多数没有从事过实践工作，缺乏管理实践经验，也就缺乏进行管理实务教学的基础。因此，在商学院专业的教学中，往往是以课堂和书本为中心，与现实管理实践联系较松，与知识的更新及应用的联系较少，实践程度较弱。其结果是，学生的实际工作能力和适应社会的能力较差，在人才市场中缺乏竞争力。

相比较而言，国外商学院的情况要好得多。国外商学院的教师讲课按大纲规范讲学，不按指定的某一本教材照本宣科，而是围绕教学大纲广泛地组织讲义的内容及范围。美国一些商学院设置研讨课，有的是和理论授课相结合，每门课程安排一定次数的研讨和案例分析讨论课，有的是整门课程都采用研讨的方式学习，目的在于培养适用于 21 世纪的创新性人才。

（四）培养制度

我国商学院本科专业的标准学制为 4 年。目前有较多高校都不同程度地实行了弹性学分制，有的是学年制和学分制相结合，从而使学生在校修读时间最多可延长至6年，最短为3年。在修读年限内，学生按照专业教学计划的要求，修满规定的总学分及必修、限选课学分，即可以获得毕业资格。符合条件的本科毕业生可向学校学位委员会申请学士学位。在有些学校，如果学生在标准学制年限内提前一年修满专业教学计划规定的总学分，并且其他方面符合要求，经批准可提前一年毕业和就业。学生必须参加教学计划规定的课程考核，考核成绩载入学生成绩总表并归入本人档案。学生按教学计划规定学完某门课程，经考试成绩合格，即取得该门课程的学分。期末考试科目没有通过的同学，在下学期或下学年重修，直至通过。相比进入大学的入学考试而言，毕业的难度要小得多。

国外商学院对本学院学生的培养评价也有各种不同的方式。在此主要对他们的考试制度和学位管理制度进行分析。德国商学院是“宽进严出”，即学生考入大学较为容易，但拿到毕业证很难。教授一周上几次大课，内容特别广泛，学生要在课外阅读大量参考书籍，写阅读笔记并完成各类作业，教师则根据学生完成作业的情况评定成绩。同时每个专业都有多门考试，一门过不了关就会影响这门专业课程的完成。因此，德国大学生十分用功，多数学生把全部精力放在学习上。在美国，从19世纪开始，学分制一直是高等教育通用的评定手段，是评定学业的标准方式，典型的美国商学院学分就是一定数量的必修课和其他课程的学分总和。利用学分制，学校能持续地对学生的学习进展保持评估、作出反馈，保证学生的学习进展顺利并最终取得学位。国外商学院不但修读课程的计算采用学分，学生的工作经历或其他学业表现也以学分计算。学位是按学分评定的，在预先制定好的课程范围内，学生必须修满一定数量的学分才可以得到学位。

二、国外商学院培养模式的启示

了解别人是为了不断地丰富和发展自己。国外商学院培养模式带给我们很多启示，我们应借鉴他们的成功经验，结合自身实际状况，建立有自身特色的商学院人才培养模式。

（一）明确商学院教育的培养目标

一般而言，商学院教育在保障通才教育、侧重提高学生基础能力、完善其知识结构的前提下，实行某种程度的专业人才教育，目的是为国家经济建设培养高级经济专业人才。各大商学院应该明确具体专业的培养目标，让学生在专业学习之前已经清楚地了解所要实现的目标。

（二）在专业和课程设置上体现通才教育

努力使学生形成广泛的知识领域，有利于学生在当今多变的环境中具有很强的应变能力。要加强知识深度，使得课程设置上很好地实现基础和专业的平衡。近几年，我国有相当一部分高校都采用了必修课、专业限选课和任选课相结合的方式。商学院要特别重视案例教学，但不能一味地照搬国外的模式，即以大量的案例培养和强化学生的管理技能，而应同时增加工具类课程模块，通过建立管理学科的理论框架，使学生掌握必要的分析和解决实际问题的方法论工具，使学生面对现实问题能够触类旁通。

（三）注重培养学生的实践能力

注重理论与实习一体化，理论讲授和实习配套进行，注重教学社会化，鼓励教师增加商业兼职或兼职经历，注重个体发展；校方要积极支持学生社团组织和俱乐部等活动，并为其提供经费和其他支持，特别是定期给社团组织的主要领导者提供培训和指导。

（四）授课方式的完善

课堂要更加丰富多彩，除了传统的讲授课，可以加一些研讨课。每门课程安排一定次数的研讨和案例分析讨论课，有的甚至整门课程都采用研讨的方式学习，目的在于培养新世纪的创新型人才。国内一些重点商学院的有关专业以及一些有着先进教学理念的教师也在教学过程中积极运用案例分析、实践教学、课堂模拟、课堂讨论、双语教学等新兴方式，取得了较好的教学效果，但是在数量上还是只占一小部分。因为这些新兴方式的运用要求教师要具备较高的素质，所以也要提升教师的水平。另外，也需要学生具有各方面的素质和技能，如积极发言的勇气、流畅的语言表达能力、创新能力和全面分析问题的能力等。只有两方面同时提高，才能保证运用新兴的教学和授课方式达到应有的效果。

三、结语

通过以上分析可以看出，我国商学院的人才培养模式在培养目标、课程设置、培养方法和途径以及培养制度方面与国外商学院都有较大的区别，因此我们应该借鉴国外商学院在人才培养模式方面的先进经验，立足于我国的国情，建立有中国特色的商学院人才培养模式。

参考文献

[1] 吕一林．国内外商学院课程结构与设置的比较研究［J］．中国大学教学，2007（1）：26－28.

[2] 刘兴国，吕方明，梁晶．德国高等教育的特色及其启示［J］．教育探索，2008（8）：138－139.

［3］赵汕．美国商学院 MBA 人才培养模式的特色分析及国际借鉴［J］．当代教育科学，2014（5）：51－55.

作者简介：

张环（1981—），济南大学商学院讲师，博士，研究方向为世界经济。

赵芳（1977—），济南大学商学院副教授，博士，研究方向为资源与环境经济学。

蔡婉妮（1993—），济南大学商学院国际经济与贸易在读本科生。

双主体教育模式在本科生科技创新能力培养中的应用*

张　伟

摘　要：双主体教育模式既涵盖了教师是教的主体、学的客体，学生是学的主体、教的客体的基本思想，又涵盖了在教学过程中双主体之间主客互动与辩证统一的思想。大学生的科技创新能力，是体现高校人才培养质量的重要指标，双主体教育模式有利于调动学生积极性，创建科技创新的学术氛围。在大学生科技创新能力的培养过程中，要利用双主体教育模式，理论联系实际，切实提高大学生的科技创新能力。

关键词：双主体；科创能力；主体意识；科创导师

一、双主体教育模式的基本内涵

双主体教育思想，是针对教学实践过程中的“教师中心论”和“学生中心论”的片面性提出来的。所谓双主体，是指教师和学生都是教学的主体。传统教育理论把教育者视为实践主体，把受教育者视为实践客体，主体按既定的计划向客体传授信息。现代教育理论则把以上两者视为教育过程中的双主体，把教育过程视为师生共同参与的双边性活动。教师作为主体之一，是教育活动的设计者、组织者和主导者，既要在教育内容的传授中显现自己的主体性，又要在教育对象的主体性开发与培养中凸显自己的主体性。教师的职责清晰，目标明确，师生比合理，运行机制适宜。

在双主体教育模式下，学生是学习的主人，在教育教学中发挥主体作用。搞好教育，教师良好的教育方法是一方面，发挥学生的主体性也尤为重要。这可以从以下三点理解：第一，学生对教师的主体作用、属性、功能进行主体性的选择；第二，学生对教师的主体作用信息进行破译与转化；第三，学生对教师的主体作用的借鉴、创造与超越。

双主体教育模式既注重教师的教学主体性，即注重教学主体的自身素质与教学方法的创新；又注重学生的学习主体性，即学生立志博学与自主创新的学习方法。教师

* 本文系济南大学2015年校级教学研究项目“本科生导师制下大学生创新创业教育路径研究”（项目编号：J1528）的阶段性成果。

主体性与学生主体性是既对立又统一的。教师主体性的发挥是为了学生主体性的发展，学生主体性的发展更多地依赖于教师主体性的引导，而学生主体性的发展又可促进教师主体性的发挥。在这种既对立又统一的相互作用之中，学生不断得到改造、进化和发展，教师不断得到充实、丰富和提高，双方处于一个和谐、协同的活动统一体中。

二、传统教育模式下本科生科技创新能力培养存在的问题

《国家中长期教育改革和发展规划纲要（2010—2020 年）》中指出："牢固确立人才培养在高校工作中的中心地位，着力培养信念执着、品德优良、知识丰富、本领过硬的高素质专门人才和拔尖创新人才。"大学生的创新能力是指其在学习文化知识，解决学习和社会实践问题的过程中，通过独特的方法和新颖的角度来解决问题的能力。传统教育模式下大学生科技创新能力培养遇到了一定的瓶颈，主要体现如下。

（一）宣传重视程度不够，缺少有效引导

学生对大学生科技创新活动了解程度不够，对各类科技创新比赛的比赛制度、内容、奖励制度、参赛流程等概念模糊，不懂得如何参加科技创新活动。大学生在校期间虽然能够得到更多自主学习的机会，拥有自我成长的空间，但由于受到自身各方面因素的影响，在参与科技创新这一全新的、有一定难度的科研实践方面，仍然需要教师在专业知识、专业技能等方面给予积极地引导。但教师本身有大量的教学、科研任务，在时间和精力上往往很难给予学生很多指导；有的教师则对科技创新的重视不够；同时，部分高校对教师的激励政策也有待优化。

（二）缺乏创新思维，团队合作意识薄弱

在中国传统灌输式的教育方式下，大学生大多都墨守成规，由此形成的学习习惯，使大学生对理论知识的掌握较为扎实，但也往往被"标准答案"所禁锢，缺乏创新思维和求异精神。并且当代大学生缺少实际社会经验，实践机会不多，学校为学生提供的开放实践平台相对较少，因此，他们不能很好地将理论与社会实际结合起来，更多的只是简单的"纸上谈兵"，缺乏严谨的科研态度和创新意识。

另外，大学生科技创新活动大部分都是以项目或团队形式开展的，而且科技创新是一个长期的研究过程，这就要求大学生学会沟通与合作。但当今大学生的个人主义思想在部分学生身上表现突出，有些学生为了实现个人利益最大化而忽视了他人的利益，有些学生有较强的竞争意识，反而容易忽视人与人之间的合作。

（三）师资不足，保障体系有待完善

目前，大部分综合学科的高等学校师生比失调，大多维持在 1∶15 到 1∶35 之间。大学生科技创新能力的培养要求教师具有丰富的专业知识、过硬的专业方向和理论研

究能力，还有合理的知识结构体系，善于表达，长于交流，对本专业及相关领域有很强的沟通和引导能力。双主体教育模式主张师生的互动与交流，而师资不足的问题成了一个严重的障碍。

科技创新活动是培养大学生科技创新能力的必要载体，需要资金、场地及设备等硬件支持，以及鼓励教师、学生参与相关活动的政策支持。目前，学生科研经费不足、师生交流场地缺乏，是高校科技创新活动中相当普遍的现象，而且部分高校对相关活动的保障措施不完善，这些都影响了师生参与科技创新活动的积极性。

三、双主体教育模式对培养本科生科技创新能力的意义

首先，双主体教育模式有利于调动学生积极性，并提高其创新能力。在传统教育模式下，学校更多地关注学生的学习成绩，从而抑制了学生的创造性和个性的健康发展。双主体教育模式通过发挥学生的主体作用，最大限度地挖掘学生的科技创新潜能，学生可以根据自己的特长和兴趣，选择参加相关科技创新活动和项目，进行项目的申报。在项目开展的过程中，指导老师将制订相应的研究计划和方案，对学生进行有针对性的指导，进一步提高学生分析问题、思考问题、解决问题的能力，培养学生独立思考和探究的本领。

其次，双主体教育模式有利于创建科技创新的学术氛围。双主体教育模式改变了传统教学方法，由教师作为科技创新活动的设计者、组织者和主导者，带领学生参与到相关项目中，教会学生理论联系实际，拓展专业知识，增加与学生的交流次数，帮助学生树立科技创新意识，创建科技创新的学术氛围，为学生能深入研究提供机会。

四、双主体教育模式下培养的本科生科技创新能力路径

双主体教育模式的核心思想，是教师和学生都是教学活动的行为者，二者都是主体，因此，在大学生科技创新能力的培养过程中，要结合双主体教育思想，理论联系实际，切实提高大学生的科技创新能力。

（一）加强宣传，激发学生的科技创新兴趣

学校可以通过各类宣传方式，如名师论坛、海报、班会、微信公众平台、科技创新项目立项、结题答辩、作品展示、表彰大会等方式营造科技创新氛围，通过多种渠道引导学生热爱本专业，了解学科发展前景，开阔视野，激发学生的科技创新兴趣。

（二）强化学生的主体意识，提升其主动性与积极性

树立学生是学的主体的观念，在立志与自勉、学与思、知与行合一等层面上，强化学生的主体意识，而不是一味地将学生置于被动接受的客体层面。因此，强化学生

的主体意识，更进一步可以说是强化学生“慎独”的主体意识，唯有如此，才能从实质层面提升学生的学习主体性，从而培养出具有创新意识的人才。

（三）树立教师的主体观念，设立科技创新导师

可以专门设立科技创新导师，建设一支包括学校、学院领导在内的科研素质高、创新能力强的师资队伍，并通过隆重的指导教师聘任仪式这种形式，增加教师的责任感和使命感。通过整理各类全国、市级、校级和院级的科技创新竞赛后汇总成表格，在微信、学院官网等平台上介绍竞赛情况，展示竞赛成果，使学生能充分认识培养科技创新能力的重要意义，并以各类竞赛为重要抓手、鼓励学生竞赛，做好前期动员和组织工作，力争带出好成绩。担任科技创新项目的导师们根据各自研究的领域和专业背景，将自己的科技创新课题挂在网上，供学生申报，另外导师也可针对不同类型的科技创新竞赛，对参赛学生进行有针对性的指导。

参考文献

[1] 刘正远，段玉玺，吕杰，等．大学生科技创新能力培养途径的探索与实践［J］．高等农业教育，2012（8）：71－73.

[2] 郭翔．本科生科研能力培养模式及改进路径研究［J］．中国农业教育，2014（3）：22－24.

[3] 吴江，吴强，任建兴，等．大学生科创项目管理与创新人才培养模式的探索与实践［J］．中国电力教育，2013（4）：29－31.

作者简介：

张伟（1981—），济南大学商学院讲师，硕士，研究方向为产业经济学与区域经济学。

高校国际化发展过程中教师的作用与师资建设研究

周春花

摘　要：高校国际化是经济全球化背景下的大趋势，高校的国际化水平直接影响高校建设的水平。高校教师是高校国际化的重要因素。教师对国际化的态度、理念，教师的国际化知识、经验、方法，直接影响高校国际化政策和计划的制订和国际化人才培养的质量。高校应通过制订师资建设的相关政策，引导和激励教师积极参加国际化相关活动。通过教师的有效工作推动高校国际化的发展，培养高质量的国际化人才。

关键词：高校；国际化；师资建设

随着我国经济发展及国际化进程的加快，高校的国际化发展越来越受到重视。2010年7月，《国家中长期教育改革和发展规划纲要（2010—2020年）》也明确提出，将进一步扩大教育对外开放，提高高校国际化水平。目前，各高校以扩大校际合作交流，促进学生国际流动，加强课程国际化建设，发展来华留学生教育，开展中外合作办学等为主要内容的国际合作交流活动正在蓬勃开展，并呈现出前所未有的活跃局面。在高校国际化发展过程中，教师的参与是重要条件。培养国际化人才，教师必须具有国际化理念、跨文化视界、跨国经验、多元文化的知识结构，还必须积极参与国际化改造。只有教师具有明晰的国际化意识、较强的国际化能力和自觉的国际化行为，高校才能实现国际化发展。高校需要重视师资建设，发挥教师的核心作用，激励教师的参与，通过教师的有效工作，实现培养高质量国际化人才的目标。

一、教师在高校国际化中的作用

教育国际化的关键是师资国际化，教师在推进高校国际化进程中扮演着极其重要的角色。具有国际经验和知识的教师，可以推动单位的科研及教学朝着国际化的方向前进，培养高质量的国际化人才，离不开一批具有较强国际学术交流和科研合作能力的教师。教师对国际化的态度、理念，教师的国际化知识、经验、方法，直接影响高校国际化政策和计划的制订和国际化人才培养的质量。

（一）教师对国际化的态度

教师对待国际化的态度，直接影响教师的意愿与兴趣，影响他们参与国际化的合作研究和参加海外教学服务项目的积极性。不重视国际化的教师也少有兴致参加各种国际性教育活动，教师对国际化的批评和反对，使他们更愿意在国内的环境中推动学生智力和社会性的发展。教师对国际化的消极态度，使他们更醉心于传统课程的核心知识教育，坚持认为把国际化观点融入课程内容或教学会影响学科的纯粹性。因此，教师对国际化的态度影响着他们参与高校国际化发展规划实施的各种活动的行为。教师是高校国际化进程的中流砥柱，正是他们的积极或消极的态度最终决定学院国际化政策、计划的制订和落实。

（二）教师的国际化理念

教师的国际化理念是指在教学过程中，教师不能仅仅把国际化理解为国际技术援助与合作，或者国际性的培训、研究与流动，而是应该将国际的维度、观念整合、渗透到学校教育教学、研究及服务的全过程中。具有国际化理念的教师，在实施课程国际化的过程中，就会发展新的知识、技能、态度和价值观，创新并传授国际化课程，同时反思他们对待教学与学习的方式。国际化的课程内容要求教师反思完全说教的教育方式，这其中包括课程内容和资源的选择、课堂情景和教材的设计、与学生的交流以及教师的角色。通过国际化的课程内容与教学，教师会改变自以为是的倾向性，包括思考角度、思维方式、思想观念等，使它们更有内在性、区分性、开放性、情绪灵活性以及反思性，由此形成各种国际化的信念和观点，并以之正确、合理地指导自身的行动。

（三）教师的国际化知识

在高校国际化过程中，最为关键的一个环节是课程国际化，而教师是课程的具体实施者，教师的国际化知识在高校的国际化过程中扮演着至关重要的角色。课程国际化一方面涉及在课程中融合西方与非西方文化；另一方面，涉及如何为学生提供比较、分析跨文化知识的机会，并指导学生学习国际化知识。这意味着教师必须具备国际化知识，能够理解并适当选择典型的跨文化知识、行为以及国际化观念，以避免地方狭隘主义、民族中心主义，教师需要了解不同学科的情况和不同文化的特点，因为这关系到其他文化和社会，并有助于教师清楚地理解国际化课程的目标。

（四）教师的国际化经验和方法

教师是国际化的具体实践者，教师自身必须有丰富的国际化经验和方法。没有亲身体验海外工作或旅行的教师，没有在国内外与不同文化背景的人深入交往，可能缺乏对国际化的深入理解，而这种理解对于他们在课程、教学与研究中整合国际化以及跨文化的观点至关重要。缺乏深入的国际化或者跨文化背景的教师，意识不到国际化的经验、方法以及跨文化交流技能的重要性及其与他们的专业发展的关联。

（五）教师的国际化认知能力

研究表明，即便具有国际化背景和经历的教师，也可能缺乏国际化认知能力。国际化认知能力不仅有助于教师发现其国际化背景和经历与他们的教学、科研以及服务之间的关联性，而且能够使教师把国际化知识、经验、方法有机地融入自己的课程、教学之中。如何妥善地融合学术性与国际化观点的方法仍在探索之中，即便是对具有国际化经历的教师而言，要富有成效地建立起国际化经验、方法与课程、教学之间的关联性，仍需相当的专业素养、技术和反复的探索过程。知识上的、教学上的以及评估的技能，相比于教师的学业培训或学科联合所强调的那些技能，可能对教师将国际化观点与其课程、教学、研究整合更加必要。

目前有越来越多的高校加入了国际化的进程。教师是高校国际化的中坚力量，他们直接影响课程、教学、科研与服务项目，直接参与课程的开发、课程内容的设计，直接实践研究、学术合作以及学科联合并拥有发言权，他们的意愿和能力决定了他们是否开发新的国际化课程，在课程中融入国际性知识，或拟定国际化研究计划，参加国际课程发展项目。因此，在高校国际化过程中必须重视师资建设。

二、国际化师资建设的措施

学校的认可和支持是影响教师参与高校国际化建设的核心因素。如果学校的管理政策是支持性的，营造了激励性的氛围，教师就会积极参与国际化建设。因此，高校需要一整套完整的国际化师资建设措施来促进、奖励教师参与国际化活动，只有这样才能为高校的国际化发展提供可能，并使教师成为高校国际化发展过程中可持续发展的动力。

（一）制订教师参与国际化建设的相关政策

近年来，随着高校国际化进程的不断加快，教师对国际化的观望、冷淡、回避的态度越来越影响高校国际化的发展。因此，高校需要把教师参与国际化建设作为学校管理制度配套改革的一项重要举措来抓。一方面应制订政策，通过出台《大学国际化发展目标》《教学与科研的国际化评鉴标准》《高等教育国际化与教师专业发展指南》等政策文件，促进教师把国际化活动融入教学中，向教师表述清楚课程内容、教学责任和要求，这将成为教师每年考评、晋升及长期聘任的参照。另一方面应强化宣传，充分利用教师手册、教学网络、教授会议等，大力宣传国际化的视界、国际化的价值，包括 21 世纪学校的办学目标、高校的使命或发展战略，以及学校支持、激励国际化发展的有关政策，提高教师对国际化重要性的认识，明确教师参与高校国际化的职责和要求，增强教师参与高校国际化的主动性和积极性。

（二）制订教师国际化发展规划

制订国际化发展规划，使高校国际化的目标与教师的专业发展任务相结合，当前，许多学校都把国际化作为发展规划的重要内容，但要调动教师参与高校国际化建设的积极性，还需使高校的国际化目标与教师的专业发展任务相结合。高校需要有能够具体落实国际化目标的近期和长期的教师专业发展计划和教师发展项目，如双语培训计划、国外访学计划、教师互换项目、国际课程开发项目，同时还要寻求外界其他基金项目的支持。从院系来说，一旦宽口径的目标范围被大致确定，就应制订各自的发展规划，表明它们将怎样促进相关课程的国际化，并在实现国际化的目标下塑造专业，引导和促进教师的专业发展。可以通过课程的合作开发、教学研究的国际交流、国际视野下的课堂改进、课题研究的跨国和跨学科合作等途径为每一个教师提供各种机会，指导教师通过进一步地研究或跨文化地接触把更多的比较性观点带入科研、教学和社会服务中。

（三）为教师提供国际化发展的机会

在国际化发展中高校应积极为教师创造条件、提供机会，帮助他们正确定位，树立国际视野，构建全球化知识库。在这方面有许多途径，例如，举办暑期教师沙龙，专门研究外语课程的功能、如何设计和实施合作、如何与国际访问学者进行跨学科教学、国际化人文课程的开发等国际化问题；协调国际性教学时间，一些参加海外教学活动的教师面临的最直接的问题就是时间的协调，他们同时还需要完成校内的教学和研究任务。这就需要学院进行全局规划，允许教师调整工作，腾出时间去国外任教。学校应与国外同类大学建立密切的联系，签订教师交换协议，加强教师的互换，使更多的教师有机会去国外进行短期或长期教学。学校还应设立海外讲座和项目，扩大教师的国际视野，增加教师与国外专家、同行的联系。

（四）资助教师参与国际化活动

调动教师参与国际化活动的积极性，经费的支持必不可少。发展中国家的大学在推进国际化的进程中，会遭到各种限制，其中缺乏资助可能是最大的瓶颈。因此，高校必须通过给予资助，支持教师参与国际化的活动。首先，高校要为国际性研究项目或包含国际性内容的项目提供充分的启动经费，使教师在没有额外资助的情况下，也能依靠启动经费使项目研究得以正常进行。其次，高校应该为国际性教学、重大国际性研究项目设置国际合作专项基金，根据合作的时限和内容，为承担国际性教学的教师、承担重大国际性研究项目的科研人提供经费补助。最后，高校应该为教师赴国外学习拨款。如美国的一些大学为支持教师出国学习，一方面，一次性地为教师提供生活补贴；另一方面，通过定期的教师发展计划为教师提供专门的拨款。

（五）建立引导教师参与课程国际化的奖励机制

通过奖励机制，可以激发教师的动力，使他们以更大的热情开发新的国际性课程或修正现有课程内容中的国际化成分。奖励的内容和方式可以是多方面的。其一，每年在全校奖励当年出色的国际性教学项目、国际合作研究、国际化课程，对相关参与人员颁发奖金和荣誉证书。其二，表彰在国际化活动中积极主动，并富有成效的教师，对担任主持人的教师颁发奖金和荣誉证书，或提供晋升、增加工资。其三，奖励在国际化活动中勇于创新、形成特色的学部、院系，对这些学部、院系颁发荣誉证书并提供专项拨款，如专项基金或发展基金等。

（六）建立对教师参与国际化建设的考核机制

教师参与国际化建设的态度和积极性在很大程度上受到教师职务聘任、晋升标准的影响。比如，教师承担互换项目，到国外任教，就存在很多顾虑，包括时间和经济上的过多投入。教师在另一个国家开发一门课程并进行教学，很少只是单纯开发课程内容，他们还要了解当地的文化，研究不同的教学对象，宣传和解释自己的课程与教学理念、目标，并要与同行教师、学校管理人员以及学生进行协调和沟通，以便有针对性地调整课程计划和教学方案，这些活动会占用教师用于科研的时间。如果教师的聘任、绩效考核及晋升等依然沿袭传统的标准，教师参与国际化活动的动力就会明显不足，学校时常变动的解释以及对国外教学价值评估的欠缺，关系到教师的聘任、晋升，必然阻碍许多教师参与国际化建设，削弱教师承担国外学习或教学项目的积极性。因此，首先，高校应加强教师参与国际化活动的明文规定，改革教师评估、教学评估制度，将其纳入教师聘任、教师晋升、终身教授评聘的要求和标准中，形成对教师参与课程国际化的长效激励。其次，为承担国际化任务的教师延长评聘所需年限，对主持或参与海外教学、研究项目的教师，其在海外的时间不纳入规定的职务晋升时限，使教师不必为因参与海外国际化活动而担心过多的时间投入会影响其晋升。

总而言之，高校师资队伍建设是高等教育改革与发展过程中一项重要而复杂的工程，需要从战略层面和制度层面来把握。从多元聘任、评价考核、激励培训等多个方面进行才能形成合力，才能建立结构合理、素质过硬、能力较强的高校师资队伍，才能有效地推动高校国际化和高等教育强国建设进程。

参考文献

[1] 胡建华. 中国大学课程国际化发展分析 [J]. 中国高教研究，2007 (9)：69－71.

[2] 汪霞. 大学课程国际化中教师的参与 [J]. 高等教育研究，2010 (3)：64－70.

[3] 张艳芳，张万红. 基于职业发展阶段理论的高校教师激励策略 [J]. 现代教育管理，2010 (3)：98－101.

作者简介：

周春花（1977—），济南大学商学院副教授，硕士，研究方向为国际投资与区域发展。

开放式教学模式与高校创新型人才培养研究*

周 阳

摘 要： 开放式教学模式在创新型人才的培养中广受关注。本文从教学理念、教学内容、教学形式及教学评价四个方面阐述了开放式教学模式的内涵，并从案例教学、发现式教学、场景式教学以及合作式教学的角度出发，分析了开放式教学模式对高校创新型人才培养的重要作用，最后结合高校培养创新型人才的实践探讨了开放式教学模式中高校应该关注的问题，这对现有的教学改革和教学实践具有较为重要的参考价值和实际意义。

关键词： 开放式教学；高校；创新型人才

一、开放式教学模式的内涵

开放式教学模式源于美国教育工作者提出的“开放性教育”的理念。20 世纪 70 年代以来，开放式教学模式开始在西方国家高校的教学中得到广泛推广。目前，对开放式教学模式的认识可谓是“见仁见智”，具体来说，开放式教学模式是一种使用多种载体和手段，培养学生全面综合发展，集中提高学生各方面能力的动态性质的教学形式，它以目前的素质教育理念为指导，是对传统的封闭式教学模式进行的一种彻底的改革，并试图去创立一种和谐愉悦，且具有启发性的教学方法。

开放式教学模式较为典型的特征在于：

（一）开放的教学理念

教育的开放和社会需求的变革，迫切需要改变目前的封闭式教学模式，建立与时俱进、以学生能力培养为核心的开放式教学模式。开放式教学模式相对于传统的以传授知识为主的教学模式而言，重视在教师引导下以学生为主体的自主学习，是一种全新的面向社会、面向需求、面向不同学生的多层次、全视角的教学观念，它从培养学生的兴趣

---

* 本文为济南大学教学研究项目“高校开放式教学模式及其应用研究”的系列成果之一。

出发，通过对学生活力的发掘激发，引导学生认识、探究、发现、想象以及深入理解事物的本质，力求培养学生的动脑动手能力、独立判断思考能力，为学生留下充裕的时间和广阔的思维空间，从各方面提高全体学生学习的主动性、思考的独立性，从而使教师的课堂教学适应学生能力培养的需要，适应学生自主创新及成长的需要。

（二）开放的教学内容

开放的教学内容需要以课堂设计为基础，在参考教材实现教学目标的前提下，结合学生需求，满足社会需要，实现教学内容的多样化。目前对大部分的课堂教学来说，教材都是主要教学资源，甚至在一些课程中教材已成为唯一的教学内容，这就在一定程度上限制了课堂教学的边界，也很难满足学生的多样化需求。因此，我们应该树立“材料式”的教材观，把教材视为一种教学的参考资料而不是教学的全部内容，在保持学生知识体系完备的情况下，科学适度地增减教材中的内容，舍弃那些与实际脱节，只讲空头理论的内容，大量增补理论联系实际、与经济的实践密切相关的内容。实际上，教学内容的设计需要面向社会，把握时代的脉搏，满足学生的现实需要。

（三）开放的教学形式

随着知识更新和增长速度的不断加快，学生对知识的学习和掌握逐步成为终生的过程，在学生的学习过程中，他们从课堂上获得的知识再多，事实上也远远无法跟上知识激增的速度，因此，转变教学及学习方式成为教学模式改革的重要目标。为了改变学生学习知识的方式，从根本上提高学生的自主学习能力，必须首先改变教师的教学形式，而且，教师的教学方式需要符合学生学习新知识的方式。

（四）开放的教学评价

传统的教学评价主要注重对结果的评价，而忽略了对教学过程的评价，主要突出考试的选拔功能，忽略了对过程、学生综合素质和全面均衡发展的评价。开放式教学模式则更多地关注学生的学习过程，强调学生情感、态度和行为的变动，而且开放式教学模式不仅仅对学生是否达到学习的目的进行评价，还要改进教师的教学方式，改革课程的设计，不断地对教学过程进行完善。开放式教学模式的评价需要评价方式综合化和多样化，兼顾期末考试、课堂课后作业、课堂参与程度、小论文写作等各种方面，而且，评价主体应该多元化，具体表现为教师评价、同学互相评价、学生自我评价、学生家长评价以及社会评价等多种评价方式，全面提高评价的激励及正向科学导向功能。

二、开放式教学模式对高校创新型人才培养的作用

开放式教学模式采用课堂讨论和学习分享的方式，重视教师教学过程中学生的想法，鼓励学生积极发表自己的意见，这样的教学设计的主要目的在于通过在课堂教学

中对相关问题的讨论，加深学生对一般知识及疑难问题的思考和理解。具体来说，开放式教学模式的教学方法包括“案例教学法”“发现式教学法”“场景式教学法”及“合作式教学法”。

（一）案例教学法

案例教学法在目前高校的课堂教学中已有较为广泛地应用。所谓案例教学，是根据课程的内容，通过一个较为典型的实例来形象具体地说明教学内容，并帮助学生理解和掌握相关知识的教学形式。在开放式教学模式中，教师直接把案例呈现给学生，让每位学生充分思考，认真准备后参与课堂讨论。由于很多学生还不习惯课堂讨论，这时教师应该请学习成绩较好的学生首先回答，从而带动讨论的气氛。在分享讨论中，教师要时刻提醒自己，问题的答案无好坏之分，从而让学生各抒己见，并要时常对学生进行鼓励并给予充分的肯定。这样，学生们会自动进入角色，并使用所学的基础理论和知识来发挥自己的思维能力，进行分析、判断并给出答案。同时，这样的教学方式也有利于教师和学生之间的充分交流，培养学生的开放式思维与自由合作的精神。

（二）发现式教学法

发现式教学法，主要是教师根据相关事例以及问题的阐述来启发学生总结概念的一种全新的教学方式。它的具体方法不是教师上课时自己提出概念，再进行详细的解释说明，而是教师根据所要讲述的内容，首先列举相关事例和问题，给出充分的时间让学生独立地进行思考，从而“发现”概念，总结知识的内在联系。需要注意的是，教师需要鼓励每一个学生都提出自己的想法见解，因为每个学生是通过各自的思维方式来解决问题，具体表现为学生的学习态度比在传统的课堂上更为积极，而且，学生可以实现对问题探索的过程，获得成就感和快乐感。

（三）场景式教学法

场景式教学法是通过创造“场景”来引导学生进行互动思考的一种教学方式。教师通过对“场景”状态的描述，组织学生探究“场景”，利用“场景”发现问题、提出问题与解决问题。在具体实施时，由教师罗列出问题提纲，学生进行讨论。这样的教学活动可以打开每一位学生的思维，并在讨论、再思考的情况下产生开放式的教学效果。这不仅给了学生更充足的思考空间，还可以创设出丰富多彩的题材，使学生在课堂的学习具有更大的弹性和发挥的机会。就教学效果而言，可以使学生跳出答案唯一的传统约束，使学生更贴近生活，更善于解决现实问题。

（四）合作式教学法

合作式教学法，顾名思义，是学生合作进行。教师在从事课堂教学活动的过程中，需要为学生创设一个较好的课堂以及心理环境，让学生认识到自己是教学活动的参与者和知识接受的主体，从各方面刺激学生学习的积极性，以商讨的方式进行课程讲授，有些问题可以与学生共同探讨，提高学生的主动性，要对学生因势利导、循序渐进，善于发现学生思维的火花，激励学生的探索欲望，让学生主动学习，使学生得到更多的启示与领悟。

三、基于创新型人才培养的高校开放式教学模式应关注的问题

高校创新型人才的培养要使人才在现实中具备发现提出问题、正确认识问题并最终有效解决问题的能力。使学生对于传统的旧事物可以变革创新，并对于新事物有善于发现的眼睛。高校的创新型人才应该拥有非常可贵的创新品质、细微的创新观察能力、前瞻的创新思维、丰富的创新实践经验。具体来说，在创新型人才的培养中，高校开放式教学模式中应关注以下几个问题：

（一）激发学生的创造性，培养其自主学习的习惯

在高校人才的培养中，开放式教学模式给予学生在时间和实践上较大的自由度，让学生可以自由讨论，以学生为本，以学生为主，但在这一过程中也需要教师合理诱导，主动培养学生的创造性，争取逐步把以教师为主导的课堂教学转化成为教师把握、每一个学生全程参与的教学过程，着力加强学生对所学知识的关注度，培养学生自主学习、主动学习的习惯，从而使学生摆脱传统的教学活动中对教师的全程依赖。

（二）锻炼学生的实践能力，提升其创新思维

高校课堂的授课多以理论为主，这有利于教师在课堂上的讲授，但理论知识相对枯燥。因此，开放式教学模式需要改变这种状态，在课堂上给教师专门留出的时间对相关问题进行演示，并尽可能对这些问题进行应用。当然，也可以通过在课后让学生查找网络资料，再由教师进行指点，锻炼学生的实践能力，使学生挖掘自身潜力的同时学会创新，树立创新思维。

（三）培养学生的综合素质，提高其科学素养

高校教学虽然实现了传授知识的目的，但更应关注学生综合素质的提高，由于高校招生规模的扩大，近年来毕业生面临着就业的巨大困境，这其中很大的原因在于学校教育阶段对学生综合素质培养的缺失。开放式教学模式正好可以在课堂教学中，通过互动探讨在使学生掌握知识的前提下，锻炼学生的能力，培养学生的发散思维，提高学生的科学素养。

参考文献

[1] 杜庆军．理工科大学专业实验开放式教学的思考与实践[J]．教育评论，

2017（1）：132－135.

［2］乔万敏，邢亮．开放式教育：创新型人才培养的新视角［J］．教育研究，2010（10）：86－90.

［3］吴继君．创新型人才培养教学评价体系的问题与建议［J］．中国高校科技，2017（4）：69－70.

［4］徐美玲．创新型人才的“成长规律”与“培养规律”关系比较［J］．北方文学，2017（6）：195－195.

［5］徐曾春，胡平．开放式实验教学与创新型人才培养［J］．中国大学教学，2015（10）：82－85.

［6］于巧娥，王林毅．创新型人才培养与课程考试改革的实践研究［J］．教育评论，2016（6）：87－89.

［7］张杰．开放式教学在思想政治课教学中的应用［J］．教育探索，2013（1）：119－120.

作者简介：

周阳（1981—），济南大学商学院讲师，博士，研究方向为金融学。

影响高校创新人才培养的因素分析

朱青梅　李　刚　王　冲

摘　要：创新是一个民族进步的灵魂，是一个国家兴旺发达的不竭动力。高校在建设创新型国家过程中，肩负着培养创新型人才的重任。但受传统文化、教育体制和培养模式等因素的影响，目前我国创新人才的质量有待提高是一个不争的事实。教育是人才培养的主要方式，本文通过分析高校在人才培养过程中影响创新能力培养的主要因素，为高校创新人才的培养提供一定的借鉴和参考。

关键词：创新；创新人才；素质；影响因素

一、创新人才的内涵

培养创新人才是各国教育改革与发展的共同趋势。在创新型国家建设过程中，高校担当着培养创新人才的重任。然而，对于何谓创新人才，学术界还缺乏一个严格的定义，一般把具有创新精神、创新思维和创新能力且能顺利地完成创新活动，并具有创新成果的人统称为创新人才。创新人才应具有以下素质特征。

（一）全面的自身素质

创新人才应具备全面的自身素质，具体如下：品德修养方面，包括政治表现、职业道德、遵章守纪等；身心状况方面，包括身体状况、体育运动、协调能力、自我调节能力等；人际交往方面，包括团队精神、领导能力、组织能力、交流能力、口头表达、外语交流能力等；个性发展方面，包括兴趣爱好、社团工作、社会实践、文体竞赛等。

（二）广博的知识体系

创新人才不但要具有广博的历史、哲学、文学、艺术、科学等多学科的通识知识，还要具有较系统的专业知识体系。专业知识体系包括以下几个方面：一是专业知识，主要包括基础科学知识、专业基础知识等。二是拓展知识，主要包括外语、计算机、数学等方面的知识。三是人文知识，主要包括文化知识、地理知识、自然知识等。四是艺术知识，主要包括音乐、舞蹈、绘画、书法、雕塑、表演等方面的知识。

（三）较强的实践能力

创新人才应该能够运用所学的专业知识从事实践活动，完成实际工作任务。要树立实践观念，即具有实践的意识和认识；要有实践知识，即对本专业的实践要求牢固掌握；要有实践精神，即能在实践中吃苦耐劳，持之以恒，勇于面对挫折，主动接受磨炼；要有实践能力，即操作能力较强，能够按照知识产生与发展过程进行实践操作，取得实践结果。

（四）较强的创新能力

创新人才能够在实践中创造性地完成工作任务，而且能够产出创新成果。创新能力具体可分为以下几个方面：第一，要具有创新意识。对新知识、新信息、新事物有强烈的好奇心，充满求知欲，善于发现问题、解决问题，在导师的指导和协助下，积极参与讨论和交流，大胆发表意见、勇于质疑。第二，要具有创新思维。要具有独立的思想和价值观，不迷信盲从，有主见，具有超常思维，敢于超越，敢于标新立异，走自己的创新之路，思考问题时精力集中、专心致志，不受外界因素干扰。第三，要具有创新情感。时时保持愉快向上的心理状态，对与创新活动密切相关的学习集体、指导教师等始终如一地热爱，情感丰富、信念坚定，对创新活动充满激情，胜不骄、败不馁，始终保持饱满的精神状态。第四，要具有创新意志。能在创新学习实践中百折不挠，具有坚强的意志。第五，要具有创新能力。具有敏锐的观察力，善于透过现象看本质，能够采取多种方法和途径，设计解决问题的多种方案并择优而行。

二、影响高校创新人才培养的主要因素

高校是否具有创新性，能否培养出创新人才，是衡量高校教学水平的重要指标。

（一）传统教育思想限制了创新意识的发展

创新人才的培养，首先是对人才思想观念、解决实际问题的能力、竞争意识等的培养。在传统的高校教育中，以应试教育为主体的教育误区仍然存在。人们习惯于用一种模式思考，追求思想的统一。这种思想和思维模式反映在育人过程中表现为教师“一言堂”“唯书本”“唯理论”，结果导致学生盲目崇拜书本和教师，好奇心长期受到约束，这不利于学生创新意识、创新精神、创新勇气的培养。

（二）缺乏系统完备的创新创业人才培养模式

人才培养模式是专业建设的根基，关系到怎样高校培养人。我们倡导的创新教育并不是抛开学科专业教育孤立存在的，而是要在专业建设的基础上开展，在人才具备专业能力的基础上提升其创新能力，在培养应用型人才的基础上培养创新人才。然而，

有的应用型本科高校开展创新教育仅仅是在原有的专业人才培养方案上增加了几门课程而已，无法达到创新人才的培养要求，因此系统构建创新人才培养新模式十分必要。

（三）缺乏分层分类的创新人才培养课程体系

课程体系是专业建设的核心，关系到高校培养什么样的人。当前高校创新教育在课程设置上普遍存在与专业课程脱节，缺乏针对性，不能很好地实现专业教育与创新教育有机融合的问题。在课程内容上存在孤立、零散、单一的问题，缺乏系统性，不能有效地培养学生的创新能力。在培养对象上存在面向所有年级学生开设同样的课程，没有考虑学生的兴趣、意愿和参与程度，缺乏层次性，不能满足不同类别学生的多样化需求，不能真正激发学生的创新热情的问题。

（四）缺乏多层次的创新人才培养实践体系

实践体系是创新教育的重要组成部分，是提高学生创新能力的有力保障和基本途径。当前有的高校的创新教育仅仅停留在课堂理论教学上，或是组织学生参加各类竞赛上，形式和内容都较单一，很难达到培养创新人才的目的。缺乏“实验＋实训、课内＋课外、项目＋平台、训练＋孵化”这种多层次的创新实践培养体系。

（五）缺乏创新意识和创新能力的教师成了创新人才培养的“瓶颈”

教师是教学的主体，创新人才的培养离不开具有创新意识的教师。然而从教师自身看，长期存在的价值取向上的迷失与方法论上的偏颇，以及缺乏对“培育创新”的追求，导致教师本身逐渐失去对创新应有的关注，创新意识日渐淡漠，创新能力也日渐弱化。从实际情况来看，缺乏创新意识和创新能力的教师，既是创新人才培养过程中最大的制约因素，也是造成学生创新能力弱化的原因。

三、努力构建培养高素质创新人才的教育教学体系

（一）更新教育观念，强化创新人才培养意识

更新教育观念，强化创新人才培养意识是培养创新人才的前提。具体来说有以下几个方面：一是教育质量观的转变，即由偏重知识传授转向“重在培养学生创新意识和创新能力”。高校要从知识灌输型教育向创新教育转变，把传统的知识质量观，以及一度流行的能力质量观转变到知识、能力、素质三位一体的全面质量观上来。二是培养目标观的转变，由培养“专才”转向“注重通才教育，通专结合”，培养复合型人才。三是人才培养方式观的转变，变教师单纯地知识传授为教书育人，为人师表，变学生只是作为被动接受教育的客体为学生是参与教学过程、积极主动学习的主体。四是专业设置观的转变，变“过窄”的专业口径为“宽专业口径”，调整专业设置，以加强知识通融与迁移能力的培养，使学生专业知识面宽、适应能力强。

（二）改革课程体系和教学内容

培养创新人才，要加强课程体系和教学内容改革。要改变过去分科过细、过分强调学科知识体系、内容偏多偏全、知识陈旧的状况，进行课程的综合重组，既保证课程体系的科学性及其核心内容和基本要求，又要体现课程的创新性、多元性和可选择性，加强学科之间的联系，文理科相互渗透；对现有课程结构进行调整，加强基础课，突出重点，优化专业课，减少必修课，增加选修课，鼓励学生跨院系选课，以培养高素质的复合型人才；教学内容要体现自然科学和人文社会科学互相渗透、有机结合的特点，贯穿创新能力的培养。

（三）改革教学方法和管理制度

教学方法要从以“教师为中心、以教师讲授为中心”转变为“以学生为中心、以指导学生自学为中心”，从“满堂灌”“填鸭式”“黑板加粉笔”的教学方法转变到启发式、讨论式、研究式的教学方法上来，调动学生学习的积极性，积极利用现代化教学手段，提高教学质量和教学效益。同时，要对学生实行差异化管理，不能“一刀切”，鼓励学生发展自己的特长和爱好。积极开展教学管理创新，推进学分制管理模式的改革，建立更加具有弹性、灵活且有自身特色的教学管理制度，使学生在选专业、选课上有更大的自由度，为其发展个性和成才营造更为宽松的环境。

（四）建设高素质的创新教师队伍

培养创新人才，关键在于教师。要培养学生的创新精神和创新能力，首先要培养教师的创新精神和创新能力。教师必须不断地学习，不断获取新知识，不断调整自己的知识结构和体系，根据知识经济时代下社会分工多元化和多变性的要求，增强自身的学科相融性及综合实践能力。教师在教学中要将理论与实践紧密结合，以自身的创新意识、创新思维以及创新能力去感染、带动学生创新能力的形成和发展。高校可在校内选拔一批“双师型”的高职称、高学历的教师承担创新课程的教学，同时多渠道聘请著名企业家、优秀创业校友等组成创业导师团，开展创业讲座和创业实践指导，建立一支专兼结合的“专业导师 + 企业导师 + 创业导师”的师资队伍。

创新是一个民族进步的灵魂，是一个国家兴旺发达的不竭动力。大学生创新能力的培养也是一项艰巨的工程，高校应该把培养学生的创新能力，作为人才培养的主要目标，应该把力量集中在影响学生创新能力培养的重要因素上，充分挖掘学生的创新能力，为社会经济发展输送创新人才。

参考文献

[1] 任亮，冯薇．熊彼特创新理论对于中国高校创新型人才培养的启示研究［J］.

河北北方学院学报，2015（10）：93－95.

［2］申君歌，张国政．高校创新人才培养能力评价指标体系建设［J］．现代商贸工业，2015（10）：100－102.

［3］曾月征，袁乐平．创新型人才培养评价指标体系的构建［J］．统计与决策，2016（18）：55－57.

［4］吴继君．创新型人才培养教学评价体系的问题与建议［J］．中国高校科技，2017（4）：69－70.

［5］马运超．高校创新人才缺乏的原因及对策探究［J］．山西财经大学学报，2012（12）：112－113.

作者简介：

朱青梅（1962—），济南大学商学院教授，研究方向为劳动经济学。

李刚（1981—），济南大学商学院校办，研究方向为行政管理。

王冲（1986—），齐鲁理工学院商学院讲师，研究方向为学生管理。

专业特色培育与建设

酒店管理专业大学生财商教育现状及对策研究*

白彩云

摘　要：酒店管理专业是与市场经济联系非常紧密的应用型学科，对学生的经济素养有较高的要求。对酒店管理专业大学生的财商现状进行的调查研究显示，大学生财商状况总体不容乐观，大学校园内财商教育的重要性日益显现。财商教育可以帮助大学生更快地适应市场经济和行业发展，提高综合素质和专业素养，同时有助于大学生创业和个人财富积累。酒店管理专业的大学生，在校期间应该接受包括财商思维训练、财商行为养成、财商品质培养、财商知识传授四大方面的财商教育课程和实训实践活动，全方位提高财商水平。

关键词：酒店管理；财商教育；培养策略

一、财商与财商教育的概念

（一）财商

罗伯特·清崎先生认为，财商即是驾驭和控制金钱与财富的能力，包括生产性财商和消费性财商，生产性财商即挣钱能力，消费性财商即消费能力。

古人云："君子爱财，取之有道"，表达了人们对待财富的一种积极的价值观，既不拜金也不仇富，爱财不贪财、不仇视财富，同时强调获取财富的方式应该正当合理。现代财商的概念，在如何获得财富的基础上，还强调了人们对财富的管理和应用的能力，即如何让金钱成为获取更多财富的工具，帮助人们最终实现财务自由。简而言之，财商是获取和管理财富的能力。财商与智商和情商同等重要，都是现代人必备的基本素质，酒店管理专业作为经济管理类专业，更应该让学生学会如何正确认识金钱和运用金钱来创造财富，成为"三商"兼备的高素质人才。

财商具体包括四部分：财商思维、财商品质、财商行为和财商知识。

（二）财商教育

财商教育是指通过理论和实践来培养财商，逐步提高人们运用金钱及金钱规律创

* 本文的研究得到了济南大学校级教学研究项目（J1320）的经费资助。

造和管理财富的能力的过程。根据财商的内容，财商教育包括财商思维训练、财商品质培养、财商行为养成和财商知识传授四大方面的财商教育课程和实训实践活动。

对于以酒店管理专业为代表的非经济类专业的大学生而言，大学校园内的财商教育势在必行。通过系统专业的财商教育，建立大学生对获取和管理财富的正确认识，培养大学生与财富相关的优秀品质，使其养成良好的财富积累和运用的行为习惯，掌握必要的财商知识技能，对大学生未来生活水平的提高和工作事业的发展都很有帮助。

二、酒店管理专业大学生财商现状及存在问题

本文对济南大学酒店管理专业各年级学生的财商现状做了问卷调查，共发放100份调查问卷，回收有效问卷97份。调查发现，酒店管理专业学生具备一定的财商基础，已经意识到合理对待金钱的重要性，认识到自己的理财能力有待提高，消费习惯还有待改进。但是，仍有64%的学生没听说过财商的概念，而听说过的同学中，有26%并不了解这一概念。总体而言，大学生的财商状况不容乐观，90%以上的学生都期望学校增加相关教学或实践活动加以引导。

（一）欠缺恰当的财商思维

在对待金钱的态度上，有近30%的学生存在一定程度的拜金主义或（和）仇富心理。有三种不恰当的金钱观："拜金主义""仇富心理"和"金钱的奴隶"。拜金主义本身是个贬义词，是指一种金钱至上的观念，它认为金钱不仅万能，而且是衡量一切行为的标准。仇富心理，是指人们对富贵阶层，特别是一夜暴富者所表现出的怀疑、迁怒、嫉妒、蔑视、不屑、愤懑、仇恨等复杂的心理。仇富心理的产生原因有很多，比如分配制度的不合理、收入差距导致的心理失衡、"不患贫而患不均""轻商"观念以及"吃不着葡萄说葡萄酸"的嫉妒心理等。除此之外，还有很多人，为了生存或者家庭的需要，不得不接受一份不满意的工作，并为此加班加点，忙忙碌碌，却由于缺乏对金钱的正确认识，经常入不敷出，整日疲于应付日渐增长的家庭开支和信用卡账单，最终忘了努力工作的意义，沦为金钱的奴隶。

事实上，"君子爱财，取之有道。"这句话高度概括了我们对于财富应有的态度。首先，君子爱财。不要羞于谈钱，"钱不是万能的，但是没有钱是万万不能的。"在资源有限的情况下，货币成为交换的媒介，一个人拥有的货币（或财富数量）越多，能够交换的商品就越多，个人的需要就会更好地被满足。其次，取之有道。拜金主义为获取财富不择手段，仇富心理误认为所有获取金钱的道路上都充满了邪恶和血泪，金钱的奴隶们渴望拥有金钱或财富，却因为种种原因被金钱所奴役，终日劳苦奔波而不能自拔。实践告诉我们，爱财的同时还要讲究获取和使用财富的方式方法。

（二）忽视对财商品质的培养

财商品质的内容非常丰富，包含坚定的信念、坚强的意志、百折不挠的勇气、过

人的胆识魄力、创新与把握机遇的能力等。但是，很多大学生在校期间对于财商品质的培养重视不足，甚至部分同学受社会不良风气的影响，出现财商品质倒退的现象，比如缺乏诚信、缺乏一定的判断力和执行力，自信心不足、实践锻炼较少等。

（三）尚未养成良好的财商行为

调查显示，酒店管理专业的大学生，尚未养成良好的财商行为。在消费行为方面，普遍存在依赖性、随意性、攀比性和盲目性的特征。大部分大学生的消费来源依赖家庭，购物容易受情绪和外在环境左右，随意性大，缺乏理性，同学之间存在攀比心理。26% 的学生每月消费超支，从未透支的只占 10%，70% 的学生没有记账习惯。大学生的理财行为较少，少数有余钱的学生只是把钱存入银行，对其他理财方式和渠道知之甚少。大学生做事情缺乏目标和规划，80% 左右的学生只有大体目标和偶尔规划，只有不到 10% 的学生有明确的具体目标和长期规划。

（四）财商知识匮乏

在大部分酒店管理专业的培养方案中，与财商相关的课程非常有限。本科院校酒店管理专业的教学培养方案中，比较常见的课程中只有经济学原理、财务管理等涉及财商。有的院校还会开设经济法、会计学原理、就业与创业等课程，对学生财商知识的积累有一些帮助，但是仍然远远不够，这些课程并没有受到学生重视，课程教学中也未提及财商概念。专科院校的酒店管理专业更加注重实践技能的培养，经济类和管理类的理论课开设更少。除此之外，大学内缺乏以通选课或课外实践活动等形式提供的个人财商教育课程或培训项目。很多学生在参加工作之前，从小学到大学都没有接触过财商知识。

三、酒店管理专业大学生财商教育的重要性

（一）培养大学生恰当的“金钱观”和“消费观”

现在大学校园逐渐与社会接轨，学生的思想观念被众多不良社会风气，如拜金主义、享乐主义、奢侈浪费等严重侵袭。目前大学生在消费上出现了很多问题，如无计划消费、无节制消费、不合理消费结构、攀比消费、奢侈浪费、恋爱娱乐支出过度等。有些学生为了面子，为了满足自己的消费欲望，甚至不惜代价作出一些损人不利己的违法犯罪行为。这些现象的出现与社会大环境的负面影响有关，更主要的还是家庭和学校没有进行及时和正确地教育和引导有关。财商教育可以帮助大学生树立正确的财富观和科学的消费观，促进大学生理性消费、科学合理消费，对金钱取之有道，用之有度。

（二）提高大学生的社会适应能力和综合素质

财商教育可以帮助大学生尽快适应经济社会，提高其综合素质和创新创业能力。

新形势下，衡量一个人的素质高低，不单看学历及文凭，更重要的是看其社会适应能力。经济社会中，财富问题渗透在社会生活的各个方面，人们逐渐清晰地认识到金融、商业等经济方面的知识技能的必要性和重要性。现有的应试教育机制分科过早、过细，大学生知识和技能都比较单一，财商水平较低。大学生作为即将投入劳动市场的高素质人才，是未来市场经济建设和消费的主力军，面临着就业或者创业、投资以及理财的全新挑战。财商高低直接关系到大学生个人发展、家庭幸福以及社会稳定，因此对大学生进行财商教育迫在眉睫。

（三）有助于大学生的工作就业和个人发展

酒店行业人员流动性强，个人晋升速度很快，酒店管理专业学生在酒店经营、投资、理财等方面的知识积累将有助于个人的工作晋升和事业发展。

四、酒店管理专业大学生财商的培养策略

（一）"财商教育"进课堂

1. 财商思维训练

财商思维，是人的大脑围绕财富获取和管理这一问题所进行的信息筛选、思考、分析、判断等一系列认识活动，以及因这一系列活动得出的态度、观点或者看法。简单地说，财商思维，就是人们对与钱有关的一切事物的认识。

财商思维包括五条"关键认知要素"，分别是："金钱"意识——对金钱的态度、"时间"意识——强调"时间"的重要性、"商业"意识——具备商业头脑、"资源"意识——获得财富需要的本钱、"金融"意识——金融市场的游戏规则。这五种认知要素，可以称为财商思维的五种意识，对于大学生形成正确的财富观念，培养大学生更明确的财富目标，具有重要的方向指引作用。

其中，对大学生而言，培养时间意识尤为重要。时间意识包含三层含义，第一，时间是影响财富积累量的重要因素之一。影响财富积累的因素有很多，单纯从数量上讲，财富可以看成是关于本金、收益率和时间的函数，财富量 $=f$（本金，收益率，时间）。比如在简单的复利计算公式 $F=P(1+i)^n$ 中，F 表示复利终值或者财富量，P 表示复利现值或者本金，i 表示收益率，n 表示时间。理论上讲，其他条件相同的情况下，财富的多少与本金、收益率、时间等因素呈正相关关系，时间越长，开始的越早，收益就可能越大。第二，财商思维中的时间意识还包括对投资时机的选择和把握。第三，对大学生而言尤其重要的，是在大学期间甚至更早之前，具备对自身有限的时间进行高效管理的能力。

2. 财商行为养成

财商行为，是指人们长期养成的关于财富获取和管理的习惯和行为模式。良好的财商行为能够帮助人们更好地获取和管理财富，这包括消费习惯、赚钱习惯、储蓄与理财习惯等，还包括在资产配置与投资时机选择、教育子女、寻求专业服务等方面的

行为模式。针对酒店管理专业的大学生，学校应尤其注重对其进行以下两方面的教育：

（1）培养学生记账习惯。通过记账可以使学生了解近期的消费情况，有针对性地克制不合理消费，使钱花在需要的地方；鼓励学生制定消费预算，合理分配资金，通过预算编制可以在必要范围内控制支出，避免盲目地冲动消费。

（2）积极收集信息。信息也是一种财富，应积极培养大学生拓展自己理财情报渠道的能力，鼓励大学生收听新闻联播，看财经类报纸杂志，关注世界局势，训练其对信息的敏锐度。

3. 财商品质塑造

品质指人的行为和作风所显示的思想、品性、认识等。财商品质，是指成功的财富创造者和管理者身上普遍具备的、能够帮助他们获取和管理财富的优秀品性和特点，与此同时这些品质往往是其他人所缺少的。

财商品质的内容非常丰富，当代企业家最为看重的财商品质有诚信务实、勤奋专注、目标规划、胆识魄力、领导才能、创新与机遇把握等。其中，诚信是为人处世之本，是财商的基本品质；目标规划是通向财务自由的必经之路；勤奋专注是事业成功的根基；胆识魄力是把握商机的命脉。这些财商品质不能直接带给人财富，却往往在人创造财富的过程中发挥着至关重要的作用。

针对酒店管理专业的大学生，学校应着重培养其以下品质：

（1）诚信。众所周知，无信不立，信誉堪比生命。

（2）勤学善思。活到老学到老，在当下人才济济、竞争激烈的时代，“勤学”能使人及时补充和丰富知识，“善思”能使人学会融会贯通，举一反三。

（3）判断力、执行力和预见力。帮助学生逐步培养思维中的全局性、长期性、综合性和挑战性等特征，提升个人判断力、执行力和预见力。

4. 财商知识传授

财商知识，是指能够帮助人们认识和驾驭财富及财富倍增规律的知识技能体系，包括宏微观经济基础、金融知识与理财工具、财务税收与法律常识、投资渠道与技巧以及对各类具体的投资类型的了解，比如实体投资、保险投资、股票投资、基金投资、房地产投资、黄金外汇与收藏品投资等。

为提高酒店管理专业大学生的财商水平，建议在专业培养方案中增设财商教育、投资理财基础等类似的选修课，帮助学生学习基本的投资工具、理财方法和法律税务常识，培养其风险认识与评价的能力，提高其反欺诈意识，介绍常见的消费和投资陷阱，帮助学生识别，减少不必要的损失。培养大学生基本的经济法律常识和必要的税务知识，帮助大学生在知法守法的基础上参加相关经济活动、分配资产、维护利益。

（二）在实践中帮助大学生提高财商

1. 建设“理财实训室”

在校园网上安装模拟投资软件，采取情景体验的学习方式让学生通过校园网参与模拟投资，帮助学生在轻松的环境下逐步掌握理财知识与理财技巧。学校定期发给有兴趣的学生定量的虚拟货币作为本金，一个周期结束后统计其投资收益，核算投资报酬率，进行表彰奖赏，并将其纳入学生评优体系。

2. 校园活动中增加经济要素

积极创造条件吸引知名酒店参与校园活动，比如，举办创业设计大赛、理财模拟大赛、模拟企业运营等活动，通过对运营流程的了解，帮助学生提高理财能力和创业意识。酒店管理专业院校应积极为学生的实践活动提供必要的政策支持和措施保障，加强建设实践基地力度，指派导师进行专业指导和帮助，以项目运作的形式，为酒店管理专业的学生提供真实的创业条件，让学生在实践过程中学到创造、获取和利用财富的本领，真正把本专业学生培养成高财商人才，在将来职场中脱颖而出。

3. 支持校园跳蚤市场

每年毕业季都会有大批学生需要处理闲置物品，这时他们就可以通过跳蚤市场将这些东西转手给有需要的人，既各取所需，又锻炼了学生的经商头脑。跳蚤市场的意义不仅仅在于处理不需要的旧东西，还能锻炼学生的口才和思维能力，更重要的是提高学生的理财能力。学校应支持校园跳蚤市场的常态化发展，在校园用地规范管理的前提下，为学生二手交易设置必要的场地，利用好这样的机会把市场交给学生，让学生自己从实践中摸索进步。

4. 定期举办财商专题讲座

定期邀请商界成功人士来学校举办讲座、发表演讲或参加论坛，向学生介绍一些先进的、最前沿的金融产品和投资理财知识及其在理财活动中的成功应用，给学生创造机会知悉最新、最前沿的理财观念和理财方法，帮助学生从学生时代跨入社会的过渡更轻松，其理财活动亦能与时俱进。定期举办财商沙龙或心得分享会，推选个人理财做得较好的师生和校外人士分享理财经验和心得体会，或者针对社会或者学校中发生的一些失败案例进行分析，给学生树立警醒标志，使其从中吸取教训，避免其他学生重蹈覆辙。

5. 增加校外“实训”

实践可以帮助学生找到理论中的不足，并且还能巩固理论，理论与实际相结合才能使学生在不断摸索中进步。学校应不定期组织学生参观证券交易所、知名酒店、劳动就业中心等，使学生了解现代企业运营流程，感受企业管理与文化，体验就业压力与环境；在校园网或者就业指导中心建立相关信息交流平台，及时准确地为学生提供相关创业信息，鼓励学生在活动的各个环节向企业寻求合作，引导学生在实践活动过程中逐步拥有经济头脑和经济眼光。

参考文献

[1] 隋云．什么是拜金主义？[J]．道德与文明，1993（2）：43.

[2] 谢霄男．从经济哲学视角论中国人的“仇富心理”[J]．广西青年干部学院

学报，2012（3）：72－74.

作者简介：

白彩云（1981—），济南大学商学院讲师，硕士，研究方向为旅游与酒店管理。

互联网营销专业校企合作模式与课程体系探讨*

常相全　宋　磊　蔡永明

摘　要：本文在对当前互联网营销人才的社会需求进行分析的基础上，探讨了当前形势下校企合作开设互联网营销专业的合作模式和合作内容，并对校企合作互联网营销专业的培养目标和培养课程框架体系进行了构建。

关键词：互联网营销；校企合作；模式

一、引言

随着互联网的普及以及手机互联网支付手段的发展，互联网营销近年来得到了快速的发展，人们的网络消费水平更是不断地刷新纪录。但与之相对应的互联网营销人才却存在着很大的缺口，既懂互联网技术又懂市场营销知识的综合型互联网营销人才的培养还不能跟上时代的发展。由于互联网技术的更新换代速度很快，仅仅依赖高校的资源进行互联网营销人才的培养远远不能满足市场的需求。因此，开设校企合作的互联网营销专业，充分利用企业的实践资源，成为当前培养适应日新月异的互联网发展技术的高水平互联网营销人才的必然选择。

二、互联网营销人才需求分析

近年来，我国网民增长规模趋于稳定，互联网行业持续稳健发展，互联网已成为推动我国经济社会发展的重要力量。中国互联网络信息中心（CNNIC）于2017年8月4日发布的第40次《中国互联网络发展状况统计报告》显示，截至2017年6月，我国网民规模达到7.51亿人，互联网普及率为54.3%。我国手机网民规模达7.24亿人，网民使用手机上网的比例由2016年年底的95.1%提升至96.3%。中国网民规模及互联网普及率如图1所示。以互联网为代表的数字技术正在加速与经济社会各领域深度融

* 济南大学教学研究项目，“利益相关者视角下高校学生评教指标体系构建研究”，（项目编号：JZ1405z）；教育部校企产学合作专业综合改革项目，“本科层次互联网营销专业产学合作模式创新研究”：20160106。

合，成为促进我国消费升级、经济社会转型、构建国家竞争新优势的重要推动力。同时，在线政务、共享出行、移动支付等领域的快速发展，成为我国改善民生、增进社会福祉的强力助推器。随着网民规模的扩大和营销方式的网络化、专业化，专业的网络营销人才面临巨大缺口，而这一人才缺口，还会随着中国互联网的普及而快速扩大。

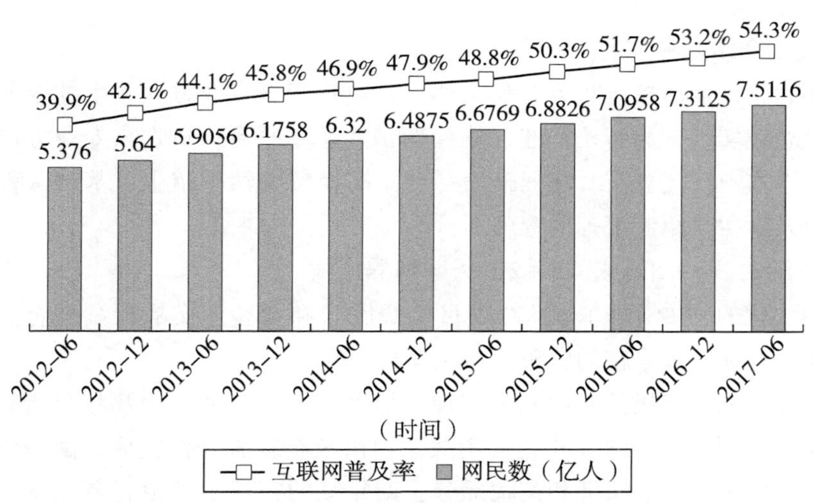

图 1　中国网民规模及互联网普及率

资料来源：CNNIC 中国互联网络发展状况统计报告。

2017 年我国互联网营销面临着新的发展趋势，移动互联网营销发展迅速，以海量数据为驱动的大数据营销也愈显重要，视频营销等更多的营销方式迅速发展并被广泛应用。这种趋势表明，互联网营销市场的发展是与时俱进的，其内容和形式在不断地发展变化，这就要求网络营销人才也要站在行业前沿，紧跟行业发展趋势，立足大局，不断完善自己。

随着网络应用的普及和飞速发展，互联网营销专业人才面临着巨大缺口，在网络营销技术还处于新兴阶段的今天，既懂得网络技术，又懂得网络营销知识的复合型人才凤毛麟角，很难寻找。各大公司往往都是求贤若渴，却很难招到合适的人才，这已经成为制约企业开展网络营销活动和实现全面发展的一大瓶颈。

三、互联网营销专业校企合作模式

当前，高校在互联网营销方面设置的专业主要是市场营销和电子商务专业，虽然也有部分高校在进行互联网营销本科层次大学生的培养，但数量还非常少，培养模式也在逐步地探讨过程中。

利用企业本身前端信息化技术的经验，与高校的电子商务或市场营销类相关专业进行合作，开展中、高端应用型人才培养的专业建设和学科建设，是培养互联网营销人才的合适途径。校企双方共同建立互联网营销方向特色高端人才培养项目，可以为互联网营销人才的理论知识和实践能力的培养提供更好的平台和机会。

互联网营销专业校企合作模式主要包括以下内容：

（1）校企双方共建特色班，通过丰富的教学模式，以及企业化的管理与运营，完成教学与实训，并邀请相关的知名企业深度参与实战型人才培养的全过程，为学生的实习、就业提供必要的服务。

（2）校企合作内容

互联网营销专业由校企双方合作共建。企业负责该专业方向学生的企业课程项目实训、综合企业实训；为高校搭建互联网营销实验室平台；负责该专业方向的学生就业推荐，企业实习；建立在线课程辅助平台。高校负责学生招生、基础课程和通识课程的教学以及学生学籍制度等的管理。

（3）灵活的"3+1"或"2+2"人才培养模式

高度模块化的"专业核心课""项目实践课"和"企业实战课"整合高校前沿专业建设经验和行业企业丰富的资源，各课程相对独立。

大学一年级和二年级的基础和通识课程以及专业基础课程由高校负责。三年级的专业核心课程、项目实践课程和企业实战课程由校企双方合作完成，高校负责理论部分，企业负责学生实操、实训和实践部分。四年级的实习实训由企业负责，学生毕业论文指导及答辩由校企双方共同负责，具体如表1所示。

表1　校企合作人才培养模式

阶段	第一阶段		第二阶段	
教学时长	1～3学年		4学年	
教学内容	通识课、公共课程与专业基础课程	专业核心课程与实战课程	企业真实案例开发实训及企业实习	毕业论文
教学目标	完成学历教育	完成技能教育	掌握企业专业技术实现实习与就业	毕业答辩
授课教师	高校	企业	企业	企业/高校
实施管理	高校		高校/企业	企业
授课地点	高校		企业	企业/高校

四、互联网营销专业校企合作模式课程体系探讨

互联网营销专业校企合作模式采用全新的课程体系，致力于培养互联网营销的专业人才。以互联网产业大背景为基础，采用校企联合的模式，应用企业真实项目，依托雄厚师资，产、学、研相结合，力求打造适应新形势、具有最新思维和技能的互联网营销专业人才。

（一）培养目标

企业与高校联合培养，可以有效整合企业与高校的最优资源，更好地培养学生的理论学习能力和技术实践能力。

通过提供丰富的课程体系和实践项目，使学生具备扎实的互联网营销、搜索引擎优化、网站建设和推广技术等方面的基本理论、基本知识、基本技能及综合应用方法，使学生具有较强的基于 SEO/SEM 的搜索引擎优化技术、营销型网站建站技术以及整合营销能力，同时可以胜任基于企业级的营销型网站项目开发工作。

（二）课程体系架构

本专业课程重在培养学生的理论知识和动手实践能力，整体课程采用逐层递进的方式，学生在完成每个学期的理论学习后，至少有两个企业项目实战跟进，让学生所学内容能够及时地得到运用，并在项目中及时延展技术深度与宽度，做到理论与实践的充分结合。

课程体系主要围绕三条线展开：技术线、营销线和运营线，并最终归于企业实训。技术线侧重于互联网开发技术，营销线侧重于市场营销能力，运营线侧重于互联网营销能力的提升，企业实训则能够提高学生的动手和实践能力。

企业合作互联网营销专业课程体系框架如图 2 所示。

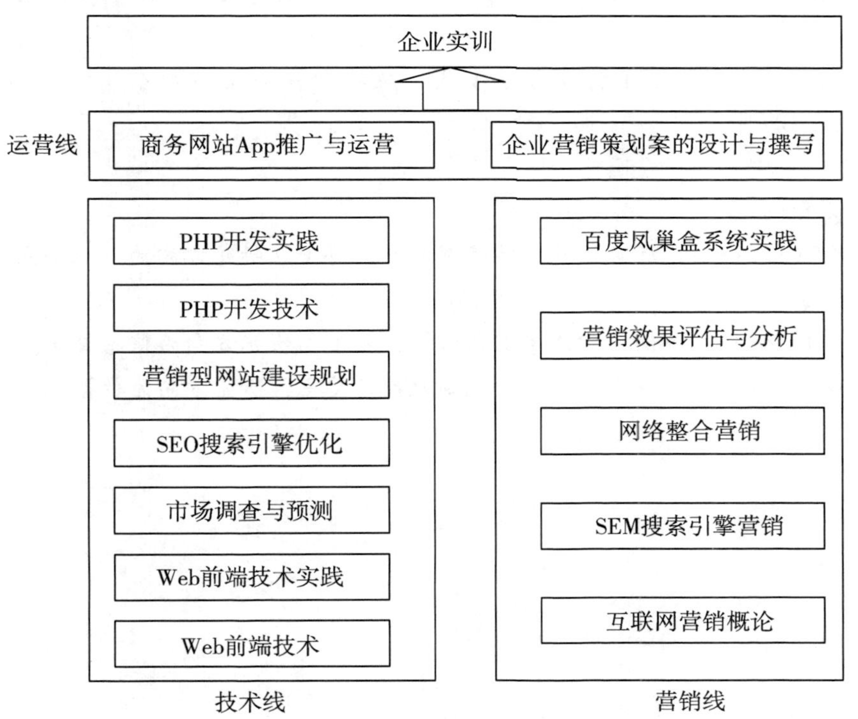

图 2　企业合作互联网营销专业课程体系框架

五、结语

随着互联网技术特别是移动互联网技术的应用，人们的生活越来越依赖于互联网，因此，互联网营销技术和营销能力必然成为企业未来生存和发展的一种重要依托。整合企业实践和高校资源的互联网营销专业校企合作模式的发展，为培养这方面的人才提供了基础和条件。

参考文献

［1］王涛．“互联网＋”时代下的新型市场营销教学模式研究［J］．湖北函授大学学报，2017（20）：150－151，154.

［2］金育敏．企业“＋互联网”与“互联网＋”营销模式对比研究［J］．武汉商学院学报，2017（5）：51－53.

［3］李琼．“互联网＋”背景下市场营销专业实践教学体系改革探究［J］．中国高新区，2017（20）：54－55.

［4］王立湖．新时期校企合作“双主体”办学的保障机制探析［J］．江苏教育研究，2017（27）：57－59.

［5］陈玲．论校企合作办学模式下的课程改革措施［J］．科技视界，2016（9）：209.

［6］杜艳艳．深化校企合作办学模式　培养教育应用型人才［J］．知识经济，2015（24）：127.

作者简介：

常相全（1974—），济南大学商学院副教授，博士，研究方向为管理决策的理论与方法。

宋磊（1978—），济南大学商学院副教授，硕士，研究方向为信息管理。

蔡永明（1973—），济南大学商学院副教授，博士，研究方向为数据挖掘。

案例教学法在高校会计专业教学改革中的应用

陈　琳

摘　要：高校会计专业是一个理论性和应用性都非常强的专业。与传统的教学方法相比，案例教学法在借助实际问题巩固学生基础理论知识的同时，还能全面提高学生的综合应用和实践能力，因此，更加适用于高校会计专业的教学改革。本文探讨了案例教学法在高校会计专业教学改革中的意义，重点分析了案例教学法在会计专业教学过程中的具体应用，并就改进和完善案例教学法在会计专业教学应用中的措施提出了合理化的建议，以期为高校教育改革创新、培养会计优秀人才提供一定的帮助。

关键词：案例教学法；会计专业；教学改革

随着当前教育事业的发展和教学改革的逐渐深入，社会对高校会计人才的培养提出了更高的要求，传统的会计专业教学方法显出弊端。会计学作为一门专业性、理论性和实践性都较强的专业，高校在对会计专业人才进行培养时，不仅要要求学生深刻理解和掌握专业知识，更重要的是要对学生动手实践能力和综合素质进行培养。因此，一些新的教学方式和手段逐渐引起了人们的关注。会计专业的案例教学法是经过长期的探索而逐渐形成的一种被大多数人所认可的实践教学方法，本文基于此对案例教学法在高校会计专业教学改革中的应用进行了一定的探讨。

一、案例教学法在高校会计专业教学改革中的意义

（一）案例教学法

案例教学法在教育管理中的应用最早由哈佛商学院提出，其核心和关键就是把实际的企业案例运用到教学过程中，目的是通过对案例的研究和分析提高学生知识的应用能力和分析解决实际问题的能力。和传统的教学方法相比，高校案例教学法具有其他课堂内教育教学手段所不具备的优越性。第一，案例教学法具有客观真实性，因为教师在课堂上所选择使用的教学案例是企业发生的真实情况，学生根据所学的专业知识在进行思考、分析、讨论、解决问题的过程中能提升自身解决实际问题的能力。第二，案例教学法具有较强的综合性，其提供的真实案例一般都比较复杂，内涵丰富，因此案例的分析也较为复杂，需要学生综合运用各种知识、能力和技巧。第三，案例

教学法具有深刻的启发性，这种实际案例的练习旨在培养学生的独立思考能力，使学生通过思考和探索，建立思考问题的科学思维方式。第四，案例教学法的深刻优越性在于它有别于传统教育教学手段，传统教育教学手段将教师作为授课的主体，案例教学法则将学生作为课堂的主体，让本专业学生参与进来，发挥学生在教学中的主体作用。第五，案例教学法使高校的教育教学手段具有实践性，使在校的学生在校园内接触到社会实际问题，实现理论与实践的无缝对接，加强在校大学生对社会的了解。

（二）案例教学法在高校会计专业教学改革中的意义

会计专业具有的实践性及技术性特点决定了其不可以只通过对会计准则和会计制度等的理论教学就培养出应用型人才，它属于一门综合类的学科，包含理论性、实践性。以往的理论教学，多是让学生掌握好课堂或者书本上的理论知识，忽略了对学生实践能力的培养，当运用会计理论解决实际生产生活中所遇到的问题时，学生们则不知如何去做。会计专业案例教学法的实施是一次全新的会计教学改革。案例教学法中理论知识与实践实验的结合，使学生不仅能够牢固地掌握专业知识，而且能够灵活地将专业知识应用到实践中，加强了学生的实践经历，培养了学生的思维能力和主动实践的积极性，摆脱了以前教师在讲台上讲，学生在下面记、背的过程，学生从以前被动地学习转换为主动积极地学习，同时此过程对学生的学习有较好的启发作用。另外，案例教学法可以进行分时学习，这样学生在时间安排上就可以结合自己的实际情况，进行自主学习研究，在思维方式和模式上能够形成自己的思路。同时学生拥有自己独立的时间、空间，利用课堂上学习的理论知识，激发学生的学习兴趣。最后，案例教学法可以系统地设计多个相关案例，避免原本的会计案例的单一片面性给教学带来不便。多个案例融合各门课程的内容，知识之间相互渗透，这样能够直接避免学生在学习过程中对以前学过知识的遗忘。多案例的设计对培养学生的思维能力和提高学生解决实际问题的能力有很大的帮助。

二、案例教学法在会计专业教学改革中的具体应用

案例教学法在当前高校会计专业教学法中的应用主要包括案例的选择、分析、操作以及最后的评价环节。具体来说如下。

（一）案例的科学化选择

案例选择是案例教学的前提，案例选择的好坏直接影响到教学的整体质量。首先，选择的教学案例要与实际理论教学内容紧密联系结合在一起，并且涵盖相关理论知识，保证理论与实际很好地结合，这样才能促进学生对理论知识的掌握产生质的变化。其次，基本常见的案例是难以提升教学成果的，需要选取更具有代表性的典型案例用于教学的过程中，这才能使教学实现触类旁通的效果。再次，案例教学的最终目的是让

学生更好地运用会计知识，从而激发学生主动学习的兴趣以及进行探究的欲望。因此，根据学生发展的实际情况科学合理地选择教学案例能够增强学生学习的自信心，简化会计教学中复杂烦琐的部分，为学生的学习提供更多积极的影响。

（二）案例的合理分析

当教师选择好相应的案例之后，接下来就要在日常教学过程中运用合适正确的方法将教学案例融入教学过程中，并结合学生的实际学习情况对案例进行相应的分析。让学生以最大的信心和热情投入到案例的分析学习中，是案例教学法中最为关键的部分。教师要将学生作为案例教学法的主体，教学过程中可以对学生进行相应的分组，开展有效地一对一辅导教学，也可以通过组建各类小组的形式使学生发表自己的想法和意见，为学生拟定各类教学目标，辅助引导学生掌握好学习的方法，给学生更多思维拓展及发展的空间，为学生今后的全面发展奠定基础。

（三）案例的实际操作

当前高校会计专业培训过程中，对学生进行操作培训是必经的培训阶段。现阶段大多数高校培育学生操作能力的主要方法，就是通过开展各类实际操作，让学生以多媒体为辅助进行相关学习，包括基础账单的核算和处理。学生通过相关的实际操作，加深对各项理论知识点的理解，切实提高自己的实际动手操作能力。例如，对于合同签订、凭证填写、会计核算等业务知识，在教学中都需要有实务操作环节。在具体教学过程中，教师可以利用多媒体将相关案例呈现给学生，引导学生主动演示，保证学生能够掌握各个业务以及各个技能，促进自身操作能力的稳定提高。

（四）案例教学的综合评价

案例教学法的最后一步是进行案例教学的综合评价，学生对案例分析讨论完之后教师应对整个案例讨论过程进行及时、中肯、简单准确地总结，应肯定积极正确并且有创造性思维的观点，指出不符合会计理论的观点，避免简单化处理。对于有些复杂的问题，应该发动学生从多角度思考，进行必要的“二次”讨论，更好地培养学生的创造性思维。

三、改进和完善案例教学法在会计专业教学中应用的措施

（一）建立会计专业案例教学体系

会计专业应用案例教学法的前提条件就是选取科学合理的教学案例，这是教学质量的重要保障。对于案例教学法的综合运用，是一项长久的实践过程。为了在教学过程中发挥出案例教学法的实效性，需要建立一个完善的教学案例体系。案例体系中应该包括各行各业及各类单位的不同案例，这样才能保证案例的全面综合性。教师应定

期对案例进行补充完善，保证案例能够适应教学政策与社会更新发展的需要。

（二）加大案例分析在学生评定中所占的分数比重

在当前会计专业教学大力推广案例分析的前提下，可以加大其在学生综合评分中的比重，以此来加深学生对于案例教学法的重视程度。此外，这也是对学生理论知识以外的综合评定，是检验学生解决实际问题能力的重要方法。

（三）提高专业教师的整体素质

教师在当前案例教学过程中起到了关键的作用，对案例进行合理地分析及选择都是教师的基本工作要求。在实际教学中，教师组织学生对案例进行良好有效地分析，对提升教学课堂质量具有重要的作用，因此需要对当前高校会计专业教师进行系统化地培训考核，来提高会计专业教师的综合素质，为培养更多专业性的人才提供良好的保障。

四、结语

会计专业的案例教学法，是会计专业教学在改革发展和不断摸索的过程中，总结出的一个重要的教学实践方式。这种教学方法的实施相对于传统的教学模式是一次教学的改革，对传统的教学方法有一定的冲击力。案例教学法在教学上的应用促进了会计专业教育的发展和学生的思维创新意识、综合能力的提高，有助于培养全新型的会计专业人才，为社会的经济发展提供高素质的会计人才。

参考文献

［1］陈辉．改进教学方式　培养学生就业能力——案例教学法在会计专业课程中的应用探讨［J］．中国乡镇企业会计，2011（4）：167－168.

［2］李艳．案例教学法在高职会计电算化专业教学中的应用探索［J］．科技展望，2016（13）：342.

［3］王大华，闫桂娟．案例教学法在会计专业教学中的应用［J］．吉林工程技术师范学院学报，2010（5）：36－37.

［4］孙志胜．研究性教学法在高校会计教学中的应用——以案例教学法为例［J］.市场论坛，2012（8）：93－95.

［5］卢燕．以案例教学创新会计信息化人才培养模式的改革与实践［J］．中国管理信息化，2013（1）：83－86.

作者简介：

陈琳（1976—），济南大学商学院讲师，博士，研究方向为战略管理与企业创新。

金融专业应用型 CFA 人才培养

迟 诚 王雯雯

摘 要：地方高等院校是人才培养的摇篮，为社会发展源源不断地输入新鲜的血液，金融行业在我国经济发展中将扮演越来越重要的角色，但金融环境的演变，新金融业态的出现，导致金融风险日益复杂，金融市场又面临人才供需结构性矛盾的问题。因此，建立金融专业应用型人才为主的人才培养模式十分重要。金融专业应用型 CFA（Chartered Financial Analyst，特许注册金融分析师）人才的培养如一场“及时雨”，本文从 CFA 人才培养模式的重要性、培养目标以及课程体系建设等方面提出几点可行性思考和建议，借此推动金融专业应用型人才培养模式的改革。

关键词：金融专业；人才培养模式；CFA

人才培养归根结底就是“培养什么样的人、如何培养人、为谁培养人”。但由于历史发展阶段的不同、教育性质的不同和实践需求的不同，不同社会所需要培养的人才性质和类型也迥然相异。目前，国外主要有工业训练中心型、资格证书体系推动型以及能力中心的课程开发型等实践教学模式。不难发现，以上几种模式均是注重培养应用型人才的实践教学模式。在我国，2016 年 3 月中共中央颁布《关于深化人才发展体制机制改革的意见》，提出从中央到地方全面发力，加快推进人才培养、评价、流动、激励、引进等重点领域和关键环节的改革，为人才发展注入了强大动能。《关于深化人才发展体制机制改革的意见》特别指出，要创新人才教育培养模式，突出经济社会发展需求导向，建立高校学科专业、类型、层次和区域布局动态调整机制；统筹产业发展和人才培养开发规划，加强产业人才需求预测，加快培育重点行业、重要领域、战略性新兴产业人才；注重人才创新意识和创新能力培养，探索建立以创新创业为导向的人才培养机制，完善产学研用结合的协同育人模式。因此，建立应用型人才为主的人才培养模式十分重要。

一、CFA 人才培养模式的重要性

中国经济正步入“新常态”，金融行业在中国经济发展中将扮演越来越重要的角色。但随着报考人数的成年累积，金融专业毕业人数成指数型增长，其就业状况也不再是真正乐观。从金融业就业的角度来看，国内金融业对金融专业毕业生的需求已经呈下降趋势，原因大体可分为两方面。一方面，金融环境的演变，新金融业态的出现，导致金融风险日益复杂，不断演进，简单的书本上的理论知识已无法应对日益复杂的金融环境，企业对金融专业毕业生实用性的质疑，将不少毕业生挡在了求职的门外，在无形中缩小了金融专业毕业生进入金融业的门径，增加了金融专业毕业生的就业竞争压力。因此，仅持有金融学专业毕业证的人已不再是职场上的“领头羊”。另一方面，金融市场又面临人才供需结构性矛盾的问题。不仅缺乏能够掌握新业务的新型金融人才，还缺乏金融机构高级管理人才、专业领军人才等关键金融人才，国际化金融人才也明显不足，尤其是金融人才的国际化程度和国际竞争力有待进一步提高。因此，面对金融人才知识结构升级的要求，高校应建立高效的金融人才培养模式。

CFA 是全球金融第一认证体系，其推广的金融理念已经成为行业标准，且 CFA 资格已被全球顶尖金融机构广泛采用，成为人力资源评估主要标准。此外，CFA 在金融界投资领域被誉为“金领阶层”，不仅在西方一直被视作进军华尔街的“入场券”，我国著名经济学家厉以宁先生也认为，CFA 资格是国际通行的、最具权威的金融分析领域的行业标准。这是因为 CFA 课程提供最新、最具操作性的专业知识，学习该课程可以有效地学习如何分析股票、债券、衍生工具和财务比例等，从而加强在金融投资行业的工作能力，迅速成长为金融机构专业领军人才。CFA 课程采取全英文授课，可以有效加快与国际化程度接轨的速度。目前，拥有 CFA 资格的人数在全球成井喷式增长。截至 2016 年 12 月，全球 CFA 持证人数约 134000 人，而我国只有 4100 多人，仅占持证人数的 3%。因此，建立地方院校 CFA 课程体系具有深远意义。

二、金融专业应用型人才培养的思考

（1）明确培养目标——金融专业应用型 CFA 人才。在“综合金融 +”和“互联网 +”的金融 3.0 时代，对金融人才的要求也在不断提高。相比于其他专业毕业生，金融专业的学生被要求具有更宽厚的知识、更强的知识应用能力和社会适应能力，以及更高的专业素质和综合素质。上文提到，CFA 所含课程不仅涵盖了基础理论课程，同时提供了最前沿的理论与实践知识，也更加注重职业理论的培养。CFA 人才每年必须签署的“专业人员行为申明”中规定了很多职责，CFA 人才可以清楚地理解如何运用这些规则、法规为客户提供更优质的服务，也正因为如此，CFA 资格享有崇高的威望。而这十分切合当前时事发展的需要，满足金融专业应用型人才的需要，弥补金融市场人才的空白。

（2）CFA“2 +1”课程体系建设——理论教学、报告讲座 + 实践课程。首先，从课程难易程度方面，CFA 课程结合金融学专业课程，循序渐进。CFA 课程以全英文授课，包括职业理论、数量分析、经济学、财务报表分析、公司财务等十门课程（见表 1）。初步进入大学的学生很难适应 CFA 课程，因此，需借助中文有关教材实时跟进。从表 1 中可以发现，金融学专业主修课程下设政治经济学、西方经济学、证券投资学、货币银行学等多门课程，与 CFA 课程高度贴合。具体而言，由于证券投资是一定的投资主体为了获取预期的不确定的收益购买资本证券以形成金融资产的经济活动，其中资本证券包括股票、债券及其衍生品种如基金证券、期货合约等。因此证券投资学是一门使用基本分析、技术分析、演化分析等方法分析股票、债券及其衍生品的学科，即证券投资学从课程内容上会涉及部分权益类投资、固定收益证券分析、衍生证券分析等内容。这些内容也正是 CFA 的必要课程之一，通过金融学专业主修课程的学习有助于为 CFA 全英文授课的学习打下夯实的理论基础，使学生迅速融入 CFA 的课程学习。

表 1　　金融学专业主修课程与 CFA 课程对比

金融学专业主修课程	CFA 课程
政治经济学	职业理论
西方经济学	数量分析
财政学	经济学
货币银行学	财务报表分析
国际金融管理	公司财务
证券投资学	权益类投资分析
商业银行业务管理	固定收益证券分析
中央银行业务	衍生证券分析
投资银行理论与实务	另类投资
保险学	组合管理

首先，CFA 考试方面，点面相结合。CFA 考试分为一、二、三级共三个阶段（以下将三个阶段分别称为 Level Ⅰ、Level Ⅱ、Level Ⅲ），不同于其他资格考试可分不同学科、不同阶段参加考试，CFA 只有考过前一阶段，方能参加下一阶段考试。每阶段考试内容科目均相同，只是侧重点、程度各有不同。CFA 知识体系及各部分内容占比如表 2 所示，关于各阶段的考试题型和侧重方向，Level Ⅰ考试题型均为选择题。同其他财经领域的有关资格考试不谋而合，财务报分析是 Level Ⅰ的主要内容，要求学生学会收集、整理企业财务报告中的有关数据，并结合当前时事，对企业的财务状况、资本结构等内容进行综合比较和评价；之后是职业理论，占比 15%，可见人才的培养不仅是理论知识的升级，更重要的是高水平的职业素养；其他还有数量分析，占 12%，经济学、权益类投资分析与固定收益证券分析均占 10% 等。针对 Level Ⅱ、Level Ⅲ，表 2 中清晰地表示了不同课程内容的占比情况，但 Level Ⅱ、Level Ⅲ以案例分析和多项选择相结合的方式为主，各占 50%，着重考核候选人在实践中综合运用投资原理的分析、决策能力。但无论是 Level Ⅰ，还是 Level Ⅱ、Level Ⅲ，均对 CFA 参考资格条件有明确规定。就 Level Ⅰ而言，参考人需具备以下条件：第一，拥有学士学位或相当

的专业水准以上，对专业没有任何限制；第二，大学学习年限与全职工作经验合计满4年；其中，CFA协会对相当的专业水准做了如下界定：一般来讲，4年的工作经历即被视为替代学士学位，且这4年的工作经历，不一定要从事投资领域相关工作。因此，本科生只有在学习4年之后方可参加考试，即在校大学四年级学生可在最后一个学年参加考试。

综上，CFA课程体系理论建设方面可参照如下形式，学生在大一上学期完成与CFA课程相近的中文课程，大一下学期开始到大三下学期全面学习CFA全英文课程，同时辅修中文有关教学内容，大四上学期建立完整的CFA知识体系，全面复习Level Ⅰ考试内容，由面向点过渡。

表2　　CFA知识体系及各部分内容占比

知识体系	Level Ⅰ	Level Ⅱ	Level Ⅲ
职业理论	15%	10%～15%	10%～15%
数量分析	12%	5%～10%	0
经济学	10%	5%～10%	5%～15%
财务报表分析	20%	15%～20%	0
公司财务	7%	5%～15%	0
权益类投资分析	10%	15%～25%	5%～15%
固定收益证券分析	10%	10%～20%	10%～20%
衍生证券分析	5%	5%～15%	5%～15%
另类投资	4%	5%～10%	5%～15%
组合管理	7%	5%～10%	45%～55%
总计	100%	100%	100%

其次，开设CFA系列讲座。调查发现，地方院校大多在开设CFA的同时也开设ACCA（The Association of Chartered Certified Accountants，特许公认会计师公会），两者均可从事财务金融领域相关职业，在求职方面具有绝对优势。从费用方面来看，CFA无论是课程费用还是考试费用均略高于ACCA。因此，需开设CFA系列讲座，让学生了解金融机构的发展状况和行业发展动态，以提高学生学习的兴趣和动力。

最后，开设实践课程。完善金融模拟实验室软硬件配置，进行线上或线下模拟工作，如证券投资模拟。以期实现理论与实践的结合，提高教学效果。

在经济步入新常态、金融快速发展的背景下，如何解决金融市场人才供需结构性矛盾问题，应对应用型金融专业人才的需要，以及如何培养出高质量的应用型金融专业人才，是地方高等院校必须要面对的问题。本文从CFA人才培养模式的重要性、培养目标以及课程体系建设等方面提出几点可行性思考和建议，借此推动金融专业应用型人才培养模式的改革。

参考文献

[1] 布占伟．国内外大学人才培养模式的比较研究 [J]．改革与开放，2009 (9)：145.

[2] 于博．金融信息化人才培养方向与教学设计研究——对财经类院校建设“金融信息化学科”的思考 [J]．金融教育研究，2014 (2)：56-61.

[3] 林立洪，段军山，刘英．构建财经类院校 CFA 人才培养模式的探索——以广东商学院为例 [J]．金融教育研究，2013 (2)：70-74.

作者简介：

迟诚（1988—），济南大学商学院讲师，博士，研究方向为财政理论。

王雯雯（1986—），济南大学商学院讲师，博士，研究方向为计算机信息安全。

商学院工程管理专业特色与本科生培养浅析

冯　群　魏芳芳　孙彤彤

摘　要： 商学院工程管理专业需发展其专业特色从而保持竞争力。在分析我国工程管理学科发展现状的基础上，本文剖析了商学院工程管理专业存在的专业特色不突出、依托学科较弱、师资队伍结构不合理、实践环节薄弱等问题，提出凸显工程造价专业特色是商学院工程管理专业的建设方向之一，并从优化教学体系、加重实践环节、强化课外训练、改革毕业设计方面探讨保障工程管理专业特色与本科生培养质量提升的措施。

关键词： 工程管理；专业特色；商学院；本科培养

建筑工程在我国城市化进程中发挥着越来越重要的作用，这对高素质工程管理专业人才提出了更高的要求。目前我国相当一部分高校都已开设工程管理专业，但是由于师资、硬件或学校定位的差异，各高校工程管理专业仍存在一定的差别。发展工程管理专业的专业特色，是提升工程管理专业竞争力的重要任务。

商科院校是培养高素质经济管理人才的主阵地。如何发挥商科院校工程管理专业在经济学、管理学方面的学科优势，与建筑工程管理企业建立长效合作机制，提高学生的实践创新和就业能力，从而达成学校、企业、学生的共赢，是目前亟须解决的问题。

一、我国工程管理专业发展现状

工程管理专业出现在20世纪80年代，产生于美国。美英等发达国家的工程管理专业强调人才培养特色，重视校企合作锻炼学生的实践能力，毕业生适应社会发展需要的能力较强。国内对工程管理专业人才培养的研究主要集中在培养模式、能力培养、培养特色、培养认证方面。

1. 高校专业划归及办学层次

我国高校工程管理专业的学院划归一般分为以下几种情况：第一种是将工程管理专业划归到土木工程学院，如清华大学；第二种是将工程管理专业划归到管理学院或商学院，如西安交通大学；第三种是将工程管理专业划归到一个单独的学院，如重庆大学的建设管理与房地产学院。将工程管理专业放置在不同的学院，即使培养目标一致，但不同的教学资源、学生生源，甚至学院氛围都会对该专业学生造成一定的影响。土木工程学院的工程管理专业学生可能会更偏重于工程技术，管理学院或商学院的工程管理专业学生更偏重于管理。

2. 学科定位

根据我国教育部门的规定，大部分院校对工程管理专业的介绍是：培养具备管理学、经济学和土木工程技术的基本知识，掌握现代工程管理科学的理论、方法和手段，具备从事工程项目管理的基本能力，能在国内外工程建设领域从事项目决策和全过程管理的复合型高级管理人才。在工程管理专业培养模式中，较多高校实施 CDIO 模式，即构思（Conceive）、设计（Design）、实现（Implement）、运作（Operate）通才教育，强调提高一般方法与能力，而不是着重于具体知识。也就是说，工程管理学科培养的多为综合性人才。

但是，由于专业所划归学院的差异，其师资力量、软硬件设施都存在差异，工程管理专业的毕业生接受教育的质量参差不齐。随着社会的迅速发展，建筑企业或其他单位对应届毕业生实践能力要求越来越高，甚至期望应届毕业生简单培训后就可直接为企业创造效益。不同学院的工程管理专业必须发展自己的专业特色，力争使培养的毕业生能满足用人单位不同的岗位需求。

二、商学院开设工程管理专业存在的问题

与国外相比，我国商科院校在工程管理专业培养方面存在以下问题：人才培养特色不够鲜明，人才智能结构不够系统，与企业、行业协会对接不够顺畅，没有较好地反映时代诉求。与在土木工程学院开设的工程管理专业不同，商学院下开设工程管理专业虽有管理学科优势，但同时又存在着师资、实践等环节的诸多问题，主要表现在以下几点：

（1）工程管理专业特色不突出。工程管理专业核心课程集中在管理学、经济学、土木工程技术三方面，力求培养集工程管理与工程技术于一身的高级管理人才，学生学习专业知识宽泛，但在深入程度上不及土木工程专业的学生。虽然工程管理专业培养的是高级管理人才，但建筑公司高管一般都是由资深技术人员担任，工程实践经验极为丰富，而应届毕业生一般无法直接进入建筑公司担任管理职位。即使是进入房地产、咨询公司等，也需要具备一定的专业特长，如果工程管理专业没有特色，那么在专业性角度就不具有竞争力。大多数重点院校在开设工程管理专业时，都依托于本校的行业领域优势，比如同济大学、清华大学等依托建筑行业优势，北京交通大学依托铁路行业优势，中国石油大学依托石油行业优势，具有专业背景的学校，其工程管理毕业生的就业率相对较高，毕业生就业去向也相对集中。因此，商学院下开设的工程管理专业必须要具有一定的特色，具有专业核心竞争力。

（2）工程管理专业师资队伍结构不合理，缺乏专任教师。工程管理专业是一个新兴专业，专任教师较少，教研组一般是由土木工程专业老师、管理学专业老师或经济

学专业老师组合而成，这在一定程度上影响工程管理专业整体课程体系的安排。尤其是在商学院设立的工程管理专业，土木工程技术类课程需要协调土木工程学院的老师讲授，课程安排自主性受到限制。

（3）学生实践能力培养体系的实施质量难以保障。目前，虽然高校对学生实践能力的培养较为重视，课程设计或实习都纳入培养体系中，但是，在具体实践过程中往往起不到应有的效果。与土木工程学院相比，商学院与建筑施工单位联系较少，学生在实习方面可选资源较少，加之学生的专业知识短期内无法达到工作单位的要求，尤其是工程造价这种复杂烦琐的工作对初入单位的学生来说难度较大，实习单位不愿意接受学生实习或安排学生做一些非专业岗位，这在一定程度上会折损实践环节效果。

三、工程管理凸显专业特色措施

工程管理专业不应该是简单的理论学科，应当具备理论与实践相结合的专业特色。从工程管理的实践来看，工程造价是需求较大、具有竞争力的一个方向。除少数院校外，工程造价很少被设置为一个单独专业，多被设置为工程管理的方向之一，而工程管理方向较多，将工程造价设为专业特色的难度又较大，造成了工程造价毕业生稀缺。此外，商学院女生占大多数，适合工程造价的就业形势。突出工程造价专业特色是商学院下工程管理专业保持核心竞争力的措施之一，在教学体系、实践环节都应当给予有力保障。

教学体系：在商学院招聘工程管理、土木工程专业的博士毕业生或学科带头人，负责制订工程管理本科生和研究生培养计划，突出工程造价在工程管理专业的核心地位，明确专业方向。在商学院成立本学院的工程管理教师团队，教授学生扎实的基础知识，指导学生接受系统完整的工程管理思想和技术。

实践环节：英美发达国家实践课程占学生总学时的35%，高于我国高校一般规定的10%～20%，加大实践课程课时比例有利于培养更能适应社会、企业的优秀人才。因此，在实践课程中直接以真实的工程实践为案例进行课程设计，学生通过模拟工程造价理解工程实践的造价原理，提高学生自主解决问题的能力；组织学生到工程造价单位实习，不同于缺乏专业特色的工程管理实习，以学习应用工程造价为目的的实习更具有目标性，也更能加强学院和工程造价公司的联系紧密性。

课外指导：聘请有经验的造价工程师或建造师为学生定期举办讲座，让学生有机会直接接触工程现场技术人员的指导。校企联合在工程造价方面进行虚拟仿真实验室建设与精品课程开发，鼓励有兴趣的同学或者研究生参与工程造价课程建设，鼓励学生申报工程造价类创新性课题。

毕业论文：毕业论文是对本科生学习阶段的最后总结。工程管理本科生毕业论文的一般要求是在导师指导下，通过文献检索、社会调查、政府咨询、企业调研等方式，独立系统地解决工程实践问题，并能对工程管理理论进行归纳和升华。住房和城乡建设部高等学校工程管理学科专业指导委员会颁布了高等学校工程管理本科指导性专业规范，要求毕业论文对工程管理问题的理论、应用及未来展望进行充分阐述。清华大学和同济大学较多采用毕业论文形式，选题多来自指导教师的科研项目，要求毕业设计依托工程实际项目，在相关理论基础的前提下完成工程项目的解决方案；东南大学和中南大学较多采用毕业设计形式，设计选题包括房地产策划、招投标策划、工程项目管理策划、投资和造价策划、施工与现场管理、物业管理等多个方面。依据商学院工程管理专业情况，本科生毕业设计可选择论文与设计两种形式，借鉴中国矿业大学工程管理本科毕业设计特色环节，选题可分为应用型和研究型，直接就业的学生可选择应用型选题培养解决问题的能力，考研的同学可选择研究型选题加深理论探讨。

四、结语

商学院工程管理专业将工程造价作为特色方向，还需要在师资、培养计划、实践环节等多方面进行改进。只有突出工程管理专业特色，避免泛泛而学，才能让学生能够更好地将理论与实际结合，课本知识与实践操作结合。工程管理的专业特色与本科生培养相结合，既能拓宽学生知识面，丰富工程造价的实践训练活动，又能加速培养应用型工程管理人才，也是本科教学的创新性实践。

参考文献

[1] 杨毅，张翰文，宁欣．高校工程管理专业产学研一体化模式研究［J］．沈阳建筑大学学报，2017（3）：315－319.

[2] 任剑，陈荣元，卞灿．商科院校工程管理专业“兴”型人才校企合作培养研究［J］．高等建筑教育，2016（5）：145－150.

[3] 陆仁强．新建工程管理专业人才培养方案的修订及专业特色的构建研究——以湖南科技学院为例［J］．湖南科技学院学报，2015（5）：100－103.

[4] 宫思艺，王竹芳，江鹏，等．中英美工程管理专业特色研究及启示［J］．教育教学论坛，2016（40）：224－225.

[5] 周建亮，鄢晓非．美国佐治亚理工学院工程管理专业本科综合设计环节特色及启示［J］．高等建筑教育，2015（3）：61－65.

作者简介：

冯群（1986—），济南大学商学院讲师，博士，研究方向为项目安全管理。

魏芳芳（1987—），济南大学商学院讲师，博士，研究方向为城市交通管理。

孙彤彤（1985—），济南大学商学院讲师，博士，研究方向为管理科学与工程研究。

地方院校经济学专业本科建设的思考*

高　霞

摘　要： 国际化、信息化和我国经济新常态化的发展，对地方院校经济学专业本科建设提出了新的要求。在经济学专业本科的建设过程中要坚持目标导向性、动态性、开放性和创新性的原则，注重师资队伍建设，加强学科建设和发展以及不断创新人才培养模式。

关键词： 经济学专业；专业建设；人才培养模式

专业建设是一项直接影响地方本科院校招生、学生培养及毕业生就业方向的教学基本建设。它以社会经济发展及产业结构调整的需求为导向，以人才培养模式和课程建设为核心，以提高本、专科教学质量为目标。专业建设涉及多方面的内容，包括制定专业培养目标和规格、确定专业设置、制订专业教学计划、教材建设及教学改革等。人才培养是一个系统工程，技术的进步、经济社会的发展对地方院校经济学专业本科的人才培养提出了更高的要求。随着越来越多的高校设有经济学专业，如何在众多的竞争者中体现自己的专业特色，不断提升专业竞争力，也是地方院校经济学专业面临的问题。

一、新的时代背景对经济学专业提出的新要求

一般来说，经济学专业要培养的是具备比较扎实的经济学理论基础，熟悉现代经济学理论，比较熟练地掌握现代经济分析方法，知识面较宽，具有向经济学相关领域扩展渗透的能力，能在综合经济管理部门、政策研究部门、金融机构和企业从事经济分析、预测、规划和经济管理工作的高级专门人才。从目前来看，中国经济的发展面临着“全球化”“信息化”“新常态”三大背景，对经济学专业的发展提出了新的要求。

（一）全球化的背景要求人才培养的模式更加开放

全球化背景下，中国的经济发展与世界其他国家和地区的经济发展有些类似的地方，而且经济学的相关理论体系主要来源于西方发达国家，因此在课程设置和教材选

* 本文资助项目：山东省研究生教育创新计划项目 SDYY16016。

择上可以选择西方较为成熟的课程和教材，开阔学生的视野。同时也要考虑我国经济发展的特色，在兼容并蓄的基础上建设更符合我国人才培养特点的课程和教材。在条件允许的情况下，积极探索国际合作办学或者适时进行学生互访和交流。此外，人才培养的目标要适应国际化发展的需求，学生不仅要熟练掌握一门外语，也要具备国际经济交流相关基础理论和知识。

（二）信息化发展拓宽了人才培养的路径

信息化发展，一方面使得现代的科学分析能够借助软件迅速完成，提高了经济分析的能力；另一方面也缩短了世界不同区域之间的距离，网络上有很多经济学的公开课，拓宽了学生的学习渠道。在人才培养的过程中，一方面要注重对学生数学分析能力和软件应用能力的培养；另一方面也要借助网络资料，引导学生去查阅相关的文献，培养他们的自学能力。在注重学生专业理论知识学习的同时，要注重加强对学生的通识教育，使学生掌握经济学理论的研究内容和方法，具备不断自我学习自我提高的能力。

（三）新常态化经济发展为人才的培养创造更大的空间

人才培养的目的是服务社会，服务于经济发展，与发达国家的发展道路相比，中国经济发展既面临难得的机遇，也面临着资源环境制约的压力。目前，中国的经济发展步入了新常态化，经济发展过程中既有成功的经验，也面临许多问题，需要我们运用专业的科学方法去分析和解决，这不仅增大了经济学人才的需求空间，也为经济学人才的培养提供了更好的发展背景。中国经济的发展历程，尤其是改革开放40多年来经济高速发展的过程，为经济学的理论发展提供了许多宝贵的案例资料，因此我们在人才培养的过程中既要吸收西方发达国家先进的理论，也要结合中国的实际，介绍中国经济发展的独特道路和先进经验。同时引导学生学以致用，用自己所学的理论去分析当前经济发展中的热点问题。

二、地方院校经济学专业本科建设的基本原则

（一）目标导向性原则

经济学专业建设首先要有明确的目标定位，只有定位明确才能围绕着目标进行一系列人才培养模式的选择、课程设置和教材建设等。在目标确定的过程中，首先要对自己和国内外相关院校及专业进行深入地比较和分析，明确自己的优势和不足。同时要结合学科建设和地方经济的发展，使经济人才的培养方向符合社会发展的需要。在目标制定过程中要结合自己的优势，明确自己的特色，可以是学科优势，也可以是教学资源等优势，这样才能在未来专业建设中进一步凸显特色，提升该专业的社会影响力。

（二）动态性原则

专业建设是一个复杂的系统，内外部环境因素不断变化，因此需要对相关内容进行不断调整。教师教学水平的不断提高，学生接受能力的不断增强，社会对人才需求的不断变化，网络信息技术的发展都促使人才培养模式、课程设置、授课方式进行相应的创新。专业建设不是一劳永逸的，而是需要根据内外部环境的变化不断作出调整。

（三）开放性原则

国际化的发展和现代网络信息技术的普及，要求经济学专业的建设坚持开放性原则。所谓开放性原则主要包括以下内容：第一，培养模式的开放性，经济学专业人才的培养与经济社会的发展联系紧密，不仅培养的人才要适应国际化和信息化的进程，而且人才培养的过程也要具有开放性。第二，在师资队伍建设、学术资源构建、教材建设、实践教学等环节要注重不断吸引外部的优质教育及科研资源，寻求外部合作，在提高教学质量的同时，也可以借此扩大本专业的社会影响力。

（四）创新性原则

截至2014年年底，全国共有普通本科院校1202所，全国高等学校普通本科专业设有经济学专业21种，共有2386个专业学位点，经济学专业竞争的激烈程度可见一斑。同时经济环境的变化也需要专业学位点的建设不断创新，这样才能保持持久的竞争力。要通过理念的创新来实现人才培养模式、培养方法的不断创新。

三、专业建设具体措施

（一）注重师资队伍建设

大学的主要任务包括人才培养、科学研究和服务社会，所有这些离不开人才队伍的建设。作为知识的直接传播者，教师的能力和水平直接决定着该门课程的教学水平，有时候一个教师的能力和素质甚至会给某些学生今后的学习和生活带来关键的影响。从目前来看，高校教师的水平正在不断提高，教师群体越来越年轻化、高学历化，在专业建设中也要注重师资队伍和学员结构的多元化。同时要注重教学团队的建设，这样才有利于课程群的建设，不同教师之间互通有无，共同提高教学水平。教学团队的建设也有利于教学成果的积累和申报。人才的引进、团队的构建只是师资队伍建设的初步，要想提高教学水平，必须要提高教师队伍的教学积极性。要提高教师队伍的待遇水平，在积极鼓励教师进行科学研究的同时，也要引导教师积极投身教学，使其真正实现教学和科研相互促进。黑龙江大学按照师资队伍建设整体指导思想，在经济学专业建设过程中采用“吸引优秀人才、培养教学团队、成就省级名师、分级建设与发展”的发展举措，坚持引进与自我培养等多种渠道相结合的方式，提升本专业的师资队伍水平，使得本专业教师拥有博士学位的比重提升至93%以上，进一步完善了师资队伍结构。

（二）加强学科建设和发展

学科建设主要包括学科定位（学科方向、发展层次）、学科队伍（学科带头人、学科梯队）、科学研究、人才培养、学科基地（实验室、重点学科、设备等）、学科管理六个要素。学科建设状态及指标是体现一个学校在国内外发展水平的重要标志，也是国内外大学排名的主要依据。学科建设的侧重点是科学研究，扩大经济学学科的影响力，而专业建设的侧重点是教学，不断提高教学水平。虽然二者的侧重点有所不同，但是二者的资源投入、平台建设几乎相同。同时，学科建设和发展使科学研究水平提高，会带动教学水平的提高，丰富教育资源。学科影响力的提高会带来专业认可度的提升，能够吸引更多的优质生源；学科研究基地的建设能给学生带来更多的实践机会；研究课题的增多及教师研究成果的丰富，能够使教师在授课过程中提高学生将理论联系实际的水平，引导学生学以致用，提高学生学习的兴趣和效果。

（三）创新人才培养模式

普林斯顿大学高质量的本科教育得益于其独具特色的人才培养模式，主要特点是：注重广博知识和综合能力的人才培养理念；促进学科交叉和思维启迪的课程设置方式；强调因材施教和科研创新的教学制度体系；采用交流互动和探究参与的教学组织形式；蕴含拼搏进取和宽容博爱精神的隐性课程内容；倡导灵活多元和注重反馈的教学评价方式；“通识课 + 专业预修课 + 专业核心课 + 自由选修课”的总体课程结构，并采取嵌入交叉学科课程模块和要求跨学科选修两种方式来促进学科交叉。为了给每位学生提供最适合的教育和充分的科研训练，普林斯顿大学创建了一系列教学制度，其中，导师制、访学制、实习制最具特色。普林斯顿大学采用交流互动和探究参与的教学组织形式，比如演讲课、导修课、讨论课、实验课、模拟训练课等。蕴含拼搏进取和宽容博爱精神的隐性课程内容中的隐性课程是指学生在学校中除正规课程之外所学习的一切东西，是学校经验中隐蔽的、无意识的或未被完全认可的那部分经验。倡导灵活多元和注重反馈的教学评价方式是指普林斯顿大学构建了包括课程学习评价、创新成果评价和实践活动评价等灵活多元的教学评价体系。其中，课程学习评价要求教师根据课程目标，采用灵活的评价方式，并注重将过程评价和结果评价相结合。

纵观国内外知名高校的人才培养模式，一般具有以下特点：能力为导向、形式多样性、注重师生深入交流与沟通。对于地方院校来说，相对于热门的金融专业，经济学专业的学生较少，更适宜采用创新的人才培养模式，课程设置上要更注重对基础理论的学习，教材建设上要在利用国内外质量较高的经济学主干专业教材的基础上因势利导，建设符合自己学生特点的辅助教材。在实践教学上要结合导师制和学科基地建设，引导学生更多地参与科研工作，提高人才培养的质量。

参考文献

[1] 王璐. 地方高校经济学本科专业综合改革试点建设刍议 [J]. 经济研究导刊，2013 (30)：271.

[2] 魏枫，李娜. 国家级特色专业建设实践研究 [J]. 吉林省教育学院学报，2015 (11)：110 - 112.

[3] 董泽芳，王晓辉. 普林斯顿大学本科人才培养模式的特点及启示 [J]. 高教探索，2014 (2)：77 - 81.

作者简介：

高霞（1975—），济南大学商学院副教授，博士，研究方向为创新与经济发展。

经济学专业国际化人才培养路径研究
——以济南大学国际化经济学人才培养方案为例

葛金田　赵　楠

摘　要： 随着经济全球化进程的不断推进和各类企业国际化程度的不断加深，社会对国际化人才的需求急剧增加。经济学教育的国际化已成为高校经济学专业人才培养模式的重要发展方向，本文以济南大学为例，分析目前高校在培养经济学专业国际化人才过程中所面临的问题，借鉴国内外成功的培养模式，从人才培养目标国际化、教学体系国际化、学生视野国际化和师资队伍国际化四个方面提出了针对性的建议。

关键词： 国际化经济学人才；济南大学；路径探究

一、引言

随着经济全球化和区域经济一体化进程的快速推进，经济学专业国际化人才越来越受到社会各界的重视。尤其是在我国实现国家复兴和经济强国战略目标不断强化的关键时期，社会对经济学人才提出了更广需求和更高要求：经济学专业人才必须了解中国国情、有国际化的视野、通晓国际规则和具备处理国际事务的能力。因此，经济学专业人才培养模式改革迎来了新的挑战。在扩大教育对外开放的目标中，《国家中长期教育改革和发展规划纲要》提出了共享优质教育资源、改善国际合作水平的战略任务，并规划了具体的改革方式。按照《国家中长期教育改革和发展规划纲要》要求，很多高校制定了自己的国际化战略目标，通过积极开展国际合作办学、加强对外学术和文化交流等举措来增强学校的国内外影响力。

济南大学作为教育部与山东省共建的重点综合性大学，多年来始终把国际化作为学校发展战略的重要定位之一，通过各种形式与国外大学进行合作，系统地引进国外先进的教学管理模式，充分利用校内外和国内外教学资源，通过教学语言国际化、教材选用国际化、课程体系国际化、学生来源国际化、教师资源国际化、教学管理方式国际化等手段自主培养高标准、国际化的经济学人才，取得了较好的成效，2017 年入选国家“111 计划”。

二、济南大学国际化经济学人才培养面临的问题

济南大学清晰地认识到国际化经济学人才培养的重要意义，近年来采取了一系列措施来增强人才培养的国际化程度。但在培养过程中，也同样面临着许多高等院校普遍存在的问题，主要体现在以下方面。

（1）人才培养理念和人才实际需求之间存在差距。在国际化经济学人才培养方面，很多高校存在思想和观念上的认识不足，对国际化经济学人才培养的核心问题所在缺乏系统性认识，对国际化经济学人才培养模式、培养目标、课程体系的设置、教学模式的选择等方面的研究还不到位。尤其是培养方案不能很好地落实到位，在执行、调整等方面做得不好。另外，在培养方案中实践课的课时较少，学生缺乏实践能力。

（2）科研水平和师资队伍建设有待提高。从济南大学国际化经济学人才培养来看，当前师资力量以中青年教师居多，学术带头人、教学骨干人才相对较少，虽然在教师数量上达到了相应的标准，但是在教学经验和教研实践能力上较弱，还不能满足国际化经济学人才培养的要求。

（3）人才培养模式单一，缺乏国际化的教育理念。经济学人才培养仍过多采用传统的方式，培养模式单一，培养方案缺乏科学性和合理性。尤其是在教学方面，学生更多的是被动地学习，教师采用的仍是灌输式的教学模式，让学生自主学习的教学模式还没有建立。这种填鸭式的教学模式禁锢了学生的创新思维，制约了学生的发展。另外，在人才培养中，实践操作方面的课程教学与实践活动往往流于形式，学校更注重的是理论知识和专业技能的培养，对职业技能的培养重视不够。

（4）使用国际化教材比重较低。目前经济学专业所用的教材主要有两类：一类是国外学者主编的原版英文教材（或国内学者据此翻译成的中文教材），另一类是国内学者参考国外教材编写的适合国内学生学习思路的中文教材。济南大学使用较多的是后一种教材，虽然更适合中国学生的学习习惯，但也存在知识更新滞后的问题。

三、国内外国际化经济学人才培养经验借鉴及启示

（一）牛津大学国际化人才培养“四指标”模式

英国教育史学家约翰·达尔文针对大学的国际化程度，提出了四个可量化的指标：一是享有国际领先的学术；二是拥有充足的科研经费；三是在全球范围内广泛开展学术交流合作项目；四是能够吸引国际化师资和招收国际化生源。近年来，牛津大学始终遵照上述指标进行国际化高校建设，也以此奠定了牛津大学的世界顶尖大学地位。

（二）清华大学国际化经济学人才培养方案

清华大学经济管理学院在对原有“经济学”和“金融学”专业整合的基础上，

2007 年开设“经济与金融”（国际班）本科专业，旨在培养既具备国际视野、又了解我国国情的高素质复合型人才。从清华大学经济管理学院的国际化办学历程来看，有以下两点经验值得借鉴：一是提高英文授课的比例，特别是专业课程，基本采用全英文授课；二是鼓励并支持高年级本科生进行海外进修与访问，一半以上的本科生有出国交流的机会。

四、加快国际化经济学人才培养的建议

基于以上对国内外部分知名高校经济学专业人才培养国际化的经验总结，结合济南大学在国际化人才培养过程中面临的问题，本文针对性地提出以下建议。

（一）人才培养目标国际化

人才培养目标国际化是实现经济学专业国际化人才培养的重要前提。一方面，应借鉴西方发达国家的先进教育理念，正确处理好“国际化”与“本土化”之间的关系，培养具备国际视野、具有参与国际竞争与合作的能力、能够独立开展对外业务，同时又了解中国国情和经济发展现状的高层次复合型人才，使得我国培养出来的经济学专业人才具备较高的综合素质。另一方面，要注重培养经济学专业学生的创新能力，从而为我国建设创新型国家服务。

（二）教学体系国际化

教学体系国际化主要体现在课程设置上，采用全英文教学是一个重要举措。采用全英文教学的好处在于：一是学生能够很容易读懂英文原版教材，同时也有机会接触到国际上经济学教学和研究的最新成果；二是以全英文形式发表中国经济学教研与研究的最新成果，有利于推广中国的经济学教学与研究实践成果。

（三）学生视野国际化

学生是人才培养的主体，学生视野国际化是经济学专业国际化人才培养的落脚点。采用全英文教学是培养学生国际化视野的一个方面，此外应加强学生的对外交流，鼓励和引导学生参加国际学术会议和国际交流，支持有条件的高年级本科生进行海外进修、访问与实习。

（四）师资队伍国际化

教师是人才培养的主导者，师资队伍国际化是实现经济学专业国际化人才培养的重要支撑。首先，应该提高“海归”或者国际知名高校进修教师的比例，鼓励并支持年轻教师参加海外进修与访问，培养具有国际化视野和国际化理念的教师队伍。其次，教学方法、教学实践的改革也具有重要意义，课题教学中要注重培养学生独立思考和

创新的能力。同时，应鼓励教师在国际期刊（特别是国际顶尖杂志）上发表学术论文，不断提高教师队伍学术水平，增强科学研究的国际化。

五、结语

经济学专业国际化人才培养是当前经济学教育发展的重要趋势，寻求适合本国或本地区战略发展目标的经济学教育国际化措施与方法，是实务界与教育界共同面临的课题。经济学教育只有正视其自身的水平与国家对经济人才的需求，探索具有中国特色的经济学教育发展道路，才能在21世纪呈现出无限的生机与活力。因此，国际化人才培养作为今后经济学专业发展的一个重要方向，必须在培养目标、教学体系、教学方式、师资力量、社会实践等诸多方面实质性地推进国际化进程，才可能真正实现“国际化、高素质、复合型”经济学人才的培养目标。

参考文献

[1] 李强，魏巍．地方高校经济学专业人才培养面临的困境及对策［J］．湖北经济学院学报，2013（1）：165－166.

[2] 赵富强，黄颢宇，陈耘．高校人力资源管理国际化人才培养国际比较与借鉴［J］．当代经济管理，2017（2）：66－72.

[3] 刘莉．国际化财经人才培养与创新实践［J］．现代经济信息，2017（1）：429－430.

[4] 陈书．基于高校经济学专业开展双语教学模式的思考［J］．产业与科技论坛，2015（14）：192－193.

[5] 代彬．金融学专业国际化人才定位与特色培养研究——以四川外国语大学国际化金融人才培养方案为例［J］．重庆城市管理职业学院学报，2014（3）：18－22.

[6] 韩冬．新西兰、澳大利亚国际化人才培养研究［J］．职业，2016（1）：64－67.

[7] 董桂才．应用型本科国际经济与贸易专业的定位与人才培养［J］．教育教学论坛，2017（25）：45－47.

[8] 张晓芬．德国经济类创新人才培养的经验及启示［J］．辽宁工程技术大学学报，2006（4）：435－437.

[9] 唐善梅．对中国经济学教育国际化与人才培养的思考［J］．山西财经大学学报，2012（5）：38.

[10] 李强，魏巍．经济学专业国际化人才培养路径及策略［J］．吉林工商学院学报，2014（2）：107－109.

作者简介：

葛金田（1964—），济南大学商学院党委书记，教授，博士，研究方向为城市与区域经济、流通经济（物流）、宏观经济等。

赵楠（1994—），济南大学商学院应用经济学硕士研究生。

酒店管理专业教学模式改革与课程体系设计

蒋　婷　梅　青

摘　要：高等教育普通本科的专业应用型人才日益受到用人单位的青睐。酒店管理专业是典型的应用型本科专业，其教学模式改革和课程体系建设是人才培养模式变革的重要内容。本文在人才需求预测的基础上，对酒店管理专业教学模式改革进行重新定位，构建了多元协同的酒店管理专业课程体系，详细阐释了教学模式改革的具体实施方案，为酒店管理专业应用型本科人才培养提供有益的借鉴。

关键词：酒店管理；教学模式；课程体系

酒店管理专业高等教育重应用、重能力，以培养应用型高级人才为目标，与其他普通高等教育专业培养学术型、理论型人才的目标存在明显差异。酒店管理专业的操作型人才主要依靠动作技能进行服务操作，而应用型人才则用心智技能完成服务与管理工作。应用型人才不仅要具备一定的服务操作能力，更要善于将经营管理意图转化为产品或实际服务，能够在服务现场进行指导、组织协调，解决工作中的实际问题，能够对信息进行分析、处理，用以改进服务标准，完善产品设计。因此，将酒店管理专业普通本科教育等同于“大学的文化基础＋一定的知识面＋高等职业学校操作能力”的做法，是将其做了简单化处理。

在未来几年，随着服务业转变发展方式和提高企业市场竞争能力的需要，酒店行业迫切需要一大批掌握新理念、精技能、高素质的酒店管理专业人才。但从酒店目前用工特点来看，供应和需求量较大的主要集中在一线服务人员，从业人员主要来源于高等职业和中等职业学校。这部分员工要成为中高级管理人员，则存在一定的难度。以山东省为例，酒店的中级管理层多为高中学历，缺乏系统的管理知识及国际化视野，发展潜力和后劲不足，影响了酒店业整体水平的提升，因此高等教育普通本科的专业应用型人才将日益受到酒店的青睐。

酒店管理教学模式改革和课程体系建设是人才培养模式变革的重要内容，高校应在充分的市场调研基础上对市场对人才的需求进行预测，从中探索酒店管理专业教学模式和课程体系设计的具体内容。

一、酒店管理专业教学模式改革定位

1. “四个一体化”的建设方向

要坚持人才培养“学校与企业一体化”、教学内容“理论与实践一体化”、实践教学“校内与校外一体化”、教学场地“教室和实验室一体化”，突出对学生应用能力的培养，这是教学模式构建的重点。

2. “三位一体”的教学模式

强化专业技能、突出外语能力、提升人文素养，将专业技术能力、外语沟通能力、创新素质能力“三位一体”的培养模式作为教学改革的重点。与新加坡、法国、韩国等国家的知名院校加强双向联合，增进教学与学术的师资交流，开阔学生的专业视野和思维；加强产、学、研的进一步深度结合和挖掘，建立酒店管理专业的生产性实践基地，实现实践系统化、基地效益化。

二、酒店管理专业课程体系设计

根据教学模式改革定位，确定酒店管理专业课程体系设计思路，如图 1 所示。以就业为导向，以行业岗位能力为出发点，通过确定典型工作任务，让工作任务形成活动领域，通过分析工作内容使之转化为专业学习领域，明确专业学习领域中的核心能力，进而确定相关的知识和素质要求，然后设计学习情境，将其转化为实际的课程教学内容。

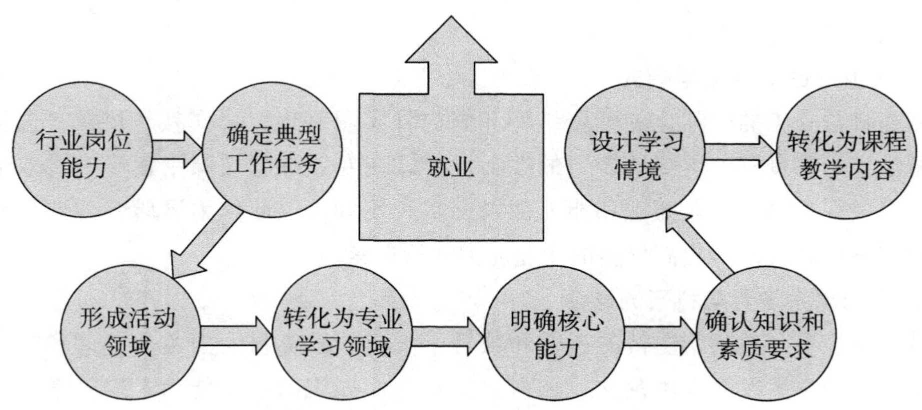

图 1　酒店管理专业课程体系设计思路

通过上述设计思路，本着协同育人的思想，最终实现：①打造“素质优先”的公共课程体系，满足学生提升个人综合素质的诉求；②构建“能力本位”的专业课程体系，满足行业企业的诉求；将实践课程贯彻始终。

三、教学模式改革的具体实施方案

将专业技术能力、外语沟通能力、创新素质能力的培养作为教学改革的重点，探索人才培养模式改革，构建专业技能、突出外语能力、提升人文素养“三位一体”的酒店管理专业教学模式，具体实施方案如下：

1. 重构课程体系

构建“能力本位”的专业课程体系，满足行业企业的诉求。将实践课程贯彻始终；将外语能力培养作为贯穿大学四年的主要任务，实现学生外语学习“基础扎实、专业娴熟、交流顺畅、表达自如”的目标；打造“素质优先”的公共课程体系，满足学生个人综合素质提升的诉求。

2. 加强师资培训和提高

切实丰富教师的行业经验，有计划、分期分批地派出教师深入行业挂职锻炼，提升其专业应用能力；注重教师外语水平的突破，开展全员外语强化训练，推行“英语角”“英语活动日”“韩语活动周”“日语活动周”等外语学习主题活动，积极鼓励实施双语教学。促使教师在平日注重自身人文素养的提高和创新精神的培养，言传身教，提升个人修养、职业道德和创新意识。

3. 与国际相关院校的联合培养与合作

与新加坡、法国、韩国等国家的知名院校加强双向联合，引进国外成熟的专业课程体系，逐步实现专业课程学习与国际接轨、外语能力训练与国际接轨、创新素质培养与国际接轨的“三接轨”目标。不断派出师资与外方院校开展教学与学术交流，开阔学生的专业视野和思维。

4. 逐步推进双语教学模式

依托日益完善的国际化的师资结构和国内外实习基地、合作教育机构，选拔具有国外留学经历和良好外语交流能力的教师，尝试在专业课的授课中逐步推进双语教学模式。对授课教师的专业知识和能力加以充实和培训，以此作为酒店管理课程和教学改革的突破口，进一步提高学生的职业能力和行业素质。

5. 鼓励学生学习与科研的结合

鼓励学生参与教师所主持的课题和项目，承担基础资料的搜集与整理和初步的统计工作；鼓励学生发表学术论文，加强学生对专业知识的运用能力，培养学生的思考能力、分析能力、综合能力；指导帮助学生积极参加国际学术会议，撰写英文论文并进行会议交流，提升学生的外语写作和应用能力。推动学生在教师的指导下积极参与大学生创业大赛、大学生挑战杯、SRT 项目（Student Research Training，即大学生研究训练计划，是针对在校本科生开展的科学研究训练项目，是在本科教育阶段实践教学改革的一项措施）、暑期社会实践等科技创新和实践活动，提升学生的创新能力和专业能力，提高其人文修养。

6. 开展学院文化建设

成才从做人开始，最好的教育是做人的教育。高校应以提升服务精神和道德修养为核心，遵循职业和行业特点，构建“微笑文化”“服务文化”，使师生共同训练，形成“内化于心、外化于行”的品格和行为习惯，潜移默化地实现学生人文素养的提升。高校应定期举办酒店管理人才培养学术论坛，对学生进行有效的专业思想教育，加强学生对酒店管理专业的忠诚度，增强其专业能力和行业自信。

7. 积极推进教学法改革

教师应在教学中积极探索教学法改革，比如，推行“项目制”教学法，发挥学生团队的力量，增强学生的团队协作精神、组织能力、专业分析能力。高校应有效推进学生毕业论文“真题真做”，命题应从教师的课题和项目以及行业热点现象和问题中精选，“以小见大”“小题大做”，将毕业论文做深、做透，全面提升学生的专业知识运用能力、写作能力，提升其知识素养和创新精神；还应开展职业发展研习营等专业实践活动，为学生专业能力的锻炼和素质培养提供真实的实践环境，使学生发挥主动性和创造性。

参考文献

［1］陈保平，叶庆华，左仲明．酒店管理专业应用型人才培养模式与方案研究——以池州学院为例［J］．池州学院学报，2010（6）：129－133.

［2］李雪梅，陈旭．教师课堂教学技能及其结构初探［J］．教学研究，2006（1）：57－59.

作者简介：

蒋婷（1978—），济南大学商学院副教授，博士，研究方向为酒店管理。

梅青（1970—），济南大学商学院教授，硕士，研究方向为旅游管理。

金融学复合型人才培养的路径研究*

李　凡　王雯雯

摘　要：培养跨学科复合型人才是20世纪后半期以来科技、经济迅猛发展的客观需要，随着经济全球化步伐加快和互联网技术飞速发展，社会对高素质复合型金融人才的需求更加迫切，复合型金融人才成为市场的宠儿。现有的金融人才培养模式存在培养目标不明确、课程设置不合理、教学体系和方法存在不足等问题，需要构建更完善的金融学复合型人才培养模式，并着重在合作培养模式上进行创新，加强双学位教育、中外合作办学和职业教育相结合。

关键词：金融学复合型人才；双学位；中外合作办学

一、我国金融学人才培养的现状

高等财经院校为国家经济建设培养了大批经济和管理人才，为社会经济发展作出了重大贡献。目前我国金融学本科人才培养主要集中在各省、市（自治区）的财经类高校。据年度教育统计数据资料显示，2008—2012年我国的高等财经教育稳步发展，无论是财经院校的规模还是在校生人数、专任教师人数等，均占全国普通高校的10%左右，如表1所示。

表1　我国高等财经教育现状（2008—2012年）

年份（年）	普通高校（所）	财经院校（所）	普通高校人数	财经院校	普通高校在校生人数	财经院校	普通高校专任教师人数
2008	2263	237	494.11	44.08	1985.26	181.19	123.748
2010	2358	287	565.52	52.28	2207.79	204.12	134.31
2011	2409	328	598.76	56.75	2288.85	218.76	139.27
2012	2442	396	624.73	59.7	2391.32	224.49	144.03

* 本文系2012年山东省高等学校教学改革立项项目“数学与金融学双学位培养模式研究”，2015年济南大学教学研究项目“学分制下本科生导师制的实施效果与质量监控研究”的阶段性成果。

随着改革开放的深入和世界经济全球化的不断深化，越来越多的金融类企业需要更多的高水平金融学人才，并且对金融学人才提出了更高的要求，高校只有不断地改革人才培养模式，才能适应金融市场的需要。

（一）金融学复合型人才培养的必要性

目前，我国金融市场需要更高层次、更专业的复合型人才。金融业的变革对我国金融人才提出了更高的要求，对于专业素养、专业知识技能、市场的洞察力和判断力都提出了更高的要求，对于金融学人才的学历也要求越来越高。这样看来，金融业急需复合型的金融学人才。

（二）复合型的金融人才成为市场宠儿

过去，金融学人才仅仅是比较精通本专业的人才，但是随着经济全球化的发展，改革开放不断深入，社会对于金融学人才的要求也在不断提高。当今社会的金融学人才应该是熟悉本国宏观金融体制与运行规律，具备良好的外语水平、心理素质、竞争意识和创新精神，精通微观金融市场运行机制、市场营销和经营管理，能够通过国际视角分析和解决现实金融问题的高层次、复合型金融人才。金融市场对于金融复合型人才的需求不断增加，金融学复合型人才将成为市场的宠儿。

（三）金融学人才培养的目标要与时俱进

从对我国目前金融从业人员现状的调研分析来看，专业人才结构性失衡现象日益明显：一方面，冗员过多严重制约了我国金融机构竞争力的提高，同时也造成了金融业“人才过剩”的假象；另一方面，受过现代金融学专业训练的高层次人才严重短缺，对既通晓公司与个人投资理财、金融机构风险管理、国际金融、证券期货等业务，又娴熟掌握信息技术、数学工具和国际语言的应用型国际化专门人才的需求量将迅速增加。总体来说，就是需要能力多元化、知识丰富、业务能力强的复合人才，这样才能适应当今社会的不断变化与发展。

二、现有金融学人才培养模式存在的问题

在金融学人才培养上，我们要不断地改进，使金融学人才能够适应社会发展的需要。

（一）培养目标不明确

我国对于金融学人才的培养，目标不够明确。现行的金融学人才培养方案大多以学科为本位，强调对基础知识的灌输，而忽略了对学生实际动手操作能力、创造能力的培养。金融学的教学内容、方法不能满足社会经济发展的需要。目前，由于我国衍生品市场不够发达等原因，高校开设的课程中专业知识很少能付诸实践，很少能在以后学生从

业的金融机构等部门中得到应用，开设的课程一般是理论性较强而实践性不足。

（二）课程设置不合理

课程设置上难以构建开放性的国际前沿理论体系。我国各大高校的金融学方面的课程大多数为宏观金融学、微观金融学和货币银行学，这些主干学科都属于经济学范畴，如国际金融学主要研究的是开放经济条件下的宏观货币对国家宏观经济的影响。这些高校没有去适应国际上的要求，运用实际上所需要的金融数理和计量工具去设计课程。

（三）教学体系和方法存在不足

目前，我国大部分高校的金融人才培养目标都定位在理论和专业知识学习的培养上，忽视了微观实践技能的训练和综合素质的培养。我们现在所需要的复合型人才，注重实践，注重应用，注重对经济的敏感度，而不单纯是掌握理论。现在培养的人才创新意识和综合能力较差，无法适应现代金融企业对金融专业人才的需求。这就要求高校在注重培养金融学专业学生扎实的理论基础的同时，还应不断提高学生应对、解决实际工作问题的能力。

三、金融学复合型人才培养模式的构建

（一）培养目标的调整

金融学本科专业的培养目标定位应与学校发展的定位一致，与市场的需求一致。确立金融学复合型人才培养目标：培养具有良好的创新创业精神，通晓现代经济、金融理论和业务知识，主要是具备现代银行业务、证券及金融衍生工具投资、风险控制和管理等方面的前沿知识和实践技能，尤其是具备扎实地对金融的数理分析和对金融运作的定量分析能力的人才。修订后的人才培养目标要改变过去重理论轻实践、重知识轻素质的观念，努力体现出宏观微观相结合、交叉学科专业有机融合、知识与能力并重的特点，培养既懂金融又懂数学和计算机的高等复合型专门人才。

（二）培养方案的修订

金融学专业培养方案目前正在执行的有 2010 年版和 2014 年版。其中 2014 年版培养方案中围绕着专业培养目标和经济发展对人才的需求，本着基础教育和专业教育相结合、理论知识与实践经验相匹配的原则，与学分制改革相配合，根据本专业的特色进行课程设置。在制定适合我校的金融学复合型人才培养方案过程中，应进行多方调研，组织各界论证，与本专业教师共同磋商修订培养方案。人才培养方案的修订和优化要注重学生综合应用能力的培养，即一方面要注重学生的专业应用能力，另一方面还要注重其基本能力和未来的可持续发展的综合能力培养。金融学专业学生综合应用能力模块如表 2 所示。

表 2　　金融学专业学生综合应用能力模块

能力模块	分项内容	具体要求
基本能力模块	外语能力	掌握基础外语和财经外语基本能力
	数学能力	掌握微积分、线性代数、概率与数理统计等基础知识
	计算机应用能力	熟练使用办公软件、编程语言、统计软件等
专业应用能力模块	财会基本业务	掌握会计基本核算方法，能简单分析财务报告
	银行基本业务	掌握银行某一岗位基本技能
	证券公司基本业务	掌握证券公司某一岗位基本技能
	保险公司基本业务	掌握保险公司某一岗位基本技能
	国际金融基本业务	了解外汇保值及投资基本方法
	金融风险管理业务	初步设计金融产品进行盈利或风险规避
	理财规划业务	综合运用各种方式进行投资组合
可持续发展能力模块	人际交往能力	具备公关交际协调能力
	继续学习能力	自学新知识、新方法，接受新观念
	业务创新能力	具备创造性思维，有业务创新能力

（三）课程体系的改革

课程是实现人才培养目标的重要载体，课程体系建设是培养目标的实现途径和培养方案的重要落实环节。根据前述金融学本科专业的培养目标定位，课程体系建设应努力体现出宏观微观相结合、交叉学科专业有机融合、知识与能力并重、国内外资源合理利用的特点。实现金融学专业课程设置的宏观和微观兼顾，既要体现出学生坚实的专业基础知识架构，又要体现应用性，就必须探讨搭建新的课程体系，课程建设总的方针是“以核心课程建设为基础，以课程群建设为手段，以教学团队为依托”，对金融学专业的课程质量进行提升。

（四）实践教学体系

金融学专业在培养方案中应增加实训和实习内容，构建多层次的实践教学体系。金融学专业实践教学体系可以分为三个层次。

（1）课堂内实践教学。课堂内实践教学主要穿插在金融学专业课程的教学中，该部分实践教学是学生后续实践性教学的起点，属于实践教学的第一层次，具有基础性和启发性的作用。对实务性较强的课程，要增加实训和实习等实践课程，强化学生的实际操作能力。

（2）校内课堂外的实践教学。在校内为金融学专业学生提供课堂外的实践平台，巩固理论知识，扩大学生视野，加强理论知识与专业实践之间的对接。校内传统教学课堂外的实践性教学属于第二个层次，是为学生走出校门参与专业实践服务的。

（3）校外实践教学。主要包括模拟实习、社会调研、学年论文、毕业实习等环节，它是校内实践性教学课程的进一步提升，属于第三个层次，具有理论联系实际、增强学生就业能力和社会适应能力的作用。

以上三个层次之间应是环环相扣、层层推进的，是一个既相互独立又密不可分的有机整体，课程内外、学校内外可以同时推进。

四、金融学复合型人才培养模式的进一步探索

金融学复合型人才培养模式可以进行如下两个方面的探索。

（一）学分制和本科生学业导师制

本科生学业导师制在北京大学等国内外高校已有先例，从本科一年级开始通过确立教师与学生之间固定、连续的指导与学习关系，搭建起师生的交流平台，有效发挥本科优秀生源的优势，对于学生的个性化培养和综合素质提升起到积极的促进作用。为了配合学分制培养方案的顺利实施，减少学生在选课过程中的盲目性及逆向选择问题，我们对学业导师制度进行了充实和完善，制订了学分制培养方案，推动制度创新和教学流程标准化，比如建立和实行了基于师生“双向选择”的商学院本科生学业导师制，促进师生之间的良性互动，提高教学质量。

（二）合作培养模式

拓展“合作办学”人才培养模式，利用综合性高校的基础以及海外友好学校关系的良好维护，以三种形式进行人才的联合培养。

1. 金融数学与金融工程双学位班培养模式

金融学专业与数学专业合作设立了金融数学与金融工程双学位本科专业，在基本能力模块，强化对学生外语能力、数学能力、计算机应用能力的培养，尤其是对数学能力的培养。在专业应用能力模块通过对金融学专业课的设计，加强数理统计、金融计量、计算机应用等方面课程内容的教学，注重将金融学与数学适度融合。在可持续发展能力模块，加大了金融学与数学融合的力度并强化专业实践能力。通过举行系列金融模拟活动，如期货交易大赛、衍生产品大赛、理财产品大赛等，加强实习实训环节。

2. 中英合作项目的人才培养模式

该模式与金融专业其他培养模式相比，具有两个特点：第一，针对学生将来出国的需求，部分核心课程选用国外的优质教材或教学参考资料，采用小班教学、双语教学、外教全英文授课等方式进行教学活动；第二，根据合作学校金融专业的课程设计特点，优化自己学校的培养方案，在课程顺序、课程内容、课程方式上尽量与国际接轨，为学生将来的国外求学打好基础。

3. 学校与培训机构合作项目的人才培养模式

该模式基于本院校现有的雄厚的师资力量以及较为完善合理的专业培养方案及课程结构，将特许金融分析师证书与本科培养方案紧密结合。高校应该把特许金融分析师资格考试的课程融入本科教学的计划中，使得金融专业的学生在大学期间就可以学习特许金融分析师课程，还可以全方位提升学生的金融专业实力。

参考文献

[1] 李光勤．实务型数理金融人才培养的探索［J］．社科纵横，2010（2）：228－229.

[2] 祝洪章．金融学人才培养模式的重构与实施——以“卓越金融人才”为目标［J］．教育论坛，2013（4）：178－179.

[3] 陈黎．复合型金融学人才培养对策研究［J］．天津商务职业学院学报，2015（1）：32－34.

[4] 欧阳资生，王韧．地方财经类院校金融创新型人才协同培养机制研究［J］．大学教育，2017（10）：147－149.

作者简介：

李凡（1977—），济南大学商学院副教授，博士，研究方向为公共经济与政策。

王雯雯（1986—），济南大学商学院讲师，博士，研究方向为计算机信息安全。

关于高校营销专业本科课程建设的几点思考

林　耸

摘　要： 基于全球化视野，我国高校营销专业的课程建设和改革日益受到重视，使学生理解我国国情与所学专业领域，培养学生的全球视野、扎实的基础理论知识和综合方法运用能力成为营销专业课程设置的基本目标，合理改革课程体系，使其更好地服务于专业目标是营销专业本科课程建设的当务之急。

关键词： 营销专业；目标定位；课程建设

作为国内商学院的重要专业组成部分，近些年营销专业的课程建设受到国内各高校的普遍重视，从本质上讲，营销专业培养的学生应该具备当代所有大学生所必须具备的基本素质，此外还需要有敏锐的观察力及良好的心理素质、沟通能力和团队精神。学生必须掌握过硬的基本知识、专业基础知识和某一营销领域的专门知识，要通过学习，不断获取学习和创新的能力、专业技术能力和人际交往能力，所有课程建设和改革方案都应当与之相适应。

一、关于营销专业的培养目标

我国教育部高等学校工商管理类学科专业教学指导委员会组编的《全国普通高等学校本科工商管理类专业育人指南》对我国营销专业本科的培养目标从基本素质、专业知识和能力三个方面进行了分析。目前各高校也基本是基于该目标制订营销专业的培养方案，总体来说有着以下几方面的特征。

1. 政治和思想素养培养目标

目前高校大都重视学生政治素质的培养，高校有责任培养社会主义事业的接班人。虽然培养目标中明确指出培养学生政治修养的高校不多，但是实际上，各高校都设有关于政治修养方面的课程，使学生掌握马克思主义、毛泽东思想、邓小平理论基本原理，将大学生培养成爱国敬业、身心健康的合格人才。

2. 专业知识能力培养目标

高校营销专业本科教育培养目标，突出培养学生营销决策、营销策划、分析和解决营销问题的能力，使学生掌握管理学、经济学、营销学的理论知识和市场营销专业的技能，重视对学生实践操作能力和营销创新意识的培养。

3. 人才培养目标

营销专业旨在培养营销和管理方面的高级专门人才，服务于企事业单位及政府部门，特别是培养能在企事业单位及政府部门从事市场营销与管理以及教学、科研方面工作的工商管理学科高级专门人才，为中小企业输出懂管理、具备营销决策和实战操作能力的合格人才。

二、课程结构建设现状及主要问题

通过分析国内各高校本科营销专业的课程设计体系，我们可以发现一些课程设计和建设方面存在的不足具体来说有以下几方面。

1. 课程设置体系基本完善，差异化较小

通过各高校营销专业本科课程体系的研究分析，国内营销专业的课程基本都是由公共基础课、专业基础课和专业课三部分构成，只是在具体细分课程和课程所占比例方面有着各自的特点。

第一，公共基础课：公共基础课是我国所有高校都会开设的、为培养学生在德智体诸方面全面发展、提升学生的综合素质并引导学生树立正确的世界观、人生观、价值观的课程群组，一般包括思想政治类、工具技能类、军事体育类等。另外还包括部分公共选修课程，比如人文与国学类、社会科学类、信息与自然科学类、公共艺术类和创业教育类课程等。

第二，专业基础课：在本科学科体系中，专业基础课占所有课程总学分的百分比略小于公共基础课程的比例。商学院大部分包含必修课和选修课两大类。学生在学习了学校规定必须修读的基本理论知识课程之外，也可以根据自己的兴趣爱好或者今后想要从事工作的方向选择对自己有用的课程。

第三，学科专业课：学科专业课是向学生传授专业知识，培养学生专业技能的一类课程，这类课程占总学分的比例大都在30%～40%。各高校为营销专业学生开设的专业课一般包括专业必修课、选修课和实习论文环节。专业必修课程是由学校为学生安排开设的，介绍营销专业理论知识，培养营销专业必要技能的课程。其中开设率较高的有市场研究、市场营销学、销售管理、品牌管理、营销策划、消费者行为学、市场营销调研、战略管理、广告学、网络营销、物流管理、会计原理等课程。

2. 课程结构创新不足，缺少品牌特色

高校在营销专业课程方面对三类课程的安排都比较均衡，基本上三类课程各占1/3。这样的设置从构成上来讲是合理的，既有理论知识的学习，又有实践技能的锻炼，使学生不仅具有理论知识素养，还具备实际操作经验和能力。

商业环境千变万化，营销专业与环境和文化的变迁联系密切，营销专业近些年普遍存在的知识体系落后、专业创新和特色不足的问题受到广泛的关注，各高校专业设置雷同，在差异化和多样性方面创新不足。文化、伦理、社会责任、全球化及营销管理决策、大数据营销等领域的课程设置不能适应环境变化带来的挑战，这种脱节使学生学习积极性不足，无法体现营销学科的应用性。与此同时，课程设置虽然包含实验上机环节、专业综合性实践等，但是由于缺乏实际的市场环境配合和企业实践，学生的体验还是缺乏真实性，在市场和营销决策层面支持不够。

3. 营销人才培养理念方面存在差距

营销专业本科培养目标的要求是有一定合理性的，在人才培养目标定位上，我国高校正在努力培养经济发展需要的高品质人才。但是，这样的目标定位并不够准确，因此学生就难以准确定位自己的目标和方向。营销专业的学生应该具备宽广的管理学、经济学和定量分析的基础知识，同时具有扎实的市场营销专业知识以及综合应用能力，同时还立足于社会需求，能够掌握商业领域知识，具备一定的商业技能和管理决策技能，拥有全球化的视野和素养，成为能够适应时代发展的人才。要想将各高校的美好愿望变成现实，我国高校的培养目标还需加以清晰和明确，并且在办学上加大推广力度。

三、营销专业本科课程建设的几点建议

1. 加强专业目标的定位研究

营销专业的目标定位包含两个方向。首先，要根据国情在知识和能力的专业培养方面加强建设，除了强调经济管理基础理论知识和营销专业知识以及营销技能培养以外，还要加强对学生的全球化创新思维的培养，加强对学生学习能力和分析解决问题的能力培养，重视相关领域的课程开发和教材建设，使营销专业成为商学领域具有前瞻性和实用性的学科。

其次，营销专业的本科人才培养定位必须明确。营销专业本科培养的人才将广泛服务于企事业部门和党政机关中，他们既是营销战略或决策的执行者，也是企事业单位中层甚至更高决策层的一员，高校的学科体系和课程设置也要服务于这一人才培养目标。同时，学生要明晰这一定位，接受专业知识能力、学习能力和创新思维能力的培养是实现这一目标的必由之路。

2. 完善课程体系，重视专业特色开发

目前，营销专业课程内容略显单一，各高校课程相似度较高，营销专业教育基础理论陈旧，教师和学生对市场前沿问题关注较少，营销前沿专题研究不足。因此课程设计应该紧跟时代发展，多开设学科前沿的课程，包括对当前市场环境的介绍，对最新营销理论的介绍，最新营销工具、营销案例专业学习等。

要加强学生的实习环节，切实落实教学计划。首先，学生参加实验或上机课时需要得到确切的保障，尽量使营销模拟操作接近实际操作，市场调查、竞争优势分析和战略模型设计、制定营销策略、媒体营销计划、企业促销计划书等都需通过实习实验

熟练掌握，操作的主题应当接近真实市场的问题。其次，专题、讲座要按计划和要求进行，主讲者最好是具有实践经验的企业管理者或者有企业工作经验的高校教师，专题讲座要尽可能结合中小企业营销和环境问题展开，重视对学生学习和解决问题能力的培养。

要重视本校营销专业的特色建设，差异化是专业立足之本。要使课程富有变化，从而增强课程吸引力和学生学习热情，同时可以适当借鉴欧美发达国家在营销专业课程设置方面的经验，进而结合本国特色，在一些营销细分领域进行突破，比如在品牌战略营销、媒体营销、互联网品牌营销等领域研究出一些新的课程体系，形成自己的特色课程群，实现本校营销专业差异化的竞争优势。

3. 尝试和完善校企合作教学制度

我国高校营销专业教育以课堂上的理论教学环节为主，理论脱离实际、实践性不足的问题一直不能很好地解决，这也是国内营销专业在课程设计方面与欧美发达国家主要差距的体现。事实上，我国一些高校已经在尝试通过加强实践教学改善这些问题。如在课堂教学中采用案例教学法，运用所学知识分析营销案例，从而帮助学生加深对理论的理解，此外，一些营销课程中也加入了实验环节。但是，由于我国高校老师大多数是缺乏实践经历的，让一个对理论知识掌握得很精深，但是缺乏实践经历的教师来指导一群理论与实践均不足的学生分析营销案例，依然难以摆脱实践性不足的问题。

未来的高校营销专业课程设计，应积极引入校企合作教学制度，创造机会让学生与优秀企业领导或者营销总监共同就实际商业问题进行探讨。通过这种模式，学生既能够从讨论过程中学到理论是如何运用到实践中去的，从中发现自身在学习中存在的不足；又能够通过与企业总管或营销总监的沟通和交流，了解企业和社会环境对营销人才的需求现状，并努力争取成为这样的人才。尝试或鼓励高校营销专业与企业进行合作教学或参与营销项目设计，是一种双赢的模式。企业能够为学校带来实践指导，学校能为企业培养有用的人才，这样的互动，能够给企业带来深入了解学生的机会，从中发现优秀人才，使其为企业的发展服务。

参考文献

［1］张梦霞．工商管理教学改革研究［M］．北京：经济管理出版社，2011.

［2］黄宇，陈阳．中美高校市场营销专业应用型人才培养模式比较研究及启示［R］．湖南省市场学会 2009 年会暨“两型社会与营销创新”学术研讨会论文集，2010.

［3］王叙红．市场营销专业课程设置存在的问题与对策［J］．教育探索，2009（4）.

作者简介：

林耸（1970—），济南大学商学院副教授，硕士，研究方向为营销管理。

高等教育中创新型培养模式的实践研究

刘　鹏　杜培林　梁　伟　常相全

摘　要：本文提出了一些培养创新意识和提高学生创新能力的方法和建议，通过启发引导的教学模式开展应用型本科教学工作，进一步提高学生的自主学习能力，培养大学生的综合素养。

关键词：创新意识；实践能力；本科教学；培养模式

一、引言

教育科学中的高等教育分为三个部分：传授知识，培养素质和提高能力。传授知识是高等教育的基础，理论知识和实践知识的学习存在互补关系，但是高等教育的最终目的是培养大学生的创新意识和创新能力。

二、创新意识和创新能力

在21世纪教学内容和高等教育课程体系改革过程中，国家教育委员会指出，教育应“面向现代化，面向世界，面向未来”。改革的目标是使教学内容、教育课程体系和教学方法更接近或达到世界水平，使学生的知识和能力结构适应社会主义市场经济和科技的发展，尤其是要提高工科学生的实践能力和创新能力，培养学生创新意识和能力被放到了重要位置。

三、创新意识和创新能力的内涵

知识、素质和能力是培养具有创新意识和能力的人才的必备要素，培养本科学生的创新意识和能力应从以下几个方面着手：

（一）综合分析能力

综合分析能力是指通过所获取的知识分析自然现象和科学工程中的问题，然后解决实际问题的能力。为了提高这种能力，学生必须掌握丰富的知识，具备主动学习的能力，能够理论联系实际，同时要有良好的心理素质。

（二）组织和管理能力

为了达到预期目标，必须对周边环境、人员进行组织和管理，组织和管理能力是对人与人之间的关系进行协调的能力。在科学高速发展的当今社会，这种能力变得越来越重要。

（三）自我学习能力

自我学习能力是一个人自己获取知识的能力。大学生应不断努力掌握新知识，同时具备对已有知识体系的自我矫正能力，以及将已有知识联系实际分析问题、处理问题的能力。

（四）表达能力

表达能力指的是一个人运用文字和语言表述自己思想的能力。人类的活动需要用文字或者语言来表达认知，表达能力可分为主观表达、客观表达和科学表达。科学表达是指专业性表达，它是表达能力的最高体现。

（五）创新能力

创新能力是指在以前的知识和技能的基础上，提出新的想法、新的发现的能力。如果没有丰富的知识为基础，创新能力就像是无源之水。但知识并不等于创新能力，创新能力是创新意识、创新思维和创新实践的结合。

四、培养创新意识和创新能力

创新型培养模式是一个教育思想的飞跃，通过突破固有的教育模式，培养学生的创新意识和实践能力。这一培养模式将会在专业设置、课程体系、教学内容和教学方法上引起一系列的改革。

（一）拓宽专业，增强知识体系柔韧性

更新课程体系的目的是要改变学生的知识结构，调整专业设置。目前，很多高校在用的专业目录已经过于陈旧，我们应当结合发达国家本科生培养计划，并根据我国的特点，制定一套新的培养方案。尤其是当前电子信息类专业更新速度快，对应的培养方案和专业目录一定要与时俱进，与实际的社会需求相结合。

（二）加强实践性教学环节，培养学生自我锻炼能力

学生应当掌握较全面的技术手段，具有较强的动手能力和分析与解决问题的能力。

因此，实践性教学环节目前主要包括实验、实习、课程设计、企业实践、毕业设计及毕业论文。此外，高校应鼓励学生参加大学生科技竞赛，例如，数学建模和国家大学生电子商务大赛等。这样既能充分调动学生的积极性，又获得很多成绩。

为了培养大学生创新意识和能力，培养新型的高素质人才，在高等教育模式中应当强调以下几个方面：

（1）追踪学科的发展，结合电子升级技术，及时更新教学内容，使学生了解该领域的前沿，拓宽学生的知识，激发他们的学习兴趣。

（2）结合教师正在进行的研究项目，引导学生一起讨论分析其中的关键点和难点，使学生有机会在科学实践研究中得到更为直观的认识，也为学生主动思考提供一个平台。

（3）给学生设计一些与项目相关的探讨主题，这样才能充分发挥学生的想象力和提高其解决问题的能力。

（4）要求学生根据所学专业，结合当前热点和难点，写一些专业性的学术论文。这不仅可以培养学生的文献检索能力，同时也提高了学生的科学论文写作能力。

（5）选择一些学生参与科研。这样可避免教师的精力浪费在简单的工作上，也给了学生一个很好的实践机会。

五、结语

培养创新意识和能力是一个长期的系统工程，我们应不断完善实践教学环节，与日常的教学任务相结合。虽然这一工程已经取得了一些成果，并得到了学生的积极响应，但我们仍然面临着更重要的工作。如何进一步深入挖掘学生的创作潜能，如何让更多的学生改变被动学习、接受知识的学习状态，将主动性思维方式变成学生学习的潜意识，这需要在教学领域进一步的探讨。

作者简介：

刘鹏（1980—），济南大学商学院副教授，硕士，研究方向为电子商务、资源管理。

杜培林（1980—），济南大学商学院副教授，博士，研究方向为管理科学与工程研究。

梁伟（1979—），济南大学商学院副教授，研究方向为教学管理。

常相全（1974—），济南大学商学院副教授，博士，研究方向为管理决策的理论与方法。

旅游管理类大平台人才培养现状调查*

刘义铭　李　爽

摘　要：本文以问卷调查的方式获得第一手信息，分析济南大学旅游管理类大平台学生培养的现状与问题，并有针对性地提出旅游管理类大平台学生培养的发展对策。

关键词：大平台；旅游管理；人才培养

一、综述

旅游管理类大平台学生培养实施时间较短，发展快，问题多，由于专业特点，它出现了一些不同于其他类大平台学生培养的问题。高校必须以学生发展为根本，更好地了解大平台人才培养过程中学生的真实反馈，才能更加有效、有计划地推进旅游管理类大平台人才培养工作。

二、旅游管理类大平台人才培养调查

本次问卷调查的调查对象为济南大学旅游管理类大平台招生的2013级学生。此次调查共发放问卷160份，回收问卷160份，有效问卷138份，有效率为86%。综合样本分析结果，有效样本的总量基本符合预期，满足统计分析的条件。以下是对问卷调查结果的具体分析。

1. 学生对大平台招生政策的了解程度

学生对大平台招生政策的了解程度如图1所示，有54.77%的学生不太了解大平台招生政策，不了解大平台招生政策的学生占21.23%，而比较了解大平台招生政策的学生占17.54%，仅有6.46%的学生表示非常了解大平台招生政策。由此可见，大平台招生政策在学生群体中缺乏认知度，宣传力度不够。发展大平台招生的首要前提是要增加学生群体对该政策的了解程度。

* 本文为济南大学教研课题：《导游实务》理实一体化教学模式研究（项目编号：J1530）的阶段性研究成果。

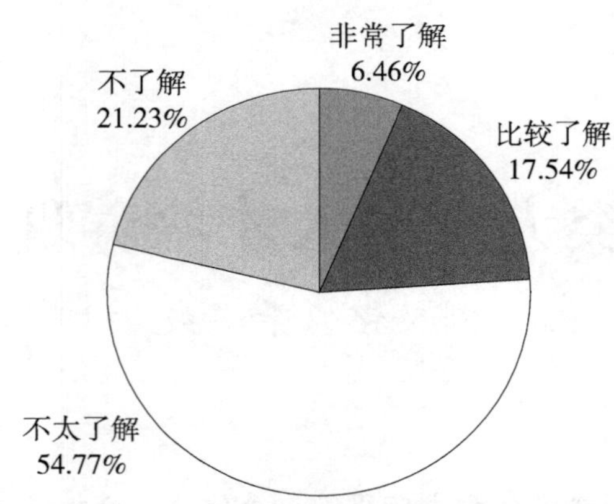

图 1 学生对大平台招生政策的了解程度

2. 学生对大平台招生的接受度

从图 2 可以看到，学生在填报志愿时更倾向于选择普通专业招生，选择大平台招生的学生仅占 34%。而图 3 显示支持大平台招生的学生占 63%，图 4 显示 64.78% 的学生认可大平台招生的作用。由此可见，学生在填报志愿时，虽然更多地选择了普通专业招生，但超过一半的学生支持和认可大平台招生，可见大平台招生政策的实施具有可行性。

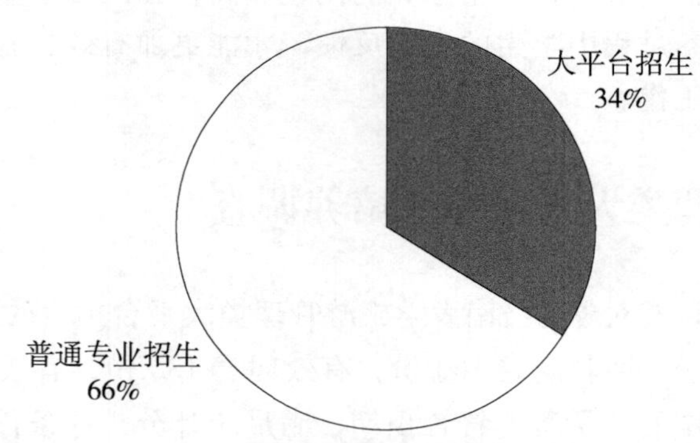

图 2 学生填报志愿时的选择

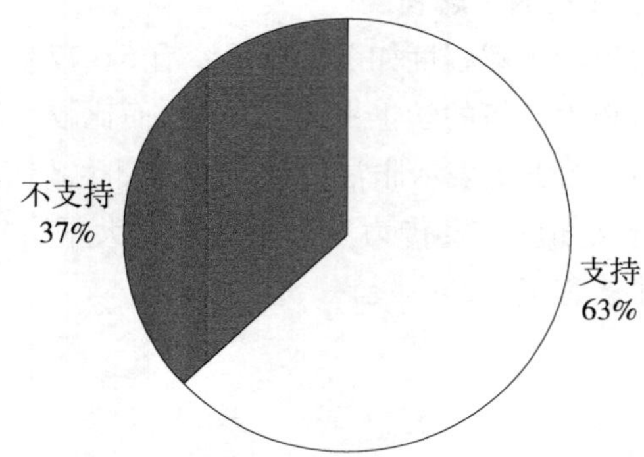

图 3 学生对大平台招生的支持度

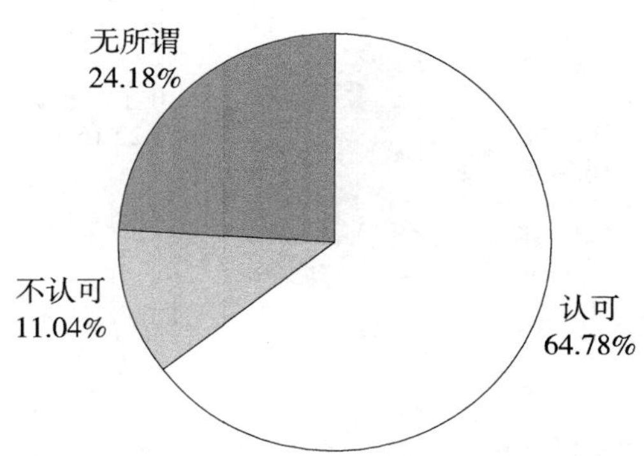

图 4　学生对大平台招生的作用的认可度

3. 学生选择大平台招生的原因

根据数据调查，从图 5 可以看到，有 50. 77% 的学生选择大平台招生是因为大平台中有自己理想的专业，27. 38% 的学生选择大平台招生的原因是想成为通用人才，有 10. 47% 的学生是为了专业调剂，而 11. 38% 的学生选择大平台招生是因为无法决定自己的专业。可见大平台招生为大学生根据自身兴趣爱好进行专业的选择提供了保证，能满足大学生渴望成为高素质的复合型人才的需求。

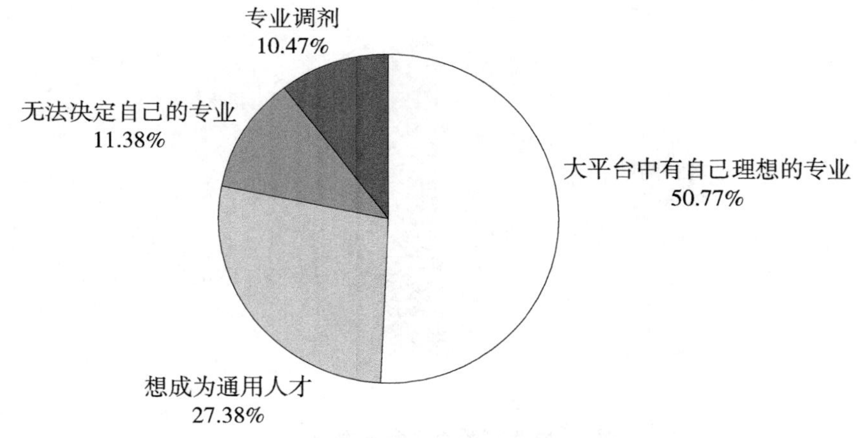

图 5　学生选择大平台招生的原因

4. 学生是否选择了理想专业对学习和就业的影响

图 6 显示，在大学的专业选择上，仅有 7. 38% 的学生认为是否选到理想专业对学习和就业有很大的影响，不理想的专业会使他们产生厌学情绪；同时 16. 31% 的学生是否选到理想的专业对学习和就业会带来比较大影响；54. 15% 的学生认为是否选到理想的专业对有一定的影响，但自己可以在学习过程中自我调节；而 22. 16% 的学生认为大学是否选到理想的专业对自己几乎没影响，他们认为就业不一定非要跟专业对口，大学就是培养综合素质的地方。

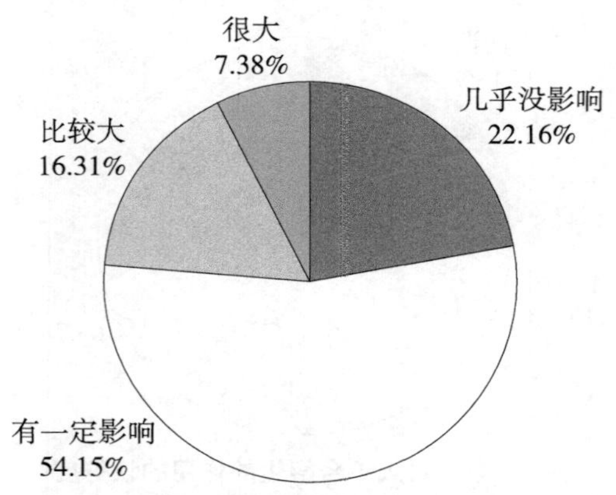

图6　是否选到理想专业对学习和就业的影响

5. 学生了解大平台招生的途径

如图7所示，通过调查数据可以了解到，学生了解大平台招生的途径最多的是书籍和网站，占总数的48.96%；其次是专业导论，占总数的24.48%；通过父母、老师和通过学长了解大平台招生的学生比例相差不大，分别为13.43%和13.13%。由此可以看出大学生了解大平台的途径具有自主性的特点，要推广大平台招生还需要学校和政府加强政策和舆论宣传。

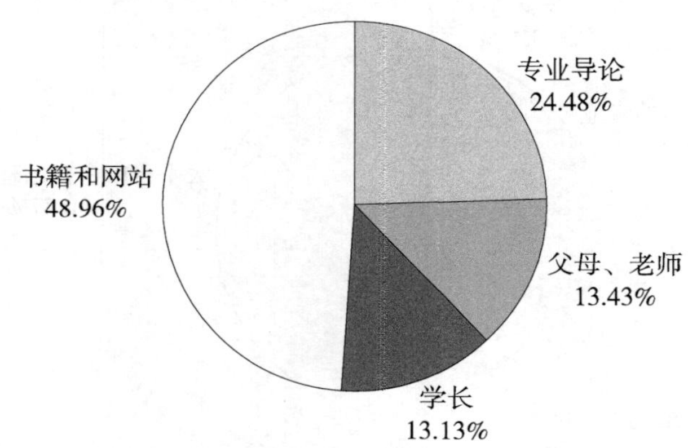

图7　学生了解大平台招生的途径

6. 大平台招生对学生填报高考志愿的影响

从图8可以看到，41%的学生认为大平台招生减少了自己填报高考志愿时对专业选择的困惑，24%的学生认为大平台招生增加了他们在填报志愿时选择专业的纠结程度，而35%的学生认为大平台招生对自己填报志愿无影响。

7. 大平台招生对学生最初专业选择的影响

如图9所示，有32.73%的学生认为大平台招生造成他们对最初专业选择的摇摆不定，12.31%的学生认为大平台招生使他们改变了最初的专业选择，但仍有54.96%的学生表示即使推行大平台招生，他们也坚定对最初专业的选择。

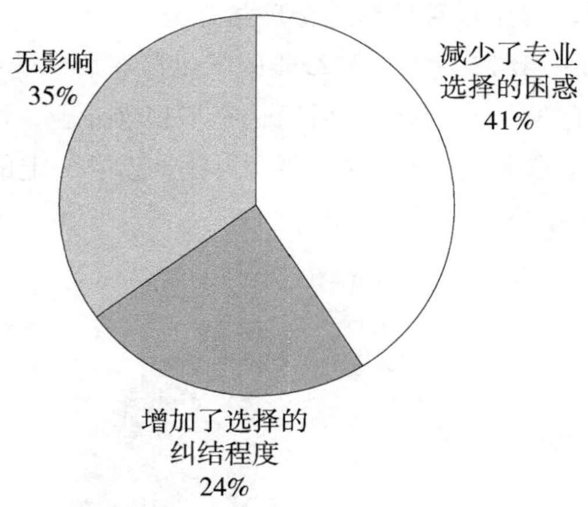

图 8　大平台招生对学生填报高考志愿的影响

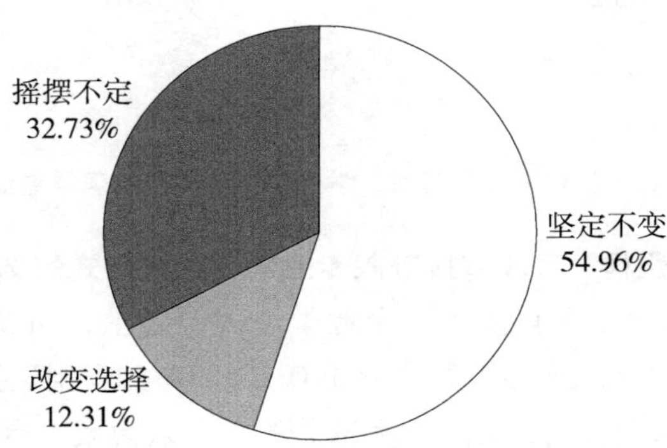

图 9　大平台招生对学生最初专业选择的影响

8. 学生选择现学专业的原因

调查结果显示，如图 10 所示，60. 48% 的学生是完全根据自己的喜好选择的现学专业，还有 26. 95% 的学生选择现专业是受授课教师的影响，12. 57% 的学生选择现学专业是受周围同学意见的影响。由此可看出，仍有很大一部分学生在选择自己的专业时缺乏自主独立性。大平台招生的模式使学生在通过了解所学专业知识后再根据个人情况和兴趣进行专业选择，有利于学生在专业选择时增强自我意识。

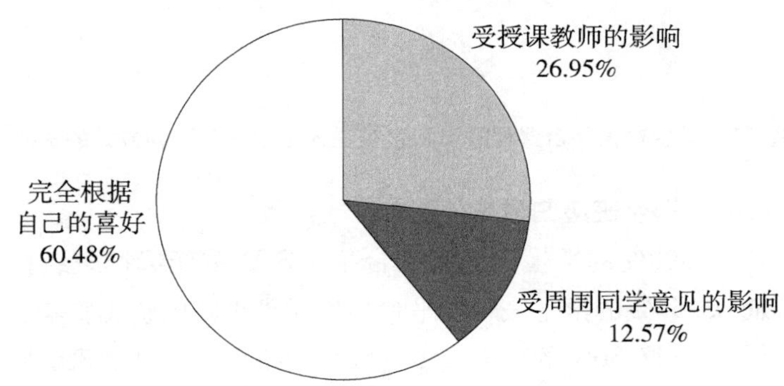

图 10　学生选择现学专业的原因

9. 经过一年学习后，学生是否后悔选择现学专业

如图 11 所示，经过一年学习后，53. 29% 的学生没有后悔选择现学专业，8. 68% 的学生表示无所谓，但仍有 38. 03% 的学生后悔选择了现学专业，可见在未全面了解所学专业的情况下选择了现学专业后，对学生后续学习会造成一定的影响，推行大平台招生的方式有利于解决这一问题。

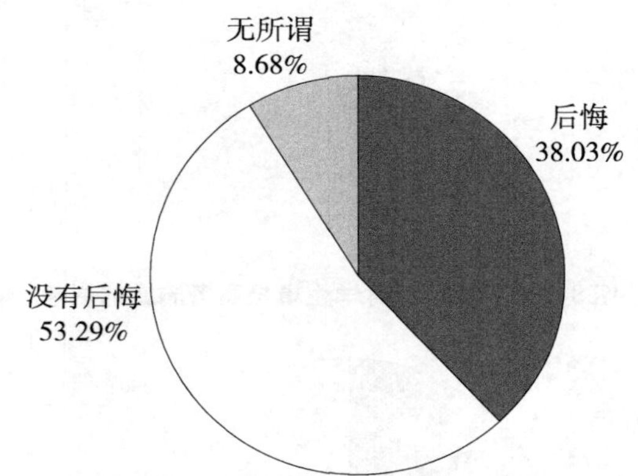

图 11　经过一年学习后，学生是否后悔选择现学专业

10. 学生对大平台课程学习和直接进入专业学习两种方式的选择

在选择大平台课程学习和直接进入专业学习的问题上，问卷调查结果如图 12 所示，有 55. 85% 的学生选择大平台课程学习，有 25. 83% 的学生选择直接进入专业学习，18. 32% 的学生表示无所谓。由此可见，大部分的学生认为大平台课程学习更具有科学性，利于学生对专业知识的学习，因而推行大平台招生具有必要性。

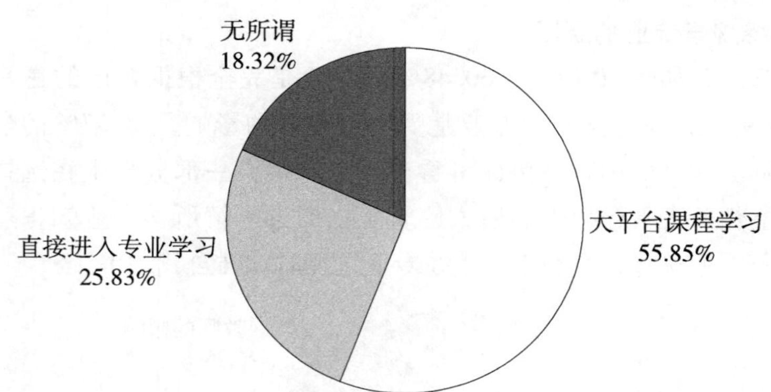

图 12　学生对大平台课程学习和直接进入专业学习两种方式的选择

11. 大平台招生对学生班级归属感的影响

如图 13 所示，37. 08% 的学生认为大平台招生需要重新编排班级，对自己的班级归属感有影响；而 35. 56% 的学生表示大平台招生对班级归属感无影响，相反可以结识更多的小伙伴；同时有 27. 36% 的学生表示，大平台招生对自己的班级归属感没多大关系，基本都一样。可见大平台招生对大部分学生的班级归属感无大影响。

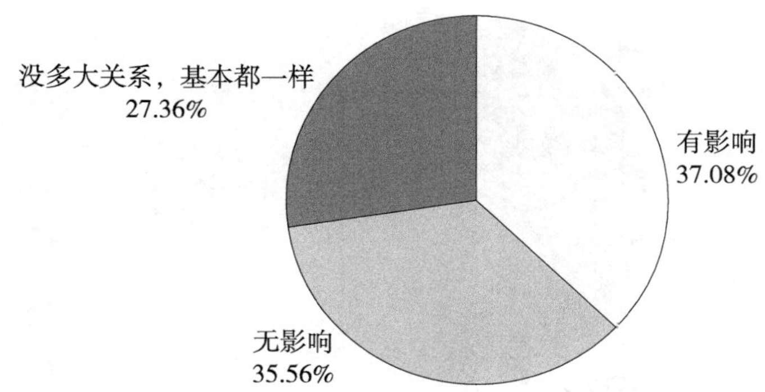

图 13　大平台招生对学生班级归属感的影响

12. 大平台招生对学生大学生活的影响

数据调查结果如图 14 所示，有 26. 85% 的学生表示，大平台招生的方式使他们对未来的规划更加不明确，16. 05% 的学生认为大平台招生使组织活动的困难度加大，15. 74% 的学生表示大平台招生使得同学关系更加复杂。可见大平台招生有利有弊，高校应该在实施过程中把弊端降到最低，使更多的学生适应和喜欢大平台招生。

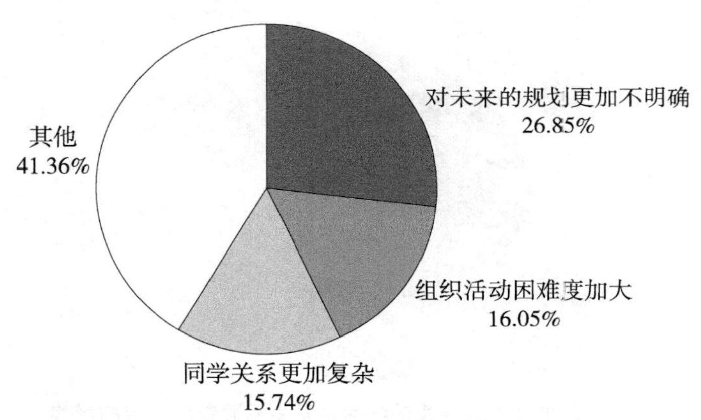

图 14　大平台招生对学生大学生活的影响

13. 大平台招生对学生学习态度的影响

调查结果如图 15 所示，有 45. 75% 的学生表示，实行大平台招生促使学生在入学后为了选择好专业努力学习；19. 61% 的学生表示，大平台招生让他们压力更大，学习任务更加紧迫；还有 34. 64% 的学生表示，大平台招生对他们的学习态度并没有影响。总体可以看出，大平台招生加强了学生学习专业知识的紧张度，对他们端正学习态度有良好的促进作用。

14. 大平台基础课程的学习对学生后面专业学习的影响

通过对本院学生的调查，结果如图 16 所示，41. 29% 的学生认为，大平台基础课程的学习对自己后面的专业学习有积极影响，使他们在后面学习专业课程时感觉难度降低；31. 94% 的学生认为，大平台基础课程的学习没有涉及任何专业知识，对后面的

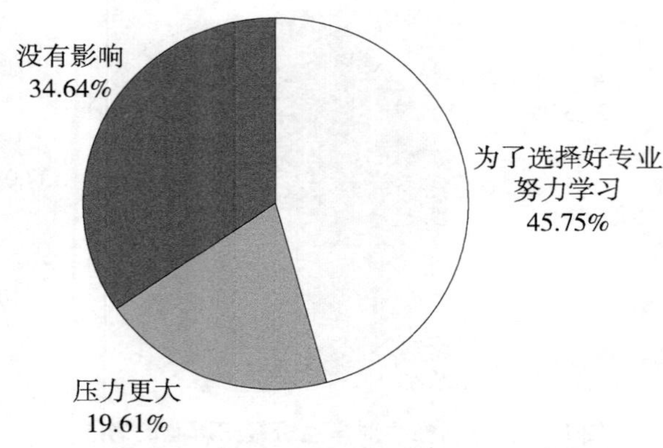

图 15　大平台招生对学生学习态度的影响

专业学习有消极影响；同时，26.77%的学生表示，大平台基础课程的学习对今后的专业学习无影响。由此可见，大平台基础课程设置的不合理和不规范，以及所授专业知识不全面等，使得大平台的教学方式未能有效发挥对学生专业学习的促进作用，需要进一步完善。

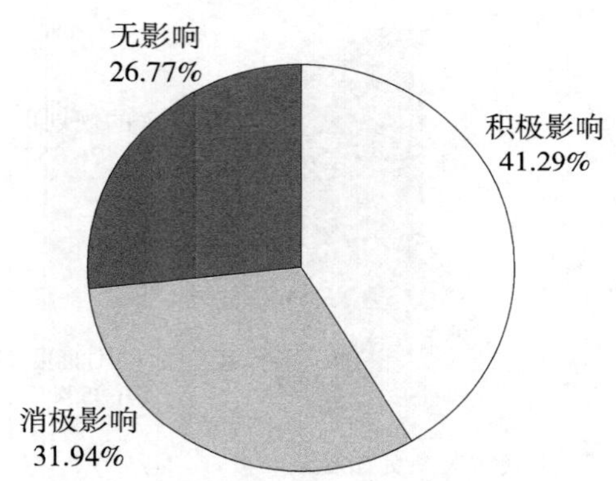

图 16　大平台基础课程的学习对学生后面专业学习的影响

三、旅游管理类大平台学生培养中存在的问题

结合本次问卷调查的结果，本文总结出旅游管理类大平台招生培养中存在的主要问题如下：

1. 专业发展方面

大平台招生强调充分考虑学生的专业选择，因此一旦学院引导不足，而学生受到社会不合理评价、家长传统意见影响较大，就容易导致学生集中选择热点专业，各专业不能协调发展的问题。

2. 学生方面

调查结果显示，虽然学生认为大平台招生更加科学，值得推广，但是也表示对大平台招生相关政策不了解，有很多不解的问题，认知不清楚，了解较模糊。同时，相当一部分学生表示，大平台招生让他们在专业规划上感到更加困难。因为没有在一入学就明确专业选择，所以学生心中总是惴惴不安，对未来专业有困惑，这也间接影响学生前期的大学生活以及社会实践活动等。

3. 外部环境

旅游管理专业大平台招生政策实施时间短，许多政策、规划、计划、文件都还不完善，处于“边走边看”“摸着石头过河”的时期，大部分学校的教学、学习环境还都是延续未实施大平台招生政策之前的路子，致使大平台招生政策实施不彻底，不到位。

四、旅游管理大平台人才培养的对策研究

（一）专业分流

大平台招生的专业分流，在充分考虑学生志愿时，也应实事求是地考虑学校的办学条件、师资力量、社会需求等因素。若完全按照学生的志愿进行专业分流，有可能产生各专业不能协调发展的情况。当一个专业的学生过于集中，师资力量、管理、实验设备等都可能跟不上，无法提供人才培养的基本保障；而学生人数少的专业，可能会师资、设备闲置，造成浪费，对学校办学效益产生负面影响。对于这一问题，学校可以用合理制订专业分流计划的方法加以克服。

（二）课程设置

旅游管理大平台人才培养课程的设置，是根据培养目标和市场经济的需要，对学校的教育内容进行确定和划分，要根据旅游管理学科特点，将各专业的知识结构体系体现于有机联系的课程体系之中。课程设置应当以培养通才为目标，以学生的全面素质和能力培养为中心，强化基础理论和基础知识教育，在各学科的平台上淡化专业界限，缩减单科课时，增加课程门类，扩大课程的信息容量。在旅游管理类学科的平台上，学生经过大平台课程的学习，要对会计、财务、企业运营、顾客服务等相关专业课程有全面的接触和了解。

（三）旅游管理类大平台人才培养教育

为了更好地实现大平台人才培养的目标，在教学过程中，高校应该重视基础教育与专业教育的有效结合，加强教师与学生的互动，拓宽学生的知识面，完善学生的知识结构，并实现学生对专业技能的掌握。这样才能有效提升学生的综合能力，进而培养出复合型人才。

参考文献

[1] 陈梓云，彭梦侠，李红山，等．地方院校化学专业适应市场需求变化的人才培养探索与实践［J］．教育教学论坛，2015（29）：116－117.

[2] 刘志刚．以培养创新型人才为目标 构建高水平实验教学大平台［J］．中国高等教育，2009（6）：20－22.

[3] 周合兵，罗一帆．构建创新教育大平台 培养创新型人才［J］．实验室研究与探索，2012（8）：297－300.

[4] 王辉，于立君，王科俊．优化创新型人才培养的实验大平台构建研究［J］．黑龙江教育学院学报，2015（10）：23－24.

[5] 代绍庆，钱燕婷，蒙维洋．以大平台课程体系为基础的高职人才培养方案改革探索与实践［J］．常州信息职业技术学院学报，2016（3）：34－36.

作者简介：

刘义铭（1979—），济南大学商学院讲师，硕士，研究方向为旅游管理。

李爽（1984—），浙江商业职业技术学院讲师，博士，研究方向为旅游管理。

“双一流”建设背景下，地方高校专业特色发展的思考

——以商科类专业为例*

柳兴国 薛 冰

摘 要：基于我国高校“双一流”建设背景，本文分析了地方高校商科类专业特色发展存在的问题，指出了当前地方高校专业特色发展存在的专业特色建设亮点不够、与地方经济结合不够紧密、专业实践教学体系不完善和专业特色建设的监控体系尚未建立等问题，并指出为了地区服务业的发展定位和对人才培养的需求，地方高校商科类专业特色建设和改革的必要性。在此基础上，本文从形成理论和实践并重的专业培养方案、教学手段与方法的优化、落实特色专业建设负责人制、服务地方经济社会发展需求等几个方面提出了推进地方高校商科类专业特色发展的相关建议。

关键词：专业特色；商科专业；地方高校；“双一流”建设

一、引言

“双一流”建设是“十三五”期间我国高等教育发展的重要战略，对于提升我国高等教育综合实力和国际竞争力、建设高等教育强国具有重要的指导意义。根据国务院《统筹推进世界一流大学和一流学科建设总体方案》，“双一流”建设要按照“四个全面”战略布局和党中央、国务院决策部署，坚持以中国特色、世界一流为核心，以立德树人为根本，以支撑创新驱动发展战略、服务经济社会发展为导向，加快建成一批世界一流大学和一流学科。“双一流”建设对于地方高校来说，无疑是一个值得为之振奋的机遇。一方面，“双一流”建设鼓励公平竞争，引导高校积极创造条件、努力争取，给地方高校增添了发展动力；另一方面，布局一批国家急需、支撑产业转型升级和区域发展的学科，可能会让地方高校的一批基础良好、特色鲜明、区域急需的优势学科成为遴选对象。

近年来，商科类专业在高校教育中规模逐渐扩大，尤其是地方院校，多数地方高

* 本文系山东省本科高校教学改革研究项目“综合职业能力导向的经管类专业‘理实一体化’实践教学模式研究”（2015M040）成果。

校都开设了商科类专业。对高校而言，人才培养是核心，科技创新是支撑，学科建设是基础，因此，地方高校如何在“双一流”建设的进程中突出其专业特色和专业定位，值得思考。

二、地方高校商科类专业特色建设存在的问题

教育部于2004年发布的《普通高等学校本科教学工作水平评估方案》中对办学特色的解释是：“在长期办学过程中积淀形成的、本校特有的、优于其他学校的独特优质风貌。特色应当对优化人才培养过程、提高教学质量作用大，效果显著。特色有一定的稳定性并应在社会上有一定影响、得到公认。特色可体现在不同方面：如治学方略、办学观念、办学思路；科学先进的教学管理制度、运行机制；教育模式、人才特点；课程体系、教学方法以及解决教改中的重点问题等方面。”因此，一个具有特色的专业应该具备以下几个特征，一是具有经过长期发展积淀的稳定的特色优势；二是专业特色要对提高本专业的教学质量能够发挥重要作用；三是专业特色最终要能够得到社会认可，符合社会需求。

（一）地方高校专业特色建设亮点不够

专业一定要具有特色。然而我们可以看到，当今许多高校专业特色建设都亦步亦趋，并没有突出真正的特色，尤其是目前地方高校商科类的主要专业设置基本雷同，专业特色不够明确，甚至还存在生搬硬套名牌高校的建设模式的现象。为追求较快的发展速度，很多地方高校将商科类人才培养目标，锁定在造就高层次管理人才的固定模式中，课程设置大同小异，而忽略了基于自身区域、学校实际培养分层分类特色人才，课程体系设置更多地停留在“厚基础、宽口径、高素质”等较空泛的口号上，未能将自身学科等优势及时转化为特色化课程或教学资源，形成自身的教学生产力，以致难以形成学校自身个性化、特色化课程体系。

地方高校商科类专业在建设过程中存在严重的同质化现象，大多只是简单重复人才培养方案，对自身特色和优势缺乏深入了解。学校需要认识到的是，高校专业特色建设不应是追求热门专业的建设，而应集中自身优势资源，突出亮点，形成具有自身专业的亮点和特色。因而，要建设特色专业，就要增强该专业的不可替代性及其在国内外的影响力，为一流学科建设和一流高校建设打造真正的特色专业。

（二）商科类专业与地方经济结合不够紧密

地方高校的学科建设和人才培养主要是面对本地社会经济的发展需要，不同地区社会经济的发展特征并不一样，具有很大的差别，因此，高校商科类专业需要根据地方经济和行业发展的需要，灵活设置相关专业特色和专业方向。一方面，专业设置要凸显所在地区的特征。适应国家和区域经济、科技、社会发展对高素质人才的需求，

是专业特色建设的目的所在。因此，根据区域的特征和特殊需求建设特色专业，为地区的经济发展提供特殊人才，也是建设特色专业的思路之一。如云南财经大学，根据区域优势，建设中国—东盟高级营销人才培养基地，深受地方政府的欢迎。

另一方面，专业设置应当凸显行业的特征。学校应根据专业特色建设的有关文件，特别强调专业定位与优先发展行业、紧缺专门人才行业、艰苦行业、战略性新兴产业、红色经典艺术等的相关性。商科类特色专业的建设，一方面，可以考虑与行业或机构的联合；另一方面，也可以根据自身的实际，凸显某行业的特征。如中国石油大学的市场营销专业，为体现石油行业的特点，设置了石油工业概论、石油商品学、石油工业认识实习、成品油营销、石油加工概论等课程。有关专业形象调查显示，被调查者中认为其优势为同时具备经济知识、管理知识和石油知识的占86.99%，支持该专业设置石油方面课程的占94.31%。

（三）商科类专业实践教学体系不完善

实践教学是地方高校培养高级应用型人才的一个重要手段，往往也是其专业特色体现的一个重要方面，而多数地方高校商科类专业的课程和课程之间，缺乏有效的衔接和深化，专业课程重理论轻实践能力的培养，实践教学环节缺乏或者与管理实际相脱节，起不到培养学生相关实操能力的作用。以应用技能为核心，加强实践教学是专业教育的特色。但目前地方高校商科类专业的最薄弱环节是缺乏完整的实践教学体系，而实践教学体系是培养学生技术应用能力的重要保证。因此，完善实践教学体系，突出特色，不仅可以作为教学特色建设的一个组成方面，而且可以作为特色专业建设的一条主线。

在坚持学科与行业对接，重点培养学生的实践应用能力方面，济南大学商学院做了积极探索，在锻炼学生实践能力方面，努力发挥会计、经济、审计等优势特色学科的作用，与济南市当地多家企业机构等单位合作成立学生实践合作基地。济南大学商学院与特许管理会计师公会（CIMA）合作培养特许管理会计师人才，与中博诚通国际技术培训有限责任公司合作培养英国特许公认会计师，与济南市审计局合作，每年选拔部分学生到审计局跟踪审计，提高学生的实践应用能力，以及与山东中宇会计师事务所合作，每年选拔部分学生到事务所实践锻炼，提高学生的实践能力。

（四）专业特色建设的监控体系尚未建立

专业特色的建设和培育是一条漫漫长路，对于专业特色建设这个长期动态的行动，需要有相关的监控以回顾及反馈，从而促进其进一步发展。但目前我国尚未建立特色专业建设监督体系，难以长效、科学地进行特色专业的建设，难以促进特色专业建设的可持续发展。这不仅是地方高校的商科类专业面临的问题，更是多数专业特色建设的通病。

三、地方高校商科类专业特色建设和改革的必要性

尽管地方高校在综合实力方面不如部属高校，但是很多地方高校均具有强势的优

势学科和鲜明的地域特色，因此地方院校应当以服务地方经济为己任，以建设优势一流学科为目标，顺应国家政策导向，立足自身优势，整合优质教学和科研资源，以建设学科创新引智基地为契机，加快推进“双一流”建设。

高等教育的目标是培养人才、科学研究以及服务社会，地方高校办学的社会影响和效果就是为当地培养经济、社会发展的人才力量。良好的社会影响是地方高校办学特色的重要体现，而办学的社会影响和效果，主要体现在专业建设和人才培养上。在各地区产业结构转型和企业管理模式演变条件下，地方高校商科类专业的专业特色建设，必须结合服务对象，即地方经济的需要以及学校的学科专业优势，以高等教育目标为核心，反映企业内部管理和外部市场特征的变化对其带来的挑战，形成相应的特色。

因此，地方高校商科类专业的建设及其特色必然反映出地区服务业的发展定位和对人才培养的需求。商科类专业特色建设应当以服务管理为核心，在专业培养方案的制订和执行过程中，适当考虑当地企业的这些服务需求以及服务社会化的影响，在人力资源管理及职工培训、财务分析与会计、金融、市场营销等“硬技能”的培养环节上，结合自身的学科特色，适当增加有关管理和服务的创业教育与培养，形成相应的商科类专业特色。

四、地方高校商科类专业特色发展的建议

地方高校商科类专业对于服务地区社会经济、输送优秀专业人才等方面具有重要作用，同时地方高校商科类专业建设应根据自身的学科定位、服务区域与层次定位，设定自身的学科发展与专业建设目标，培养高级应用型商科人才。为了更好地促进地方高校商科类专业特色发展进步，针对当前存在的问题，本文从以下几个方面提出几点建议。

（一）形成理论和实践并重的专业培养方案

地方高校在商科类专业培养方案制订过程中，应该在体现本学校学科专业特色的基础上，合理划分专业知识结构和能力结构，强化基础理论和职业能力的培养。比如，立信会计学院的工商管理专业有关会计的基本知识模块是专业的核心模块之一，应当体现出学校优势学科的特色及影响。在基础理论知识部分，商科类专业的管理教育要使得将来的管理者形成社会经济发展需要的理论基础。对于学生职业能力的培养，一方面，在培养方案中，学校要强调实践和实验教学的作用，通过专业实践教学基地和实验室的建设，有意识地进行教学实践设计，加强实践案例分析，通过校企联合，提高对学生管理实践能力的培养水平；另一方面，学校应当鼓励商科类专业的大学生在大学四年中利用课余或者假期时间参与社会实践和实习，学生由此可以初步了解现代企业经营管理的特征和面临的问题，加深对专业的理解，从而在专业学习形成某种导向性。因此，专业培养方案中对高年级学生职业能力的训练，必须考虑到这种开放式的办学环境的影响。

（二）教学手段与方法的优化

在课程教学手段和教学方法的设计上，传统上采取的是以教师为中心的教学内容设计和教学过程管理模式，但是随着学生专业学习和管理实践更加紧密地结合，教师设计相关教学内容时，不仅要注重基础知识和基本技能的教学和训练，同时也可以增加一些以学生为中心的教学互动设计。例如，创新案例教学法，形成学生主导的案例教学形式。由于商科类专业的课程，涉及很多商业活动的实践，因此课程中往往可以引用大量的案例。案例由学生分组进行编写并提供分析的思路，课堂时间由相关案例小组的学生主导，其他同学踊跃发言，并引起相互的启发和思考。教师在整个讨论中只扮演主持人的角色，或者是在讨论陷入困境时，给予学生一定的点拨。学生自主学习研究案例，可以提高学习效果，形成教师和学生两个中心，通过理论教学、案例分析和现实问题的结合，能够有效地提升教学效果。

（三）落实特色专业建设负责人制

地方高校在进行特色专业建设的过程中，不仅要树立正确的理念、制订具有特色的人才培养方案，更要确保工作的实施。为保证地方高校商科类专业特色建设顺利进行，学校应当注意落实特色专业建设责任制。学校要与院系或专业特色建设负责人签订专业建设任务书，明确双方的权利、责任和义务。专业负责人要拟订专业特色建设目标、建设规划，落实专业建设方案和人才培养方案，加强师资、教材、实验实习基地等方面的建设，深化教学内容、课程体系、人才培养模式改革，保证特色专业建设取得实效。

（四）服务地方经济社会发展需求

地方高校应该更多地基于区域和自身实际来思考和定位，以服务区域经济社会发展需求为导向，主动适应地区科技创新环境变化，主动融入和服务地方经济社会发展。地方高校尤其应该在培育满足和服务于地方经济发展的创业者和中小企业高层管理精英上给予高度关注。例如，上海对外经贸大学提出为世界500强企业培养高层管理者；湖南大学商学院提出立足湖南，努力培养服务区域经济发展的经济“湘军”；吉首大学提出培养服务西部民族地区，能从中小企业基层经营管理工作做起，留得住、用得上的具有职业经理人潜质的应用型、创新型高级专门人才等。这种清晰的专业定位，自然也决定着学校专业课程体系建设理念和改革的方向。

参考文献

[1] 朱亚兵，王丽娜．工商管理专业特色建设研究——以普通财经类院校为例[J]．技术经济与管理研究，2012（1）：68－72.

［2］汤健．打造地方商科院校专业特色的思路与实施途径［J］．大学教育，2014（4）：78－81.

［3］宋若臣．财经类高职院校特色专业建设研究［J］．山东青年政治学院学报，2007（9）：87－91.

［4］胡竹一，周正，喻财铃，等．“双一流”建设背景下地方院校学科创新引智基地建设模式［J］．广东化工，2017（44）：243－245.

［5］盛莹，栗洪武．地方院校办学定位原则的确立与人才培养目标的实现［J］．陕西师范大学学报，2016（3）：171－176.

作者简介：

柳兴国（1965—），济南大学商学院教授，研究方向为营销管理。

薛冰（1967—），济南大学商学院副教授，研究方向为教学管理。

移动互联时代高校工商管理类专业教学改革思路分析

马池顺

摘　要：针对当前大学生就业难和企业用工难的矛盾，高校工商管理类专业人才培养方案教学改革已迫在眉睫。这一教学改革的着力点在于构建新型的人才培养模式，本文结合教学改革实践，从课程体系改革、教学手段与方法改革、利用多元化教学平台三个方面深入探讨教学改革的思路，提出案例教学法的优化方案，致力于培养在校大学生创新创业能力，增强其就业竞争力，从而促进我国高校教学领域的深层次改革。

关键词：工商管理；教学改革；案例教学法

一、高校工商管理类专业人才培养现状

随着我国市场经济改革的不断深化，社会对工商管理专业培养出来的人才提出新的更高的要求，迫使高校在该专业人才培养方面积极改革，创新教育发展模式，为社会培养具有更高能力和素质的社会主义工商管理类精英人才。然而，全国高校人才培养面临结构性矛盾。一方面，市场上应届毕业生处于供过于求的状态，另一方面，一些用人单位却找不到合适的人才。随着互联网时代的到来，传统企业向自动化、专业化转型升级，对高级管理人才和技术人才的需要更为迫切，导致专业人才供不应求；而原先部分传统企业由于供给侧结构性改革去产能，又导致岗位数量大幅下降，使大学生一毕业就面临失业的可能。导致这种现象存在的原因就是高校人才培养目标与用人单位实际需求相脱节，主要表现在以下几个方面：

（1）课程设置雷同。大多数高校在工商管理类课程设置方面大同小异，过分强调理论教学，实践环节所占比例较低，创业方面的课程几乎没有，因此培养出来的学生往往不能适应岗位需求，因此缺乏核心竞争力。

（2）教学模式陈旧。现有的教学手段还是传统的以教师讲解为主、学生为辅，学生单方面被动地吸收知识，如果课程是大班教学，则基本谈不上教学互动。此外大部分高校教师都是从学校毕业后直接任教，本身也缺少企业的实际管理经验，教学方法以传授理论知识为主，缺少企业现场教学、角色扮演、案例推理、微课强化等教学方

法与手段。

（3）教学质量评价标准低。许多课程考试以闭卷形式为主，侧重考查学生对知识点的记忆。因为实践环节操作难度大、考核过程复杂，所以许多教师、放弃了实践环节的考试，导致学生缺少实践能力的培养。

当前高校工商管理类专业人才培养中存在的这些问题已不适应人才市场的需求。高校应积极构建以创新创业为导向的新型人才培养模式，开设创新创业教育课程，推动高等教育人才培养质量的提升，应对经济新常态就业形势的严峻挑战。

二、移动互联时代高校工商管理类专业人才培养模式构建

移动互联时代工商管理类专业人才培养模式构建，必须以培养学生创新创业能力为目标，调整课程设置，构建“专业＋创业”的课程体系；整合校内外资源，加强实践教学，实现“专业实践＋创业实践”；优化师资队伍结构，建设“创业＋专业”的师资力量，实现学校、企业、社会、科研机构与家庭多平台、多维度渗透。使大学生能通过在校学习获得扎实的理论知识、实践能力及较高的综合素质，满足学生需求、企业需求、学校需求，从而实现学生的个人目标。

三、工商管理类专业教学改革的思路

（一）课程体系改革

目前大多数高校工商管理类专业的课程设置是“通识＋专业＋选修”模式，而缺乏以创业为导向的课程设置。为扭转这一局面，高校应对现有课程进行整合升级，把创业教育课程融入通识教育、专业核心课程中，高校可增设创业项目管理、创业学、企业管理等创业教育课程，邀请知名企业家以做讲座的形式与学生交流，激发学生的学习热情。

（二）教学手段与方法改革

“工欲善其事必先利其器”，专业教学改革要想效果明显，必须对教学方法进行设计、创新以适应时代发展的需求。工商管理类专业传统的教学模式一般是教师在课前收集案例，课上在讲解理论知识点的时候将案例糅合进去，学生进行消化吸收，但这种方法中学生是被动的接收者，甚至有些案例比较陈旧与时代发展脱节，无法吸引学生兴趣，更谈不上在实践中运用。因此必须改革教学手段，教师多采用体验式教学法、情景教学法等多种方法，激发学生学习兴趣，培养学生创造性的思维，增强学生解决实际问题的能力。

（三）利用多元化教学平台

教学改革不应局限于课堂上，还要积极走出课堂，创新教学形式，比如可以开展

体验式教学、情景教学等，甚至利用实训基地、实习企业等平台提高学生参与讨论案例的热情。特别是一些与学校有合作关系的企业，教师和学生可以参与到企业的工作中，整合出全新的案例，成为案例的亲历者，这种具有实战性和现实性的原创案例最能激发学生的实践激情。此外，学校也可邀请企业管理员到校讲授企业的真实案例，营造情景课堂，鼓励学生进行角色扮演，促进学生思考问题的聚焦性，提高学生的学习兴趣，培养学生分析解决实际问题的能力。在所有教学改革中，应特别重视案例教学法，其中以学生为主体的参与式教学被广泛应用于各类经济学和管理学类课程教学中。但因为各种原因，案例教学法在实际应用中常常难以发挥应有的作用，所以优化案例教学法成了教学改革中最关键的一个环节。本文从案例教学法的教学理念、课堂设计和课程考核方式三个角度探讨案例教学法的优化方案。

四、案例教学法优化方案

（一）建立以“学生为中心”的教学理念

教学的目的是“传道授业解惑”，其出发点是“学”而不是“教”，创业教育的最终目的也是培养出独立自主的学习者和实际操作者。因此要提高教学质量和教学效率，就要改变传统教学的模式，把师生的角色互换，让学生成为课堂的主人，让学生通过自身的思考、互相探讨完成教学任务，教师在课堂中起到提纲挈领的作用，作为引导者帮助学生获得所需的职业技能。这种效果是传统教学无法实现的，只有通过案例教学法才能真正贯彻“以就业为导向”的创业教育理念。

（二）案例教学课程设计

1. 精选代表性案例

案例教学法的关键是科学地选择教学案例。目前我们国家已经有专门的工商管理案例库，里面囊括了市场上大多数的企业案例。这些案例基本是本土案例，具有前瞻性、预测性、趣味性，不仅反映社会热点，也贴近学生的生活，学生非常容易理解和认同。

通过分析这些本土的鲜活案例，能够训练学生思考能力，提高学生解决本土企业实际问题的水平，而且在训练过程中，学生能更直观地了解现实的市场竞争态势，为他们大学毕业后就业提前做好准备工作。因此优秀的案例对学生能力的培养可谓一举多得。

2. 精心设计案例讨论过程

以能力培养为核心的案例教学，要求教师事先要有周密的计划和准备，一般可分为课前准备、课堂讨论、课后总结反思三个环节。课前准备包括根据学生特点对学生进行分组，发放教学案例，对学生提出明确具体的要求，给予学生充足的时间熟悉案例及查阅其相关的背景资料，让学生进行充分思考，小组成员进行积极探讨、沟通交流，最后把小组的意见汇总制作成课件。这一阶段的工作主要在课堂外完成，课前准备工作是案例教学顺利开展的保障，如果学生准备不充分、案例探讨不深刻，就会造成案例教学流于形式，最终使案例分析教学重回传统教学模式。

课堂是学生真正的舞台，教师应把课堂主角的位置上给学生，通过各个小组的课件展示，让学生们互相提问、辩论、陈述观点，教师与学生平等地讨论，鼓励学生集思广益、取长补短，最后筛选出完美的解决方案。这里需要注意的是，学生对问题的分析可能不全面，讨论时可能会偏离主题，因此教师要掌控好课堂节奏。教师应在每一个环节结束时留出一定时间对各组同学的课件、发言辩论、团队情况等方面进行点评。教师点评应把握“百家争鸣、百花齐放”的原则，尤其对学生发言中独特的想法和观点要特别重视，鼓励学生跳出惯性思维框架，从不同视角运用独特的方法解决现实问题。同时教师应指出学生分析的不足之处，帮助学生提高分析和判断的能力，并将讨论引向纵深，通过点评强化教学成果，对教学内容起到画龙点睛的效果。

课后总结反思也是一个不可忽视的环节，学生应当根据教师在课堂上对小组观点和分析过程的归纳和评价，对原有方案不断进行完善，最后提交一份完美的方案。这样不仅有助于减轻学生对所谓“标准答案”的依赖，而且有利于培养学生的实践能力、团队协作组织能力、文字表达能力及综合解决问题的能力。

（三）课程考核方式的改革

因为课程的教学方式发生了改变，所以课程的考核方式也要相应改变，教师也应该摒弃过去传统的“一张试卷定成绩”的课程考核理念。课程考核可选择以小组为单位的方式，从课堂案例分析能力、团队协作能力与撰写分析报告的能力等方面考核学生的团队协作性和创新性；也可以选择组间互评与小组内匿名互评的方式，将考核细化到每一个同学身上，通过多种评定方式的有机结合，保证考核结果的有效性、公平性和科学性。

整个案例教学应该在教师组织协调下，在学生积极主动参与的良好氛围中顺利开展，从而实现由理论到案例、由案例到现实的思考过程。以能力培养为核心的教学改革贯穿整个课程教学，通过自主学习、团队合作、课堂讨论和课后考核四位一体的教学改革，学生不但学会了交流沟通和团队协作，锻炼了各项能力，而且提高了社会适应能力，达到案例教学的目标。

综上所述，案例教学法有效地突破了传统教学观的束缚，师生之间由原来等级界限分明的关系逐步向平等交流发展，整个课堂变得更加开放与充满激情，学生的主体地位日益凸显。案例教学法作为推动工商管理类专业教学改革的重点，关系到专业教学领域的深层次变革。因此，我们要准确把握案例教学法的内涵，深刻领会案例教学法在创业教育背景下所具有的重要意义。

参考文献

［1］刘国巍，程国辉．基于创新创业导向的应用型本科院校市场营销专业人才培养模式构建与实践研究［J］．教育观察，2015（4）：56－61.

[2] 赵夏明，王建荣．浅述以能力为核心的市场营销课程教学改革［J］．价值工程，2014（9）：274－275.

[3] 郭忠兴．案例教学过程优化研究［J］．中国大学教学，2010（1）：59－61.

作者简介：

马池顺（1983—），济南大学商学院讲师，博士，研究方向为企业管理。

突出实践教学和能力培养的会计特色专业建设研究
——以济南大学商学院会计学专业为例

马　东

摘　要：专业建设是关系到学院未来发展的一项战略性工程，为适应当前形势下会计人才培养工作的新任务，济南大学商学院会计系坚持以人才的社会需求为导向、以强化能力培养为支撑，突出实践教学地位，深化教育教学改革，创新会计专业人才培养模式，探索出了一条卓有成效的特色专业建设之路。近年来会计系转变教学观念，积极推进教学手段、教学方法和教学内容创新，在现有专业建设基础上，大力强化校内实验实训设施和校外实习基地建设，开展校企合作及“第二课堂”教学，鼓励并指导学生参与科技创新及专业技能竞赛，做好学生的职业生涯规划，经过不懈努力，已初步把济南大学商学院会计学专业建设成为具有较强办学实力、较高社会声誉的特色专业。

关键词：特色专业建设；人才培养模式创新；会计学专业；实践教学

一、创新会计专业人才培养模式：突出实践教学与能力培养

济南大学商学院会计学专业有着三十多年悠久办学历史，培养了一大批满足社会需要的中高级会计专业人才，为区域经济发展作出应有贡献。新的历史形势下，为适应会计事业改革和发展的需要，满足经济和社会发展对会计人才日益增长的需求，商学院会计系遵循教育教学发展规律，强化特色意识、创新意识，以培养具有创新精神和实践能力的高素质人才为宗旨，切实提高教育教学质量，创新会计专业人才培养模式，深化教育教学改革，以就业为导向，促进人才培养工作整体水平提高。近年来商学院会计系更是加大教育改革力度，努力培养具有良好的职业道德和职业素养，具备扎实的专业基础知识和熟练的职业技能，专业综合素质高，技术应用能力强，能适应会计及相关岗位需要的高素质技能型会计专门人才。

实践教学是会计专业教学工作的一个重要环节，是培养学生理论联系实际、提高学生应用能力与综合素质的重要途径。突出实践教学与能力培养的人才培养模式创新和实施，是保证教学质量、提升学生就业能力的重要基础，也是实现应用型人才培养

目标的重要步骤和措施。会计工作具有很强的实践性特点，会计专业教学应坚持以市场需求为导向，完善应用型本科人才培养方案，使学生的知识结构和能力素质与企业需求接轨，实现高质量的就业。以校内实习实验、实践教学基地、大学生科技创新竞赛、毕业实习和“第二课堂”等为主要环节的一体化、全方位、全过程的实践教学体系，构成了这一基于提高学生能力素质的、以实践教学为创新的会计专业人才培养模式的主要内容。从近年来的实际工作看，这一人才培养模式的发展也经历了一个从理论探讨到勇于实践、从不完善到相对完善、从白手起家到成效斐然的建设过程。

二、注重实践教学和能力培养的会计特色专业建设举措

为了实现突出实践教学和能力培养的教学目标，济南大学商学院会计系多措并举，在教学内容上贴近社会生产实践，实行产学相结合的培养机制，把综合素质和职业能力培养贯穿于整个教学活动的始终，不断提高学生的实践能力和实务操作水平。具体来说有以下几个方面：

1. 课程体系、教学内容和师资建设

（1）加快课程建设与教学内容的改革

建设以实践教学和能力培养为目标导向的课程体系框架，开设基础会计、中级财务会计、高级财务会计、成本会计学、税法、财务管理、管理会计、资产评估学、注册会计师审计、财经法规和职业道德、会计电算化、公司战略与风险管理等专业课程，突出会计专业特点。在学生的专业技能培养中，注重会计实务的操作技能培养，加大会计专业技术与职业资格技能的培养。

以创建精品课程群为出发点，大力推进课程建设及“百门课改”创新实践；结合专业教育特点，加大实践课程开设比例，加强实践课程考核力度；积极推进教学内容、教学方法改革；建立评优与奖励机制。

加强实践性教学改革，加大实践性教学力度，强化学生技能训练，探索适合专业特点、与实际接轨的实践性教学模式。具体应做到加强实践教学环节，增加并保证学生在校内模拟实训的时间，增加专业骨干课程的实验实训内容，强化专业技能训练，提高学生的实务操作水平。

（2）改进教学方法，建设教师队伍

要提高教学水平必然要转变教学方法，会计系在现有教学方法的基础上，引入多媒体情境化、案例教学等方法，激发学生的学习兴趣和潜能。除了进行课堂教学外，还采用了实验室模拟教学、案例教学、组织学生进行社会调查、安排学生到有关企业实习等方式，充分调动学生学习的积极性、主动性，使提升专业素质成为学生自身要求与追求的目标。通过多种形式和途径，强化对学生综合素质能力的培养，增强其沟通能力、信息能力、创新能力和社会适应能力。

同时，建设一支既熟悉专业理论，又精通实践技能的高素质的教师队伍，也是专

业建设的一项重要内容。为提高实践教学水平，保证教学质量，学校尽可能提供条件鼓励教师积极参与社会实践，如到校企协作企业或其他有关部门进行调查研究，收集教学案例素材；到有关机构从事会计咨询、代理记账、查账验资等业务，让教师在实践中经受锻炼、完善提高。通过实验指导教师队伍建设，选用校内有实践经验的教师和聘任企业一线的会计人员指导学生校内实训，逐步建立一支操作技能强、实践教学经验丰富的教师队伍。

2. 校内实习实训及实验条件建设

提高教学质量，实现会计学专业培养学生实践能力的教学目标，不仅要提高专业教师的整体素质，及时更新、选用高质量教材以及改革教学内容和教学方法，还必须要加强会计实验教学和相关设施建设的力度。

济南大学商学院会计系通过近年来的不懈努力，已建成特色鲜明、功能完善、配套完整、技术先进、方案合理的实践教学设施，在会计手工模拟实训室、财务管理实验室和企业经营沙盘实验室基础上，进一步完善 ERP（企业资源计划）实验室建设，为实验和实践教学提供条件。

为实现会计专业实践应用型发展的目标，今后一个时期会计系还要在积极争取并保证经费投入的基础上，进一步抓好校内实验实训设施的建设工作，确保会计实验室的先进性和综合性，并加快重点实验室的建设。

一方面，会计系应不断更新教学设施和仪器设备，逐步建设、完善基于现代信息技术的仿真模拟实验室，保证学生在仿真环境下有足够时间的、高质量的实际动手训练，积极开展实习实训和专业实操教学，切实提高学生的职业能力；同时建立一支结构合理、实践能力强、综合素质高的实践教学师资队伍。另一方面，会计系应加强实验室规范化、制度化建设，对原有实验实训室，进一步完善各项规章制度，对新增实验实训室，制定严格、规范的操作制度，逐步实现实验室的制度化、规范化管理，保障实验实训教学规范有序开展。

以实践能力为导向的校内实验设施的建设和完善，进一步优化了会计专业教学中的认识实习、生产实习、课程设计等实践教学环节，从而突破了以前那种重课堂轻实践的传统教学模式，较好地解决了实习安排难、效果差的“老大难”问题，为提升学生的专业胜任能力和解决实际问题的能力，并最终提高学生的就业能力发挥了重要作用。

3. 校外实习和校企合作

为进一步完善实践教学体系，不断提高实践教学质量，在现有条件的基础上，会计系深入改革实践教学内容和方法，积极开发校外实训基地，加强校外实践教学基地建设和管理，以满足学生全方位的实习需求。

校企合作是高校培养技能型应用人才的有效途径，实施产学研结合，对于提高教师队伍的整体素质和教学质量，突出专业的针对性和实践性有重要的意义。为此会计系加强了校外实习基地的建设，以现有的实习基地为基础，逐步扩大校外实习基地的范围，加强与实习单位的联系，建立一批实用的校外实习基地。

通过建设校外实习基地和发展校企协作企业，可以让学生在校内模拟实验的基础上，深入企业，接触实际生产实践和经营活动，了解企业的现状、经营特点，熟悉会计岗位的设置与分工，切实感受并亲身参与企业真实的会计核算过程和财务管理活动。

协作企业的反馈意见，为会计系的专业建设、课程设置、创新人才培养模式和进一步完善教学计划、改进教学方法提供了有价值的信息。同时，学生在协作企业进行实践性学习，也可以方便企业直接了解与考察学生的基本专业素质，对学生的知识结构、专业技能和职业素质作出及时有效的评价，这也是对学校教学成果和人才培养模式的直接检验。依据企业现有岗位及预期岗位职责的要求，会计学的实践性教学与实习在培养学生的专业素质与能力结构方面有针对性地进行了完善，进一步提升了学生的就业竞争力。

4. 指导学生参加竞赛

大学生科技创新能力的培养是全面提升学生专业素质，并最终提高其创新实践能力的重要手段。会计系在实际工作中经过多年探索实践，构建起以大学生创新创业计划大赛、ERP 沙盘模拟经营大赛、“网中网杯”大学生财务决策大赛、学生参与教师的科研活动、第二课堂的开发与建设等为主要内容的、形式灵活且多样化的实践教学运行模式，充分锻炼了学生的创新实践能力和社会适应能力。

近年来在济南大学商学院的大力倡导和政策支持下，会计系广大师生对参与各类科技创新及创业计划竞赛表现出极大的热情。每个教学班设置“科创委员”岗位一名，来传递和沟通相关竞赛信息，对于在各类竞赛中取得奖项的师生团队予以大力表彰等。在这种氛围带动下，学生积极投入到各类科技创新及创业计划竞赛中，并且取得了一系列优异成绩。通过以参赛促进学业、以大赛促进就业、吸引企业参加校园招聘会、鼓励学生创业等方式，会计系学生就业率实现逐年攀升。

5. 开展“第二课堂”和职业规划

开展灵活多样的“第二课堂”不仅要让学生“走出去”，还要把校外专家“请进来”。在经营管理一线从事实务工作的企业专家具有丰富的实践经验。为此，会计系从校外实践教学基地聘请了一批企业专家作为兼职教授和兼职讲师，把他们请进校园，让他们把多年的职业经历和经验介绍给大家，这是教师和学生非常欢迎的一种形式。迄今为止会计系已邀请诸多企业专家及管理人员来校进行专题讲座，对学生开拓视野，与实践相结合地理解和学习专业知识起到了很好的作用。

会计系通过有计划地邀请会计专家、注册会计师等资深业内人士做专题报告、开座谈会等，加强了业内人士与学生之间的沟通，全面培养了学生的专业能力，调动了学生学习的积极性。会计系随时学生帮助解决思想上的困惑和心理上的不适，帮助学生做好未来职业发展规划。

三、取得的成果及未来展望

以实践教学和能力培养为导向的会计特色专业建设是关系商学院未来发展的一项

系统工程，近年来会计系坚持教育改革，创新人才培养模式，积极推进教学观念、教学手段、教学方法和教学内容创新，在现有专业建设的基础上，深化人才培养模式改革，突出实践教学地位，大力强化实验实训基地建设。同时商学院按照特色专业建设的要求，为会计学专业建设创设良好的制度环境与条件，为实现专业建设发展目标提供重要保证。院系共同努力，以社会对人才的需求为导向、以强化能力培养为支撑、以深化改革为动力，在会计学专业建设工作中取得了一系列可喜的成绩，已初步把济南大学会计学专业建设成为具有较强办学实力、较高社会声誉的特色专业。

同时我们也应看到，已取得的成绩只属于过去，学科建设和专业发展之路还要继续前行，教育教学改革永无止境。本文总结了过去几年来济南大学商学院会计系在特色专业建设工作中的一些成功经验，今后我们还要继续加强这方面的研究，为将来会计学专业建设取得更大成功献计献策。

参考文献

[1] 张立．会计学科建设理论问题研究［M］．北京：中国财政经济出版社，2009.

[2] 张瑞娅．会计教育新模式探讨［J］．教育，2016（7）：260－261.

[3] 杨定泉．会计实验教学优化对策探讨［J］．中国管理信息化，2011（6）：55－57.

[4] 常树春，孙永军．会计实践教育创新模式探讨［J］．黑龙江教育，2013（6）：20－22.

作者简介：

马东（1972—），济南大学商学院讲师，硕士，研究方向为财务管理、战略与风险管理。

旅游管理专业人才培养优化建议

——以济南大学旅游管理专业为例*

孙淑荣 梅 青

摘 要：我国旅游教育界和旅游业界一直为旅游管理人才培养的“供需错位”问题所困扰。济南大学旅游管理专业的人才培养已取得了一些成绩，但同时也存在一些问题，要对旅游管理专业人才培养进行优化，就要更新教育观念，准确定位培养目标，构建应用复合型人才培养模式，优化课程体系和内容，改革教学模式，创新教学方法，加强和完善实践性教学，建设高质量的师资队伍。

关键词：旅游管理；人才培养；优化建议

一、引言

我国高等院校的旅游管理专业，是目前国内发展较快的学科之一。在旅游管理专业及旅游管理人才培养快速发展的同时，我国旅游教育界和旅游业界却一直为旅游管理人才培养的“供需错位”问题所困扰。主要原因如下：首先，虽然我国高等院校的旅游管理专业为旅游业培养了大批旅游管理专业人才，但由于学校的培养目标、教学与课程体系设置不合理，培养出的学生的职业观点和实践能力不强，因此学生毕业后在旅游业内的就业比例一直较低；其次，尽管目前旅游业人才需求巨大，但旅游业更多的是以职业培训的观点以及减少企业运营成本的角度，看待人才需求问题，而不是从学位教育的角度衡量与录用人才。我国高等院校旅游管理专业人才培养的质量和结构等方面存在的问题，一直备受学校和业界的广泛关注。事实上，对旅游管理人才的“供需错位”问题，无论是教育界还是企业界都负有相应的责任。近年来，济南大学商学院（以下简称我院）的旅游管理专业也一直在探索旅游管理人才培养之路，为此，本文结合国内外著名高等院校的旅游管理专业的现状，探讨我院旅游管理专业人才培养的优劣势，提出优化旅游管理专业人才培养的相关建议。

---

* 本文为院级教研项目 JYXM011—2014 阶段研究成果。

二、旅游管理专业人才培养现状分析

（一）具备的优势

我院旅游管理专业人才培养趋向于复合型人才培养模式，人才培养目标定位为培养德、智、体、美全面发展，具备人文素质与科学素养，基础扎实、实践能力强、具有创新精神和国际化视野的高级应用型专门人才。毕业生可胜任各级旅游行政管理部门和旅游企事业单位的相关岗位，从事旅游经济管理和企业管理等工作。在课程的设置上，我院重视学科基础以及专业课程的质量，注重学生对基础理论知识的掌握。主干课程有管理学原理、西方经济学、市场营销学、旅游学概论、旅游经济学、旅行社管理实务、旅游资源学、旅游景区管理、酒店管理实务。同时，我院注重培养学生的国际视角以及国际交流能力，重视对学生的外语交流能力以及人文科学素质的培养。学生的实践能力，尤其是专业技能、服务精神以及管理能力，也是学院一直关注和努力的方面。学院设有认识实习、综合实习、毕业实习以及服务实习等实习环节，同时正在实施和进一步探索综合实习环节，学生还在旅游企业中的管理岗位进行实习。为了更好地实现培养目标，学院进行了师资队伍建设，并聘请了知名企业负责人为我院客座教授，具备了较好的师资条件和基础。

我院旅游管理专业人才培养的优势具体表现为以下几点。

1. 确立了明确的人才培养思路

在多年办学经验基础上，经过深入地行业调研和论证，结合国务院国发〔2012〕62号《服务业发展“十二五”规划》、山东省《关于加快建设适应经济社会发展的现代职业教育体系的意见》（鲁政发〔2012〕49号）等文件精神，我院确立了“应用型本科教育要坚持以教学为中心，面向区域经济社会发展现实需要，根据职业岗位群确定人才培养目标，以应用能力培养为主线，突出课程体系的针对性、应用性，强化实践教学环节，培养学生形成较强的核心专业能力”的人才培养思路。

2. 构建了校企合作、专业合作的协同教学模式

我院现有旅游管理专业、酒店管理专业、烹饪与营养专业三个专业，三个专业存在着密切的联系。在人才需求厚基础、宽口径的背景下，在济南大学协同发展平台建设及协同教学改革推动下，我院在培养方案制订过程中，充分发挥三个专业的优势，实现了课程设置、师资配备、实践教学等方面的相互支撑、资源共享、协同发展，如在旅游管理和酒店管理的课程设置中增加了西餐工艺、面点工艺、餐饮策划与设计等课程。同时，结合三个专业的特点，开展了职业发展研习营活动，学生利用校内实验场所和设施，模拟业界市场的经营活动，将理论与实际相结合，学生在模拟、演练自主创业过程中，了解行业特征、公司运营模式、旅游服务管理，激发和培养了学生的创新、创业能力。

旅游管理专业与酒店管理专业十分重视学校与行业、企业的联系与合作，在人才培养方案的制订中，邀请企业参与，根据行业人才需求特点和变化，确定人才培养规格，构建了以培养学生专业核心能力、专业能力、可持续发展能力为目的的课程体系，并且拥有一批条件优越、稳定，校企紧密合作的实习实践教学基地，如上海世茂佘山艾美大酒店、上海卓美亚喜马拉雅酒店、宁波华侨豪生大酒店、山东大厦、千佛山风景区、大明湖风景区、趵突泉风景区、康辉国际旅行社等20余家实习基地。我院实施行业导师制，聘请了行业资深管理者和技术专家作为行业导师参与学生的培养，为学生增强专业认同感、确立职业规划、提升自我专业水平等方面提供指导和帮助。

3. 形成了鲜明的实践教学特色

我院构建了科学合理的实践教学体系，重点研究实施了实践教学改革，形成了较为突出的特色：一是学院建立了酒店实践联盟，学生在低年级时可利用课余时间进行专业服务实习，培养自身的专业认知和实践能力；二是酒店管理专业综合实习中的管理岗实习模式初步形成，对培养学生的职业能力、推动学校与行业的深度合作具有重要意义；三是根据旅游业发展淡旺季的特点，旅游管理专业综合实习时间安排在第六学期下半学期至第七学期上半学期；四是学生毕业答辩时间提前、选题真题真做、行业导师参与指导等。

（二）存在的问题

当然，在人才培养方面我院还存在一些不足，主要为以下方面。

（1）课程设置上还不够科学实用，比如有关涉外旅游、旅游景区管理、旅游规划、旅游产品开发、旅游会展管理、旅游信息系统管理、旅游商务等方面的高质量的知识有待有选择的融入。教学内容重复，课程之间系统性、关联性差。课程设置过分强调管理理论和服务理论，而管理实践和服务实践课程设置相对薄弱，最终导致学生理论能力较强，而动手实践能力较弱。

（2）实践教学的力度还不够，校内实训基地设施条件差，设备陈旧、落后，这与国际上知名的瑞士洛桑酒店管理学院注重实践、“前院后店”的洛桑办学模式相差甚远。课程实践实习深度不够，实习层面上，我们主要限于安排学生在酒店实习，且主要集中在基层服务领域，景区、旅行社的实习活动虽有开展，但还不够完善。下一步应扩大实习范围，向旅行社、旅游车船公司、旅游景区、旅游咨询企业等方面扩展。实习管理偏差，实习目标制订不明确，实习的评价也没有明确地反馈给学生，对处在实习岗位上的学生缺乏及时地业务、职业发展指导、沟通和管理，致使学生实习满意度低，对行业认同感低。

（3）专业定位不突出，基本上还是遵循传统，涵盖酒店管理、旅行社、旅游景区的企业服务管理，重心、特色不突出。人才培养和就业层面上层次不高，多是饭店、旅行社、景区服务方面的基本层次，旅游企业经营管理、旅游市场营销、旅游娱乐、旅游规划、旅游产品开发、旅游景区管理、旅游物业管理、会展旅游管理、旅游电子商务、度假旅游网络管理、旅游信息管理等高层次所占比例较小。

（4）师资力量相对薄弱。旅游管理是实践性和应用性非常强的专业，特殊的专业特征要求其教师必须具备较强的理论联系实际的专业能力和丰富的一线工作的经历，而现实情况是教师普遍缺乏实战经验，那些具备一线工作经历的人又很难跨越高校教师在职称、学历和科研方面的门槛。虽有行业外聘专家、客座教授，但在一定程度上受各因素限制，外聘专家还没有真正参与实施人才培养的过程。

（5）学生对行业的忠诚度和认同度低。根据本文对济南六所有旅游管理专业的院校（包括济南大学）的学生的调查，关于"你喜欢旅游管理这个专业吗"这一问题，只有30%的学生选择了"喜欢"，而57%的学生选择了"一般"，79%的学生认为中国旅游业的发展前景"很好"，但只有2%的学生认为目前旅游业的就业形势"非常好"，58%的学生认为就业形势"一般"，有35%的学生认为就业形势"严峻"。对"毕业后你是否会从事旅游相关的工作"这一问题，58%的学生选择了"不一定"，而18%的学生选择了"彻底改行"，选择在行业内就业的学生只占少数。当然，学生选择就业行业的原因有很多，有社会原因、个人原因、行业原因，但作为培养人才主体，学校还需要加强专业教育认知，提升学生能力，提高学生就业层次，培育学生的行业忠诚度。

三、旅游管理专业人才培养优化的建议

1. 树立起明确的教育观念

在当代社会，旅游管理专业人才培养模式应该树立起以能力本位，培养学生实践能力、持续学习热情和能力的教育观念。教育观念不仅应该符合中国教育的目的、符合社会的需求以及旅游市场的需要，同时必须具有远瞻性，即需要为学生的可持续发展考虑。教育观念不应该仅仅局限于重视学生理论知识基础的培养，还应该注重学生实践操作能力的培养。同时最重要的、也是现在被大多数人忽视的，就是培养学生终身学习的热情和能力。在这个学习型的社会中，学生能否更好更快地融入社会，适应这个不断变化中的社会，决定性因素就是学生的终身学习能力。教育观念是整个旅游管理专业人才培养模式的基础，以后所有环节的设置都是以此为基石。因此，学院的人才培养模式必须有明确的教育观念，并将其渗透到其后持续的过程中去。

2. 准确定位培养目标

培养目标是对学生知识能力的定位，决定着人才培养的模式，决定了教材、教学方法、课程设置等的不同，也在很大程度上决定了毕业生的就业方向和职业取向。过高的培养目标和过宽的专业设置会导致学生的学习目标不明确、专业不突出、思想不稳定等问题；过于理论化、学术化的培养方向，将导致学生专业技能的缺乏和职业适应能力的薄弱。

文化和旅游部在《关于贯彻落实党的十七大精神的意见》中，依据我国旅游人才市场需要，强调"培育一支由多层次、多专业组成的，以应用型和高技能型人才为重点的旅游人才队伍"，这适用于我国旅游教育的总体定位。我国教育部于1998年颁布

的《普通高等学校本科专业目录和专业介绍》中，对旅游管理专业本科培养目标作出如下规定："本专业培养具有旅游管理专业知识，能在各级旅游行政管理部门、旅游企事业单位从事旅游管理工作的高级专门人才。"

在此前提下，培养目标的构建应结合学校和学院自身的实际。鉴于学院已有酒店管理专业，旅游管理专业应在培养旅游行业的高级应用型专门人才的总目标下，进一步划分层次、细分方向，根据行业发展可设定旅行社经营管理、旅游景区管理、旅游项目策划、旅游电子商务等方向，使培养子目标更专门化、鲜明化。

3. 构建应用复合型人才培养基本模式

根据旅游管理专业特点和行业人才需求的实际情况，学校应以学生能力为本，素质为核心，知识为基础，紧密围绕自身的人才培养目标定位；以培养基础实、能力强、具有创新创业意识、良好职业素养，具有国际视野的高素质应用型人才为主要目标，积极构建复合应用型人才培养的组织体系和运行机制来保障培养方案的实施；以"三进阶、三结合"为基础，建立"3+3"应用复合型人才培养模式，如图1所示。

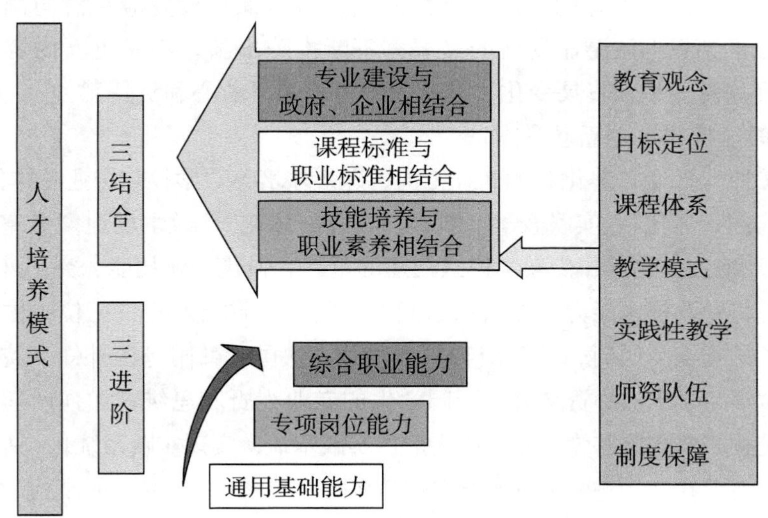

图1 "3+3"应用复合型人才培养模式

此外，遵循协同教育的理念，学校应通过吸纳旅游与酒店行业、旅游与酒店研究机构、旅游行政机构等的力量，培养综合性的、应用型的高素质人才；完善与韩国、我国台湾地区等大学的人才合作培养，实施项目制培养方式改革，积极探索与国外高校进行人才联合培养，积极探索现代职业教育体系。逐步形成"素能结合、理实一体、学创相融"的人才培养特色。

4. 优化课程体系和教学内容

课程体系的设置及教学内容的优化要将学位教育与职业教育相结合，采用扩散型的思维方式，主动适应经济全球化与经济新常态，以培养具有国际竞争力的复合应用型人才为目标，基于"能力本位"与"素质优先"，以岗位分析为切入点进行课程体系设计。

旅游管理高等教育既是学位教育，也是职业教育。在培养目标、课程体系、实践环节等方面要反映该专业的职业教育特点，但作为学位教育，在教育体系上除了职业教育的内容外，还应包括公共教育、专业基础教育和学生“自由选择学习”的内容。首先要体现学科性，旅游管理专业是与管理学、经济学、文化学、人类学等学科有着紧密联系的交叉性学科。其次应体现行业性，旅游管理专业作为应用性、交叉性、综合性很强的学科，理论性与实践性并重。这一专业所培养的人才不仅要有一定的专业理论素养，还要有较强的实际操作技能，因此，培养应用型高级专业人才的旅游管理专业不仅要提高学生的理论知识水平和业务素养，培养其管理素质，挖掘其管理潜能，还必须培养学生的职业能力和职业道德。学院应着眼于学生未来可持续发展能力的培养，体现对学生综合职业能力养成的重视，突显对学生专业核心能力的打造，避免传统学科式课程体系中片面注重理论知识灌输或单纯强调学生操作技能掌握的弊端，将职业道德、职业意识、职业素养等渗透到整个课程体系中去，给学生以充分的工作过程体验，使学生在毕业后能在最短的时间内实现零距离就业，并展现出良好的发展后劲。随着旅游企业经营管理的集团化和国际化，教学课程设置应注意与国际接轨，借鉴国际行业标准，根据旅游业发展的需要，不断推陈出新，不断更新内容，使学生能及时了解世界旅游业最新发展变化，开阔眼界，增强事业心和责任感。

5. 改革教学模式、创新教学方法

学院应按照“四个一体化”的建设方向，即人才培养“学校与企业一体化”、教学内容“理论与实践一体化”、实践教学“校内与校外一体化”、教学场地“教室和实验室一体化”，将应用能力的培养作为教学模式构建的重点。强化专业技能、突出外语能力、提升人文素养，将专业技术能力、外语沟通能力、创新素质能力的“三位一体”培养模式作为教学改革的重点。同时，学院应当与新加坡、法国、韩国等国外知名院校加强双向联合，增进教学与学术的师资交流，开阔学生的专业视野和思维；加强产学研的进一步深度结合和挖掘，建立旅游管理专业的生产性实践基地，实现实践系统化、基地效益化。

旅游管理专业在教学中，应充分发挥“教师引导，学生为主”的现代教育理念，广泛采用包括讲授、讨论、作业、辅导、实践、测试等教学方法，从而产生良好的教育与培训效果。同时辅以个人准备、小组讨论、分组演练、典型表演等多种课堂组织形式，加深学生对知识的理解，提高其解决实际问题的能力，同时也增强教学的生动性，增强学生的学习兴趣。为进一步挖掘多媒体教学等现代教学手段的效用，学院应引入教学系统软件，实施网络教学，利用最新教学软件，把实际业务操作环节搬到课堂上。

6. 加强和完善实践性教学

学院应构建立体型实践教学体系，继续完善以“认识实习 + 综合实习 + 毕业实习”为主导，涵盖“酒店 + 旅行社 + 旅游景区”的实习体系。学院应更新实践教学内容，增加综合性设计性实践项目。加强酒店管理专业实践基地建设，学院既要重视基地的教学功能，又要考虑基地的科研功能，以基地为基础，建立教学、科研、生产三结合的教学模式，提高学生的实践能力与创新能力。同时学院应继续拓宽管理岗实习，提升学生实习层次。在“互联网 +”的新常态背景下，学院应开辟新的专业实习综合领域，积极推动与在线旅游运营商以及在线旅游平台企业的实习合作，例如，与去哪儿、携程、途牛等进行实习洽谈与合作，拓展实习就业领域，形成涵盖“酒店 + 旅行社 + 旅游景区 + 旅游咨询中心 + 旅游规划中心 + 旅游电商”的实习体系。教师应认真研究确定各实践教学环节的设置、任务及目标考核，对各类教学实践环节从细节上加以控制，保证实践教学环节的质量。

7. 建设高质量的师资队伍

“人才是最宝贵的资源”，教师是人才培养的关键。建设高质量的师资队伍要做到以下几点：首先，在旅游管理专业教师培养方式上，走校企结合、产学研结合的路子。让旅游管理专业教师到企业实践，把解决教师理论脱离实际的问题作为提高教师素质的突破口。同时，旅游管理专业要朝“双师型”方向发展。其次，聘用旅游企业的管理者、旅游行业行政官员、现行旅游行业资深从业人员做兼职教师，建立起一支专职与兼职相结合的教师队伍，以此达到对旅游管理专业教师要具有丰富的旅游业阅历和经验、广博的知识、开阔的视野以及具有从事旅游实证问题研究能力的要求。这样，对我校旅游管理专业长远发展也起着重大的作用。

为了保证旅游管理专业的办学水平，我系确立了中远期师资队伍建设目标，一是招收一批旅游专业优秀博士毕业生以充实本专业的教学力量；二是从现有教师队伍中选派有发展潜力的教师赴知名旅游管理院校进修；三是采取相应措施鼓励教师获取相关职业资格证，尽快培养一批双师型教师，通过 3 ~ 5 年，逐渐把本专业建设成为一个具有雄厚双师师资实力的专业。

参考文献

［1］黄文．中国旅游迅猛发展院校人才培养与市场需求脱节［N］．中国教育报，2008 - 12 - 09.

［2］李力，沈雅雯．我国旅游高等院校酒店管理专业人才培养模式解析［J］．旅游论坛，2011（2）：120 - 125.

［3］孙淑荣．国内外旅游管理人才培养模式评析［J］．高教论坛，2015（4）：40 - 43.

［4］孙淑荣．基于学生可持续发展的酒店管理本科专业课程体系探究［J］．高教论坛，2012（2）：22 - 24.

［5］曹洪珍，王颖．旅游管理应用型人才培养探讨［J］．当代经济，2008（2）：104 - 105.

作者简介：

孙淑荣（1975—），济南大学商学院副教授，硕士，研究方向为旅游管理。

梅青（1970—），济南大学商学院教授，硕士，研究方向为旅游管理。

高校物流工程专业建设研究

王光玲　崔　巍

摘　要： 本文从分析高校物流工程专业建设的必要性入手，剖析了高校在物流工程专业建设过程中存在的培养目标与需求脱节、课程设置及教材使用缺乏规范性、物流师资力量相对薄弱以及实践实训教学投入不足四个方面的问题，并对此提出了推进高校物流工程专业建设应该采取的对策：高校应实行定制化人才培养，加强课程体系建设，加快师资队伍建设以及搭建实习实训平台。

关键词： 物流工程；物流人才；物流专业建设

物流工程专业作为一门新兴的学科，在发达国家已有较早、较全面的研究，并形成了一系列的理论和方法，在指导物流产业的发展中发挥了重要作用。中国的物流业尚处在起步发展阶段，与发达国家相比仍有较大差距。除了市场环境、体制与机制等方面的原因之外，包括物流工程硕士在内的中高级物流专业人才紧缺是制约物流业发展的主要“瓶颈”。因此，加强高校物流工程专业建设，培养满足企业与社会各个方面所需的中高级物流专业人才显得迫在眉睫。

一、高校物流工程专业建设的必要性

（一）加强专业建设是实现高校物流工程专业人才培养目标的前提

高校物流工程专业人才培养目标是，通过加强物流工程专业的建设，使学生掌握物流工程领域的物流与供应链基础理论、物流工程技术与物流工程管理知识，具有独立从事物流工程设计、工程研究、工程开发、工程实施以及工程管理等能力，同时，注重学生综合素质的培养，学生应具有健康的体魄和心理素质，富有合作精神和环境适应能力。物流工程专业人才通过在高校学习企业管理、物流管理、供应链管理以及经济和法律等方面的相关知识，既能够熟练运用现代物流管理与研究所必需的分析方法和工具，在各类工商企业和物流企业从事企业管理、物流管理、物流设施规划与设计等工作；又能在政府部门从事物流园区和工业园区物流规划及业务管理等相关工作，还可以在高校和科研机构从事企业管理、物流管理等教学、研究及咨询服务等工作。这就需要高校能够按照企业岗位需求，加强物流工程专业建设，培养符合目标要求的物流工程专业人才。

（二）加强物流工程专业建设是满足企业对物流专业人才需求的途径

企业的发展离不开专业人才的支撑，智慧物流体系的建设正在深入开展，大数据系统甚至可以计算出每个包裹需要多大的纸箱，从而做到绿色环保。中国的物流业已经连续多年排名世界第一，企业庞大的工程量需要专业人才的技术指导。在中国物流业最大的智能分拣工厂，要确保包裹在最短时间内全部发出，必须依赖先进的物流设备，其中分拣机器人 5 分钟计算量等于一个繁忙机场一天航班起降的计算量。物流企业需要物流专业人才具备良好的专业素质来操控设备资源，充分利用好现有设备帮助企业完成目标任务。因此，加强物流工程专业建设，是满足企业对物流高素质人才需求的重要途径。

二、高校物流工程专业建设过程中存在的问题

（一）培养目标与需求脱节

当前，高校物流工程专业的培养目标是培养物流工程领域的应用型、复合型高层次工程技术和工程管理人才，但部分高校物流工程专业实际设置相对落后，人才培养方案修订不及时，不能满足物流企业对人才的需求，不符合国内物流行业快速发展的需要。物流工程专业的教育教学难以满足市场需求，针对企业特定需求的人才在培养方面仍有所欠缺，没有达到企业的预期效果。表现在教育方面，物流工程专业教学重理论而轻实践的问题比较突出，培养目标更多地要求学生掌握物流工程领域的理论知识，对于理论结合实践的动手能力要求相对较低，难以实现真正的校企对接，导致社会需求缺口扩大。表现在就业方面，物流工程专业毕业生就业的结构性矛盾突出，高素质专业人才紧缺。因此，物流工程专业急需通过系统化专业建设，提高人才培养质量，提升专业服务产业的能力。

（二）课程设置及教材使用缺乏规范性

物流工程专业作为一门新兴的学科，相较国外的水平，中国的发展研究目前尚处在起步阶段。我国物流工程专业主要是在相关专业基础上“擦边”设立，或者是依托原来相近似专业转变而来，因而发展并不完善，仍然存在许多问题，导致了目前高校物流工程专业课程设置缺乏规范性，与企业对人才的需求尚有一定差距。同时，物流工程专业教材种类混乱，缺少权威性，未能形成有利于学科建设的教材体系，造成物流工程专业在研究与创新方面能力不足，这些问题直接导致了学校教学内容和实际工作情况不能紧密契合，不能结合物流企业具体的岗位需求进行针对性地培养，培养出来的学生和物流产业的人才需求存在一定的差距。

（三）物流师资力量相对薄弱

当前，部分高校物流工程专业的教师主要是其他学科带头人，自身主要研究方向为物流工程专业的教师相对较少，缺少集丰富理论知识和相关实际工作经验于一身的教师，无法解决企业快速发展带来的现实技术问题，导致校企合作难以深入。在物流工程专业师资引进方面，部分高校的师资队伍呈现出年轻化、高学历的优势，但其中的大多数人没有参与过企事业单位的实际经营管理工作，缺乏解决物流管理中存在问题的各类实践经验。同时，少数优秀教师占用了多数培养资源。一方面，学校热衷于推荐少数学术骨干和带头人参加各类培训、交流和进修，希望他们在各项培养计划中继续成长，成为知名学者，以增强高校的核心竞争力；另一方面，在师资队伍中也有这种共识，人们理所应当地认为这些优秀教师应该优先选择各类培养计划，造成两极分化的情况出现。另外，部分高校高水平的学术交流活动以及培训机会较少，也制约了教师团队的发展，不利于物流工程专业教师队伍的培养。部分高校虽实行了“双师制”，采取校内导师与校外兼职导师相结合的办法，但校外导师发挥作用有限，没有达到应有的效果。

（四）实践实训教学投入不足

物流工程专业作为一门偏重应用型的专业，专业培养的直接目的就是使学生能够把学到的物流知识在产业发展中学以致用，提高物流产业的技术含量，并以此推进物流产业的发展。理论和实践作为物流工程专业的两个基本要素，具有几乎同等重要的价值，专业实践更是物流工程专业重要的组成部分，应该引起足够的重视。但目前部分开设物流工程专业的高校中，有些高校没有实训基地，有些高校的实训基地建设存在着规模小、力量薄弱，与实际物流作业不相符的状况，同时学生的实习机会只有学校组织的集中毕业实习，难以保证实习所需，使得物流工程专业的学生在校得到亲身实践的机会相对较少，所学理论知识只能使学生对企业物流有一些大概了解，对提高技能方面的效果并不十分明显。同时，部分教师在教学过程中也未能充分整合社会企业资源来为实践教学服务，学生所学理论知识不能很好地运用到实践中，导致岗位技能水平不高。实习效果差，必然使得教学内容与实际脱离，这与物流学科的高务实性和实践性相背离，容易造成物流工程专业人才的匮乏，增加用人单位的成本。

三、推进高校物流工程专业建设的对策

（一）实行定制化人才培养

高校应该积极开展调研工作，根据当地物流资源和地方区域需求及产业发展形势确定培养发展方向。高校可以及时跟踪市场需求变化，主动适应行业发展的需要，有针对性地调整培养目标。根据学校的办学条件，将“依托市场、服务区域经济”作为

出发点，通过实地调研和实践及专家访谈的形式，结合周边整体经济布局和物流资源，确定物流专业的培养方向。比如发达地区的城市，铁路交通网发达，可以考虑设置铁路物流的专业方向；沿海地区城市，海运交通便捷，可以考虑设置港口物流的专业方向。同时，高校也可以通过加强与企业的联系沟通，了解企业对物流人才的实际需求，争取与企业进行联合培养，这样学生也能够获得更多的实训机会。另外，高校在进行专业建设时，可以将专业进一步细分，在学生公共理论学习的基础上，依据企业需求和自身专业学习方向，让学生自主选择相应的物流工程研究领域，比如企业物流与供应链管理、大数据与智慧物流、供应链金融等，完成对学生的专业分流。总之，将物流工程专业人才培养目标细分，实行定制化的人才培养，依据学生自身的状况进行专业分流，将使学生学有所专，避免了学习的盲目性。

（二）加强课程体系建设

在物流业发展迅速的时代，为了满足企业和社会劳动力市场对物流人才的需要，高校必须明确培养目标，规范专业课程设置，对社会需求能够作出针对性的预测，使培养目标更具前瞻性。为此，高校在专业课程体系建设上，一是要针对运输配送、仓储、快递、采购、营销、信息等主要岗位设置具体专业课程，整合相关课程内容，动态调整、优化专业课程，形成规范的专业课程体系；二是要强化精品课程的建设，对专业课程和专业教材的设置注重系统化和规范化，使学生可以更有针对性地进行专业课程的学习。同时，由于物流工程专业范畴较大，与管理、信息等学科有较多交叉内容，专业的理论性和实践性都很强，因此高校可以将课程体系划分为相应模块，每一模块对应相应的能力结构，将专业课程与实践能力衔接到位，使每一门专业理论课程都能够配备有相应的专项实践训练，培养学生实际动手操作能力和实践技能。

（三）加快师资队伍建设

根据近几年高校招生情况来看，物流工程专业作为一门应用型学科，每年招生的人数不断增加，这就要求高校应该增加物流工程专业优秀教师的引进与培养，打造知识结构合理的教师队伍，使教师兼具物流实践技能和教学科研能力，以提高物流工程专业整体师资水平。为此，高校一是要加强对现有教师队伍的培训，鼓励教师积极参与高水平教研活动，不断提升学科教学质量水平；二是要增加学校教师与企业管理人员的交流沟通，邀请物流企业管理人员来校举办讲座，拓宽教师和学生的知识面，加深他们对企业人才需求的了解，寻找合作培养物流人才的途径方法；三是要健全教学管理制度，构建教学质量监控体系，制订相应的教学质量评价标准，使本专业各个环节的质量监控进一步落实到位，让学生更多地参与到教学质量评价中，提出科学合理的整改意见，促进专业教学水平的更快提升。

（四）搭建实习实训平台

高校通过组织学生到物流企业参观学习，能增强学生对物流企业的了解以及明确物流企业对物流人才的需求，激发学生的学习热情。因此，通过加强校企合作，构建产、学、研实训基地，选择符合高校实践条件的校外实训基地，并聘请生产、技术、管理层面的骨干人员，作为实习实训期间的兼职指导教师，确保实习的质量，显得尤为重要。学生可以在实习企业接受实践项目培训，参与业务运作和实践操作，完成学校要求的实习计划。对于实习时间的安排，既可以让学生利用高校教学规定的毕业实习阶段，也可以通过高校与企业联合培养，为学生提供假期到企业见习、实习的机会。同时，高校可以根据企业需求申请一些科研项目，与企业合作完成。这样，不仅能够发挥出学生的自身价值，提升其实践能力，企业也由此解决了某些现实问题，从而获得校企合作共赢的局面。

参考文献

[1] 谢斌．高校师资培养的效率与公平问题［J］，高教探索，2008（4）：127－129.

[2] 张得志．现代物流学课程教学模式探讨［J］．长沙铁道学院学报，2007（9）：96－97.

[3] 王婧．我国高校物流人才培养现状分析与对策［J］．中国水运（学术版），2006（10）：56－57.

作者简介：

王光玲（1964—），济南大学商学院教授，博士，研究方向为国民经济学；企业物流与供应链管理。

崔巍（1991—），济南大学商学院硕士研究生，研究方向为企业物流与供应链管理。

经济学专业教学质量监控体系的研究与实践

王　雷

摘　要：为不断提高经济学专业的教育教学质量，高校应通过监控体系的建立与实施，对整个教学过程实施质量监控，确保教学过程各个环节的有效运转，真正做到按教学自身发展的规律组织教学，运用科学的方法管理教学，同时注意调动师生在教与学当中的积极性、创造性，使经济学专业教学质量的提高进入良性循环的轨道。

关键词：经济学专业；教学质量；监控体系

一、教学质量监控体系构建的目的和意义

教学质量监控是把质量管理贯彻于整个教学活动始终的一项系统工程，既要加强教学基础建设，形成全面的教学质量保证体系，又要健全各项教学质量管理制度，形成系统化的教学质量监控体系；在科学地确立人才质量标准的基础上，不断规范教学质量的过程管理，依托健全的组织机构和科学的评价手段，形成系统化的教学质量管理运行机制和调控体系。因此，构建教学质量监控体系，就是将对教学质量产生重要影响的教学管理活动有机地连接起来，形成一个能够保障和提高教学质量的稳定、有效的整体，其主要功能是对教学活动实施监督和控制，从而实现提高教学质量的预期目标。

通过科学、完善的经济学专业教学质量监控体系建立与实施，一方面，能够对专业教学质量进行全面的了解，从而制订有关规章并付诸实施；另一方面，通过监控可以在教学过程中引入竞争机制，促进教师教学业务素质的提高，鼓励教师爱岗敬业，教书育人，不断改进教学方法，提高授课质量；同时，通过监控教学质量可以使学生终身受益，以保证经济学专业学生在大学阶段能获得高质量的教育，牢固掌握必备的经济学专业基础知识和基本技能。

二、教学质量监控体系的构建

（一）研究方案及实施

结合经济学专业普遍采用的课堂教学模式，教学质量监控主要以教师为对象，围

绕着课堂教学中教师的“教”的具体实际，从教学质量管理制度及监控体系的构建、构成及运行，教学质量评价体系的实施等方面进行系统地研究和实践，在强化管理，加强督导，建立健全信息反馈机制，重视评价和考核等方面，为确保教学质量提供保障，为培养基础理论扎实、综合素质高和能力强的复合型经济人才营造良好的环境。

教学质量监控体系是在全面、准确、及时地收集各种教学质量信息的基础上，形成信息交流和反馈的一种闭合式调控体系。在构建监控体系时，应坚持过程管理与随机调查相结合、状况调查与长期监测相结合、教师与学生相结合的原则，通过教学工作会议、教学工作检查、督导、信息反馈、听课、评价考核、毕业生质量调查，把专业、课程、教学、管理等一系列分散的要素，通过信息、评价、监督、控制和激励等措施聚合起来，彼此支持和配合，形成监控的整体，并对信息进行分析、处理和反馈，提出改进和加强教学质量的各种方案和措施，进一步修正和完善教学质量监控目标，从而形成一个完整的教学质量监控体系，如图 1 所示。

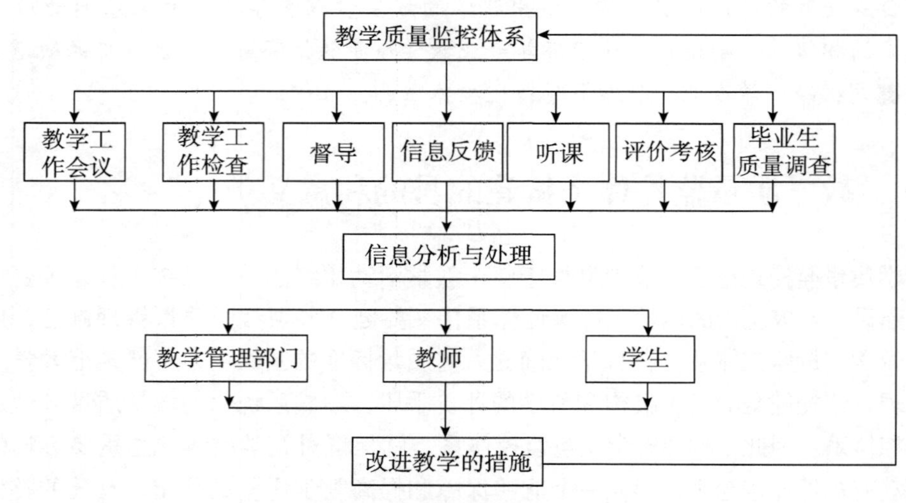

图 1　教学质量监控体系

（二）教学质量监控体系的内容

教学质量监控体系的具体内容主要集中在以下三个方面：一是制订教学质量监控标准；二是健全教学质量评价体系；三是建立健全教学质量监控信息反馈体系。

教学质量监控就是对教学质量进行评价、监督和调控，使教学质量达到预期目的的过程。教学质量监控包括评价、反馈、调节三个主要环节，其中，评价是手段，反馈与调节才是真正的目的。

1. 制订教学质量监控标准

为实现教学质量管理的科学化、规范化和一体化，配合教学质量监控体系的构建，高校应制定一系列教学质量监控标准。这些监控标准应包括教学改革、教学管理、考试管理、实践教学、教学基地建设、教学评估等各个方面，具体来说：应进一步完善经济学专业教学大纲编写与教材选用制度，规定和保证教学大纲及选用教材的质量标准；建立教学计划编制制度，在教学计划制订过程中进一步强调要注重调查研究社会、经济和科技发展对人才的要求，特别重视论证并通过论证确定专业办学定位、培养目标和与之相适的人才质量标准，并以此来调整经济学专业的课程设置和组织开展教学，为经济学专业的教学质量监控提供科学规范的依据和标准。

2. 健全教学质量评价体系

教学质量评价体系是对教学工作进行价值判断的系统测量和调查，是教学质量监控体系中不可缺少的一环。高校可以通过教学评价及时掌握教学系统运行中的动态信息，实现自我诊断，发挥自我完善和自我提高功能，从而在教学管理中有效地实施指挥、协调和监控，使人才培养质量尽可能地达到培养目标的要求。

教学质量评价体系包括课堂教学质量评价、专业与课程设置评价、实践教学质量评价，具体来说如下。

（1）课堂教学质量评价

课堂教学质量的提高是高校提高教育质量的关键。高校应探讨建立一套切合实际，适合经济学科发展且能体现人才培养特点的课堂教学质量评价体系，从而实现并建立起经济学专业的全方位、多层次、立体交叉的课堂教学质量评价体系。对教师教学态度、教学方法和教学效果进行评价的同时，也应当对学生课堂表现、课外学习努力程度、自主学习能力等学生因素进行评价，体现教师“教”的质量与学生“学”的质量相互联系和统一。

①对“教”的评价。涉及教师的教学态度、教学方法、教学效果、教学特点、课外指导和帮助等内容。在评价过程中，应综合运用听、评、考、查手段，对教师教学水平进行全面评价。

②对“学”的评价。学生是教学的主体，教学效果的好与坏，最直接的表现便是学生学习的效果。通过对“学”的评价，可以让学生专注学业，促进学生专业理论水平和实践技能的提升。因此，可以对学生从理论水平及实践技能两个方面进行评价：对学生理论水平的评价，可以通过考试获得，也可以通过教师和学生的互动而获得；实践技能的评价则依靠教师通过学生参与实践的表现给予评价。

（2）专业与课程设置评价

高校首先应当打破各专业界限，统一设置基本课程模块，按经济专业大类构建专业知识体系和专业技能平台；其次，根据经济学科的特色和优势，设置和调整专业和后期分流专业方向，形成与学科门类相符且适应人才需求多样性的专业课程体系。课程设置评价涉及课程结构、课程组织、课程考核方式、课程学习量、课程质量和课程管理。

（3）实践教学质量评价

经济学专业实践教学与理论教学是相辅相成的，它对于配合理论教学，培养学生分析问题、解决问题的能力和实际操作技能，达到培养方案中所提出的学生培养目标具有特别重要的意义。实践教学质量评价是把影响实践教学质量的教学管理和运行活动有机地联系起来，对实践教学环节包括毕业设计、实验课、实习教学等进行监控，使其达到实践教学目标体系的要求。

3. 建立健全教学质量监控信息反馈机制

监控的根本目的是通过评价不断发现问题、改进教学、提高教学质量。现代教学质量监控更加强调其矫正、改进功能。因此，必须建立健全教学质量监控信息反馈机制，要将教学质量信息经过诊断和整理后，反馈给被评价者，帮助教师了解教学活动的成绩与缺陷，判断并预测教学发展的趋势，有的放矢地调整教学内容，变化教学方法，改变教学进度，从而有效地调控教学过程，使教学过程保持良好的动态平衡，朝着教学目标推进。

教学质量监控信息反馈机制应包括以下几个方面：

（1）常规教学检查反馈调控。及时查找和纠正教学工作中存在的问题，对问题开展总结研究，推动教学工作的持续改进。

（2）教师课程教学质量评价反馈调控。科学设计评价方案，进一步加强教师课程教学质量评价结果的应用，充分发挥其正面导引作用，促进教师改进教学方法和手段，提高教学水平。

（3）学生教学信息反馈调控。选择学生担任教学信息员，及时收集、整理学生的意见和建议，并反馈至教师，促进教学改革的深化和教学质量的提高。

（4）人才培养质量反馈调控。了解用人单位对毕业生的看法以及社会对专业人才培养的意见和建议，及时调整人才培养方案，使经济学专业人才培养方案与社会需求保持动态的适应性，通过不断调查、挖掘学生和社会对经济学专业教学的需求，持续改进教学质量监控体系，不断提高学生和社会对经济学专业教学质量的满意度。

学校通过对反馈信息的利用，进而建立有效的教学活动激励机制和规范的教学行为约束机制。监控体系的建立在注重“以学生为本”的同时，也应以“教师为本”，注意体察教师心理，解除其顾虑，以评优、评先进典型，促进教师教学水平的提高。通过对教学、科研成果奖的评选，充分调动教师的主观能动性和从事教学研究和教学改革的积极性，激励和鞭策教师不断提高课堂教学质量。学校要建立规范的教学行为约束机制，使各项教学活动和教学环节有章可循，如制定教学事故认定及处理条例，以体现在教学过程中不但要“量”，更追求“质”；在职称评审及其他教学评奖项目资格申报中，对教学质量达不到要求的教师实行“一票否决制”；对学生信息反馈中发现的问题及时给予纠正等，这些措施有利于促进教师提高自身业务素质和授课质量。

三、教学质量监控体系与教学质量评价的实践

经过不断地研究、完善和试运行，现我国高校已初步建立起全员参与、全程管理、全面介入的教学质量评价系统和层次结合、上下贯通的教学质量监控运行机制，并取得一定成效。

1. 规范了教学过程，完善了教学管理

教学质量监控体系通过多种信息渠道来完成对教学质量的监控和督导，达到强化教学管理，改进和加强教学工作的目的。通过几年来教学质量监控工作的实施，增强了经济学专业教师的质量意识，规范了教学过程。教学监控程序和方法的科学与完善，加强了教学管理和课堂教学的基本建设，使高校能够准确地获得课堂教学反馈信息，以便及时指导和控制教学工作，保证了课堂教学合理、有序、平稳地进行。

2. 提高了教师教学水平和教学工作的积极性

在教学质量监控进程中，高校根据自下而上的全面评价与自我评价和同行评价相结合的原则，充分依靠教学督导员，运用听课、学生评教等评价方式，对教师的教学态度、教学能力、教学内容、教学手段、教学效果及学生的学习态度、考试成绩等作出内容比较具体的科学评价，促使教师在教学过程中不断调控自身的教学方法和手段，优化教学。

3. 保证人才培养质量

通过教学质量监控体系的运作，教学过程中注重“质”的提高已成为教师的自觉行动，同时教学质量评价工作的开展也促进了人才培养质量的提高。从对毕业生质量追踪调查的总体情况来看，用人单位对经济学专业毕业生的政治素质、业务能力评价较好。

参考文献

［1］张雪昆. 完善经济贸易金融类专业教学质量监控机制［J］. 中外企业家，2012（12）：139－140.

［2］LIU LIANXIN，LIU YU，SHI GUANGXIA. Study on the Analytic Hierarchy Process and Fuzzy Comprehensive Evaluation on the Quality of Teaching［J］. Journal of Chemical and Pharmaceutical Research，2014（2）：89－95.

［3］JING YAPING，SHAO PEIJI，LI CHENGGANG. Students' Ability Evaluation Structure Model of Local Finance and Economic Universities［J］. Management Science and Engineering，2013（3）：103－110.

［4］吴虹. 建立健全高校二级学院教学质量监控体系的思考［J］. 湖南师范大学教育科学学报，2009（2）：110－112.

作者简介：

王雷（1964—），济南大学商学院副教授，硕士，研究方向为经济学。

基于创新能力培养改革实践教学模式*

王艳芳　宋　磊　郭春燕

摘　要： 实践教学是高等院校培养具有创新能力的应用型人才的重要环节，是学生创新意识和专业实践能力培养的重要途径。本文分析了电子商务专业实践教学存在的问题和不足，在此基础上，结合生本教育理念，根据专业特点，探究以提高学生创新能力为教育目标，以生本教育、拓展实验类型、重视学习趣味性为主，以项目训练和竞赛指导为辅的实践教学体系。

关键词： 创新能力；实践教学；教学改革

21 世纪是一个创新的时代，社会越来越需要具有创新意识和创新能力的高素质专业人才，是否具有创新性也成为现在企事业单位招募人才的重要标准之一。实践教学是高等院校培养具有创新能力的应用型人才的重要环节，是学生创新意识和专业实践能力培养的重要途径。“十三五”规划教育把提升人的发展能力作为发展目标，非常重视高校创新型人才的培养，因此可以看出，培养学生的实践创新能力在高校人才培育中至关重要。

电子商务专业是一个新型交叉学科，其培养目标是培养具备人文素质与科学素养，基础扎实、实践能力强、具有创新精神的高素质应用型专门人才。由此可以看出，电子商务专业是一个对于实践教学和创新能力培养非常重视的学科。本文旨在通过分析目前电子商务专业实践教学的现状，分析其存在问题和不足，然后结合电子商务的专业特点，基于学生创新能力的培养，构建电子商务专业的实践教学模式，以保证高校人才培养的质量，提高电子商务专业人才的就业竞争力。

一、电子商务专业实践教学现状分析

电子商务专业是一个对实践性要求较高的学科，为了培养适应社会需要的具有创新能力的应用型人才，我国高校在人才培养方案、教学内容设计、教学方法等方面也不断地在进行修订和改革，虽然取得了很大的进展，但仍然存在很多问题和不足。

* 基金项目：济南大学教学研究项目“基于学生创新能力培养的电子商务专业实践教学模式研究”（J1613）。

（一）实践教学缺乏对培养创新能力的重要性的认识

受传统教学观念和教学方法的影响，国内各种级别的高校课堂，仍然以教师为中心，重理论、轻实践。教学方法多采用填鸭式，将知识直接灌输给学生，没有将实践教学作为提升学生创新能力和意识的关键环节，没有充分地认识到实践教学对培养学生创新能力的重要性，这样培养出来的学生只能是知识型人才，缺乏创新意识和创新能力。

（二）实验形式单一致使创新能力培养不足

1. 课内实验和课程设计

电子商务专业是一门实践性比较强的学科，因此其专业课基本都配有课内实验。课内实验在一定程度上能起到使学生巩固所学理论知识的作用，但是其中演示型和验证型的实验占有很大的比重，这两种类型的实验一般是由老师把实验内容和实验过程简单地讲授给学生，让学生根据实验要求通过简单的观察和操作完成验证。课程设计是为了学生更好地掌握某门课程或某几门课程的知识而设计的综合类实验课程，目前大部分的课程设计也是由老师设计好题目，让学生在题目的要求范围内完成设计任务，因此也缺乏对学生创新能力的培养。

2. 实习实践环节

高校电子商务专业的实习环节一般包括认识实习、生产实习和毕业实习。认识实习一般安排在大学二年级，主要让学生了解企事业单位的业务处理过程及电子商务应用状况。生产实习安排在大学四年级，让学生熟悉企业、事业单位电子商务实施及运营情况，能够得到实际工作能力的培养。毕业实习也安排在大学四年级，主要是结合学生的毕业设计（论文）题目，让学生到有关企业、事业单位或科研部门进行专题实习和调研，收集有关资料，完成毕业实习报告。实习环节对于学生通过实践加强对理论知识的掌握和巩固，具有很强的促进作用，但并没有强调对于创新能力的培养。

（三）忽略学生学习的趣味性

当前大部分高校的实践教学都以教师为中心，采用填鸭式的教学方法给学生灌输知识，在进行课程实验、课程设计或实习实践时，教师按照培养方案和教学计划给学生分配任务和提出要求，并没有以学生为主，考虑知识的趣味性，学生在学习过程中只是被动地按要求完成任务，学习缺乏主动性，也缺乏创造性思维，因此创新能力并没有得到提高。

（四）项目带动和竞赛指导方面，教师积极性不高致使创新能力培养不足

本文通过对济南大学商学院电子商务专业三年级的 70 名学生进行调研得知，有 80% 的学生愿意跟着教师做项目，希望通过科研训练培养自身的专业技能和创新思维，但是调研结果显示只有 1% 的学生参与过教师的项目实践。鉴于电子商务专业的特点，

济南大学已经高度重视电子商务领域的各种创新创业竞赛对于培养学生动手能力、创新能力提高的作用，学生的积极性也非常高，从大一就开始关注各种竞赛。但目前存在的问题是积极指导学生的教师不多，大部分教师并没有积极地去指导，而是被动地等待学生来找。

二、以提高学生创新能力为教育目标的实践教学改革

在深入分析目前存在问题和不足的基础上，本文结合生本教育“一切为了学生，高度尊重学生，全面依靠学生”的理念，根据电子商务专业的特点，探究以提高学生创新能力为教育目标，以生本教育、拓展实验类型、重视学习趣味性为主，以项目训练和竞赛指导为辅的实践教学体系。

（一）以提高学生创新能力为教育目标

把提高学生创新能力作为实践教学的教育目标，是适应社会发展和需求的考虑。将培养创新能力作为教育目标，可以将理论知识、实验实践很好地融入实践教学。将生本教育、拓展实验类型和重视学习趣味性作为主要途径，有助于提高学生学习主动性，使学生在实践中积极思考解决问题，培养其创造性思维。以项目训练和竞赛指导作为辅助手段，可以让学生在巩固所学知识的基础上，将专业知识能动地应用到具体的科研训练和项目实践中，鼓励学生撰写科研论文和参加电子商务大赛，通过科技创新不断提高创新能力。

（二）以生本教育、拓展实验类型和重视学习趣味性为主

生本教育就是要改变以教师为中心的填鸭式教学方式。在电子商务专业的相关课程中，可以实施学生为主、教师为辅的教学改革，让学生主动去学习，并且开放实验室，让学生根据自己的喜好选择实践题目，利用所学专业知识制订设计方案，提出创新型的观点，并在实验平台上进行实践，这样可以培养学生的创新能力。

（1）拓展实验类型

在课内实验和课程设计中，除了“验证型”和“演示型”实验以外，教师要多从专业的角度布置“设计型”的实验，引导学生利用所学知识，提出创造性的观点解决问题，从而完成实验报告，提高创新能力。在实习实践中，教师在布置实习任务时，要多与企业相关人员交流，启发学生在观察或者实际操作时多思考，从而培养学生的创新性思维，激发其创造力。

（2）重视学习趣味性

对于提高学习趣味性，一方面，教师在实践教学时，可以考虑采用带有趣味性的教学软件和教学方法，使学生在快乐的学习氛围中掌握枯燥的知识点；另一方面，教师在设计实验题目时，要与时俱进，紧扣社会发展的要点，琢磨学生的兴趣爱好，同

一实验可以设计多个题目，让学生根据喜好进行选择，这样可以促使学生学习的主动性，从而提高其创新能力。

（三）以项目训练和竞赛指导为辅

对于有科研项目的教师，可以将项目分解，分配给学生，与学生组成一个团队。这样不但可以锻炼学生的动手能力，还可以将理论知识融入具体的项目，使学生尽早地了解社会需要，而且可以提高学生的实践应用能力，进而提高创新能力。学校要加强培养学生的创新意识和创新能力，使学生及早了解工业界、了解社会实际，锻炼实际才干，设定各种大学生竞赛项目，老师在平时的教学过程中要鼓励学生多多参与和申请。

当前，学生参加各种商务竞赛和“三创赛”（全国大学生电子商务“创新、创意及创业”挑战赛）的热情都很高，从大一开始就参加各种赛事。因此，教师应该充分发挥自己的专业技能，积极主动地指导学生参加各种竞赛，并根据各种赛事的特点，在实践教学中有针对性地融入比赛的内容，鼓励全员参加竞赛，提高学生的科技创新能力。

参考文献

［1］杨东占．高等学校创新能力提升的几点认识［J］．中国高校科技，2014（3）：13－16.

［2］冯永新，田明浩，刘猛，等．以创新能力培养为主线的实践教学多元驱动机制的探索与实践［J］．哈尔滨职业技术学院学报，2016（1）：85－87.

［3］董发勤，彭煜，晏斌，等．建构开放式实践教学体系　强化学生实践和创新能力［J］．中国大学教学，2011（10）：67－69.

［4］邓广涛，崔志恒，赵俊伟，等．改革实践教学管理　培养创新能力［J］．实验室研究与探索，2013（6）：349－352.

作者简介：

王艳芳（1978—），济南大学商学院讲师，硕士，研究方向为电子商务、信息管理。

宋磊（1978—），济南大学商学院副教授，硕士，研究方向为信息管理。

郭春燕（1976—），济南大学商学院讲师，硕士，研究方向为信息管理。

标准化工程本科专业发展前景分析

王 悦 王 鑫

摘 要：标准化人才是标准化事业创新发展和建设标准强国的关键。本文围绕标准化工程本科专业，论述了标准化工程专业的发展背景，阐述了标准化工程专业的细分，并在此基础上，对标准化工程专业的学科方向、研究动向以及学生去向作了进一步分析，旨在为中国标准化专业或学科建设和标准化人才培养提供借鉴和参考。

关键词：标准化；工程专业；特色

在经济全球化的背景下，技术专利化、专利标准化、标准国际化正逐渐成为国际竞争的新法则。要建成支撑国家治理体系和治理能力现代化的国家标准化体系，扩大“中国标准”的国际影响力，那么国家和地方各级业务部门、标准化管理与监督机构、企事业单位的相关标准化管理、咨询服务、项目研发、系统建设等工作需要大量的标准化人才。

一、标准化工程专业的发展背景

（一）“中国标准”在国际竞争中的处境

在全球经济一体化的今天，各个国家高度重视标准化工作、大力提升标准化水平，技术专利化、专利标准化、标准国际化逐渐成为经济全球化背景下国际竞争的新法则，获得国际标准话语权就是掌握国际市场主动性的重要战略途径。在国际标准化组织和国际电工委员会这两个最大的国际标准制定组织的933个技术委员会和分技术委员会中我国仅有6个。在9000多项国际贸易标准中，我国起草的仅有60多项。可见我国在这一领域处于相对落后的状态。

（二）中国国家发展规划对标准化队伍的需求

在国内层面上，《国务院关于印发深化标准化工作改革方案的通知》（国发〔2015〕13号）中指出，要落实深化战略、系统、协同、创新等各项标准化工作，到2020年基本建成支撑国家治理体系和治理能力现代化的国家标准化体系，扩大“中国标准”国际影响力。同时强调了优化标准体系、推动标准实施、强化标准监督、提升标准化服务能力、加强国际标准化工作和夯实标准化工作基础，涉及经济、社会、文明、建设和政府5大重点领域的6项主要任务。

（三）中国标准化人才培养的现状与人才缺口

近年来，在学界重视标准化教育和培养标准化人才已经蔚然成风。在标准化方向的硕士研究生领域，复旦大学、中南财经政法大学、中国计量大学等都已经走在了前列，在标准化课程方面，华南理工大学、中国计量大学、河北大学、常州工学院等一些学校也已初具形态。可见，高等学校设立标准化专业的时机已经趋于成熟。即使如此，据中国标准化研究院相关课题调研资料显示，如果产值500万元及以上的企业设置一名标准化人员，那么我国标准化人员缺口至少约32万人。如果还考虑中小企业，则标准化人员缺口将达100万人以上，培养标准化人才迫在眉睫。标准化人才的空缺正是导致公共安全事件丛生、政府的公信力屡受重创、国家认证标准执行存在漏洞、国家品牌脆弱等问题的重要原因之一。

扩大"中国标准"的国际影响力，国家和地方各级业务部门、标准化管理与监督机构、企事业单位的相关标准化管理、咨询服务、项目研发、系统建设等工作均需要大量的标准化人才。不管是在国际还是在国内，不管是在行业需求还是在人才培养上，中国标准化教育与学科建设都已经到了"箭在弦上，不得不发"的阶段。

二、标准化工程专业的细分

标准化工程专业是致力于培养适应国家现代化建设需要、德智体全面发展，具备标准化工程和系统管理等方面的知识和应用能力，能够从事有关标准化工程项目的设计开发、组织实施全过程管理的食品（工科类）、材料（工科类）和服务（文科类）等标准化方向复合型高级专门人才的专业。专业细分主要有服务标准化、食品标准化、工程项目管理标准化和信息管理标准化四个方面。

（一）服务标准化

第三产业将是未来经济发展的主要推动力，而服务业则是第三产业的核心，因此将服务标准化纳入标准化工程专业是顺应时代发展潮流的。服务标准化可以从不同的角度细化进行，现从以下两个方面进行讨论：

第一，服务流程，即服务的递送系统，向顾客提供满足其需求的各个服务的有序步骤。服务流程标准的建立，要求对适合服务流程标准的目标顾客提供相同的有序的服务。服务流程标准化着眼于整体的服务，采用系统的方法，通过改善整个服务体系内的分工和合作方式，优化整个服务流程，从而提高服务的效率，寻求服务质量的保证。顾客在接受服务的过程中，一是希望获得专业化的服务，二是希望得到极大的便利，减少等候的时间、方便结算。因此，在进行服务流程标准的设计过程中，要以向顾客提供便利为原则，而不是为了公司内部实施方便。

第二，提供的具体服务，即在各个服务环节中人性的一面，主要指在一项服务的“接触瞬间”中，服务人员所展现出来的仪表、语言、态度和行为等。服务通常是生产与消费同步进行的，这种同步性也意味着较高的顾客参与度，服务的质量与顾客满意度将在很大程度上依赖于“接触瞬间”的情况，如果能在这些“接触瞬间”提炼出可以标准化的部分，那么它将成为服务的亮点。

（二）食品标准化

民以食为天，食品生产和贸易的发展以及人们生活水平的不断提高，对食品质量、安全和食品标准化工作提出了更高、更新的要求，人民对食品的重视与要求也越来越高，不仅要吃饱更要吃好。但中国的食品生产仍存在一些问题，亟须实现食品标准化，让消费者买得放心、吃得舒心。

食品标准是对食品的结构、规格、质量、检验方法的统一的技术规定，为技术机构提供统一的技术方法，能够减少因使用方法不一致而导致的误差甚至错误，是食品安全的“生命线”，在食品的监督和检验工作中有着举足轻重的作用。食品标准化是指为在食品领域特定范围内获得最佳秩序，对基础性问题或者是实际的或潜在的食品技术问题制定共同使用和重复使用的条款的活动。食品标准化的实现可以加快我国食品行业的发展，进一步提高食品生产企业的标准化意识，促进食品标准的有效实施，食品标准化的显著作用是保障食品质量安全、增强食品生产过程和相关服务的适用性，防止食品贸易中的壁垒，并促进技术合作。然而目前，我国高校食品标准化专业开设的并不多见。

（三）工程项目管理标准化

从20世纪80年代开始，工程项目管理的应用从仅限于建筑、国防、航天等迅速发展到今天的计算机、电子通信、金融业甚至政府机构等众多领域，工程项目管理在经济社会发展中发挥着越来越重要的作用。发达国家极为重视工程项目管理标准化，国际标准化组织也启动了工程项目管理标准化工作。我国的工程项目管理研究和应用虽然已步入蓬勃发展的阶段，但其标准化工作还没有太大进展，目前还不能满足工程项目管理规范化、有序化发展的需求。工程项目管理标准的缺失、标准体系的不健全影响了该领域的健康发展，也越来越引起社会各方面的关注。基于此，将工程项目管理标准化纳入标准化工程专业，一是为了弥补工程项目管理标准化的缺失，二是为了培育工程项目管理专业化人才，提高工程项目管理从业人员的执行力水平进而显著提升工程项目管理专业化水平。

（四）信息管理标准化

信息管理是人类为了有效地开发和利用信息资源，以现代信息技术为手段，对信息资源进行计划、组织、领导和控制的社会活动。简单地说，信息管理就是人对信息资源和信息活动的管理。信息管理标准化就是要规范信息标准化管理流程，提高标准化管理水平，使信息由分散管理到集中、综合管理，实现集成化；使信息传递快速、及时、准确，实现网络化；从而实现信息资源的整理、归纳、规范、共享一体化。培养信息管理专业化人才可以提高信息管理人员信息管理水平，节约时间，提高效率。

近年来，影响高校人才培养质量最突出的问题是专业建设与人才需求脱节，与专业服务产业发展脱节。人才需求正日益成为影响高校专业建设的关键因素，必须准确把握。标准化工程专业虽然以人才需求为导向，但又不能盲目迎合人才需求，失去自身固有的特性，成为培训机构。标准化工程专业的细分都是立足于现实，针对中国目前所存在的短板，为的是实现“所需必所学，所学必所用”。

三、标准化工程专业发展方向

（一）学科方向

标准化工程专业致力于培养适应社会主义现代化建设需要，德智体美劳全面发展，掌握管理学科基本理论、基本方法以及标准化基础知识和基本技能的，具备一定的管理沟通、协同合作和组织实施能力，能够从事有关标准化工程项目的决策和全过程管理的标准化高级专门人才。

学科方向应是以社会需求为导向，将标准化专业知识或专门技能与服务科学知识和技术融合，对学生进行在服务业中应用标准化相关知识的教学和实践技能训练，以举一反三和触类旁通为方法和手段，使其成为具有能够将标准化专业知识或专门技能延伸应用到农业、工业等产业领域的能力，具备将生产活动中的各种单纯技术依据标准化专业知识或专门技能进行综合并进行创造性劳动的能力的复合型人才。

（二）研究动向

标准化学术研究动向与其他学科研究方向一样，存在着主观随意性，即在一定的视角内可任意选择。不同的选择会产生不同的效果，并直接影响学术研究的价值。标准化学术研究动向的价值应体现在以下几个方面：

第一，其研究成果揭示了标准化科学与技术活动的规律及其发展方向，表征学术研究的科学性和前瞻性，对标准化事业的发展和标准化学科的成熟起加速作用。

第二，其研究过程能够引导标准化事业顺应我国经济、技术、文化发展的轨迹，适应国民经济发展的需要，从而促进国民经济发展和社会的发展进步。

由此可以推论，要正确地选择标准化学术研究方向，取得最大的学术价值，就应使未来标准化学术研究方向与标准化事业发展趋势相一致，应与未来中国经济发展的方向相一致，更确切地说，就是要与中国经济体制改革的方向相一致。这样，既能充分发挥标准化手段对中国经济、技术和文化进步的推动作用，又能在“环境适应性”

中获得自身成熟发展的条件。

（三）学生去向

具体来说，标准化工程专业的学生通过四年学习应具备以下四种能力：一是面向产品、工程和服务等的标准化体系建设的能力；二是常规标准制订及标准文件的起草能力；三是标准实施监控和质量管理体系认证能力；四是质量测试数据的处理、分析、评价能力。因此，标准化工程专业毕业生能胜任国家和各省地市县的各级业务部门、标准化管理与监督机构、各企事业单位的相关标准化管理、咨询服务、项目研发、系统建设等工作。本专业的毕业生就业前景很好。

参考文献

[1] 刘欣．标准化工程专业教学模式的探索与实践——以食品标准化专业方向为例［J］．中国标准化，2017（13）：127－130.

[2] 崔智敏．高职院校开设标准化学科专业可行性分析［J］．时代教育，2017（5）：199－200.

[3] 喻文洁．江西省开设标准化工程本科专业的可行性分析［J］．质量探索，2017，14（1）：70－78.

[4] 李丹青．培养高质量标准化专业人才的探索与实践［J］．大众标准化，2016（12）：48－51.

[5] 顾兴全．标准化专业人才培养模式研究　以“标准化＋服务”为例［J］．中国标准化，2016（14）：130－133.

[6] 王彭杰，胡玉华，邢晶．基于 AHP－SWOT 分析法的标准化工程专业发展战略分析［A］．中国标准化协会．标准化改革与发展之机遇——第十二届中国标准化论坛论文集［C］．中国标准化协会，2015.

[7] 朱培武．“大班授课、小班讨论”教学模式的思考与实践——以“标准化工程专业”为例［J］．黑龙江教育（高教研究与评估），2015（1）：22－23.

[8] 李上，刘波林．高等院校标准化学科与专业建设的思考［J］．中国标准化，2013（8）：36－41.

作者简介：

王悦（1970—），济南大学商学院教授，博士，研究方向为区域经济与创新管理。

王鑫（1994—），济南大学商学院硕士研究生，研究方向为区域经济与创新管事。

大数据时代会计学专业能力框架建设研究*

徐　静

摘　要：本文概述了会计学专业能力框架，并提出基于大数据背景的三个层次的会计学专业学生能力框架。

关键词：大数据；会计学；学生；能力框架；建设

一、引言

近年来，“大数据”（Big data）的概念在社会上广泛传播开来，其产生的背景是基于互联网、传感技术、云计算和物联网等技术的迅猛发展。“大数据”具有规模大、类型多、处理速度快、价值密度低的基本特征。目前，虽然不同学者对大数据的定义有所不同，但对大数据的理解基本都体现在两个维度：产生大数据的技术维度和大数据的特征维度。大数据时代的来临，不仅改变了传统的数据采集、处理和应用的技术与方法，而且促使人们思维方式改变，这些转变将给人们理解和研究社会经济现象的技术和方法带来变化。新技术在经济领域的大量运用，也给会计行业带来巨大的挑战。大数据既有结构化数据也有非结构化数据，其中，非结构化数据占大部分。然而，目前会计信息的收集与处理以结构化数据为主，而把公司中绝大部分的非结构化数据排除在财务报告体系之外，但是，非结构化数据对信息使用者决策来讲又非常重要。因此，如何收集、整合、分析、运用这些海量的数据，是摆在会计人员面前的一个重要问题，如何在大数据时代更有效地给信息使用者提供与决策相关的信息，是对会计人员提出的一个难题，也是对高校的会计学专业培养提出的一个重要课题。

二、会计学专业能力框架概述

（一）会计学专业能力框架的概念及分类

会计学专业能力框架是指对专业会计人员履行职责所必备的能力和水平进行评价

* 本文系管理学院 2014 年教研项目的阶段性研究成果。

而构建的一种专门的评价系统，它通常包括三个标准：以会计岗位为标准，以会计教育层次为标准，以会计专业技术职称为标准。

1. 以会计岗位为标准

会计岗位一般包括总会计师、出纳、财务、成本、税务等岗位，以岗位为标准进行能力框架体系的设计，既有优点又有缺点。优点是能力框架一目了然，每个岗位负责各自部分，针对性强；缺点是综合性不强，在一个岗位上的会计人员可能对其他岗位缺乏认知，很难促进公司整体的协调发展。

2. 以会计教育层次为标准

按照会计教育层次进行能力框架设计，包括以下几个层次：第一，中专及专科教育。这个层次涉及会计必须做什么，学生只是掌握一些会计规则，没有灵活运用。第二，本科教育。这个层次涉及会计为什么必须这么做，学生的会计知识得到了深化，会计能力得到了提高，可以学到会计这一门职业的实质。第三，硕士及博士教育。这个层次主要涉及会计应该如何发展，要求会计人员在已经掌握规则的基础上做进一步创新。

3. 以会计专业技术职称为标准

以会计专业技术职称为标准一般包括以下三方面：初级会计人员，中级会计人员，高级会计人员。它的优点是，在一定程度上能够有效避免会计的文凭学历与能力不相符合的现象；可以克服以会计教育层次为标准的局限性，因为会计职称考试中有考核会计实务的内容，而在学校培养中，一般以理论知识为主；另外，它对于会计人员的能力要求，比较综合性、系统性、全面性。

（二）国内外研究综述

国内外的机构或者学者也从不同的角度对会计学专业能力框架进行了相关研究。美国注册会计师协会（AICPA）最早展开了对会计人员的能力研究，并颁布了一系列文件，促进了会计学专业由理论教育向实用技能教育的转变。AICPA 于 1999 年提出以下三类能力：①功能型能力，即果断决策力，包括决策模型、计量、报告等能力；②个人胜任能力，如沟通交际能力，管理领导能力等，解决人与人、人与社会的问题各种能力；③经营能力，即全球性、战略性的思维。AICPA 认为这些能力是会计人员从事会计行业所必须具备的。

国际会计师联合会（IFAC）将会计的素质能力分为以下六大类：①态度，包括职业行为和职业价值观等；②行为技能，如行为能力；③广阔的商业视野，如战略性思维；④功能性技能，如风险分析；⑤技术知识，如审计能力；⑥智力能力，包括运用能力以及综合能力等。IFAC 分析认为，会计从业人员要不断接受会计专业教育，紧跟时代发展步伐，才能具备持续学习的能力，以便更好地适应环境的变化。

邓传洲、赵春光和郑德渊（2004）指出我国的高等会计教育基本上是一种封闭的脱离实际的模式，重理论轻实践、重知识传授轻能力培养的现象普遍存在，会计的高等教育已严重滞后于市场经济发展的要求。刘玉廷（2004）认为，发展市场经济需要高级会计人才。高级会计人才应具备一定的政策理论水平、对会计政策的职业判断能力、组织和实施内部控制的能力、财务管理的能力、综合运用财务会计信息的能力等。许萍和曲晓辉（2005）从会计人才能力框架的基本概念和研究方法出发，研究了会计职业准入要求和社会环境的变化对高层次会计人才能力的要求，并基于中外会计职业现状与发展，给出三个方面的高级会计人才能力框架的建议。周宏等（2007）在充分考虑我国特有的会计环境对会计人员职业能力要求，给出了解决我国会计人员数目巨大而高级会计人才缺乏及现行会计人才评价体系并非建立在会计人员能力框架基础之上等问题的答案，初步构建了适合我国国情的企业会计人员职业能力框架，并在此基础上推演出相应的会计人才评价体系。宋夏云（2013）根据能力要素法，提出了我国政府绩效审计人员能力框架的构成要素。王开田、胡晓明（2017）提出“三商并举”“五能并重”的高素质会计人才的培养途径。江小琴（2017）以提升会计人员管理能力为目标，吸收 CGMA（Chartered Global Management Accountant，全球特许管理会计师）对于会计能力框架的研究成果，并考虑大数据背景对会计人员数据处理能力的特殊要求，构建了企业管理会计人才应具备的技术能力、人际能力、决策能力三大核心技能的能力框架。

（三）会计学专业核心能力要素

会计学专业核心能力要素包括以下三个方面：职业知识是基础，专业性最强；职业技能是知识的实践升华，实践性最强；职业价值观是灵魂。具体来说如下：

1. 职业知识

职业知识是会计人员从事财务工作必须掌握的一系列专业概念，以便能够在会计工作中发挥职业能力。经济持续发展，会计工作也要与时俱进，会计人员不仅要掌握会计知识，对人文知识、科技知识、法律知识、国家大政方针也应给予高度重视。

2. 职业技能

职业技能是指在具体实践中，各级会计人员对职业知识、职业价值观的综合运用，但是各级会计人员对于职业技能掌握的程度是不同的。

3. 职业价值观

职业价值观一般包括正直诚信、客观公正、遵循法律法规、具有终身学习的观念以及关注公众利益和社会利益的责任感。职业价值观能够指导会计人员的实践操作，保障会计人员职业能力的充分发挥，帮助其应对不断出现的道德观带来的挑战。会计人员只有从自身做起，接受继续教育以及自我学习等，才能够培养良好的职业价值观。

三、基于大数据背景的会计学专业学生能力框架

结合大数据背景对会计人员从业的专业胜任要求，本文提出基于大数据背景的会计学专业学生的能力框架。具体来说包括以下几个方面：

（一）基本素质

会计学专业学生的基本素质包括以下三个主要部分。

（1）道德素质。为了维护全体社会成员的共同利益，协调彼此的关系，人与人之间就产生了一些约定俗成的、调节个人行为的准则。这些由舆论力量与人们的“良心”所支持的准则及其施行的总和，就是道德。遵循这些准则，是每一个社会个体所应具备的最基本素质，因此道德素质也是会计学专业学生所应具备的基本素质。

（2）心理素质。指在先天与后天共同作用下形成人的心理倾向和心理发展水平的总和，包括智力因素（注意力、记忆力、思维力、想象力等）、非智力因素（动机、情感、气质、性格等）、心理状态（自尊、自爱、自信、心理平衡等）、社会适应（竞争意识、合作意识、事业心、责任心等）。会计学专业的学生应该具备健康的心理素质。

（3）文化素质。指一个人通过知识学习和实践体验，将人类优秀的文化成果内化而形成的、相对稳定的个体内在品质及其外化的行为表现。会计学专业的学生至少应具备以下三个方面的知识：首先，一般知识。一般知识的基本要求不在于“深”而在于“广”，其内容涵盖人文、艺术、社会科学、自然科学等领域。广博的知识有两个作用，一是有助于学生了解其专业与社会间复杂的相互关系，并与各种不同背景的人交往；二是有助于学生将知识最终内化为自身的基本素质，包括除了文化素质以外的其他素质，如道德素质、心理素质等。其次，专业知识。关于财务会计、财务管理、审计、管理会计等方面的专业知识，是会计专业的必修课。这些知识有利于学生掌握最基本的业务技能，从而具有最基本的职业能力。最后，信息知识。这里的信息知识指的是涵盖计算机、统计学和计量经济学的基础知识，这些知识有助于学生对他们所面临的数据环境有深刻的理解和认识，从而适应大数据的信息环境，有助于学生在这一环境中生存并且得到良好的发展。

（二）职业素质

会计学专业学生应当认同会计学专业，关心专业学识、技能及价值观的建立；深谙职业道德，能从事价值判断；具有充分地准备以探讨与诚实、客观性、适度性和公共利益有关的问题。本文将职业素质概括为三个方面：职业道德、职业意识和专业胜任。

（1）职业道德是从事特定职业的人员在其业务活动中应该遵循的、与其特定职业活动相适应的道德原则和规范。为了实现会计的职业目标，从业人员必须遵循一系列的基本原则，例如，公正性、客观性、维护良好的职业声誉等。随着形势的发展，与职业道德有关的问题越来越多，也越来越复杂，仅仅依靠以往的工作经验，无法解决许多以前没有出现过的新问题。因此就需要会计从业者对自身的职业道德做有目的地培养和发展，只有拥有了具有职业水准的道德规范，会计从业者才能自如地应对复杂的环境和业务的挑战。

（2）职业意识是从事某一行业的人员特有的、对于该行业范围内业务的敏锐的洞察力和判别能力。会计职业意识包括：对于各种日常生活中的经济现象能够主动地站在会计职业的角度分析问题，对于工作中习以为常的业务能够敏锐地发现其潜在的问题，对于在新环境下产生的新业务能够借助掌握的理论知识和积累的经验迅速地作出反应和判断，等等。此外，会计从业者还应具有一定的预见能力，判断职业的发展走向。

（3）专业胜任包括专业胜任能力的获取和专业能力的保持两方面。获取专业胜任能力要求会计从业者接受相应的普通教育和进行与会计专业服务相关的专门教育、培训和考试，还要有一段时间的工作经验。保持专业能力则需要会计从业者不断了解会计职业的发展，了解相关的规定及要求，使专业能力与职业发展相适应。会计学历教育与后续教育是会计专业学生完善自身的两个关键阶段，学历教育的任务是为专业胜任能力奠定基础，而后续教育的目标则是保持和不断提升专业胜任能力。

（三）竞争素质

基本素质和职业素质构成会计从业人员必备的静态基础，竞争素质则是建构在基本素质和职业素质之上的一个动态的能力系统。它是优秀从业人员的素质外延，使从业人员从优秀到卓越，脱颖而出，是高素质的从业人员所具备的共同特征。

（1）业务能力。这一能力突出表现为在职业胜任基础之上具有优于大多数从业人员的能力，在发现新业务方面，在对专业技能把握和理论应用方面，以及在发现问题、分析问题和解决问题方面都具有优势。

（2）学习能力。终生学习能力是会计从业人员生存与成功的必备条件。在大数据时代，技术变革的快速步伐和知识更新的加速意味着会计从业人员必须不断地进行学习，必须经常了解各种新工具和新技术，特别是日新月异的信息技术。高素质、具有竞争优势的从业人员在总结实践经验、理解和掌握新知识、提高自身能力方面优于一般专业人员。

（3）管理能力。高素质的从业人员能够在团体中有效地工作，并在适当的时机展现与发挥领导才能，能够熟练发挥管理的职能——计划、组织、领导、控制、激励，同其他人员一起实现共同的组织目标，带领组织不断发展壮大。

（4）沟通能力。在知识经济时代，社会和商业世界将更加相互依存，同时，职务的专业化又将迫使人们为了完成整个任务而互相沟通和协调。高素质的从业人员要具备相应的沟通能力与合作能力，能够恰当传递信息、获取理解和支持，才可能完成自己的专业工作和与之相关的创新工作。

（5）社交能力。高素质的从业人员还应该具有良好的社会关系和出色的社交能力，在组织内部能够形成融洽的合作关系和工作环境，这样有利于组织工作的完成和目标的达成。

四、结语

大数据对会计行业的影响将是一个长期的、深远的过程，给会计学专业的学生培养也带来极大的挑战，调整和完善会计学专业学生的能力框架，需要教师和学生的共同努力，以适应大数据时代对会计专业人员的要求。

参考文献

[1] 刘玉廷. 对我国高级会计人才职业能力与评价机制的探讨 [J]. 会计研究，2004 (6)：27－30.

[2] 许萍，曲晓辉. 高级会计人才能力框架研究 [J]. 当代财经，2005 (11)：99－103.

[3] 周宏，张巍，宗文龙，等. 企业会计人员能力框架与会计人才评价研究 [J]. 会计研究，2007 (4)：83－89.

[4] 宋夏云. 我国政府绩效审计人员的能力框架研究 [J]. 会计研究，2013 (4)：89－94.

[5] 王开田，胡晓明. 高素养会计人才的素质与能力结构探析 [J]. 中国高等教育，2017 (9)：57－59.

[6] 江小琴. 大数据时代管理会计人才能力框架构建研究 [J]. 中国注册会计师，2017 (4)：98－100.

作者简介：

徐静（1978—)，济南大学商学院副教授，博士，研究方向为会计理论、资本市场会计。

AI + 环境下金融专业实践教学的模式探析

于海燕

摘　要： 近几年人工智能领域的投资热情高涨，在“双创”风口下，科技金融成为我国监管部门重点推动的业务领域，金融专业的人才培养也需要与时俱进，跟得上科技的进步。金融专业实践教学中还存在着一些问题，本文建议从完善实践教学体系，加强实践教学师资队伍建设，搭建产学研协同的时间教学平台等方面加以改进。

关键词： 人工智能；金融；实践教学；产学研

人工智能（Artificial Intelligence）英文缩写为 AI，AI + 是利用人工智能、互联网平台以及大数据等新兴科技技术与传统的行业进行深度融合，创造出新的经济发展业态，这是未来生产力和创新力发展的一大趋势。

AI 的应用可以实现大量的数据信息服务分析的瞬间完成，实现个性化的用户需求分析和提供精准服务，这些都是金融领域所必需的，因此，金融业是最应该借助 AI 提升科技创新水平的行业之一。目前，我国四大商业银行和互联网巨头强强联合的合作模式，如中国工商银行 + 京东、中国农业银行 + 百度、中国银行 + 腾讯和中国建设银行 + 阿里巴巴正吸引着人们对金融科技的关注。投资银行 FT Partners 创始人、首席执行官史蒂夫·麦克劳克林认为，随着万物互联时代的到来，金融科技将迎来越来越多的需求，未来 15 ~ 20 年将成为大量金融科技相关应用的爆发期。高盛集团也预测，如今超过 6600 亿美元资金正从传统金融业流向金融科技领域。金融科技的浪潮正朝我们扑面而来。

2012 年，教育部联合七部门下发了《关于进一步加强高校实践育人工作的若干意见》，明确了实践教学是学校教学工作的重要组成部分，要求增加实践教学比重。于是，济南大学 2018 年新制订的教学计划中，金融专业的实践教学学时要求不低于 25%。如何发挥实践教学的作用，培养出社会急需的金融专业人才需要进一步的探索和完善。

一、金融专业实践教学的现状与问题

目前，我国高校的金融专业都在绞尽脑汁地开拓实践教学的形式和范围，在校内以建立金融模拟实验室，举办各种形式的金融实践大赛、金融讲座、学生创业激励大赛以及 SRT 科创项目等方式为主；在校外通过积极寻找合作平台、建立校外实训基地、与企业产学研结合等方式，都取得了一定的成果，为学生在理论学习之外开阔了眼界，促进了其思维方式的积极转变。但是金融专业作为高质量数据密集型的产业，必将是 AI 冲击最早、最快也是最彻底的一个产业。高校的金融专业应做到未雨绸缪，在今后的实践教学环节中，还要不断改进一些不适合时宜的方式，增强学生适应金融服务转变和主动金融创新的意识，为将来服务万物互联的金融业打好基础。

（一）教学设置过于笼统

目前，高校都有自己的实践教学设置，可能相应的学时也不短，但是没有明确实践教学的具体目标，或是目标不能与时俱进，大多是在实验室进行规范性流程，学生也只是学会操作性的实践，教条而又没有创新；就算是外出去实习基地观摩，行业规则也决定了学生只能在实训基地了解政策环境和职场环境，并不能接触到金融实务。这些都限制了学生主观能动性的发挥，激发不了他们分析问题和解决实际问题的能力。

（二）实践教学指导老师的资质不达标

一般高校里的教师都是高学历人才，其自身经历大多是一直在学校求学，理论知识丰富渊博，但是往往没有在金融机构从事业务的经历，也没有在金融市场实战的经验，本身缺乏指导实践教学的能力。再加上如今教师都有很重的科研任务，还要上好理论课程，也就没有那么多精力去带领学生挑战复杂多变的金融实践了。

（三）金融实践教学经费很匮乏

实践教学这种学分比重较低的活动能得到的教育经费一般都很少，一所高校每年支付金融实验室实时模拟数据的费用就得上百万元，而一般的金融院校又不会获得社会或大公司的捐赠，仅靠自己学校的经费支出确实有限。没有好的配套资源，导致大多数模拟实践都只是流水线似的走过场了。

（四）专业设置过细

在很多高校中，金融专业分为投资、理财、保险等众多方向，这意味着实践教学需要更多的实践教学计划来匹配。但是，其实这些众多专业方向的差异很少，而且现在互联网金融的发展需要的是复合型人才，我国金融业务也有从分业经营向混业经营发展的趋势，对人才的知识的综合要求更高。从理论教学来看，各方向有许多重叠的课程设置，从实践教学来看，狭窄的实训范围不利于复合型人才的培养。

二、改革建议

金融科技的浪潮已经向我们滚滚而来，大众创业、万众创新的理念也已深入人心，学分制的实施和灵活的实践教学制度，迫使学校转变观念和配套制度，创新实践教学的模式，提高实践教学的效果。

（一）完善整个实践教学体系

首先，实践教学一定要打破专业范围的限制。因为 AI + 金融或是金融科技都需要计算机、自动化、营销等专业的知识支撑，所以不管是实验室或是校外实习基地锻炼等，都应该让不同的专业联合实践，合理分工，这样实践教学才不至于过于单一、老旧、传统。理论研究来自实践，只有在实践中让不同领域的知识碰撞出火花，才能引发学生对理论的不断深入研究。只懂得金融知识的学生，是不足以适应如今互联网金融遍地、AI + 金融以及 VR（Virtual Reality）金融快速发展的时代的。其次，实践教学评价体系需要改进。在现在万物互联、思想大爆炸的年代，过于死板的评价指标只会束缚住学生的思维，应该允许各种形式的实践模式，符合实践教学目标的活动都应该被认可，一个班的同学不必采用同一种模式，各尽所能地完成任务就好。

（二）加强实践教学师资队伍建设

在实践教学中，指导教师的作用很大，从设置计划，带领执行，指导讲解，到结果考核等，这其中最重要的还是教师的能力。一般的大学都是任课教师兼任实践指导教师，缺乏专职的实践指导教师，这就需要学校努力完善。一是，可以加强与外界的联系。比如济南大学与济南市中区成立合作交流关系，教师去区里挂职，同样地，也可以引进其他单位的工作人员来高校担任实践指导教师。专业教师的理论能力很强，但是实践能力不如社会一线职员，学校不仅要“走出去”还要“引进来”，这是一种双赢的方法。二是，多鼓励学校的教师出去兼职，不了解一线的教师只能纸上谈兵。如今金融创新层出不穷，金融业务推陈出新，如果不去直接接触，很难在理论上加以升华，也不利于提高理论课程的授课质量，但这需要学校在考核等环节予以照顾。三是，加强实践教学组织实施。美国很多大学很重视实践教学，从美国访学回来的教师印象最深的就是美国金融专业的教学，每门课程理论学习时是大班制，一个教师足矣；而课后学生分成几个小组，每个小组都有自己的实践教师指导进行实践模拟，相比理论课程教师，实践教师的人数需求更多。实践教师的工作量虽然比较大，但是反过来更促进教师自己多与金融实务联系，提高业务水平。整个实践教师团队还可以分工合作，那样学生可以接触到的实务就更多更丰富了。

（三）搭建产学研协同的实践教学平台

金融专业院校光靠自己的教学经费支撑不了各学科的实践实验室建设，教学资源也是匮乏的，这就需要学生“走出去”。美国在 20 世纪 90 年代就开始流行一种新型的学生管理投资基金（Student - Managed Investment Fund，SMIF）金融实践教学模式。这种模式需要吸引社会各层的捐助，拓宽资金来源的渠道，然后建立完善的组织体系，由咨询董事会、指导教师以及学生团队等主体组成，在激励模式下经营，实现资产规模的快速发展。这就是典型的社会产业与学校合作，产学研合作下的有效模式。我们应该根据国内的国情，尝试成立类似的公益性组织或是直接成立营利性的公司，就像清华大学、北京大学等重点高校一样拥有自己的上市公司，或是各种产学研结合的公司，实现技术与金融的完美结合。这就是济南大学这种高校必走的创新之路，也有助于为学生实践搭建好平台。在没有合适条件的情况下，就得靠其他模式让学生“走出去”，例如济南大学商学院组织学生参加香港金融实训项目（WOF）。另外，很多知名高校、金融机构、证券商等每年举办的各种财经、金融理财大赛等，学校都应该支持学生去参加。

参考文献

[1] 陈榕玲，彭飞．美国高校创新金融实践教学模式 SWIF 及其对我国的启示[J]．学术探索，2016（1）：130－136.

[2] 韩倩倩．金融科技强势崛起　AI、VR 正当道[J]．中国战略新兴产业，2016（14）：20－22.

[3] 陈标金．互联网环境下金融实践教学探析[J]．金融教育研究，2016（3）：68－71.

作者简介：

于海燕（1977—），济南大学商学院副教授，硕士，研究方向为金融投资。

科技发展背景下高校旅游专业英语教学优化研究

喻　乐

摘　要：随着科技的不断发展，高科技的应用对于高校课堂教学的影响也越来越大。旅游专业英语教学既要依托于行业发展，又要不断适应在高科技时代背景下的发展。本文通过介绍目前旅游专业英语传统教学的问题以及与教学相关的科技应用，结合旅游专业英语自身课程属性，探讨在科技发展背景下的旅游专业英语教学并提出可以优化的方面。

关键词：科技发展；旅游专业英语；教学方法；优化

高科技时代背景下，传统教学方式的课堂效果不够理想。如何让先进的科技进入课堂，真正地提高学习的效率，一直是老师们关注的重点。本文先阐述当下旅游专业英语传统教学面临的问题，再简介与教学相关的科技应用，通过结合旅游专业英语的课堂教学特点，以及实际教学经验，试图找出一些让现行的高科技手段与高校旅游专业英语教学相得益彰的可行方法。

一、旅游专业英语传统教学的问题

国际旅游行业的工作人员应当具备较好的英语沟通能力。然而，大部分旅游工作人员在与外国人进行语言交流时，仍然仅靠背诵和翻译，场面常常十分尴尬。结合这一典型情况，本文反思旅游专业英语教学的问题主要体现在以下两方面：

第一，成绩衡量以书面成绩为主。在高校应试体制下，旅游专业英语还在采用书面读写能力为主的教学方式，使得大部分旅游专业毕业生的英语阅读水平都高于听说水平。虽然在日常教学过程中提出了强化口语、听力的要求，但并未开设听说方面的课程。因此，旅游专业英语应进一步强化听力口语教学，从而全面提高学生的专业英语能力。

第二，教学采用传统模式进行。目前，旅游专业英语教学缺乏灵活性和趣味性。有些学生因为英语基础不好，对旅游专业英语更是望而生畏。在高科技背景下，学生接受新生事物具有速度快、信息量大以及信息充满趣味性的特点。因此，传统模式的旅游专业英语教学，已然无法跟上时代的脚步，不能满足学生对于知识的灵活性的渴望。

二、与教学相关的科技应用简介

从早期的计算机进入校园开始，教学就与科技不断接轨。如今，电子教室在我国中小学也已基本普及。网络与智能科技的出现与发展，为教学模式的改变带来了新的发展空间。结合教学实际情况，本文现对以下几种高科技教学工具作简单介绍。

（一）蓝墨云班课

蓝墨云班课是一款移动教学助手软件，它开创了移动环境下即时互动教学的新模式。对于学生来讲，它不仅是一款辅助学习工具，而且能够大大提高学生自主学习的兴趣；对于教师而言，他们可以随时将教学课件、学习要求、课程信息等教学资源放在平台上，再次上课时也可轻松使用。各个高校的教师通过网络应用汇聚于此，形成蓝墨云班课丰富的教学资源优势。通过时间的积累，未来它还可能发展成为一个超大型的题库资源，为教师的使用提供更多便利。

（二）雨课堂

学堂在线与清华大学在线教育办公室共同开发了智慧教学工具——雨课堂。它通过将复杂的信息技术手段融入演示文稿和微信，使得教师与学生的课堂互动永不下线。教师可将慕课视频、学习习题、语音等课前预习课件推送给学生，从而及时与学生沟通，还可以随时在线与学生进行弹幕互动答题，从而解决了传统课堂教学师生互动不足的问题。因为该应用覆盖了从课前到课后的每一个教学环节，所以通过它可以实现以学生为主的翻转课堂模式，让教变成学，最大限度地开拓学生潜能。

（三）微助教

微助教是由华中师范大学教师田媛和华中科技大学专业团队推出的一款课堂互动微信应用。学生通过此应用既可以看到老师的批注，又可以在学友间互相分享学习笔记。老师在移动端不仅可以批注学习重点并随时查看学生的学习情况，还可以得到每位学生的学习评估报告。这一应用更加注重操作的简便性以及实用性。教师可以在云端创建的班群和班课空间，为学生提供相应的课件、教学视频、教学资料并进行作业批改等。该应用操作简单，全程操作可记录，便于教师最后给出学生的发展性评价。由于其具有简洁性与便利性，目前在高校教学中应用较为广泛。

三、科技发展背景下旅游专业英语教学方法的探讨

从实际出发，旅游专业英语教学如何在时代背景下改革，不仅是英语教学的关注点，更是旅游专业发展的突破口。随着国际化人才的不断发展，如何培养出英语能力

全面发展的学生是教师一直关注的重点。近些年，旅游专业英语教学方法也在不断更新，以期达到旅游行业国际人才的要求。现简单就科技发展背景下旅游专业英语教学方法进行如下讨论。

首先，教学方法上要注意学用结合。由于旅游英语的课程属性，培养学生的应用能力是其主要的教学目标之一。根据学生的未来从业需要，教师应采用相应的教学方法，尽可能使学生学有所用。在现代化的教学条件下，教师可以创造仿真的情景，让学生在模拟环境中学习，从而增强其在旅游行业工作时的实际英文交流能力。

其次，要借助科技平台完成互动教学。借助上述的相关高科技应用或者各种网络平台，教师与学生之间可实现真正意义的“随时连线”。旅游专业英语教师可事先将听力资料等相关材料放到网上平台，上课时只需要点击播放，学生便可以即时看到题目。这样既节省了教师重复备课时准备课件的时间，又可以控制时间点让学生在统一时间进行答题。如果有问题，学生可以通过平台与教师及时沟通，从而避免因为害羞而不懂装懂的现象发生。

最后，借助新科技强化学生英语听说能力。语言是由听与说发展而来的，因此英语教学不能只重视书面英语，而忽视听说的训练。听说教学，不仅是让学生进行大量反复的练习，更重要的是教师要能及时纠正学生存在的错误发音的问题。语言学习有其自有的规律，只有在不断练习中掌握正确的规律，才能习得语言。特别是旅游专业英语，更要注意教学素材与实际情景的接近，尽可能地增加教学趣味性。

四、科技发展背景下旅游专业英语教学方法的改进

针对目前旅游专业英语教学中的一些不足，教师可考虑结合高科技工具，采取以下方法予以改进。

（一）利用相关网络平台，营造英语教学氛围

在旅游专业英语教学上，教师应尽可能将英文授课与中文授课相结合，实现双语教学。盲目的单方面进行全英语讲授，会导致有的学生在听不懂的前提下就完全放弃了学习，这反而是得不偿失的。教师可以应用英语授课，但同时也应翻译给学生听，只有让学生学有所知，学生才能真正地掌握和应用。教师应利用相关网络平台，让学生随时敢想敢说，提升学生兴趣，实现多渠道课堂同时在线。

（二）借助相关网络工具，推动互动教学进行

借助微助教平台实现与学生在做题与答题之间的互动教学，既能让学生感受到学习的多样化与自由性，教师自己又能够很好地控制教学时间，从而实现主导教学。学生在上课过程中，既能感觉到多媒体的魅力，又不至于离教学目标太远。值得注意的是，教师在授课过程当中应提早熟悉 App 的使用，以便随时控制课堂教学状况，让学

生跟上教学进度。

（三）依托 VR（虚拟现实技术）等高科技，实现情景教学

情景教学早已渗透到旅游专业英语的教学环节中，它强调环境的真实性对于学生学习兴趣的影响。学生一旦对学习产生了情感，往往就能获得比较理想的学习效果。VR 正是情景教学的实践平台，学校可以创建 VR 实验室，配备相关 VR 眼镜以及计算机等硬件设备。通过佩戴 VR 眼镜，学生在教室就可以欣赏世界各地的风景名胜，从而保证学生对旅游专业兴趣盎然。不过，由于 VR 设备投入较大，目前能够真正实现 VR 教学的高校还十分有限。

随着科技的发展，未来一定还会有更多的可利用的高科技进入教学领域。希望如此多的科技产品能够真正地提高教学效率，让教师们能够及时掌握并利用。在科学的帮助下，让旅游专业英语的教学更加富有趣味性。

参考文献

［1］孙钰．建构主义理论视角下对我国高校旅游专业英语课程教学的研究与思考［D］．大连：辽宁师范大学，2008.

［2］清华大学新闻网．学堂在线推出智慧教学工具——雨课堂［EB/OL］．［2016－06－17］．http：//news. tsinghua. edu. cn/publish/thunews/9660/2016/20160617101758935397134/20160617101758935397134_．html.

［3］田媛．教学示范课："微助教"的课堂教学应用［EB/OL］．［2017－04－28］．http：//ugs. whu. edu. cn/info/1029/4588. htm.

［4］谢秀华，黄秀琳．旅游专业英语教学方法改革探析［J］．黑龙江教育，2012（9）：13－14.

［5］喻乐．基于 ESP 理论的本科酒店专业英语教学的改革研究［J］．济南大学学报（学术论丛），2016（2）：138－139.

［6］王春华．论多媒体网络环境下的教师主导性教学［J］．中小学电教，2016（1）：116－117.

［7］梁文慧，李玺．旅游管理专业英语教学优化策略研究——基于澳门科技大学旅游管理专业英语学习行为特征的分析［J］．旅游学刊，2011（2）：93－94.

作者简介：

喻乐（1986—），济南大学商学院讲师，硕士，研究方向为旅游企业文化、旅游企业战略管理。

完全学分制改革背景下的在线开放课程建设与应用研究*

张　杰　刘　洋

摘　要：学分制的实施受各种主客观因素的影响，由学年学分制向完全学分制的转变，对我国本科高等院校提出了更高的要求，如何从教学理念、课程资源、教学方法等各方面取得突破性进展，成为高等教育理论研究和实践的重点。课程资源的短缺，严重束缚了完全学分制改革的推进。作为一种新的教学模式，在线开放课程的出现和盛行，为解决这一问题提供了可能性。

关键词：完全学分制；在线开放课程；教学改革；慕课

学分制是与学年制相对应的概念，是现阶段深化高校教育教学和人才培养模式改革，促进学生自主学习，全面提升本科人才培养质量和办学水平的基本要求。19 世纪末，学分制首创于美国哈佛大学，1918 年北京大学在国内率先实行“选课制”，20 世纪 80 年代，我国高校开始尝试进行学分制改革。90 年代开始，我国部分高校掀起学分制改革浪潮，现在学分制改革已在国内高校全面推行。

完全学分制是与学年学分制相对应的一个概念，两者都属于学分制的概念范畴，是学分制两个不同的发展阶段。完全学分制是以选课制为基础，学生修满一定学分即可毕业的教学管理制度。目前我国绝大多数高校实行的还是学年学分制，距离完全学分制的要求还有一定距离，这是受目前我国教育体制和高等教育发展水平制约的结果。完全学分制是一个系统，需要选修课、宽口径课程、自由选课制、自由选专业制、导师制、学分绩点制等多方面的支持。现阶段，我国的高等教育发展规模还不足以建立一个“供学生选购学分的市场”，完全学分制改革之路任重而道远。

在线开放课程的出现和蓬勃发展，无疑给高等教育从业者和完全学分制改革的践行者们以巨大的鼓舞和信心，海量的优秀在线开放课程的出现为完全学分制的实现提供了良好的契机。与此同时，完全学分制改革的实践活动，也为各类高等学校的课程建设工作，特别是在线开放课程的建设与应用提供了更加有利的条件和环境。本文将

* 本文系山东省本科高校教学改革研究项目“信息化背景下的高校课程体系创新及课程内容优化研究”（2015Z028）成果。

结合目前我国高等教育的发展实际和完全学分制改革工作的推进程度，对如何做好在线开放课程的建设和应用的问题进行初步探讨。

一、完全学分制的基本要求

完全学分制改革应遵循现代高等教育和人才成长规律，坚持“整体和谐，个性发展”的人才培养理念，充分发挥教师的主导作用和学生的主体作用，以培养学生的创新精神和实践能力为核心，进一步深化教育教学改革，优化教学资源配置，积极探索多样化人才培养模式，促进学生个性化发展，培养造就基础扎实、作风朴实、工作踏实、实践能力强，具有高度社会责任感和可持续发展能力的高素质应用型人才。

完全学分制作为一种新型的教育模式和教育管理制度，对高等教育提出了更高要求，主要包括以下几个方面。

1. 以学生为本，赋予学生更多选择权，提供个性化教育服务

学分制的理论基础是学习自由，学校应给学生提供自由选择专业、自由选择课程、自由选择教师的权利，真正做到以学生为本。高等教育大众化阶段，由于依然延续了传统计划经济条件下的教育模式和管理方法，学校提供统一的培养模式和培养计划，虽满足了教育目标一致性的要求，却导致了培养规格单一化的缺陷，学生的独特个性和特长无法充分发展。但从个体发展的角度看，学生的身心特点的差异性决定了教育目标必须具备多样性的特点，培养学生以求异思维为核心的创造能力已经成为高等教育活动的重要目标。现代高等教育观点也普遍认为，高校能否为学生提供个性化和多规格的教育服务已经成为衡量高校教育质量的重要指标之一。

2. 教学资源的数量充足和合理配置

学生拥有更多自主选择的权利，前提条件是学校拥有充足且配置合理的教学资源，其中包括师资力量、课程资源、教学设施等，涉及学校人、财、物等各个方面，这就要求高校必须进行全方位的配套改革，在各个层面推进资源整合，优化整个教学运行组织系统。目前，我国高等教育教学资源稀缺以及配置不合理的问题依然突出，高校迫切需要在保证教学质量的前提下，提高教学资源的使用效率。完全学分制不但对教学资源提出了更高要求，同时也是优化教学资源配置的重要途径。

3. 完善课程体系建设，注重学生综合素质的提高和创造能力的发展

推行完全学分制改革，必须从根本上突破传统观念的束缚，积极主动改革不适合完全学分制的课程体系，满足自由选课制度的需要，建立以学生需求和社会需求为导向的课程体系。对于同一门课程，教师应针对不同层次水平、不同需求的学生灵活调整教学内容和形式，以适应学生个体差异以及社会对人才多方面的需要。特别是对于提高发展学生综合素质和创造能力具有重要作用的实践类课程，教师应制定更加丰富、灵活的实践教学内容，从而帮助学生综合素质的提高和创造能力的发展。

4. 相关配套制度的建立和完善

完全学分制改革是一项艰巨而复杂的系统工程，建立健全相应的配套措施和制度将发挥决定性作用。弹性学制、导师制、选课制等制度的不断完善，将为推动完全学分制改革的有序推进提供有力的制度保障。人事管理制度、收费与财务管理制度、学生管理制度等其他管理体制，也从很大程度上决定着完全学分制改革能否取得实效。

二、在线开放课程的发展现状

经过多年来的不断实践和探索，我国开放教育资源的开发和应用，促进了信息技术与教学融合、优质教育资源共享、教学变革和高等教育均衡发展。信息化手段对在线课程建设的不断深化，为高等教育提供了更为丰富的手段和资源。特别是“慕课”的产生和发展，以合理设置的教学内容、适当的教学资源、教学经验丰富的教学团队、精心设计的在线学习活动等为学习者们提供了灵活、免费和优质的学习机会，推动了我国高等教育的飞速发展。

1. 教育信息化的不断深化

教育信息化的建设水平，直接决定了我国高等教育发展的方向和水平，高等教育信息化也成为未来我国高等教育发展的主要趋势之一。面对新形势，我国政府及高校高度关注教育信息化在高等教育改革方面发挥的重要作用，出台一系列战略规划和采取重大举措以加快教育信息化发展。2010 年，国务院颁布的《国家中长期教育改革和发展规划纲要（2010—2020 年）》指出：“信息技术对教育发展具有革命性影响，必须予以高度重视”，明确要求“加快教育信息化进程”，并用单独一章对教育信息化工作进行了总体部署，将教育信息化的战略地位提到了前所未有的高度，使教育信息化进入了一个崭新的发展阶段。教育部专门制定了《教育信息化十年发展规划（2011—2020 年）》，对十年内的教育信息化工作进行整体设计、全面部署。

教育信息化的核心是“为了通过利用信息技术来优化教育、教学过程，最终实现教学的创新，进而达到培养创新人才的目的”。因此，教育教学改革成为教育信息化中的一个重要环节。教育信息化的深化，将促进各高校不断转变教育教学观念，充分利用网络教育资源，优化教学设计与课堂教学内容，创新授课方法，丰富课外学习资源，不断促进信息技术与教学活动的有机结合。

2. 在线课程的发展热潮

信息与通信技术的迅猛发展及其在教育领域中的渗透，推动了教育信息化的深入发展，互联网技术的充分应用也成为教育信息化的主要内容，高等教育也随之面临着前所未有的机遇和挑战。

近年来我国网络教育的探索与实践，为参与网上开放课程运动的国际竞争，建设适合中国国情、满足学习者需要的开放课程，奠定了坚实的工作基础。中国的高校视频公开课和资源共享课建设已具有相当规模，享有良好的社会声誉。在教育部的积极引导下，我国高水平高校率先开展大规模在线开放课程建设，更多高校积极参与探索和创新适合我国国情的多种类型在线开放课程应用，清华大学、复旦大学、北京大学和上海交通大学相继加入 edX、Coursera 等国际在线课程平台，“爱课程网”“学堂在线”“好大学在线”等国内课程平台也如雨后春笋般纷纷上线。在线课程的发展热潮，极大地促进了高校教学理念和教学方式的转变，对高等教育发展产生了革命性影响。

以“爱课程网”为例，据统计，截至 2015 年 10 月底，其上线的视频公开课和资源共享课总数分别达到 961 门和 2700 门，注册用户总数共计 1203843 人，其中教师 57622 人，其他用户 1146221 人。中国大学 MOOC（慕课）课程平台自 2014 年 5 月上线，截至 2016 年年底已有约 50 所高校开课，其中包括 90% 以上的 985 高校，教师团队总人数达一千余人，累计开设课程 414 门次，课程资源总数达 33511，报名人数高达 5125835 人，独立访客访问量总计 6048804 次。

教育部 2015 年出台《关于加强高等学校在线开放课程建设应用与管理的意见》（教高〔2015〕3 号）明确指出：“大规模在线开放课程（‘慕课’）等新型在线开放课程和学习平台在世界范围迅速兴起”“正在促进教学内容、方法、模式和教学管理体制机制发生变革，给高等教育教育教学改革发展带来新的机遇和挑战”。同时提出，将构建具有中国特色在线开放课程体系和公共服务平台，着力推动在线开放课程的广泛应用，并于 2017 年前认定 1000 余门国家精品在线开放课程；到 2020 年，认定 3000 余门国家精品在线开放课程。2017 年 7 月，教育部发布了《关于开展 2017 年国家精品在线开放课程认定工作的通知》，正式启动了国家精品在线开放课程的认定工作。

三、在线开放课程适应完全学分制改革的需要

将完全学分制改革和在线开放课程结合分析，两者对高等教育改革的促进作用在很多方面是不谋而合的。换句话说，在线开放课程的建设与应用，在多个层面满足了完全学分制改革的需要，能够有力促进完全学分制改革的深入开展。

1. 有利于自主个性化学习

与传统课堂教学的“千人一面”不同，在线开放课程的应用将给学生提供更多自主学习的机会，满足不同学生的不同需求，实现个性化培养。传统课堂上，学生按照同一个教学计划接受教师的讲解，必然导致学习效果的不平衡，而在线开放课程解决了这个问题，学生可根据自身情况“定制”学习计划、学习内容，根据知识掌握情况重复学习、灵活调整学习进度。由以教师为中心逐渐向学生主动学习倾斜，实现“教”与“学”的完美结合。同时，也有利于提高学生的自学能力，培养学生学习的自觉性和主动性。

2. 缓解课程资源短缺的压力

课程资源充足是实现个性化学习的重要前提。多数高校受制于现有办学规模、师资配备等客观因素，课程资源严重短缺，制约了完全学分制改革的推进。特别是学生

对选修课程数量和质量的要求得不到满足。选修课是为反映专业培养方向，扩大学生知识面，满足学生个性化发展需要，根据学生本人意愿选择修读的课程。如果选修课开课数量少、课程质量不高，学生根据自身需要自主选择课程便成了空谈。

山东省印发的《山东省普通高等学校学分制管理规定》（鲁教高字〔2013〕14 号）明确规定：高校应当不断丰富课程资源，提高课程教学质量，开设数量充足的课程供学生修读；鼓励高校基于互联网建设课程并实施教学。目前，很多高校也已经开始探索在线开放课程的建设及应用。这充分体现了教育主管部门和各高校已经认识到在线开放课程对于完全学分制改革的重要作用。

3. 推动教学方法改革

以“慕课”为代表的在线开放课程，虽然不可能取代传统的高等教育，但它们作为一种新的教学模式和手段，可以加快高校教学、管理的根本变革，实现两者更好地融合。这种变革主要表现在对传统教学方法的改革。

教学方法的落后和陈旧与深化教育改革、创新人才培养模式需求之间的矛盾日益加深。虽然高等教育从业者一直积极探索改革教学方法的理论研究与实践，但效果并不明显。然而“慕课”来袭却给传统高等教育以猛烈冲击，甚至有人惊呼，大学“围墙”将被拆除。虽然这种形容有些夸大其词，但“一块黑板一支笔，一人从头讲到底”的传统“填鸭式”教学方式、把多媒体作为“机灌工具”的新的“填鸭式”教学方式已经一去不复返了，取而代之的将是新型的教学模式和学习模式。“翻转课堂”这种“线上与线下、在线课程与课堂相结合”的“混合教学模式”，可以充分利用现代信息技术的优势弥补传统课堂教学的短板，实现“动态智能教育”，实现两者的优势互补。

四、普通本科高校在线开放课程的建设及应用

1. 课程平台建设与利用

清华大学、北京大学、上海交通大学等国内知名高校在 edX、Coursera 等国际知名在线课程平台开设课程的同时，也担负起国内在线教育平台建设和优质资源共享的重任。清华大学开发建立的“学堂在线”、上海交通大学自主开发的“好大学在线”等国内在线课程平台纷纷开通，并提供了一大批优秀教师主讲的优质课程资源。2014 年 5 月，作为教育部国家精品开放课程任务之一的“中国大学 MOOC（慕课）”项目正式上线，汇集了北京大学、浙江大学、复旦大学、西安交通大学、中山大学、同济大学、武汉大学等国内几十所著名高校的二百余门优质课程。课程内容涵盖基础科学、文学艺术、哲学历史、工程技术、经管法学、农林医药等各个领域。另外，网易、百度、新东方等国内知名企业也纷纷投身在线教育行业，希望能在此大潮中分一杯羹。

教育部鼓励推动我国大规模在线开放课程建设走上“高校主体、政府支持、社会

参与”的积极、健康、创新、可持续的中国特色良性发展道路；支持具有学科专业优势和现代教育技术优势的高校，建设一批优质在线开放课程；选择认定基础良好、技术先进、符合国情、安全稳定、优质课程资源集聚、服务高效的平台承担公共服务平台重任。

但是，相比于以上这些知名强校，对于大多数学科专业实力不强、技术力量薄弱的普通本科高校来说，独立或者联合建设在线课程平台显然没有足够实力，也完全没有必要。这些学校应该着眼于根据学校自身定位和需求选择已有的平台进行使用，将海量的优质网络资源与本校教学实际相结合，弥补自身不足。

2. 优质课程的建设与引进

优秀的课程团队、海量的教学资源以及即时在线的交互式学习方式，都是使世界一流大学成为在线开放课程建设主力军的必然原因，而大多数普通本科院校则会由于教育资源配置的不均衡，导致课程建设能力不足，甚至失去参与课程建设的机会；即便参与建设，也很难建设一批优质课程，更难达到一流大学的水平。

各高校应进一步发扬本校办学特色，在多年来课程建设工作取得的成绩基础上，深挖自身潜力，努力借鉴高水平大学的经验，建设一定数量的适合同级同类院校、甚至更大范围高校使用的优质课程。另外，地方教育行政主管部门应积极鼓励和组织开展区域内高校联合建设优质课程，并实现师资、课程的共享与学分互认，在区域范围内实现教育资源特别是课程资源的合理配置。

课程建设能力的不足，使得大多数本科院校将工作重心转移到外校甚至是国外高校优质课程资源的引进上来。借助各大在线课程平台，学生可以轻松选择各个学科专业、各个知名高校的海量优质课程。

3. 课程资源的使用

如果把在线开放课程的建设与使用比作一出盛大开幕的戏剧，平台的建设或者选用就像是舞台搭建和装饰这一最基础性的工作；课程的建设和选用就像是生、旦、净、末、丑各个角色的登台；戏剧能否博得观众的喝彩则最终取决于演员们在舞台上精彩地唱、念、做、打，而课程的使用无疑就像是演员的表演，决定着在线开放课程相关工作的最终效果。具体来说有以下三个层面：

①学校层面。学校应从思想上充分重视在线开放课程对于教育教学的重要意义，从政策上积极鼓励广大师生将在线开放课程应用于教学过程中，从制度上保障教师能够将更多精力投入到新型教学方式的探索和应用中，提高教师积极性和主动性。

②教师层面。教师应加强关于在线开放课程平台和课程使用的学习，积极参与在线开放课程的建设工作，利用在线课程积极主动尝试“翻转课堂”等多种形式的教学方式，充分利用在线开放课程的优势，进行教学方法改革实践活动和理论研究。

③学生层面。学生应努力培养自主学习的能力，特别是不断提高学习的主动性和积极性，充分利用互联网等信息技术带来的便利，利用海量的互联网资源，制订适合自身条件的学习计划、学习内容，按照社会需求提升自身的知识水平和实践能力。

五、结语

《国家中长期教育改革和发展规划纲要（2010—2020年）》强调，要把改革创新作为教育发展的强大动力，创新人才培养体制、办学体制、教育管理体制，改革教学内容、方法、手段。完全学分制改革的推进和在线开放课程的发展，无疑顺应了改革的新需求，在教育理念的转变、教育模式的创新、教学方法的改革等方面日益发挥着更加重要的作用，而完全学分制与在线开放课程能否充分结合、默契配合、深度融合，也将对我国高等教育的发展产生深远影响。

参考文献

［1］杨铭，荀渊．学分制发展及我国实施学分制的可能与应对［J］．大学（研究与评价），2009（6）：36－40.

［2］宋尚桂．高校学分制改革的意义、困难与对策［J］．济南大学学报（社会科学版），2005（2）：65－69.

［3］穆肃，王孝金，周腾．多样化教育教学背景下的开放在线课程［J］．现代远距离教育，2016（4）：51－57.

［4］焦建利，贾义敏，任改梅．教育信息化的宏观政策与战略研究［J］．远程教育杂志，2014（1）：25－32.

作者简介：

张杰（1982—），济南大学教务处，在读博士，研究方向为高等管理教育管理、教育技术。

刘洋（1980—），济南大学教务处，在读博士，研究方向为高等管理教育管理、企业管理。

基于学生科研能力提升的本科生导师制建设研究

张　伟

摘　要：大学生科研能力是其创新素质的直接体现，培养大学生科研创新能力已经成为高等教育改革的一个重要目标。本科生导师制是培养适合社会需求大学生的有效途径，已在我国高校普遍推行。本科生导师制有利于激发大学生开展科研活动的兴趣，培养学生的思维能力，将教师由传授型转为指导型，将学生由被动接受验证型转为主动参与探索型。

关键词：本科生导师制；科研能力；制度创新

《中共中央国务院关于深化教育改革全面推进素质教育的决定》中明确指出“高等教育要重视培养大学生的创新能力、实践能力和创业精神”“以培养学生的创新精神和实践能力为重点”“培养学生的科学精神和创新思维”。改革和完善本科生导师制模式，使其具有更强的可行性，培养具有较高科研能力和创新能力的高层次人才，优化本科生导师制乃当务之急。

一、本科生导师制及其价值分析

本科生导师制是一种在师生双向选择的前提下，以个别指导为基本形式的高校教育制度，它构成了本科生班主任、辅导员制度的重要补充，有效地促进了高校教育方式和教育观念的变革，提升了教学质量，同时也为学生的发展提供了更多的可行性空间。从西方教育史上看，导师制概念的产生可追溯到14世纪的英国，由当时创办牛津大学新学院的温切斯特主教威廉·威克姆提出并实践。工业革命以后的现代大学教育中，导师制在研究生教育中存续下来。美国哈佛大学校长艾略特于1869年在哈佛大学提出推行本科生选课制，1872年开始实施学分制。英国的牛津大学、剑桥大学等高校，在19世纪末开始仿效美国高校实施学分制，并进一步将原来用于研究生培养的导师制推广到本科生的培养过程中。国外本科生导师制的发展相对成熟，建立在深厚的理论基础上，比如学习自由理论和多元智能理论。学习自由理论主张学习自由，学生可以自由选课，自行确定学习顺序和学习进度，倡导个性化教育，强调形成自己独特思想的自由。

长期以来，我国高校中导师制的实施局限于研究生教育，我国高校本科教育实行的是以专业年级班级制为主体的教学管理制度。进入21世纪后，以北京大学、清华大学、上海交通大学、浙江大学等为代表的一大批高校开始在部分院系尝试实行本科生导师制。这是我国本科生教育管理制度上的一种重要创新，它既不同于硕士生和博士生导师制，也不同于现行辅导员制，它是我国高校在借鉴国外本科生导师制的基础上，为加强本科生素质教育而进行的一种有益的探索。

我国高校的本科生导师制没有统一的指导思想和制度保障，再加上高校文化不同，师资力量不同，因此，实施的状况因人而异，因校而异，具有不同的应用模式。尽管我国的本科生导师制还存在一定的问题与不足，但它提供了培养创新人才的优良环境，是培养大学生科研创新能力的有效途径，对于深化本科生教育管理改革和培养高质量优秀人才都有着积极的作用。

二、当前我国本科生科研创新能力培养工作中存在的不足

（一）培养目标

从宏观来看，本科生科研创新能力的培养目标主要有三个方面。第一，激发大学生开展科研的兴趣，让大学生在掌握专业知识和技能的同时，拓展知识面，充分发挥大学生在科研中的自主性，获得较高的创新意识和创新能力。第二，将教师由传授型转为指导型、将学生由被动接受验证型转为主动参与探索型。第三，提高学生分析问题、解决问题的能力，促进教学相长，培养高素质的复合型人才。

从微观来看，我国本科生科研创新能力的培养目标是使学生学会并掌握科研思想、科研方法、科研过程；学会查阅文献方法、科研选题方法；学会申报科研课题和结题的方法；学会撰写科研论文；具有合作共事和团队协作精神等。

（二）存在的不足

1. 多方主体思想认识不到位

部分师生对大学生开展相关科学研究的了解不足，没有认识到其重要性，并且学生对导师相关资料的了解甚少，甚至完全不知道每个导师的长处或专长，从而影响了学生的积极性。另外，学校投入经费不足，部分地方高校在资金投入方面偏少，专业实验室建设也相对滞后，由此严重限制了科研创新活动的开展，加上相应的宣传力度不够，宣传工作不够深入，使得学生参与、教师指导的积极性不强。

2. 优秀导师数量短缺

本科生导师制中尤为关键的一个部分是对知识渊博的导师的选拔。我国高校在经过扩招以后，导师的数量的增加明显落后于学生人数的增加速度。目前，大部分综合学科的高等学校师生比失调，大多维持在1∶15到1∶35之间。另外，不是所有的

教师都具有导师资格，各高校标准不一，规定不一。多数高校都对导师有任职和学历方面的要求，比如要求导师具有丰富的专业知识、过硬的专业技能和理论研究能力，还有合理的知识结构体系，善于表达，长于交流，对本专业及相关领域有很强的沟通和引导能力。这使得本科生导师制度面临人才资源紧张的局面，从而使得本科生导师制在实践应用中的效果不够好。

3. 有效监督激励机制不健全

当前，我国高校的本科生导师制还缺乏一套完整的规范制度，导师的随意性较大，部分导师没有能真正达到指导学生发展的要求。学校虽然对导师、学生做了一定要求，比如对师生见面频率、谈话次数、教学引导、科研培养等方面有定量规定，但在本科生导师制的具体实施过程中，基本没有监督机制来监管这些相关事宜，在整个教学管理、沟通交流环节中没有实现闭环管理，没有监督便没有反馈，也就没有高校对动态情况的掌握。一些积极践行本科生导师制的高校缺乏相应的激励机制，从而影响到导师的工作积极性。在任何管理体系中，奖惩机制都是最直接有效、最立竿见影的监督和辅助形式。奖罚分明，激励机制健全，才能使一项制度和规范长久地落实执行下去。

三、以提升学生科研能力为导向的本科生导师制的建设途径

（一）多方位建设导师队伍

成功推行本科生导师制的先决条件，是具有较高的师生比，针对我国大部分高校师生比偏低这一现状，地方高校如能做到以下三点，就可以在一定程度上缓解导师资源有限的状况：一是充分调动在职教师的积极性，吸引更多的高水平教师加入本科生的导师队伍中；二是聘请那些高素质的博士生、硕士生以及相关优秀人才担任导师助理，从而减轻导师的工作负担，提高其指导水平；三是聘用经验丰富、责任心强的退休教师担任科研导师。

（二）完善监督激励机制

在本科生导师制实行进程中，考核与监督制度的建立对于导师队伍的良性发展十分重要。通过对导师的工作进行考核可以量化分配导师的工作量，从而保障导师的教学辅导效果。认定学生的学习成绩（学分）以及核定导师的工作量，对于促进创新创业教育的发展起着重要的作用，但是这往往不是二级学院自身所能决定的。学校教务部门应充分调研，对二级学院赋予更大的自主权，从而促进本科生导师制度的效果得到更好的发挥。在对导师进行考核与监督过程中，激励措施和相关约束措施要并行使用。

（三）注重匹配培养的阶段性特征

本科生在大学期间有四个阶段：新生入学阶段、基础训练阶段、项目参与阶段和创新实践阶段。本科生导师可以根据这四个阶段学生在认知方面的差异，有针对性地

培养其科研创新能力，从而具有一定的系统性和连续性。第一，新生入学阶段。通过开学阶段的宣传教育，引导学生热爱本专业，激发学生参与科研工作的热情，使学生萌发浓厚的参与科研工作的兴趣，培养学生的创新精神。第二，基础训练阶段。这一阶段是学生自身业务能力提高的关键阶段，学生应学习和掌握扎实的基本功和专业理论知识，为进一步开展科研工作奠定基础。同时，导师应鼓励学生参与科研工作，多听专业课题讲座，激发学生对于某一领域的兴趣，重点培养学生的创新意识。第三，项目参与阶段。前面两个阶段是学生参与科研工作的基础，这一阶段学生应在导师的帮助下结合自身的条件，选择适合学生自己的研究领域，全面参与科研工作。在这一阶段要充分体现导师的角色，为学生选择合理的研究课题，制订合理的研究计划。导师本着循序渐进的原则，给学生选择难易适中、方向明确、要求具体的课题，激发学生主观能动性，鼓励学生参与科研活动，提高综合素质。第四，创新实践阶段。这一阶段是体现学生综合素质以及综合能力的阶段，导师应结合毕业设计、各类科技竞赛，全面提高学生的创新能力，培养学生掌握正确的创新方法和自主的分析问题和解决问题的能力。同时，大学生即将走向社会工作岗位，经过大学几年的科研创新的锻炼，基本上掌握了创新方法和创新技能，能独立完成科研工作，为个人的进一步发展奠定了扎实的基础。

本科生导师制下大学生科研创新能力的培养，是一个不断探索的过程，不能急功近利，要有系统的培训方法，行之有效的培养模式，因材施教的培养理念。通过大学生科技创新系列活动，调动学生学习的积极性、主动性，更好地培养学生研究性学习习惯，促进良好的学术氛围与学习风气的形成。在科研过程中，导师应引导学生本着提出问题、分析问题、解决问题的研究思路展开科研工作，逐渐培养学生的专业兴趣与创新思维能力，提高学生的创新能力与实践能力。

参考文献

[1] 张金秋．高校实行本科生导师制的理论研究 [J]．教书育人，2010 (6)：30－32.

[2] 郭翔．本科生科研能力培养模式及改进路径研究 [J]．中国农业教育，2014 (3)：22－24.

[3] 宋杨，赵静，刘晨光，等．优秀生导师制本科生导师制的有效实现形式 [J]．华北煤炭医学院学报，2010 (1)：122－124.

作者简介：

张伟（1981—），济南大学商学院讲师，硕士，研究方向为产业经济学与区域经济学。

旅游管理专业教学中的问题探讨
——以济南大学商学院旅游法教程课程为例

张延伟　王雯雯

摘　要：依据济南大学商学院旅游管理专业的旅游法教程课程的教学状况，本文探讨了旅游管理专业教学中的主要问题，具体表现在学科定位、教学方式、教学建设和课程内容设置方面。针对这些问题，本文在旅游管理专业背景下，提出相应的建设性建议与对策。

关键词：旅游法教程；旅游管理；教学状况

一、引言

改革开放以来，我国旅游业快速发展，产业规模迅速扩大，产业体系也不断完善。当前，我国旅游设施完善，人民生活水平日益提高，旅游成为每一个中国人生活中不可或缺的元素。中国旅游研究院在北京发布的《2015 年中国旅游经济运行分析和 2016 年发展预测》显示，2015 年，中国国内旅游突破 40 亿人次，旅游收入超过 4 万亿元人民币，出境旅游 1.2 亿人次。中国国内旅游、出境旅游人次和国内旅游消费、境外旅游消费均列世界第一。据世界旅游业理事会（WTTC）测算，中国旅游产业对 GDP 综合贡献率为 10.1%，超过教育、银行、汽车产业。据国家旅游数据中心测算，中国旅游就业人数占总就业人数的 10.2%。这一系列数字表明，旅游业已经成为我国经济社会发展不可或缺的一部分，即将成为我国支柱性战略产业。

基于我国旅游业发展的现状及其“看得见山、望得见水、记得住乡愁”的目标，我国 2013 年 4 月 25 日颁布了《中华人民共和国旅游法》，并在同年 10 月 1 日执行。近几年的旅游业快速发展表明，《中华人民共和国旅游法》起到了一定作用，保障了旅游者与旅游经营者的合法权益，规范了市场秩序，有利于保护和合理利用旅游资源，在旅游规划市场体现尤为明显，促进了我国旅游业健康发展。

我国经济的快速发展是旅游法产生的基础条件，旅游业的发展客观要求旅游法产生。旅游法教程作为旅游管理专业必修课程，培养了大批旅游专业的人才，使之既具有现代服务意识、管理能力，又具有实用性、专业性的服务技能，成为知法懂法合格的旅游人才，从而促进我国旅游业发展和旅游法进一步完善。但是，在旅游法教程教学过程中，存在一些问题。针对这些问题，本文进行了一系列探讨。

二、旅游法教程学科定位

旅游管理专业属于商科类管理专业，是面向社会及经济市场的专业，里面包含旅游管理和酒店管理两个下属专业。但是，旅游法教程课程定位出现了偏差。许多高校认为，酒店专业学生对于旅游法的学习可有可无，这种认识是十分错误的。因为酒店行业本身就是旅游业的一部分。旅游管理与酒店管理专业常常把旅游法教程区别对待：一方面，酒店管理和旅游管理的学生认为酒店管理和旅游管理属于两个差别很大的专业；另一方面，酒店管理的学生不认真学习旅游法教程，酒店管理专业即使开设了旅游法课程，也只是将该课程作为选修课。这种情况下，学生一没心思学，二也不重视，这门课程形同虚设。这与旅游法教程“提高旅游业管理者、企业经营管理人员追求经营稳定，确保交易安全，事前防范经营风险的知识和能力”的人才培养目标不太相符。

三、旅游法教程的教学方式

虽然“学无定法”，但不同的学科有着自身特点。作为教师要找到适合学生接受的教学方法。旅游法教程是一门法律课程，比较单调枯燥。通过两年的比较教学过程，笔者发现案例教学法有助于这一课程的开展。通过开展案例教学，教师于无形之中，把法律的基本原理和方法加入进去，使学生容易接受。在旅游法教程教学中采用案例教学法，教师应当遵循教学的目的性、案例的真实性等原则，选择适合教学的案例，也可以通过驳斥引导的方法，从正反两面引导教学过程。具体案例如下：

案例1：

旅行社为做好暑假旅游业务，组织游客前往山东省刚开发的海岛旅游。在组织过程中，该社为保证一定利润，与当地其他旅行社商议统一价格，此价远高于成本价。随后旅行社组织三十余人前往该海岛。此景点的确风光秀丽，令人流连忘返，许多游客拍照兴致很浓。其中，有两名游客爬到了一块形状奇特险峻的山上，结果站立不稳，两人摔落造成骨折。二人回家后便向旅行社索赔，旅行社辩解称“这是导游人员未做提醒的原因，与我社无关。”经查，该导游的确未做提醒，旅行社提出让这两名游客向导游索赔。二人便前往质监局投诉。问题：人身意外是否适用“保证金”？

《旅行社质量保证金暂行规定》及《旅行社质量保证金暂行规定实施细则》规定，旅游者在旅游期间发生人身财物意外事故的，不适用于质量保证金的赔偿范围。

案例2：

某旅行社组团旅游，游客张某欲参加景区新推出的蹦极游乐项目。景区工作人员指着旁边的警示牌告诉他说“你看清后再作决定”。牌子上写着“蹦极高度危险，参加者慎行，如出现危险，后果自负”。因行程中没安排此项目，导游也劝张某不要玩蹦极，但张某执意参加。结果，由于设备原因，张某被摔成偏瘫。事后，张某找旅行社和景区索赔。旅行社经理认为导游已经尽到了警示义务，旅行社不应对此进行赔付。景区则认为张某在蹦极之前，景区工作人员已告知其警示牌上的内容，因此景区也不应承担责任。问题：旅行社和景区是否对张某的摔伤事故负有责任？

《中华人民共和国消费者权益保护法》第二十六条规定：“经营者不得以格式条款、通知、声明、店堂告示等方式，作出排除或者限制消费者权利、减轻或免除经营者责任、加重消费者责任等对消费者不公平、不合理的规定。”

四、旅游法教程的教学建设

法律的特征之一是其具有长期稳定性。因此，很多高校误以为法律类教材可以长期选择一个版本使用教学。其实，作为知识传播的载体之一，教材是与时俱进的。例如，旅游法教程需要与时俱进，是由旅游业本身的特征所决定的。旅游业是一个广泛性的行业，包含了食、住、行、游、娱、购。原来的旅游只是服务行业，现在旅游业包含了第一和第二产业的部分，例如装备制造业等。如果教材不随之发生变化，就不能满足时代要求，培养出来的学生，就无法与社会接轨。这就需要教师及时更新教材中的案例，将其与相应的法律、法规结合起来。

五、旅游法教程的课程内容设置

旅游法教程所包含的内容非常广泛，这是由旅游业本身特性决定的。在较少的学时内，要将所有的旅游相关法律法规知识以案例方式全部让学生学会，不太切合实际。对此，济南大学商学院只对旅游管理与酒店管理系下旅游管理和酒店管理专业的学生开设旅游法教程这门课程。其他专业的学生无须全面、系统地学习和掌握旅游相关法律知识，可以通过自学或者旁听的方式，掌握旅游行业的法律规范，能够有效处理简单的旅游法律纠纷事故即可。因此，在教学过程中，教师应该根据旅游业特点并结合旅游专业人才法律知识结构的需要，把握好教学内容的广度与深度，合理对教材内容进行增删。

六、结语

（1）给旅游管理专业的本科生讲授旅游法律知识，教师既要与学生探讨当前旅游发展新的形势，还要结合旅游法律案例进行分析，这是很具有挑战性的过程。只有这样做，才能培养具备实战性的法律素质和技能的旅游管理人员。

（2）在旅游法教程的教学过程中，学生可以将旅游法律法规内容与旅游法律法规名称合而为一，进行学习，弥补仅仅依靠狭义教材教学产生的只知内容不知来源的问题。

（3）通过旅游法教程教学，学生在提高自主学习能力的基础上，可以进一步探究我国旅游法律法规内容的合理性及不足，提高自身的理论水平。

因此，旅游法教程这门课程的教学，有助于培养学生以后在工作中自主查阅与自主学习的习惯，能够增进旅游管理专业学生对旅游法的了解。同时，教师应及时更新了解法律法规内容的变化，防止教学内容的滞后性，避免学生不适应当前旅游市场现状的问题。

参考文献

［1］曹扬．《旅游法》课程教学改革探讨［J］．法制博览，2015（8）：284－285.

［2］祖丽米热·阿力木．旅游政策与法规的教学方法研究［J］．科学导报，2017（C02 版）：1－2.

［3］段琳玲．浅析案例教学法在《旅游政策与法规》教学中的应用［J］．课程教育研究，2017（23）：225－226.

［4］李晓云．旅游法背景下《旅游法规》课程驳论式教学法探究［J］．湖北科技学院学报，2016（7）：134－136.

［5］冯健．四环节教学法在《旅行社管理》课程教学中的应用［J］．山东社会科学，2015（S2）：1003－4145.

［6］徐春燕．浅谈《旅游法》施行背景下的中职导游人才培养［J］．中国职业技术教育，2014（8）：77－79.

［7］翟江．高职院校《旅游法规》课程教学方法改革分析［J］．教育教学论坛，2014（9）：163－164.

［8］黎达文．浅谈《旅游法教程》教学［J］．现代企业教育，2012（21）：154－155.

作者简介：

张延伟（1985—），济南大学商学院讲师，博士，研究方向为旅游气候、旅游规划。

王雯雯（1986—），济南大学商学院讲师，博士，研究方向为计算机信息安全。

酒店管理专业实践教学改革的思考

周晓梅

摘　要：分阶段开展理论教学和实践教学活动，使二者相辅相成，互为补充，层进式地夯实学生的理论基础，锻炼学生的实践能力，使之在实践中接触管理实务，培养管理意识。这一举措有助于解决长期以来专业课程体系不够完善不能适应市场需求的问题，促进学科建设的完善和发展。

关键词：阶梯式专业课程体系；教学方式；师资培养；实践教学条件

国外的酒店管理专业开设比较早，发展较成熟，美国康奈尔大学酒店管理学院和瑞士洛桑酒店管理学院是目前世界最知名的酒店管理专业教育机构。总体来说，基本形成了以瑞士洛桑模式、以康奈尔酒店管理学院为代表的美国模式和澳大利亚培训包开发模式为代表的人才培养模式。

国内酒店教育的发展，是随着我国酒店业和旅游管理专业的发展而发展起来的。现阶段我国酒店管理专业人才培养在借鉴国外经验的基础上主要沿袭固有的教学传统，课程设置上以理论教学为主，对于酒店具体的部门业务涉及较少。

酒店管理是个职业化特色突出的应用性专业，在人才培养上，必须关注行业特点和要求，使学校教育贴近酒店行业的需求。实践课程的开设，成为各院校解决这一问题的关键环节。本文主要采用定性分析研究方法，以酒店管理专业的实践教学为研究对象，从课程体系、教学传统、师资建设、教学条件等方面展开研究。

一、以酒店职业能力分解为基础，构建专业课程体系与内容是教学改革的基础

实践教学课程内容的适用性和教学过程的实践性，是进行教学体系建设和教学内容设计的首要原则。酒店管理专业的职业化特点决定了理论与实践结合是其人才培养的基本途径。房务与餐饮服务是酒店的核心业务，实践教学应主要围绕一线业务设计展开，在深入分析酒店管理教育的职业性特征基础上，根据酒店岗位的职业能力要求设置课程内容，把学生素质建设、实践能力与职业能力培养有机结合起来。在此基础上对酒店管理专业建设方案进行研究，围绕阶梯式专业课程体系，对前厅、客房、餐饮运营等实务类课程的教学进行方案设计。

围绕各类宾客在酒店的基本活动规律，以酒店实际工作过程为逻辑起点，将课程内容进行整合和序化，形成基于工作过程的教学细化，在学生会作床、铺台的基础上，把实训教学细化为预订、接待、服务、信息管理、人员管理、销售管理、安全管理、宾客关系管理等模块。根据酒店岗位的职业能力要求设置课程内容，开设操作性的练习课、模拟性的分析课、研究性的调查课，把学生素质教育建设、实践能力与职业能力培养有机结合起来。

二、产教结合的教学传统是教学改革的关键

教学方法的改革是重中之重。我们传统的教学方法以理论讲授、课堂教学为主。为了弥补这一不足，很多教师采用了案例教学、模拟教学等更加灵活的教学方法，但这还远不能满足酒店对人才培养的需求，酒店管理专业教学不能沿袭这一教学传统，而是要形成具有自身专业特色“产教结合”的教学传统。例如，针对酒店的主要业务前厅、客房、餐饮等必须让学生进入真实的工作场景中，只有进行实地的操作，学生才能掌握酒店预订的管理、房态的控制、委托服务受理、客房清洁控制、成本控制、菜单设计、进餐流程控制、顾客投诉处理、客史档案管理等业务。因此，学校需要为学生提供模拟职业学习环境；通过“工学交替”学习，把教学各环节带进真实的职场环境中，从而提高教学质量和学生的学习效果。这样才能使学生通过实践巩固理论学习的成果，在实践中接触管理事务，培养管理意识。分阶段开展的理论教学和实践教学活动，二者相辅相成，互为补充，层进式地夯实学生的理论基础，锻炼学生的实践能力。

三、多元师资建设是实践教学的智力支持

教师职业素质的高低决定了教学效果的好坏。与其他专业相比较，酒店管理专业对教师的实践能力和从业经验有着较高的要求。但目前，工作在最前沿的教师普遍是具有高学历的研究型专家，他们的专长是理论教学和研究，而缺少酒店从业经验，这造成纸上谈兵现象在教学中尤为突出。要解决这一问题，首先，在教师选聘就要把好关；其次，应安排教师定期到企业锻炼；最后，要推进师资队伍的多元化，丰富教学梯队，学校可以聘用在酒店有一定影响力的专业人员成为学生的在职教师，让学生在实践中接受在职专业人员的指导，弥补“双师型”师资的不足。教师“走出去，请进来”，使教师通过实践操作不断丰富新的经营信息，调研国际化经营中出现的新趋势、新问题，不断调整教学内容，提高教学质量；酒店相关从业人员也能了解学校教育发展趋势，把最先进的理论引入酒店管理之中。如此周而复始，使得教学始终与行业接轨，教师始终处于酒店行业发展的最前沿。建成理论、科研、实践三者为一体，优势互补的教研梯队，为全面实现人才培养目标提供有力的智力支持。

四、实践教学条件的改善是教学的物质保障

迫于教学经费投入不足的压力，目前很多高校酒店管理专业缺少实践教学条件。实践教学的展开需要以下两个条件：一是凭借模拟教学展开，这加大了教师教学的难度，往往教学效果并不乐观；二是为学生设置3~6个月的酒店实习，但是酒店实习岗位有限，一些学生半年时间只见习了一两个岗位。由此可见，这完全满足不了实践教学的需要。很多学生出校门前连中西式作床、摆台都不会，但实习或工作后，学生主要走上一线操作岗位，由于没有经过前期的培养，学生就业后往往因为适应性差、竞争力弱，信心不足，很快失去在此行业就职的兴趣和意愿，造成酒店行业人才流失的局面。因此，高校急需通过对教学场地、教学设备条件进行投资改造，为学生提供模拟职业学习环境。

高校酒店管理专业的教学可借鉴一些中职和高职院校的做法，把一些实践课搬入酒店，利用酒店这个大的“实验室”进行系统的教学，而不是依靠短期不系统的实习。这种引入多种社会资源办学，把校内与校外实训基地有机结合起来的做法，将会为课程教学改革提供物质支持。

酒店管理专业实践教学改革应当把学生素质教育建设、实践能力与职业能力培养有机结合起来，形成“理论与实践一体化”实践教学改革思路。在课程体系建设、教材编写与选择、教学方式方法改革、师资建设及实践教学等各环节中，嵌入“理论与实践一体化”思想，便于以物化的形式展示教学内容，使教学过程生动、形象、直观，做到深入浅出，从而提高教学效率，使理论与实践高度统一，利于学生综合素质的培养和提高。学生应通过实践巩固理论学习的成果，在实践中接触管理实务，培养管理意识。酒店管理专业的实践教学改革有助于解决长期以来其课程体系不够完善，不能适应市场需求的问题，能够促进学科建设的完善和发展。

参考文献

[1] 游富相．国外酒店管理专业人才培养模式对国内的启示［J］．吉林省教育学院学报（学术版），2009（6）：117－118.

[2] 国家旅游局监督管理司．中国饭店产业发展报告2015［M］．北京：中国旅游出版社，2016.

[3] 尚草．浅谈通过一体化教学提高酒店服务与管理专业酒店英语教学效果［J］．中国科教创新导刊，2011（20）：128－129.

[4] 许建．酒店管理专业实践教学体系研究［J］．现代企业教育，2007（8）：20－21.

作者简介：

周晓梅（1975—），济南大学商学院副教授，硕士，研究方向为酒店管理、旅游文化等。

将会计学设为大学通识课程的设想

郑凤旺

摘　要：随着我国经济发展水平的大幅度提高和资本市场的高速发展和完善，社会人成为股民的机会越来越大，会计知识的普及非常必要。会计学作为会计基础知识的综合体课程，人们广泛的需求为其在大学中被列为通识教育课程带来机会和必要。

关键词：会计学；通识课程；设想

随着我国资本市场的发展和完善以及法律法规的建立和健全，广大人民群众对证券市场的基础知识越来越了解，并积极参与进来，人民群众对证券投资的兴趣越来越大。但是大多数人没有相关的会计知识，对各种会计信息看不明白，在投资决策时有很多误区，因而学习会计基础知识非常必要。当然，在全国普及会计教育不太现实，但可以利用大学这个平台，在文化水平相对较高的一部分人中推广会计学这门会计基础课程的学习，让他们看懂会计信息、利用会计信息，逐步普及大学生的会计知识。

一、把会计学设为通识教育课程的必要性

1. 通识教育的意义

现代社会是一个多样化的社会，人们出于种种原因而聚集成互相之间存在差异的人群。现代通识教育的目标是：在现代多样化的社会中，为受教育者提供通行于不同人群之间的知识和价值观。

通识教育是英文“General education”或“Liberal education”的译名，也有学者把它译为“普通教育”“一般教育”“通才教育”等。

自19世纪初美国博德学院（Bowdoin College）的帕卡德（A. S. Parkard）教授第一次将它与大学教育联系起来后，有越来越多的人热衷于对它进行研究和讨论。

2. 全球化趋势所带来的多元文化之间的冲突碰撞，迫切需要大学的通识教育

社会经济高速发展，整个世界日趋一体化。在此一体化的过程中，首先人们就会碰到一个非常棘手的问题，这个问题便是不同文化之间冲突碰撞的问题。在这种多元文化的社会里，我们必须要相互尊重各种不同的文化，必须要学会欣赏其他文化的长处，而不能以自己的文化故步自封，当然，也不能闭着眼睛一味盲目崇拜。

3. 我国高校长期实行的专业化教育模式迫切呼唤大学通识教育的出现

专业化教育模式是我国高等教育在特定时期、特定社会背景中的选择。这个选择尽管在当时有合理性，对我国社会发展发挥了积极作用，不过其缺陷也是明显的。过分强调专业划分，把学生的学习限制在一个狭窄知识领域，不利于学生全面发展。社会生产的发展日新月异，旧工作岗位不断消失，新工作岗位不断出现。高等教育中专业设置的变化，已经无法跟上社会职业的变化。过去大学毕业生就业时追求的“专业对口”已经不再他们的目标了。高等教育的专业化做得越好，学生就越难适应变换后的工作，情况可能越糟糕。为了应对工作岗位的变化，培养学生的一般能力，似乎比培养学生的专业化更为有效。当前的产业升级和建立创新型和谐社会要求高等教育培养深入了解市场和社会的人才。

基于以上，将会计学列为通识教育的大学课程非常有必要，这将有利于当代大学生在成才的路上适应社会的发展需求。

二、从会计发展看会计学被列为通识教育的重要性

会计是以货币为主要计量单位，反映和监督一个单位经济活动的一种经济管理工作，是人类社会生产经营活动发展的产物。会计的产生和发展都经历了漫长的过程，它随着社会生产的发展和科学技术的进步而不断完善、提高。因此，会计是社会发展到一定历史阶段的产物。

会计的发展有三个阶段：

1. 古代会计的发展

会计作为一项记录、计算和考核收支的工作，无论在中国还是在外国都在很早以前就出现了，人类社会的生产活动是会计产生和发展的根本前提。会计产生于旧石器时代，结绳记事、刻木为记等是最原始的会计行为。但此时的会计记录方法集原始的会计、计算、统计以及其他行为于一身，不是真正意义上的、独立的会计。

农业经济时代，会计记账方法中出现了为自然经济服务的单式簿记。单式簿记不断向前发展形成了一个固定的、完善的会计方法体系，但单式簿记的整个方法体系仅适合反映自然经济，其自身缺乏科学的内在联系，而且当时的簿记缺乏理论指导，其知识的传授仅处在自然教育阶段。

据《周礼》记载：早在三千多年前就出现了“会计”这个词。会计在当时的基本含义是“零星算之为计，总和算之为会”。宋代时，官府中的官吏报销钱粮或办理移交，要编造“四柱清册”，实行四柱结算法。

2. 近代会计的发展

一般认为，从单式记账法过渡到复式记账法是近代会计形成的标志。15 世纪末期，意大利数学家卢卡·帕乔利有关复式记账的论著《算数、几何、比及比例概要》的问世，标志着近代会计的开端。

随着社会经济的发展和对管理要求的不断提高，会计所计算的考核内容、范围以及所要达到的目的和要求，都在不断发展和变化。这也使会计的目标、会计所应用的原则以及会计信息的披露内容、范围等随之日趋完善。这种变化不仅体现在会计有了更多更快的取得信息、披露信息的手段，也表现为会计可进一步利用取得的信息更好地为管理服务。这样，比较完善的现代化会计就逐步形成了。

3. 现代会计的发展

成本会计的出现和不断完善，以及在此基础上管理会计的形成及其与财务会计相分离，是现代会计的开端。现代会计实现了由簿记到会计的转变。国民经济恢复时期，我国在统一全国财经管理体制的过程中统一了会计制度。一般认为现代会计是从 20 世纪 30 年代开始的。当时，股份公司这一经济组织形成后得到很快的发展。自 20 世纪 80 年代起，外国资本不断进入我国，我国在接受外国资本投入时也有义务为外国投资者和债权人提供可理解、有用的会计信息。这一过程中的企业会计制度建设，是我国企业会计制度建设的一个极为重要的历史时期，形成了我国独具特色的计划经济体制下的企业会计制度体系。在这一时期，对于市场经济下的企业会计制度，我国也进行了一定的积极探索，为市场经济体制下企业会计制度的全面改革提供了有益的尝试。

从以上可以看出，经济高速发展的每一个阶段，都是会计知识得到快速发展和充分应用的时期，即经济越发展会计越重要，社会对会计知识的需求越广泛。由此可以看出会计学被列为通识教育的重要性。

三、现代社会需要会计基础知识

我国的资本市场由产生到发展壮大，特别是随着近几年法制的健全，使得证券的交易和买卖成为广大人民群众余钱利用的主要方式之一，股民的队伍日趋壮大，人数最多的时候几乎全民皆股民。股民进入资本市场的目的是赚钱，但他们能看懂会计信息的并不多，也就是很多股民需要会计知识，却没机会进入大学学习。社会需要全面型人才，而大学主要提供专业型人才。同时人才需要将余钱放到资本市场去赚更多的钱，但很多人又不懂会计信息，投资失败的可能性太多。我们国家的发展需要广大人民群众将自己的余钱放到资本市场，这样才能使经济更加活跃。会计信息是国家大数据的主要构成，同时会计信息又是资本市场的重要信息，读懂会计信息是社会的现实需求，然而很多人的会计知识教育途径缺失。

会计学这门课程是会计基础知识的综合，学习会计学既可以了解会计信息是怎样形成的，也可以看懂会计信息的基本内容。企业的会计信息参考者主要有投资人、债权人、国家相关部门、企业经营管理者、职工、社会个人等。大学生走上社会后都是社会个人，每个人都可能成为未来的投资人、债权人、职工或者国家职能部门的工作人员等，读懂会计信息是每一个人的必然需求。

许多高校里，会计学是经济、管理等学科的基础课程，工科、理科还有一些基础学科都不开设课程及其他会计课程。有一些高校将会计学列为选修课，有的学生会选，有的学生不选，总体来看选修该课程的学生很少。也就是说，现代大学生对会计知识的重视是非常低的，而大学生工作后又需要会计知识，这就形成了矛盾。

因此，在高校里将会计学这门课程列为通识教育课程是非常必要的。

参考文献

［1］王爱国，隋敏．基础会计［M］．北京：经济科学出版社，2017：1－2.

［2］陈国辉，迟旭升．基础会计［M］．5版．大连：东北财经大学出版社，2016：1－3.

作者简介：

郑凤旺（1966—），济南大学商学院讲师，研究方向为会计学及其应用。

高校应用型人才培养中的专业建设探析

朱青梅　赵德艳　刘慧丽

摘　要：专业建设在高校建设和发展过程中具有至关重要的基础性地位和核心作用。在我国高等教育快速发展形势下，部分高校学科专业建设工作还不同程度地存在专业规划不够科学、专业结构不够合理、专业优势不够突出等问题，以至于在一定程度上影响和制约着教育教学质量的提高。为此，应当树立科学合理的学科专业建设指导思想，采取有效措施加强和改善高校学科专业建设工作。

关键词：专业建设；专业规划；专业结构；专业实践

一、高校专业与专业建设的基本内涵

（一）专业的内涵

我国高等教育中的“专业”一词，形成于1952年中国高校第一次院系大调整时期，当时完全是模仿苏联高等教育的做法。“专业”一词在当时的解释是“一行专门职业或一种专长”，这对我国高等教育的发展，产生了久远而深刻的影响。目前，人们对专业的认识还不尽相同。《辞海》对专业的定义为“高等学校或中等专业学校根据社会专业分工的需要设立的学业类别”。国内有学者认为，应该从广义、狭义和特指三个层面来理解“专业”。从广义角度看，专业即某种职业不同于其他职业的一些特定的劳动特点；狭义的专业则主要指某些特定的社会职业，这些职业的从业人员从事的是比较高级、复杂、专门化程度较高的脑力劳动；特指的专业是高校中的专业，它是依据确定的培养目标，设置在高校（及其相应的教育机构）的教育基本单位或教育基本组织形式。站在高校的角度，专业是其为社会承担人才培养的责任而设置和划分的；站在社会的角度，专业是为满足人们从事某类或某种社会职业必须接受的训练需要而设置的。以一门学科为基础可以设置若干个专业，这些专业因学科基础知识大体相同，而被称为相近专业。一个专业可能涉及不止一门而是若干门学科，这些学科甚至可能属于不同的学科门类。

（二）专业建设的内涵

专业建设是高校适应社会对不同领域和岗位的专门人才的需要所开展的人才培养的实践活动，是高校一项系统的基础建设工作。它以社会发展、经济建设和产业结构调整的需要为导向，以人才培养模式改革和课程建设为核心，以教学内容与课程体系的设计为重点，以提高教学质量和人才培养质量为最终目标。其主要由专业培养目标、专业教学安排和专业教学条件等构成。其中，专业培养目标对整个专业建设工作起到了导向和引领作用，专业建设在很大程度上取决于专业培养目标的定位与专业理念的设计。因此，为了实现专业人才培养目标，专业建设的内容主要包括专业培养目标与培养方案的制订、专业师资队伍建设、专业实验室与实习基地建设、专业教学内容与课程体系建设、专业教学手段与教学方法建设、专业教材建设等专业教学条件的建设，以及专业的动态管理和与社会相适应的专业的调整与改进工作。

二、高校专业建设的现状与问题

（一）高校专业建设的现状

目前，高校专业建设取得的成绩是有目共睹的。高校专业建设的发展进一步整合优化了教育资源，推动了地方高校专业结构的调整和教学质量的提高，提升了其核心竞争力。

1. 专业建设制度已基本建立

地方应用型高校已经认识到，专业建设工作规范化是提高其本科专业建设水平的保证，因此，一些院校在研究本科教育规律、借鉴其他本科院校经验的基础上，梳理原有的制度规定，根据本科院校专业建设工作的规范要求，制订了相关的规章制度，这些规章制度涵盖了本科生培养方案、课程建设与管理、师资队伍建设等各个方面。

2. 专业内涵建设大幅提高

部分地方应用型高校通过努力，已经由过去的单科性专科院校转变成现在的涵盖多个学科的本科学院，在专业结构方面呈现多科化趋势。专业数量增长迅速，在学校领导和教职工的共同努力下，本科专业得到了快速的发展。

3. 专业评估保障体系已显雏形

地方应用型高校在发展的过程中，逐步建立了评估建设委员会、评估建设办公室，制订了相关评价制度，对促进专业评估保障体系的完善起到了积极的推动作用。

（二）高校专业建设存在的主要问题

专业建设作为高校的基础建设之一，历来受到学校的高度重视，其专业建设取得了一定成绩的同时，也不可避免地存在不足之处。主要表现在以下几个方面：

1. 缺乏科学的专业建设规划

一个学校的专业设置应该综合考虑学校的办学条件、社会对人才的需求等因素，根据需求量力而行。目前，不少本科院校专业整体规划尚未完全到位，存在专业建设规划与学校的总体规划、学科建设规划、人才培养规划等不吻合的现象，有关观念和思路还未能完全跳出原来专科教育的模式与框架。部分高校由于没有考虑学校自身的办学水平和办学实力等实际状况，致使专业总量增长过快，专业设置带有一定的盲目性，出现了一哄而上、一味求新、求热门的现象，导致传统专业数量增加较多，应用型专业、特殊专业建设数量偏少等问题。一些新增本科专业甚至缺乏必要的办学条件，教学质量难以得到保证，从而制约了专业建设的进一步发展，也势必影响学校的可持续发展。

2. 专业口径较窄，专业趋同性严重

适量的专业数量能使学校的人力资源、物力资源和财力资源得到充分利用，避免教育资源的闲置和浪费，从而提高学校的办学质量。但一些学校在专业建设中缺乏效益观念，专业趋同率较高，互补性差，不考虑条件就盲目开设热门专业，相同专业布点过多，低水平重复建设现象严重，既不适应区域经济发展的要求，也不能使教育资源优化配置，从而影响学校的办学质量。

3. 专业师资队伍建设不完善

部分高校的师资队伍，不管是在规模上还是质量上均有待提高。规模上，生师比过大，高学历、高级职称教师占专任教师的比例较低；质量上，教师的知识结构比较单一，除了专业知识外，作为教师必须掌握的学科教学法、现代教育基本理论等知识整体比较薄弱，这直接影响到了教育教学质量。甚至有的高校出现了因人设专业的现象，专业的调整和改革主要取决于教师，有什么教师就开什么专业、就教什么课。

4. 专业课程建设不合理

部分高校在专业课程建设上存在着一些问题。一是理论性课程偏多，实践性课程偏少，专业技能缺乏足量的训练。二是课程开发与教材建设滞后，教材单一、老旧。三是更多关注专业课程体系的调整，忽视了具体的课程内容改革，深入不够，课程设置难以适应专业人才培养目标的需要。

三、高校专业建设的对策

（一）科学制定专业规划

专业建设是否得当直接关系到高校的办学水平和人才培养质量高低，要提高办学水平和教学质量，必须科学制订专业建设总体规划，有目标、有计划地进行专业建设。专业建设总体规划的制订，必须符合学校的总体办学目标和办学定位。首先，要确定学校专业结构和整体布局，应当以社会需求为导向，确定优先建设哪些专业，重点建设哪些专业。对于优先和重点建设的专业，高校应在充分调查社会需求、人才市场需求和经济科技发展需要，参考其他高校专业建设经验的基础上，制订具体的专业建设计划。其次，专业建设规划应依据学校办学历史、办学能力和办学绩效，符合社会人才需求的现状和变化趋势，与本科的办学方向、层次、规模、能力和特色相适应。最后，专业建设必须有开设专业的基本办学条件，诸如师资、设施设备、实习实践场地、图书资料等。

（二）调整优化专业结构

随着国家产业经济结构的调整及传统产业的全面改造升级，与之相适应的传统学科专业应被赋予体现时代特点的新内容。一是调整和优化现有专业，合并那些基础课和专业基础课相同、专业服务方向相近的专业。二是对办学条件差、专业面过窄、培养方向不明确、社会需求量少的专业，通过撤销或减少招生数量等不同措施予以调整、优化和更新。三是加强重点专业建设，扶持特色专业的建设，大力发展社会需要的应用型专业。有计划、有重点地建设一批学术水平高、师资力量强、教学质量高、经济社会效益好且优势明显的重点专业和特色专业。

（三）加强师资队伍建设

师资队伍建设是专业建设中的重要一环。要想建立一支教学水平高、科研能力强、结构合理、适应专业发展的师资队伍，必须坚持引进与培养并重、学术与实践兼顾的原则。一是加大引进力度，创造各种优惠条件，在引进高学历、高职称的专业人才充实师资队伍的同时，更要挖掘专业内部潜力，加强培养熟悉校情、精通专业的业务骨干。二是积极创造各种条件，健全教师竞争激励机制，增强教师终身学习的意识和质量意识，稳定师资队伍。三是鼓励教师在职提高，通过学历教育、各种学术交流活动等，提高在职教师的素质和改善师资队伍的结构。

专业建设的关键，是提高教师的专业教育教学水平和科研水平，通过提高师资队伍的科研水平，建立教学与科研互动的机制，促进专业建设。科研与教学的关系表明，科研在提高教师学术水平和业务能力上发挥着重要作用。将科研与教学相融合，通过科研成果丰富和完善教学内容是专业建设过程中培养高质量、高层次人才的必由之路，也能使专业建设得到不断完善。注重科研的教师能将技术前沿及时反映到教学中，将科研中运用的科学思维方法传授给学生，对培养学生的创新精神和实践能力具有重要的推动作用，从而提高专业建设的水平。

（四）深化课程体系改革

深化课程体系改革，是专业建设的重点和难点。在课程设置上，应根据人才培养的类型和规格来确定课程结构，以学科专业发展的内在逻辑来组合课程，同时要与社会需求变化相适应。在专业的课程体系建设上，力求整体结构优化，突出专业定位与专业特色，以利于学生从整体上掌握专业知识，促进学生创新能力的发展。应减少必修课，增加选修课，多开设个性化课程，扩展学生自由获取知识的空间。在专业课程内容上，要体现专业发展的特点和规律，要体现基础性、综合性、个性化和应用性等特征。

（五）构建实践教学体系

实践教学体系的构建关系到应用型人才培养的质量。建立合理的以专业实验实习、专业实践、生产实习、社会实践等为主要内容的专业实践教学体系，对于提高学生的综合素质、培养学生的创新精神与实践能力具有重要作用。因此，高校要注重构建具有一定专业特色的实践教学体系。一是优化实践教学内容，提升学生的创新精神和实践能力。高校要根据科技进步和社会发展的要求，注重更新实验教学内容，提高综合性、设计性实验的比例，提倡实验教学与科研课题相结合，创造条件使学生较早地参与科学研究和创新活动。二是建立相对稳定的校内外的实践教学基地。加大实验实习基地条件建设的经费投入，为学生的技能训练、实验实习，为专业建设的科学研究、试验，提供比较充分的物质基础。高校要多渠道、多模式地开展产学研合作，建立相对稳定的校外实习基地。三是加强实验队伍建设和实验室管理。实行人才流动、定期考核的管理机制，建立动态的专兼职结合的实验室队伍模式，开辟多种提高实验技术人员业务素质的途径。

参考文献

［1］胡燕，李伟，王恬．高校专业建设研究浅探［J］．江苏高教，2016（6）：82－85.

［2］侯立松，张燚．利益相关者视角下的高校专业建设管理研究［J］．大学教育科学，2010（1）：50－54.

［3］蒋青，王桂林．行业特色高校专业建设路径［J］．课程教育研究，2015（16）：217－218.

［4］罗三桂．关于高校专业建设的思考［J］．人力资源管理，2010（8）：127－128.

［5］陈守则，张慧，徐俊昌．我国地方性高校专业建设的 SWOT 分析与对策［J］．长春工业大学学报，2012（3）：20－21.

作者简介：

朱青梅（1962—），济南大学商学院教授，研究方向为劳动经济学。

赵德艳（1983—），齐鲁理工学院商学院讲师，研究方向为教学管理。

刘慧丽（1980—），齐鲁理工学院商学院讲师，研究方向为教学管理。

实践教学与能力培养

高等教育反思

——本质与人才培养理念*

安强身

摘　要：回顾我国学界对等高教育本质的不同认识，遵循辩证唯物主义本质观对教育的本义进行追溯，本文认为高等教育应是对人的发展本性的顺守与促进。我国高等教育的发展，必须秉承马克思主义思想，以人的发展作为价值取向，实现价值理性与工具理性的平衡和融合。在人才培养上，应贯彻素质与能力并重、理论与实践结合的导向，全面提升人才培养质量。

关键词：高等教育；本质；人才培养；价值

高等教育，作为人才培养体系中的高级阶段，具有与其他教育阶段不同的形式、职能与任务。现代中国高等教育发展至今，尤其是20世纪90年代中期以来，取得了令人瞩目的成就。不论是规模还是教育体系自身建设，都取得了积极的发展成果。但是，结合中国高等教育发展的实践，我们也看到了诸多问题，高等教育的本质是什么，使命是什么，应该秉持怎样的发展理念去实现高等教育的价值？放眼新世纪的全球竞争，中国实现复兴之路的历史使命中高等教育责无旁贷。高等教育本质上应该是对于人的发展诉求的顺守，它以“人”为中心，积极探求如何提高人的素质与能力，培养社会所需人才；在人才培养理念上，应把理论与实践有效结合，重视人的能力提升。

一、高等教育本质回顾与人本思想下的反思

我们需要怎样的高等教育？这一问题直接触及高等教育的本质。高等教育相对于其他教育形式，承载的使命是什么？梳理前人相关研究，可以发现从属性说、动态演变说以及文化本质说，时代不断变化，高等教育研究与实践不断推进，关于高等教育本质的研究不断深入但认知未曾统一。在中国特定国情与发展背景下，进一步反思高等教育本质，有助于我们回答这一问题。

本质认识是一切高等教育理论和行动的出发点。从1949年至今，学界对于高等教

* 本文得到山东省本科高校教学改革研究项目“综合职业能力导向的经管类专业‘理实一体化’实践教学模式研究”（2015M040）的资助。

育的本质认识也在不断发展。比如动态演变说认为本质是客观事物的反映，高等教育的本质因自身实践的动态变化而发生变化，不同阶段体现了不同的本质特征；文化本质说认为高等教育的本质在于对文化的传承、创新、批判与选择；也有学者认为，高等教育的本质是人类通过改变自己以适应社会发展的工具，高等教育的本质在于传递高深学问、培育高级人才，抑或是教书育人和科学研究等。从今天的认识来看，高等教育不仅具有上层建筑的特性，而且是生产力要素的重要来源之一，高等教育不仅提供人力资源，也是技术进步的重要基石。因此，发展高等教育就是发展生产力这一道理在今天已经为更多人所接受，对高等教育本质的认识从上层建筑与政治工具发展到社会发展与生产力的策源地，可以说这是对高等教育“是什么”问题认识的一次飞跃。

那么，高等教育的本质是否如上所述，作为一种工具承载了使命？中国的高等教育应是怎样的？如前文所述，本质是一事物区别于其他事物内在的规定性。因此，高等教育的本质应是其自身与其他事物的区别，是本然所在。因此我们需要跳出这一范畴，不再对教育的功能进行评判，而是回归教育主体——人，反思高等教育的本质。辩证唯物主义认为，认识的任务在于透过现象发现本质。透视高等教育，高校是人的集合，不论是受教者还是施教者，人都是高等教育的主体；高等教育的存在与其他事物现象的存在一样，都有其自身价值所在，学生为何在中等教育阶段后选择进入高校，接受高等教育？接受初、中级教育是人的发展基本要求，是基础；而高等教育则是在此基础上的一种提高和完善。在这一过程中，诸如学科建设、科研活动以及其他相关活动，应更多地服务于这一本质诉求，与其相辅相成。伴随社会的发展、时代的要求以及技术、市场的变化，高等教育的教学、课程、科研等其他方面也需要同步发展，以提高服务于“人的发展”这一本质的能力。

二、“人的发展”本质观下高等教育价值理性的回归

追溯新中国高等教育发展历史，价值观取向伴随社会、经济发展而不断变迁。事实上，对事物价值的认识，即对其作用的认识。高等教育应该具有怎样的作用，是为无产阶级服务还是服务于生产力发展，是服务于社会进步、经济发展还是服务于自身能力的提高，这无疑都是一种工具取向的认识。以上是站在外部看高等教育，将高等教育视为工具的观念。透过表象，我们深入高等教育本身，站在教育的本体——“人”的角度去看这一问题，可能更有利于我们理性看待高等教育的价值。

“人的发展本性的顺守与促进”应被视为高等教育的本质诉求，工具理性思维下的高等教育发展与人才培养则必然偏离这一方向。人的发展不仅包括职业能力、专业素养的发展，也包括对善的追求、道德的提高。当然，价值理性与工具理性并非对立的，更不是相互否定的。二者应是辩证的统一体，以人的发展作为本质要求，工具理性更应以价值理性为纲，成为支持人的发展属性实现的基础。因此对于人才的培养，不能仅停留在知识的传输与能力的训练上，内在的人格与品质、美与善的认知沉淀同样重

要。这一点，作为高等教育工作者，我们已经深有体会。用人单位需要的，从来不是简单的具有一定职业能力的所谓的人才。事实上，能力可以通过后天的培训与锻炼不断发展，但内在的道德、品质等深藏于个人深处的价值却更为他们所重视。因此，工具理性与价值理性必须在高等教育中相结合，实现对人的发展这一本质诉求。

三、高等教育人才培养理念的再审视

在解决了高等教育本质的认识问题之后，研究高等教育如何培养人才则显得必要而又迫切。尤其是在全球政治、经济以及国内市场环境与人文环境不断变化的当前，人才培养不能仅停留在口号上，而是应切实贯彻于高等教育的实践中。

正如前文所述，工具理性取向下的高等教育导致人才培养忽视了人的发展属性，高等教育的作用与价值仅表现在服务国家、社会或者是个人的利益需求上。即使只是满足这种需求，同样存在长期与短期、全局与部门、个体与整体的矛盾。我们国家的高等教育人才培养应该坚守的理念是什么？我们教育的学生应该是怎样的人？历史与现实中，许多伟大的科学家、无私奉献的科技工作者以及创新创业者给了我们答案。我们对于他们的价值衡量，绝不只是他们在某一专业领域上的贡献与成果，更多的则是蕴含于他们内心深处的那种精神、思想与品质，而这是任何成果都无法比拟的。

由此可见，对于人才的培养，一是应该坚持素质与能力并重的导向，把人的思想、品质与道德教育置于更为重要的地位，坚持培养有高尚道德与品质的人才，在此基础上，传输知识与提高能力。这要求教育工作者不仅要重视学科知识的教育，同样要通过言传身教与必要的教育手段，实现更高、更深层次的品质与道德教育。高等教育面向社会，直接向社会输出人才，更应把好这“最后一关”，输出合格的人才。二是坚持理论与实践相结合，这一导向不仅体现在相关专业的教育上，也体现在道德、品质等内在素质的培养上，专业能力的提高需要理论与实践的结合，以理论指导实践，以实践促进知识的融合与消化，并进一步带来能力的提高，这是一个基本的认识。我们认为，更为重要的是，在人才内在素养的培养上，同样需要理论与实践的结合，传统的思想品德课固然需要，但课堂之外的实践课同样需要。新时代下，探寻新的实践教育方式与手段，实现对人思想与认识的升华，应是这个时代我们高等教育人才培养面临的重要使命，需要我们去探索和实践。

参考文献

［1］刘振天．内涵式发展：高等教育本质论、价值论与方法论重建［J］．大学教育科学，2013（6）：14－20.

［2］马克思恩格斯全集：第42卷［M］．北京：人民出版社，1979：68.

［3］郭建斌．中国高等教育本质研究的回顾与反思［J］．高等财经教育研究，2016

(1)：1－4.

［4］刘献君．在文化传承与创新中育人的理性思考［J］．中国高等教育，2011(18)：14－16.

［5］胡正强，王丽恩．高等教育的本质论析［J］．辽宁高等教育研究，1995(3)：32－36.

［6］文辅相．关于教育与高等教育本质的讨论［J］．高等工程教育研究，1995(1)：9－14.

［7］程广文，宋乃庆．论高等教育本质与高等学校管理科学性［J］．大学（研究与评价），2007（Z1）：12－17.

［8］霍华德·加德纳．多元智能［M］．沈致隆，译．北京：新华出版社，1999.

［9］钟秉林．高度重视高校教师发展问题［J］．中国高等教育，2011（18）：4－6.

［10］别敦荣．高校发展战略规划的理论与实践［J］．现代教育管理，2015（5）：1－9.

作者简介：

安强身（1972—），济南大学商学院教授，硕士，研究方向为金融与经济发展、高等教育教学改革。

网络在线教育资源主题和质量的快速评判

——以加州理工学院网易公开课机器学习与数据挖掘分析为例*

蔡永明 张 莹 刘 鹏 宋 磊

摘 要：网络教育资源极大丰富的同时，其主题和质量难以评判。本文利用文本挖掘技术的 LDA（Latent Dirichlet Allocation，潜在狄利克雷分布）主题模型，实现信息的快速抽取和及时有效地分析。以可视化的形式提供形象的概括信息，能够帮助学习者快速分析课程主题，表现学习者的评论情感倾向，同时也可以成为课程网站公布信息有效工具。

关键词：网络在线教育资源主题；网络在线教育资源质量；LDA 主题模型；可视化

一、引言

在开放、共享教育理念的影响下，网络信息技术在教育中开始广泛使用，学习者可以通过网络来浏览各类学习资源，获得全世界优质教育资源。Coursera、edX、Udacity、TED 等免费网络学习课程，为公众提供系统的高等教育课程资源，国内许多平台，如网易公开课、学堂在线、爱课程、MOOC 学院等平台引进翻译了大量国外优质课程资源，并集合了国内高校开设的国家精品开放课程。面对海量的学习资源，学习者如何找到方向合适、难度适中的课程又成了一个难点，往往花费了数周时间学习之后才发现课程并不适合自己。因此，学习者需要有快速把握课程内容、快速了解课程质量的方法。文本挖掘技术为学习者提供了快速发现主题、判断评论情感的技术支持。本文希望利用文本挖掘技术，在网站上以可视化的形式提供形象的概括信息，帮助学习者快速分析课程主题，了解参与学习者的评论情感倾向。

公开课程的内容与质量，早在公开课出现之初就有学者在研究，并从各个角度给

* 本文系山东省研究生教学创新项目“基于在线学习的研究生学术素养提升开放式生态系统研究”（项目编号：SDYC15045）、济南大学教学研究项目“基于在线学习生态系统的本科毕业论文质量控制及提升系统研究”（项目编号：J21303）资助。

出评判。孙传远（2013）分析爱课程网的评论内容得出了开放课程质量评价的八个维度；何玉海（2013）根据课程改革的基本要求和科学的课程与教学观，提出并建构了由 10 个一级指标、30 个二级指标构成的有效公开课的评价标准；文洁（2016）通过可用性评价来分析公开课的设计、内容、服务等。这些研究大多基于传统主观分析或简单统计分析，实际上，现代信息技术的发展特别是文本挖掘技术，能够对公开课文本信息作出深入分析，本文尝试采用利用 LDA 主题模型以及相关自然语言处理技术，对公开课评论、笔记、字幕等文本内容进行特征分析，快速、准确地获得课程主题内容。

二、理论模型

LDA 主题模型是由 David M. Blei 和 Michael I. Jordan 等人在 2003 年提出的一种概率主题的语言模型，该模型认为任何文本都可以表示成若干潜在主题的混合 Dirichlet（狄利克雷）分布，并可以用词频分布来刻画主题，以主题混合权重为维参数的隐含随机变量。LDA 主题模型如图 1 所示，其算法过程如下：

（1）从参数为 α 的 Dirichlet 分布第一取样获得文档主题内容向量 θ，确定每个主题被选择的概率；

（2）从主题内容向量 θ 中选择一个主题 z；

（3）基于一个主题 z 的单词概率分布，生成单个词汇。

重复此过程，直到生成所有文档的主题和词汇。

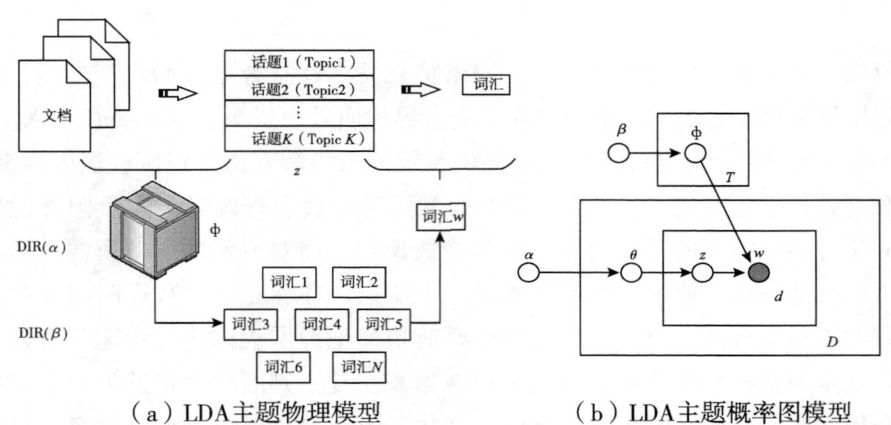

（a）LDA主题物理模型　　（b）LDA主题概率图模型

图 1　LDA 主题模型

假设 D 代表文档集，D 中共有 M 个文档，即 $D=\{d_1, d_2, \cdots, d_M\}$；$N_d$ 代表文档 d 的词汇的个数，$d=\{w_1, w_2, \cdots, w_N\}$；$w_i$ 代表词汇，$w_i \in W$，是文本数据的基本单元；z 代表主题，z_{dj} 代表 d 篇文档的第 j 个单词被划分给主题 z；LDA 主题模型的联合概率密度函数如式（1）所示：

$$P(\theta,z,w \mid \alpha,\beta) = P(\theta \mid \alpha)\prod_{n=1}^{N} P(z_i \mid \theta)P(w_n \mid z_n,\beta) \tag{1}$$

参数 α 代表文本集上主题的 Dirichlet 分布的先验，描述了文本集中潜在隐含主题间的相对强弱；β 是一个 $K \times V$ 的矩阵，参数 β_{ij} 代表所有主题上词语 Dirichlet 分布的先验，β_{ij} 表示第 i 个主题条件下生成第 j 个单词的概率，描述了第 j 个特征词归属于第 i 个隐含主题的概率。θ 是文档级别的变量，对应到主题 z 的概率，z 和 w 都是单词级别变量，z 由 θ 生成，w 由 z 和 β 共同生成，一个单词 w 对应一个主题 z。

每一篇文档都服从 Dirichlet 分布，给定参数 $\alpha_k > 0$ 的情况如式（2）所示：

$$P(d \mid \alpha,\beta) = \int P(\theta \mid \alpha)\Big(\prod_{n=1}^{N} \sum_{z_n} P(z_n \mid \theta)P(w_n \mid z_n,\beta)\Big)\mathrm{d}\theta \tag{2}$$

全部文档集的词频概率如式（3）所示：

$$P(D \mid \alpha,\beta) = \prod_{d=1}^{M} \int P(\theta \mid \alpha)\Big(\prod_{n=1}^{N_d} \sum_{z_{dn}} P(z_{dn} \mid \theta_d)P(w_{dn} \mid z_{dn},\beta)\Big)\mathrm{d}\theta_d \tag{3}$$

在 LDA 主题模型中一篇文档生成的方式为：从 Dirichlet 分布 α 中取样生成文档 i 的主题分布 θ_i，从主题的多项式分布 θ_i 中取样生成文档 i 第 j 个词的主题 z_{ij}，从狄利克雷分布 β 中取样生成主题 z_{ij} 的词语分布，从词语的多项式分布中取样最终生成词语 w_{ij}。

三、实验分析

（一）案例选取

本文以加州理工学院网易公开课机器学习与数据挖掘课程为例，以 LDA 主题模型提取该课程的主题。该课程共 18 集，由加州理工学院电气工程和计算机科学教授 Yaser Abu－Mostafa 主讲，截至本文研究时，在网易公开课平台上有 3641 人参与学习，708 人进行了有效评论，每一集视频课程都有大量学习者在线。

（二）数据获取与预处理

利用 Python 的 Scrapy Web 抓取框架，抓取该课程站点（http：//open. 163. com/special/opencourse/learningfromdata. html）中结构化的数据，经过清洗过滤，获得网络评论数据如图 2 所示。

经过分词、去除重复词汇和停用词以及网页非文字符号，生成部分评论语料，如图 3 所示。

（三）LDA 主题模型分析

变量包括超参数 α、φ 以及主题数目 k，α 根据 k 的变化而变化，由一般经验值可取 $\alpha = \frac{50}{k}$，φ 的初始值选 $\varphi_{n1}^{0} = \frac{1}{k}$。复杂度（perplexity）和对数似然值（log Likelihood）

	source	productKey	ip	against	vote	content	siteName	unionState	shareCount	location	anonymous	buildLevel	commentId
1	ph	a2869674571f77b5a0867c3d71db5856	211.150.*.*	4	5	The question is, why do you need subtitles in the first ...	网易	FALSE	0	北京市	FALSE	2	72511437
2	ph_android	a2869674571f77b5a0867c3d71db5856	114.242.*.*	0	1	rule of sum 听错了，应该是rule of thumb，经验法则	网易	FALSE	0	北京市	FALSE	1	72515618
3	wb	a2869674571f77b5a0867c3d71db5856	221.221.*.*	0	38	老大哈！劳驾麻烦请尽快翻译11课到18课哈！[illegible]！	网易	FALSE	0	北京市海淀区	FALSE	1	36951351
4	wb	a2869674571f77b5a0867c3d71db5856	123.118.*.*	0	0	非常感谢译者，不过这个老师口音好重，是俄罗斯的吗？	网易	FALSE	0	北京市	FALSE	1	72511431
5	ph	a2869674571f77b5a0867c3d71db5856	74.140.*.*	5	0	shut up	网易	FALSE	0	美国	FALSE	2	72516821
6	ph	a2869674571f77b5a0867c3d71db5856	183.197.*.*	0	0	如果网易可以支持语言选择就好了，比如只显示英文或者中...	网易	FALSE	0	河北省	FALSE	1	72519073
7	ph	a2869674571f77b5a0867c3d71db5856	122.14.*.*	0	11	Why do you need the translation in the first place? Yo...	网易	FALSE	0	中国	FALSE	2	72515016
8	wb	a2869674571f77b5a0867c3d71db5856	183.61.*.*	13	852	其实我觉得有人能够无私的来翻译就很不错了，自己觉得翻...	网易	FALSE	0	广东省广州市	FALSE	1	36589827
9	ph	a2869674571f77b5a0867c3d71db5856	222.125.*.*	1	2	哇！这么厉害吗，网易没有请你去当翻译真是太屈才了	网易	FALSE	0	广东省深圳市	FALSE	2	72516626
10	wb	a2869674571f77b5a0867c3d71db5856	77.103.*.*	281	23	翻译水平真不敢恭维，cluster这个词在数据挖掘中的意思...	网易	FALSE	0	英国	TRUE	1	36589692
11	ph	a2869674571f77b5a0867c3d71db5856	202.38.*.*	0	1	The rule of thumb，基本规则	网易	FALSE	0	华南理工大学	FALSE	1	72520145
12	ph	a2869674571f77b5a0867c3d71db5856	183.42.*.*	0	5	什么时候才能开放出11-18集？	网易	FALSE	0	广东省广州市	FALSE	1	72514668
13	ph	a2869674571f77b5a0867c3d71db5856	115.156.*.*	5	5	翻译太差，还不如别翻，误导学习的人	网易	FALSE	0	湖北省武汉市	FALSE	1	65478474
14	wb	a2869674571f77b5a0867c3d71db5856	58.60.*.*	0	1	想学习Mark，看了一节，没看懂，	网易	FALSE	0	广东省深圳市	FALSE	1	72513512
15	wb	a2869674571f77b5a0867c3d71db5856	222.73.*.*	0	4	觉得翻译差的自己可以切换成纯英文呀	网易	FALSE	0	上海市	FALSE	1	72513477
16	wb	a2869674571f77b5a0867c3d71db5856	58.60.*.*	0	0	想学习Mark，看了第一节，没看懂	网易	FALSE	0	广东省深圳市	FALSE	1	72513511
17	ph	a2869674571f77b5a0867c3d71db5856	27.219.*.*	0	1	英语口音好重	网易	FALSE	0	山东省	FALSE	1	72516079
18	ph	a2869674571f77b5a0867c3d71db5856	42.94.*.*	0	1	觉得还好啊！辛苦了！	网易	FALSE	0	甘肃省	FALSE	1	72513259
19	wb	a2869674571f77b5a0867c3d71db5856	60.223.*.*	2	3	就不该有网易公开课，让钱去留学搞什么机器学习	网易	FALSE	0	山西省晋中市	FALSE	2	72511756
20	wb	a2869674571f77b5a0867c3d71db5856	61.175.*.*	2	5	Hey, you can turn off the Chinese subtitle. Please! Do I...	网易	FALSE	0	浙江省杭州市	FALSE	2	72515724

图 2　《机器学习与数据挖掘》网络评论数据

```
[[1]]
 [1] "其实"    "觉得"    "有人"    "能够"    "无私"    "翻译"    "很"
 [8] "不错"    "翻"      "不够"    "妥当"    "提出"    "意见"    "没"
[15] "必要"    "出言"    "讽刺"    "打击"    "译者"    "积极性"

[[2]]
[1] "厉害"    "网易"    "没有"    "请"      "去"      "翻译"    "真是太" "屈才"

[[3]]
 [1] "翻译"     "水平"    "真"       "不敢恭维" "cluster"  "词"
 [7] "数据挖掘" "中"      "意思"     "簇"       "意味着"   "数据"
[13] "分类"     "不同"    "簇以"     "中心"     "标示"     "却"
[19] "翻译成"   "成串"    "狗屁不通" "不好"     "还"       "不"
```

图 3　部分评论语料

交叉验证可得该文本集最佳主题个数是 8 个。前 10 个评论数据主题分布如图 4 所示。大多数的评论主题概率值较高，说明该模型运行良好。利用 LDA 主题模型生成各个主题的词汇，按照 TF-IDF 标准计算各词汇重要权值，生成主题重要词汇词云如图 5 所示。

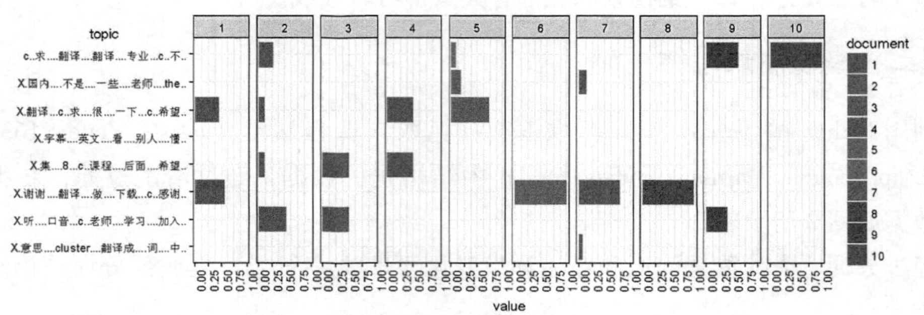

图 4　前 10 个评论数据主题分布

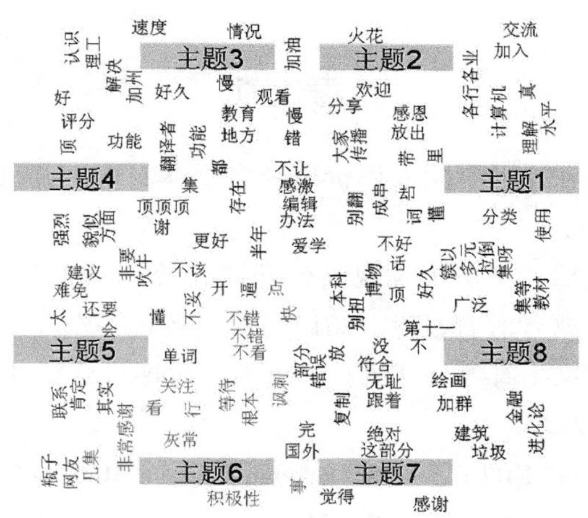

图 5 主题重要词汇词云

从表 1 可知，TF-IDF 标准①的前 20 位特征词汇中，比较突出的主题词是“翻译”，查看该词出现的评论：“翻译太差”“不该翻译，打英文字幕就行了”“专业术语翻评得一塌糊涂”……可见该课程存在较大的翻译问题，而其余评价大多为正面评价“太好了”“好想学”“给力”“不错”……说明课程内容质量较高。从词云和词汇间聚类关系也可以看出评论中的重要信息，如果该课程网站能够动态提供这些分析的结果，为学习者提供简明清晰的信息，将会大大提高课程信息的可用性。

表 1　　TF-IDF 标准的前 20 位特征词汇

Word	翻译	太好了	自学	热门	学习	好想学	机器	牛	精辟	刷起来
TF-IDF	9. 5137	7. 8567	7. 4825	7. 0456	6. 9146	6. 5724	6. 5724	6. 5155	6. 5155	6. 0257
Word	说得好	数据挖掘	同感	这口条	日常	给力	同求	不错	强烈要求	英文版
TF-IDF	6. 0024	5. 8767	5. 8125	5. 8125	5. 5745	5. 3211	5. 2858	4. 7569	4. 7569	4. 4596

四、结语

以网络爬虫即时获取学员参与在线学习课程的教学文档、字幕、笔记、评价等文本数据，以文本挖掘方法分析探讨运用实时主题建模分析工具 LDA 主题模型，实现对数据的快速抽取，有利于对数据进行及时有效分析，为教师和学习者提供实时可视化表征，大大节省了获取数据的时间，提高了学习者的效率，同时也可以丰富课程网站信息提供方式。

---

① Term Frequency – Inverse Document Frequency，是一种用于信息检索与数据挖掘的常用加权技术。TF（Term Frequency）是词频，IDF（Inverse Document Frequency）是逆文本频率指数。

参考文献

[1] 文洁．视频公开课可用性的评价研究：现状、内容与展望［J］．数字教育，2016（1）：28－32.

[2] 孙传远，刘玉梅．中国大学视频公开课评价——基于爱课程网“精彩评论”的内容分析研究［J］．现代教育技术，2013（12）：91－95.

[3] 何玉海，蔡宝来．有效公开课：本质内涵与评价标准［J］．课程·教材·教法，2013（12）：36－42.

[4] BLEI D M，LAFFERTY J D. A Correlated Topic Model of Science［J］. The Annals of Applied Statistics，2007（1）：17－35.

作者简介：

蔡永明（1973—），济南大学商学院副教授，博士，研究方向为数据挖掘。

张莹（1981—），济南大学商学院讲师，硕士，研究方向为医疗信息化。

刘鹏（1980—），济南大学商学院副教授，硕士，研究方向为电子商务、资源管理。

宋磊（1978—），济南大学商学院副教授，硕士，研究方向为信息管理。

山东省大学生就业竞争力综合评价与分析

陈振凤　许华丽

摘　要： 本文通过对山东省各大高校在校学生及教师的调查，利用统计学知识，运用文献资料法、问卷调查法及归纳分析法等，从大学生自身、劳动力市场、用人单位态度及政府政策等方面，总结出影响大学生就业竞争力的因素。通过分析发现，山东省大学生就业渠道和政策存在不足之处，就业平台有待于完善，大学生自身素质也有待提高。最后，提出解决问题的建议，为相关部门提供决策参考以推动大学生就业问题的解决。

关键词： 山东省；大学生；就业竞争力；评价；分析

根据美国教育学家马丁·特罗创立的高等教育大众化理论，自 2000 年以来，我国的高等教育毛入学率以每年平均两个百分点的速度递增，2005 年达到 21%，我国高等教育规模已经跃居世界第一，我国已经进入高等教育大众化阶段。与此同时，高校毕业生的就业矛盾日益突出。本文拟就大学生就业竞争力提升对策进行研究，为解决大学生就业难问题提供相应的理论支持。

一、大学生就业竞争力的内涵分析

根据楼锡锦（2005）等学者对大学生就业竞争力的研究结果，本文认为大学生的就业竞争力是指毕业生在就业市场上，具有战胜竞争对手、找到适合才能发挥和实现自身价值的适当工作岗位的能力，即全面满足社会和用人单位对人才需求的能力。根据同心圆理论，本文将影响大学生就业竞争力结构分为三个同心圆，即核心素质、显性能力、环境因素。如图 1 所示。

核心素质，是指大学生自身所具备的隐性素质，它直接决定着大学生的可持续就业能力，关系到大学生的就业层次和日后的职业发展。根据其重要程度，具体内容包括良好的思想道德素质，扎实的科学文化素质，较强的学习和创新能力。其中，良好的品质，如诚信、正直、积极、乐观，是用人单位挑选毕业生的首要条件，因为良好的品质是人能否成才的根本，能力能够通过培训等加以培养，而品质很难改变。

显性能力，是指大学生通过学习、培养、塑造等方式所表现出来的各方面的能力，

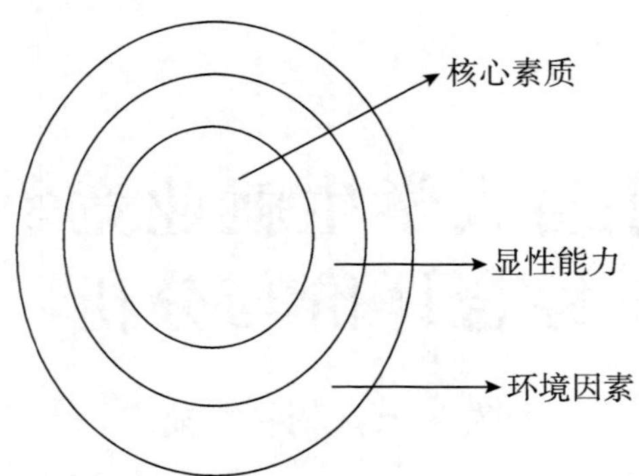

图1　大学生就业竞争力结构图

它是大学生学习能力在工作中的具体表现，即通常所说的工作能力，该能力的高低直接影响到大学生能否顺利就业。大学生就业中的各种能力主要包括较强的语言和文字表达能力、良好的人际沟通和交往能力、较强的动手能力和一定的实践经验、良好的身心素质。

环境因素，是指大学生个体所处环境的不同，如就读的学校层次、家庭条件、社会因素等影响大学生就业的直接和间接的客观因素，这些客观因素毋庸置疑会对大学生的就业竞争力产生一定程度的影响，影响大学生能否顺利就业。

二、山东省大学生就业竞争力综合评价

山东省自古至今都是文化大省，同时也是人口大省，每年踏入社会的大学生数量比较多，做好高校毕业生就业工作，既是山东省构建和谐社会的重要内容，又是建设科技强省的必然要求。通过查阅相关资料和到各高校实际调查，本文对山东省大学生就业竞争力的现状进行如下分析。

自从我国高校扩招后，大学生数量猛增，大学生毕业即失业的现象越来越明显。针对这一社会现象，本文展开了相关调查分析此次调查范围为济南市多所高校，包括师范与非师范类高校的本科学生。共发放调查问卷600份，有效问卷564份，回收率为94%。调查问卷采用单项选择和不定项选择两种作答题型。问题涉及大学生就业期望值、就业素质的自我评价、高校就业指导工作的进展、择业与就业的心态因素等方面。

（一）部分山东省大学生就业心态分析

面对人才过剩的就业形势，一些大学生不能充分了解自己、没有相关的择业经验、没有市场意识，这会导致部分大学生自我感觉良好，踌躇满志，也导致部分大学生不知所措而悲观失落。为更合理真实地反映大学生的就业心态，笔者对本次研究的调查问卷结果进行分析，大学生就业心态调查结果如表1所示。

表 1　　大学生就业心态调查结果

就业心态	所占比例（%）
乐观自信	15.7
茫然无措	15
左挑右选	22.1
“隔袋买猫”	17.3
眼高手低	13
自卑畏难	16.9

由表 1 可见，仅有 15.7% 的大学生能够乐观自信地应对就业，针对个人实际情况的不同，大学生的心态也比较复杂，主要表现为以下几个方面。

1. 茫然无措

从调查结果来看，有一定数量的大学生对自己的事业没有明确的目标，有些有目标的大学生不知如何实现目标，不了解自己适合什么工作，甚至在求职过程中不知道如何展现自己的优势，对面试的职业和岗位的特点及要求心中无数，面对当前的就业形势茫然无措。

2. 左挑右选

从调查结果来看，有此心态的大学生比例最多，占了 22.1%。因为不少大学生总是期望能找一份一劳永逸的工作，这种心态屡屡在其求职过程中作祟，导致他们总是寻寻觅觅、挑挑拣拣，没有当机立断的勇气，总是惦记会有更好的工作出现而错过眼前的机会，最后失去就业机会。

3. 眼高手低

有部分大学生过高地评价自己的专业知识和素质能力，盲目地高估自己创造价值的能力，这种就业心态导致他们陷入“中小企业看不上、大企业进不去”的怪圈；此外，部分大学生到企业后觉得自己是大材小用，不愿在基层岗位工作，这也是招聘企业拒绝录用的原因之一。这种心态在大学生中所占比例最少，却是很多用人单位拒绝求职者的重要因素，可见大学生在选择职位的时候还是要正确认识自己，选择适合自己的岗位。

4. 自卑畏难

面对严峻的就业形势、挑剔的用人单位、求职过程中的一次又一次挫折，有的大学生开始产生自卑心态，参与竞争时缺乏信心与勇气，觉得当前毕业大学生数量众多，也不乏比自己更具优势者，自己难以脱颖而出，害怕失败。这种心态导致许多大学生在求职过程中不能正常展现自己的才能，与适合自己的工作擦肩而过。

（二）部分山东省大学生就业行为分析

很少有人的择业和就业道路能够一马平川，有的大学生择业比较顺利，就业却频遇坎坷，这与目前大学生自身的综合素质不足有密切关系，他们没有认清自己的特长、能力、专业知识水平，对自身的定位不准，在就业后其行为表现难以得到单位的认可，以至于让自己刚选择好的事业过早夭折。本次研究调查了相关单位关于大学生就业行为表现的评价，问卷结果如表2所示。

表2　　大学生就业行为表现的评价

就业行为	所占比例（%）
积极认真	31.2
频繁跳槽	20.4
缺乏诚信	15
不够敬业	14.6
缺乏团队精神	18.8

从结果来看，有31.2%的大学生还是能在自己的岗位上积极认真工作，以自己的良好表现得到单位的认可，但是，仍有68.8%的大学生就业行为令人担忧，主要表现如下：

1. 频繁跳槽

大学生对现有工作不满意的现象比较普遍，很多人想另觅出路，频繁跳槽，这种大学生使很多单位敬而远之。跳槽会间接地造成用人单位人力资源投入的浪费，对用人单位的资源合理配置形成阻碍。许多用人单位在招聘员工时，优先录取有实践工作经验的竞聘者，这样的人才能直接融入企业工作中，为企业减少培养时间和资源，这在客观上也对大学毕业生就业形成威胁。

2. 缺乏诚信

有的企业不喜欢招聘应届大学毕业生的原因是部分大学生没有诚信。很多大学生在应聘时说会服从企业分配，认真做好单位分配的工作，但实际到单位后，对于那些工资待遇低、工作脏累和繁重的岗位不满意，消极对待，甚至还不辞而别。有的大学生通过编造虚假的获奖证书和作品成果来获得用人企业的聘用，企业往往在聘用后才会发现。

3. 不够敬业

有少部分毕业生不屑于做基层的工作，甚至不遵守纪律、不听从领导安排，缺乏敬业精神，使得他们很难获得长远发展。古人说的好“不以规矩，不能成方圆”，每一个企业都有自己的纪律和理念，因此，作为这个团队的一员，应该严于律己，决不能有意或无意地去抵制团队制度，企业更愿意招聘那些敬业和有职业操守的大学生。

4. 缺乏团队精神

也许是大学生初入单位相识者甚少，或者与资历深者有年龄差距，抑或是自身性格的原因，总之，有一定数量的大学生在就业后，不善于与他人沟通，缺乏合作精神，喜欢自己埋头苦干。虽然单位员工应各司其职，但缺乏团队精神不利于公司的长远发展，不善于团队合作的大学生自然不被看好。

三、山东省大学生就业竞争力提升的对策及建议

在当今就业环境异常严峻、竞争十分激烈的紧张形势下，除了各级政府部门采取各种相关措施外，大学生还应该从以下几个方面着手，从择业开始到就业上岗，全过程增强自身的就业竞争能力。

（一）学好专业知识，考取相关职业资格证书，培养自身素质

我们生活在一个人口大国，面临的竞争相对激烈，但无论竞争多么激烈，只要学好专业技术知识和提高自身综合素质，我们总能找出一条适合自己的出路。

用人单位在招聘现场的短短几分钟内，对于应聘者的了解相对较少、较片面，如果大学生有相应的职业资格证书，则会留给用人单位好的印象，对于大学生的求职成功增加了很大的砝码。

（二）客观认识自己，就业定位准确

人贵有自知之明，大学生做到这一点非常重要，在应聘过程中，一定要将自己的专业、职业爱好、未来发展方向等因素与所应聘的职位有机地结合在一起，做到人职相宜，不要盲目追求稳定、高薪、高职位、高福利的工作。大学生就业期望过高容易让招聘企业认为其不实际，给招聘企业留下不好的印象，很难得到用人单位的认可。因此，大学生要客观认清自己，不要提出过高的要求。

（三）珍惜就业机会，切莫频繁跳槽

目前大学生就业形势非常紧张，找一份工作很难，找一份满意的工作更难，这是公认的事实。因此，在这样的就业形势下，大学生应该珍惜现有的就业机会，切莫频繁跳槽。虽然频繁跳槽可能会带来一时的高收入，但从长远角度看，会影响大学生实践经验和专业知识的累积，对其未来的发展有百害而无一利。在正常情况下，企业所信任、重用的人才，都是那些能够忠诚于企业的人才。

（四）培养敬业精神，养成良好习惯

敬业精神是人类最伟大的精神之一，大学生刚刚踏入社会，要想在强者如林的企业立足、发展，没有坚定的敬业精神是万万不可的。在企业招聘过程中，在工作上积极进取、思想上严谨负责的大学生最容易得到用人单位的肯定。相反，那些敷衍了事、做事轻浮急躁的大学生也许会凭一时的运气进入企业，但在长期的工作中其缺点会慢慢暴露，很难立足。因此，大学生应当把重点放在培养自己的敬业精神上，这是大学

生在严峻的就业竞争中取得成功的一个关键因素。

（五）融入企业文化，完成角色转换，积累工作经验

大学生从校园踏入社会时要把自己的角色搞清楚，尽快了解自己的工作、身边的环境、企业的文化，完成身份角色的转变。无论在什么领域，想要取得成功，首要的一点就是认同所处领域的文化，将自己融入其中。大学生刚刚踏入社会，融入企业的价值观是非常重要的，这也是大学生在企业中取得成功的第一步。

大学生如果被用人企业聘用，就应尽快融入工作团队中，在最短时间里熟悉自己的工作和职责，慢慢积累经验。当大学生完全熟悉了工作岗位，并在自己的岗位上取得一定成绩，肯定会受到企业领导的重视，其职业生涯的拓展也会由此找到契机。

四、结语

本文通过对山东省多所高校的实际调查发现，影响大学生就业竞争力的主要因素，是大学生大学四年来对于自己将来的职业规划、对专业技能知识的掌握程度、学校教学模式等。学校应深化教育教学改革，让学生多实践，使学生的理论知识在实际应用中得到充分锻炼；完善监督学生学习的管理制度，保证学生学牢专业知识技能；在学生刚入学就开设职业规划启蒙课，让学生早早认识到职业规划对于将来毕业踏入社会的重要性。

学校可以定期请知名企业家和成功人士到校园演讲，讲述他们的奋斗经历、社会需求人才机制和社会发展趋势，给在校学生的将来就业指明方向。用人单位招聘人才时重视的不只是学历，还有专业知识、心态和与人沟通的能力。摆正自己的态度，从自己的优势出发，充分利用自己的优势去和别人竞争。

目前，我国的劳动力市场机制不完善，政府应该增加对劳动力市场的宏观调控，疏通就业渠道，搭建就业信息平台，规范就业信息内容，利于学校和学生查询就业信息。

参考文献

[1] 楼锡锦，周树红，吴丽玉．大学生就业竞争力分析 [J]．教育发展研究，2005 (7)：49 – 52.

[2] 唐德海，常小勇．从就业教育走向创业教育的历程 [J]．教育研究，2001 (2)．

[3] 黄炜，方玖胜．基于层次分析法大学生就业质量影响因素评价研究 [J]．湖南文理学院学报，2010 (2)：13 – 20.

[4] 陈惠敏．地方高校提升大学生就业竞争力的途径 [J]．科技信息，2010

(22)：50 – 55.

作者简介：

陈振凤（1976—），济南大学商学院副教授，博士，研究方向为会计与财务理论与方法、反倾销反补贴政策对企业行为的影响。

许华丽（1973—），济南大学商学院讲师，硕士，研究方向为证券投资。

慕课(MOOC)在线课程平台的高校教学模式研究*

杜培林　刘　鹏　张　鹏　王廷蔚　梁　伟

摘　要：慕课（以下简称 MOOC）是网络在线课程对传统课程的颠覆，它意味着高校校园围墙正在被打破，优质教育资源的共享已经成为时代的必然。慕课不仅能够提供免费资源，而且实现了教学者对教学课程的全程参与。在这个平台上，学习者进行学习、分享观点、做作业、参加考试、得到分数、拿到证书，是高校教学模式的一种全新变革。对于师资力量相对薄弱的国内众多高校而言，积极融于 MOOC 开放资源平台，考虑将国外优秀的 MOOC 课程和本校课程教学结合在一起，通过混合教学的方式来改善和提高其校内教学水平，是促进其自身教学质量提高的重要机遇。

关键词：慕课；微课；高校教学模式

MOOC 即“大规模开放式在线课程”（Massive Open Online Course），它是一种新型的基于在线课程视频的授课形式。其中，“M”表示 Massive（大规模），与传统课程只有几十个或几百个学生不同，MOOC 一门课程动辄上万人，甚至多达十万人以上；第一个“O”表示 Open（开放），与以往封闭式的教室授课相比，网络课程相对开放，以兴趣为导向，任何人都可以进来学习，注册即可参与；第二个“O”代表 Online（在线），MOOC 上的学习在网上完成，不受时空限制；“C”代表 Course，是课程的意思。

一、MOOC 的历史

MOOC 是以联通主义理论和网络化学习的开放教育学为基础的。早在 1962 年，美国人 Douglas Engelbart 在《增进人类智慧：斯坦福研究院的一个概念框架》中强调了将计算机作为一种增进智慧的协作工具的可能性，并解释了如何将个人计算机与“互联的计算机网络”结合起来，从而形成一种大规模的、世界性的信息分享的效应。最典型的平台案例源起为“可汗学院”（Khan Academy），孟加拉裔美国人萨尔·可汗（Sal

* 本文获济南大学教研项目（J1508“移动互联网络环境下的高校教学模式研究——以高校‘慕课’与教师‘自媒体’为例”）、（JZC1505“问题导向、参与试错式课程内容组织研究——以本科《统计学》课程为例”）、（JZC12059“本科学生成绩影响因素分析——基于数据挖掘的方法”）资助。

Khan）最初在 2004 年开始陆续制作了 2300 多段视频课程辅导材料，免费在线授课。2007 年，他成立了非营利性的“可汗学院”。比尔·盖茨及梅琳达·盖茨基金会捐助其 500 万美元，至今，可汗学院的课程覆盖了全球上亿学生。随后，MOOC 的概念在 2008 年首次由加拿大的 Dave Cormier 与 Bryan Alexander 联合提出，用来描述 George Siemens 与 Stephen Downes 设计和领导的“联通主义和联通知识”（Connectivism and Connective Knowledge）在线课程。该网络课程最初是为 25 名为获得学分而付费的学生设计的，同时向全球注册该课程的学习者开放。结果超过 2300 名的学生免费参加了该在线课程的学习。后来，在 2011 年，斯坦福大学的 Sebastian Thrun 和他的同事将其授课课程“人工智能导论”（Introduction to Artificial Intelligence）课程向世界开放，吸引了来自 190 多个国家的 16 万名学习者，这也标志着 Udacity 的诞生。随后 MOOC 泛化为一些机构、个人以及商业组织启动网络课程的标签，成立了大量初创企业，尝试打破高等教育的现状，加速了高等教育国际化。

二、相关概念辨析

（一）微课

微课一般是指内容保持在 10 分钟以内，以视频为载体，围绕着一个或多个知识点或教育环节而开展的活动，微课有确定的教学目的、视频内容短小，能专指地说明问题或者观点。MOOC 却是完整的一个教学系统和模式，学生可以根据自己的需要，注册成为会员，选取感兴趣的课程，与老师进行讨论，还可以进行自我能力测验，修得学分，获得证书。综上，微课只是 MOOC 重要的视频化教学资源之一。

（二）翻转课堂

翻转课堂的英文是“Inverted Classroom”，它将课堂内外的时间进行了适当的调整和转换，人们形象地将这一调整称为“翻转”，它将学习过程中本属于教师的主动权交给学生。在翻转课堂有限的课堂时间内，学生能够更专注于基于项目的主动探索学习，和教师共同研究并解决面临的问题以及其他现实世界的挑战，以此对知识形成更深层次的认知。

那些在以往的教学模式中，需要教师在课堂上讲授的内容，在翻转课堂上，学生都可以在课堂以外的时间进行预习或复习，他们不仅可以选择观看视频、阅读内容广泛的电子类书籍，还能与同学进行及时的交流探讨，并能随时去查阅学习过程中需要使用到的书籍或参考材料。这样的课堂模式，使得教师也能有更多闲暇的时间与每个学习者进行交流，并因材施教，真正了解学习者所需。

翻转课堂与 MOOC 的区别就是，前者主要是在现实世界中对传统课堂的“翻转”，让学生更自主地来规划学习，而 MOOC 则是在网络世界中，在线课堂对传统课堂的颠覆，MOOC 意味着校园围墙正在被打破，优质教育资源的共享已经成为时代的必然，众多 MOOC 课程将开放，并为尽可能多的学生提供免费的高等教育。

（三）网络公开课

公开的网络视频资源即网络公开课，这种课程多数不提供学分和认证，而 MOOC 是提供学分和证书的。公开课的内容只是放在网络上而已，没有老师与学生之间的互动，信息交流方式是单向被动传递，而 MOOC 则是根据网络用户的特征专门建造的。MOOC 与公开课的区别很大。公开课的本质是资源的建设，课程提供者并不组织教学，自然不会给学习者以评价；而 MOOC 不仅提供免费资源，而且实现了教学者对教学课程的全程参与。在这个平台上，学习者进行学习、分享观点、做作业、参加考试、得到分数、拿到证书，这是一个学习的全过程。在公开课的学习中，除了学习者自己，没有人能知道他学了什么，但是 MOOC 不仅让别人看到学习者学了什么，还能让别人评价其学习情况，评价其是否理解了内容、准确了解了知识。MOOC 更符合学习的一般规律——学习之后，社会会检验，进而认可学习者。

三、不同理念下 MOOC 的教学模式

不同的教学理念产生了不同的 MOOC 教学模式，主流的 MOOC 教学模式主要有两类：cMOOC 和 xMOOC。cMOOC 建立在联通主义学习理论基础上，强调非正式情景下学习网络的形成；而基于内容的 xMOOC 则更多地体现了行为主义学习理论的特征。

cMOOC 强调连接在一起的、协作的学习，课程建设也针对那些不受机构限制的、相对自由的群体。cMOOC 提供了一个探索新教学法的平台，超越了传统的课堂情境，因此站在了高等教育激进变革的一端。与之对应，xMOOC 的教学模式基本上是高校内部教学模式的迁移或延伸，其特点是被“练习和测验”这种教学方法所统治，包括提供视频讲座、章节测验和课程考试等。xMOOC 还衍生了两种不同的商业模式：营利和非营利的。麻省理工学院开放课件项目可以看作是 xMOOC 模式，其坚持为全世界提供高质量、免费开放的教与学服务，同时也使得麻省理工学院更加有声望，也吸引了全球范围内的更多优秀学生进入麻省理工学院校园学习。此外，一些投资者也对 xMOOC 的商业潜力产生了兴趣，并建立了商业公司来帮助高校提供营利性的 xMOOC，例如 Coursera 和 Udacity。其中 Coursera 也开始运用学习社区、同伴评价的教学法，因此，xMOOC 和 cMOOC 的区分也只是相对的。

从不同 MOOC 的课程平台定位来看，edX 只提供一流大学的课程，尽管来自世界 200 多所高等教育机构表达了与 edX 合作的兴趣，但截至目前只有麻省理工学院、哈佛大学、加州大学伯克利分校等几所著名高校被吸纳。作为 edX 的发起者，麻省理工学院和哈佛大学明确提出要利用 MOOC 来理解“学生如何学”和“改进校内的教与学”。相比 edX，Coursera 定位于提供一个任何大学都能够使用的平台，Udacity 提供的课程则

不局限于高校，还包括一些大型公司开设的课程。其他一些 MOOC 机构，例如，Udemy、P2PU 以及可汗学院则定位于为任何人提供获得专家指导、与同伴以及传统大学之外的其他人一起学习的机会。

从 MOOC 平台上不同参与者的动机来看，MOOC 倡导者将其视为能改变现行高等教育模式、组织和传递方式的革命性力量。对政府而言，MOOC 将有助于解决高等教育的预算拨款限制问题、降低学位课程成本。对商业组织而言，MOOC 将是进入高等教育市场的盈利新途径。例如，Udacity 与谷歌、NVIDIA、微软、Autodesk、Cadence 以及 Wolfram 等公司合作开发新课程，而且对这些商业组织而言，MOOC 能够帮助公司直接从其 MOOC 学员中吸纳和挑选出优秀员工。对于学习者来说，其学习动机一般由许多因素组成，包括为了提高将来收入、转换与提升个人和职业身份、获得成就等。

平台的盈利模式是 MOOC 教学模式的重要保障。从现行 MOOC 平台的盈利模式来看，常见的商业盈利模式是收取证书的费用。尽管 edX 是一个非营利性的 MOOC 平台，其宗旨是帮助大学实现教育使命，但长远来看，edX 也需要经费方面的自给自足。Coursera 和 Udacity 则是营利组织的代表，它们正在发展各种商业模式，如付费形式的作业评分以及学分类课程的付费学习等。

四、结语

MOOC 的流行，使得传统高等教育机构，不应仅满足于前期的精品课程建设和精品资源共享课建设，必须重视其全新的教学方式，从而满足开放的高等教育市场中不同学习群体的需求。对于国内高等教育行政管理部门和著名高校而言，重点是如何将那些以内容为中心的网络课程资源，转化为以学生学习为中心的开放互动课程，并逐步探索中国 MOOC 的发展道路。对于师资力量相对薄弱的国内众多高校而言，积极融于 MOOC 开放资源平台，考虑将国外优秀的 MOOC 课程和本校课程教学结合在一起，通过混合教学的方式来改善和提高其校内教与学，则是促进其自身本科教学质量提高的一大重要机遇。

参考文献

［1］肖薇薇．对“慕课”的几点思考［J］．教育探索，2014（8）：19－21.

［2］李志民．MOOC 加速高等教育国际化——访教育部科技发展中心主任李志民［EB/OL］．［2017－09－12］．https：//www. tech. net. cn/web/articleview. aspx？id＝2013 1024102703631&cata_ id＝N007.

［3］宋专茂．慕课何以致高校教学方法革新［J］．复旦教育论坛，2014（4）：55－58.

［4］殷丙山，李玉．慕课发展及其对开放大学的启示［J］．北京广播电视大学学报，2013（5）．

[5] 方静. MOOC 的发展及其对传统教育的挑战 [J]. 华北科技学院学报，2014 (5)：90-94.

[6] 李青，王涛. MOOC：一种基于连通主义的巨型开放课程模式 [J]. 中国远程教育，2012 (3)：30-36.

[7] 李丽萍. "慕课"背景下高校教学模式改革新视角研究 [J]. 中小企业管理与科技，2014 (33).

[8] 李安民. 中国电信运营商运营模式及其评估体系的研究与应用 [D]. 上海：复旦大学，2008.

[9] 魏雪峰，杨现民. 移动学习：国际研究实践与展望——访英国开放大学迈克·沙普尔斯教授 [J]. 开放教育研究，2014 (1)：5-8.

[10] 杨月梅，陈忠民，庞淑萍. "慕课"平台在高等数学教学中的应用 [J]. 教育探索，2015 (8)：140-142.

[11] 袁莉，斯蒂芬·鲍威尔，马红亮. 大规模开放在线课程的国际现状分析 [J]. 开放教育研究，2013 (3)：56-62.

[12] 王应解，冯策，聂芸婧. 我国高校慕课教育中的问题分析与对策 [J]. 中国电化教育，2015 (6)：80-85.

作者简介：

杜培林（1980—），济南大学商学院副教授，博士，研究方向为管理科学与工程。

刘鹏（1980—），济南大学商学院副教授，博士，研究方向为管理科学与工程。

张鹏（1980—），济南大学商学院副教授，博士，研究方向为管理科学与工程。

王廷蔚（1980—），济南大学商学院副教授，博士，研究方向为管理科学与工程。

梁伟（1980—），济南大学商学院副教授，博士，研究方向为管理科学与工程。

实践教学改革之我见

冯传清

摘　要：坚持以能力为重的实践教学改革已逐渐成为全社会的共识，但这一具体目标如何实现仍没有清晰的路径。本文以党的十八大报告、十三五规划为依据，结合国内外专家学者的经验，遵循目前已知的科学规律，对实践教学改革从四个方面进行了有益的分析，从而为下一步教学改革的顶层设计指明了方向。

关键词：实践教学；教育改革；能力培养

中国虽然历来有尊师重教的历史传统，但人们对国内教育弊端的诟病却由来已久，教学改革的呼声也日益高涨。教学改革是一项系统工程，牵一发而动全身，学界对于如何教、怎么学的问题一直众说纷纭，缺乏明晰的目标。笔者认为，国内的教学应采取“扬弃”的态度——既要防止崇洋媚外、一无是处的自卑心结，又要防止盲目自信、骄傲自大的心理；应清醒地看到自己的不足，借鉴外国的经验教训，同时结合我国实际遵循科学的规律。党的十八大报告、十三五规划都特别强调，“要坚持能力为重”，即强化学生学习能力、社会责任、实践能力和创新能力，实际上为下一步教学改革的顶层设计指明了方向。下面就这几个方面谈谈笔者的认识和体会。

一、社会责任

首先，学生必须明确学习是一种社会责任。责任是自己应尽的义务，而社会责任则是高于自己责任的一种社会义务。一个人社会责任的培养，亦是品德的培养。学生学习不仅仅是对社会、对家庭负责，更是对自己负责。因为到目前为止，接受教育仍然是大多数人摆脱贫穷、从落后走向成功的主要方式，也是提高社会整体素质的主要途径，更是社会进步的根本动力。所谓“十年树木，百年树人”就是这个道理，每一个学生都应该坚信：天生我材必有用。霍金、张海迪等人身残志坚，都能为社会作出杰出的贡献，我们更加责无旁贷。在学习的过程中，父母的榜样作用不可或缺，父母在某种程度上可以说是孩子的“第一老师”，而其深刻影响在实际生活中却常常被忽视。

其次，仅仅有社会责任感还远远不够，学生还必须找到正确的路径作为突破口。因为每个人的智能是不同的，有人擅长语文，有人擅长数学，有人擅长绘画，有人擅长体育等，不一而足。学生需做到扬长避短，方能事半功倍，否则就会事倍功半。通过接受教育学生可以发现自己的能力所在。兴趣、爱好当然是最好的导师，一个学生如果能早早地确知自己的兴趣爱好，就会有内在的主动性去学习，对于他以后的学习自然是有百利而无一害；科学的测验虽然存在种种困难，但也不失是一种不错的选择；对于不能确定自己长处的学生，可以让其参加长期大量的实习慢慢寻找，这种方法虽然看似效率不高但却行之有效，而且不经意间能够开阔学生的视野、提高学生的实践动手能力；最忌讳的是浑浑噩噩，得过且过，“当一天和尚撞一天钟”，大好时光白白流逝。

最后，机会只垂青有准备的人。虽然社会有义务为学生提供公平的教育机会、营造良好的学习环境，但由于教育资源的稀缺性，其分配必然存在不合理，因此学生更要靠自己去努力争取、把握机会。当然，失败、挫折在所难免，只要具有百折不挠的精神，坚信失败是成功之母，每个人的命运就会由自己书写。

二、学习能力

在具备社会责任的基础上，学习能力的培养也至关重要。学习能力主要包括学习的效率和学习的时间长短。学习效果有一个时间累积的过程，时候不到则学习效果不明显，时间到了才会出现效果，所谓“冰冻三尺非一日之寒，水滴石穿非一日之功”“量变引起质变”，说的就是这个道理。有些人学习浮躁，“三天打鱼两天晒网”，学习效果不明显，导致前几年“读书无用论”沉渣泛起，事实上是因为这些人不了解学习有其内在的规律。而在保证同样学习时间的基础上，学习的效率更加重要，因为即使每个人的时间都是一样的，甚至学习时间也是一样的，但学习效果也会有天壤之别，关键就在于学习效率的高低。

学习的效率又可以分为教和学两个方面。首先，教的效率主要在于教师，如何教才能让学生更好地吸收、掌握知识并恰当地运用呢？教师应采取引导的手段，激发学生的兴趣，多采用案例教学、小组讨论的方式，让学生在参与式、团队式的学习环境中主动地学习，使学生在做中学并及时地应用知识，从而锻炼学生独立思考和独自探究的能力；而且在此过程中，教师可以现身说法，潜移默化地帮助学生养成客观素质；此外，在教学过程中，更多地使用电脑、互联网等科技手段，也可以有效地提高教学效率。其次，学的效率主要在于学生，学生学习应从兴趣爱好出发、从提问开始，采取批判性思维；对于知识的学习要理论结合实际，并与其他理论知识做比较，在此基础上采取分类、总结、概括和归纳的方式。再次，学生对于已经学到的知识，要利用遗忘曲线中的规律，经常复习和反复使用知识，从而有效地提升自我记忆能力，所谓“温故而知新”，就是这个意思。最后，为了保持整个学习过程的效率，教师适当地对学生进行各种激励也必不可少，如设计反馈机制等；另外，长时间高效地学习必然造成压力、产生焦虑，因此，学生要正确认识焦虑产生的原因，不时地从事各种增加身心愉悦的活动，从而消除负面因素的影响。

三、实践能力

国内教学向来重理论轻实践，采取老师教、学生听的灌输式教学方法，不但教学效果不好，而且易导致学生学到的知识实用性不强，与快速发展的社会需求脱节。要进行实践教学改革，就必须明确什么是实践能力。实践能力是人们指人们在有目的地探索和改造现实世界的一切社会性客观物质活动过程中，所表现出来的能力和素质。它既是教育改革的出发点，也是教育改革的归宿，大体上又可分为硬实践（动手操作能力）和软实践（情商情感、思维训练等）。硬实践侧重于工具的使用，软实践则侧重于沟通、合作、组织管理等人际交往能力以及思考、学习、研究等综合应用能力。由于实践能力是人们在实践活动中表现出来的能力，因此它只能在实践活动中加以培养、改善和提高。

实践活动可以从校内和校外两个方面加以考虑，校内可细分为教师和学校，校外可细分为企业、政府和国外。从校内来看，教师拥有丰富的实践经验，是学校的主体，也是学校最宝贵的财富，有些教师有很多纵向课题，更有不少横向项目，可以吸引学生参与加入，很多学校甚至直接规定每个学生尤其是高年级学生必须主持或参与一个实践项目，并由指导教师给出相应的实践学分，否则不允许学生毕业。此外，学校也拥有很多实践资源。丰富多彩的社团、协会、兴趣小组活动为学生充分展示多样才能提供舞台；各种设计、实习、实验以及大赛对于锻炼学生的实践能力也是不错的选择；更具代表性的是实验室建设，实验室拥有先进的软、硬件设施可以进行实习、实验，大幅提升教学效率。一方面，可以使教师紧跟世界一流的科技步伐，并为实现“弯道超车”提供可能性；另一方面，可以使学生了解最前沿的科技信息，并为提升科技素养打下良好的基础。

从校外来看，企业是创新的主体，向来走在社会的前列，因此在企业设立实习基地、校企联合培养也是很好的举措。政府的社会影响力巨大，围绕国家、社会、政府的发展战略与需求，可以在政府与学校之间搭建起良好的互动平台，给社会起到示范带头的作用，助力学校的实践实习。为更好地把握世界的发展潮流，积极地促进国内外交流也能起到良好的效果。

同时，需要注意的是，在一种实践活动中并非只能培养学生一种实践能力，而是可以发展和提高学生的多种实践能力；同样，在多种实践活动中也可以培养学生同一种实践能力。各种实践能力之间也不是完全孤立的，而是有一定联系，相互制约、相互作用的。

四、创新能力

世界的发展趋势越来越清晰，创新能力是未来学生必备的核心能力，也是一个国家立于世界之林的基石。但拥有创新能力不是一蹴而就的，它是一种在学习能力、实践能力之上的综合应用能力。对于学生而言，除了大量的基础知识之外，有目的地训练自己丰富的想象力、贯穿始终的批判性思维以及积极参与实践活动必不可少。对于教师而言，国兴而贵师，教师是国家宝贵的知识财富，应充分发挥教师的主观能动性，释放自己的巨大潜力，积极创新创业。很难想象，一个没有创新意识、创新理念和创新能力的教师能教出具有创新能力的学生。同时，无论对于学生还是教师来说，创新都需要由具体内容向整体学科、由单学科向多学科、由单领域向跨领域、由独立向整合、由专才向通才的转换。对于学校而言，《国家中长期教育改革和发展规划纲要(2010—2020年)》更是明确指出，学校目前的任务是政校分开、管办分离，完善改革学校的内部治理；在此基础上，依法办学、自主管理、民主监督、社会参与，全面建立创新创业的良好环境。对于政府和社会而言，未来世界的竞争更趋激烈，建立创新社会的任务艰巨而繁重，没有政府的全程参与是不可能完成的。因此，政府需要以身作则，建立学习型政府，提升效率，形成“官、产、学、研、用”的协同创新环境。

总之，教学改革是一项系统工程，需要国家、社会、政府、学校、教师等的通力合作。在不断提高国家教育经费的基础上，应依照规划纲要加快公立大学的改革，鼓励民营、私立大学的发展，引入外资学校的优质资源并进行适度的竞争。这不但是提升教学质量、实践教学改革的必由之路，也是社会经济转型、国家伟大复兴的必由之路。

参考文献

[1] 中华人民共和国教育部．国家中长期教育改革和发展规划纲要（2010—2020年）[EB/OL]．(2010-07-29) [2017-08-15]. http://old. moe. gov. cn//publicfiles/business/htmlfiles/moe/moe_ 838/201008/93704. html.

[2] 冯传清．以协同创新促进实践教学改革 [M] //葛金田，原雪梅．协同创新与教学改革．北京：中国财富出版社，2015.

[3] 刘三朵，张冬胜．论实践能力的内涵与结构 [J]．当代教育论坛，2004(9)：43-44.

作者简介：

冯传清（1975—），济南大学商学院讲师，博士，研究方向为金融投资。

会计学学生实务能力培养探讨

高晓茜

摘　要： 如何加强会计学学生的实务能力的培养，是我国当前会计学教育亟待解决的问题。第一线的教师应借鉴国外先进的教学经验，将理论与实务操作同等重视，在教学中树立与学生平等互动的教学理念，同时，应采用案例教学、模拟实践、项目研究等多种形式的课堂教学模式，提高课堂实践教学水平，高校也要加强校外实践基地的建设和对于实践教师能力的提升。

关键词： 实践教学；教学理念；教学模式；实践教学能力

会计学是一门实践性很强的学科，为了让学生在毕业后能最大限度地学以致用，对学生实务能力培养的要求也越来越高。作为会计学专业的学生，其实务能力需要在社会实践环节中进行培养和提高。然而，会计学专业的课堂教学时间的有限性、教学条件的限制性及学科知识的复杂性，使得教师难以对会计学专业学生开展大量的实践性教学。因此，很多院校会计学专业毕业的学生，在走出校门后难以适应社会的需要。

一、实践教学中存在着诸多的问题和不足

（一）教师实践教学素养不高，缺乏有实践经验的“双师型”教师

目前，会计专业的师资队伍，往往是由各大高校毕业的博、硕士研究生组成，他们具有较高的理论知识水平，但是大部分都是刚从学校毕业就直接走上讲台，缺乏实际工作经验，在教学上，也是着重于大量理论知识的教授。同时，他们对于社会需求认识的缺乏，使得他们不能了解社会单位对于会计学专业学生知识掌握的需求，在教学中，这类教师往往也存在知识陈旧，不能适应社会变化的情况。反映在实践教学中，则会出现教学指导缺乏针对性，教师无法结合丰富工作经历给学生讲解知识点，学生实践学习不能适应社会单位需求等诸多问题，而具备了丰富工作经验的财务人员，却很少能在高校任职。

（二）实践教学体系目的性不明确，课程设计不够全面

很多高校都树立了培养应用型人才的目标，在会计专业上也是如此，突出强调理

论与实践的紧密结合，增强学生的动手能力，提高实践教学的力度。但是在实际落实培养目标的时候，很多学校对于会计实践教学的认知仍然是对于理论知识的巩固，在实践教学课程的设置上，仅仅是结合学生理论知识的教学而进行设置，提供的企业模板往往业务单一，内容简单，体系不全，不能结合当前社会单位的具体实际进行实践教学课程设置。实践教学的目的是什么，环节如何设置，过程如何安排，要达到怎样的效果，必须进行明确。

同时，由于会计学专业人数较多，而专职的实践教师目前并没有配备，往往是由理论课老师兼职，导致在上实践教学课程时，教师工作任务繁重，一人要指导一个甚至多个班级，难以对学生进行有效的指导。与此同时，配套的实验室资源也难以提供专门的场地以满足学生的需要。实验室资源有限，学生在模拟实践过程中往往在受训时间受到限制，不能很好地掌握有关知识。

（三）校外实践基地严重缺乏

实践课程的教学效果不能满足学生需要，目前各高校会计专业也在努力拓展校外学生实践基地。但由于会计学学生众多，实践基地严重供不应求，学校难以提供一个集中的实践基地。对学生讲，最好的实践方式应当是到企业中跟岗或顶岗实习，但考虑到会计专业的特殊性，很多企业并不愿意提供相应的岗位，与高校合作的企业有限，无法满足学生实践的需要。大部分学校学生的实践单位都是学生自己联系的，这种情况下，一方面，教师对于学生实践过程缺乏了解，无法进行有效的指导；另一方面，很多学生敷衍了事，使实践流于形式。

（四）与国外会计实践教学存在较大差距

会计实践教学的理念早在20世纪60年代就被国外许多院校所重视。国外会计教学中的实践教学不仅在课程比重上有所提高，在教学理念、教学形式上，也都有很多值得借鉴之处。许多国外高校将会计实践教学理念贯彻于实际教学过程中，从培养目标开始，制订完备的教学体系，同时加强对于教师的考察，将教师的实践经验和能力作为与理论能力同样重要的内容对其进行考察。

二、对实践教学改进的建议

（一）树立正确的教学理念

比较国内外会计学教育，就会发现不同的教学理念，会导致不同的会计教学模式。美国的会计教育改革委员会认为，会计教育是让学生准备在将来成为职业会计师，而非立刻成为职业会计师，会计教育应该为学生的“终生学习能力”奠定基础。所谓“终生学习能力”，被概括为三个要素：技能、知识和职业面向。技能方面，学生被要求拥有沟通、智力和人际公关技能；知识方面，则要求学生拥有会计知识、一般性知识、组织及商务知识；职业面向则强调学生的会计职业道德和必要的价值判断能力。澳大利亚大学在会计教育中的教学理念也非常清晰，例如，强调培养学生“渴望不断地进行知识的发展与创造；愿意开始并参与变革；重视个人生活与职业生活中的事实、正确、诚实与道德的标准；承担责任、义务并主张权利；欣赏自己及其他的文化与风俗”。同时要求学生具备下列能力：继续学习、增长知识的能力；严谨的分析能力和创造力；拥有完整的、广阔的学科知识的能力；清晰地交流与流畅地写作的能力；团队合作的能力；解决问题与作出决策的能力；自信并清楚地陈述自己意见的能力；有逻辑地推论和从观点中辨别事实的能力。

由此看来，国外对于学生的培养，并非单纯地要求其掌握会计知识，而是以培养学生思维的成长为主体，关注学生个性的成长以及各方面能力的培养。因此，教师在课堂教学中，应以学生为中心，强调学生对于课堂教学活动的积极参与，提高其积极性和主动性，注重对于学生分析、解决问题能力的培养。譬如在美国的课堂教学中，原来以教师授课为主的教学方式逐步被以“教师授课为辅，学生参与为主”的教学方式取代。在课堂上，教师不再是满堂灌输地教，而是要引导、启发学生思考，同时帮助其解决疑难问题。课堂教学中，通过小组协作、案例研究、文章研讨等形式，让学生参与进来，进而调动学生学习的积极性和主动性，达到锻炼能力的目的。

反观我国的课堂教学，仍然是遵循传统的教学理念。在课堂教学中教师是权威，课堂教学主要是进行专业知识的灌输，虽然鼓励学生提高思辨能力，但是学生在课堂上多为被动地接受知识，缺乏参与的机会。这种教学方法传授的知识系统性比较强，但对于学生思维能力的培养、主动性的培养及知识面的拓宽，显然是欠缺的。不同的教育理念造就了不同的教育模式，因而，我国的课堂教学应当将教师与学生置于平等地位，将教与学的过程有机结合，通过课堂中的案例讨论等形式，将学生的主动性调动起来，培养学生的思辨能力，使其敢于挑战教师学术权威，能对问题有不同的见解。在这个过程中，能够锻炼学生的沟通技能、学习技能，达到教学相长的目的。

（二）课堂教学模式的改革

要增强学生实务能力的培养，在课堂教学模式上，也要有所创新，借鉴国外经验，改变陈旧的教学模式，开展多种形式的会计学课堂教学模式。

1. 课程实践

在课程实践中，学生是课程实践的主体，可以采用案例分析、项目研究、模拟实验以及开放作业等方法进行教学。在模拟实验中，学生通过模拟经理人、模拟会计师来锻炼自己的能力。例如，英国大学会计学专业的个人财务计划课程教学中，模拟实验是要求学生做投资计划，然后用虚拟资金进行投资。学生要关注股票、债券、期货等的交易趋势及市场上各种信息，然后作出判断进行买卖。学生要提交的报告包括：每周一篇小计划、中期总结、期末总体投资报告，这样有利于帮助学生总结思考，便于老师把握其知识掌握水平。

项目研究中，可以将学生分为几个团队，通过团队协作来解决项目问题，并最终进行口头报告，从而增强学生的人际交往能力和沟通技能，而项目研究的成果也应被积极引入课堂，打造与实务经验密切联系的课堂。

案例分析则应重点锻炼学生的分析、判断能力，例如，列举在现实生活中出现的新会计问题，要求学生为其建立相应的会计准则。

2. 校外实习基地的建设

我国高校会计专业的校外实习基地，由学校联系的有一部分，另一部分多是教师利用个人的人际关系联系的。而在国外，如加拿大，是学校与政府部门合作共建实践基地，合作课程由加拿大政府资助，学生会与工商界的管理人员一起工作，获得有价值的工作经验。我国高校可以借鉴国外的经验，考虑发挥政府在校外实习基地建设中的作用。

3. 学生培养模式的变革

我国高校会计专业学生都是高中生升学而来，在大学四年中，也都是在高校中学习，缺乏社会实践经验。国外的高校则有所不同，譬如美国会计学专业，学生可以采用半工半读的形式，修到相应的学分即可毕业，学生拥有大量的实践经验；英国则推行“三明治”实践教学，这是一种在学期与学期中间，穿插企业实习的培养模式。在英国，学生实践主要有两种形式：第一种形式，要求学生在高中毕业后到企业工作一年，然后去高校学习两到三年，完成学业课程，再到企业中实践一年，即所谓的“1 + 2 + 1”和“1 + 3 + 1”教育计划；第二种形式，要求学生在第 1、2、4 学年在校进行理论学习，第 3 学年进入企业实践一年，即所谓的“2 + 1 + 1”教育计划。我国的会计学学生培养模式，也可以借鉴国外经验，适当增加学生进入企业实践的机会及时间，如在学期中间增加实践学年，或允许学生半工半读。

（三）提高教师实践教学能力

会计学教师队伍的建设，也是提高会计学实践教学质量的关键一环，高等院校应采取措施提高教师的实践操作能力。高校可以创造条件，让教师到企业中进行实务实践，从而提高其实践操作能力。当然，也可以采取适当鼓励政策，如在年终考核上体现教师实践期间工作量的认定、实践成绩的考察，或在职称晋升时将企业实践经历作为重要参考依据等。对于实践教师的选拔，可以从企事业单位选聘一些业务能力突出、实践经验丰富的中高级会计人才，以外聘教师的身份担任会计实践课程的教学工作。

实践教学是在我国会计专业教学工作的重要一环，学校应以培养学生实践能力为教学目标，树立正确的教学理念，适当设置实践教学课程，通过课堂教学的优化、校外实训基地的建设、会计专业师资队伍的建设，以及学生培养模式的变革，使学生通过会计实践教学的培养，符合校外会计人才需求，为社会输送高素质知识与技能型并重的复合型人才。

参考文献

［1］阎达五．面向21世纪会计学类系列课程及其教学内容改革的研究［M］．北京：经济科学出版社，2000.

［2］吴旺盛．论网络时代会计目标下的会计业务流程重组［J］．会计研究，2000（6）：42－47.

［3］周扬．面向21世纪高等会计教育发展的对策［J］．会计之友，2000（10）：22－23.

［4］陈录．我国本科会计教育研究［D］．大连：东北财经大学，2004.

［5］杨耀宇．我国本科会计教育模式研究［D］．长沙：湖南大学，2007.

［6］孙晓玲．澳大利亚大学会计教育及对我国大学会计教学的思考［J］．改革与战略，2004（6）.

作者简介：

高晓茜（1976—），济南大学商学院讲师，硕士，研究方向为财务管理。

提高管理信息系统实验教学质量的研究

高　英　张　莹

摘　要： 管理信息系统是一门实践性很强的课程，在加强基础知识和基本理论教学的同时，必须重视实验环节，强化学生能力的培养。因此，在研究管理信息系统课程实验教学需要解决的问题的基础上，本文设计了该课程的实验教学体系，并对实验的要求、内容、关键点等进行了分析，介绍了提高实验教学质量的几个措施，如采用灵活多样的教学形式、加强实验课程的管理与指导工作和组长负责制等。实践证明，该套实验教学体系和措施能够切实提高学生的综合素质和能力。

关键词： 管理信息系统；实验教学；教学质量

一、前言

管理信息系统是一门具有高深理论和宽广实践背景的课程，在学生的培养计划中处于承上启下的位置，内容随时代发展变化比较快，教学难度比较大。因此，深入探讨管理信息系统的教学方法，及时总结教学经验，不断更新教学和实验内容，对于培养我国管理信息系统的高素质开发人员和组织管理者具有重要的意义。

二、管理信息系统实验教学体系的设计

管理信息系统课程实验，是管理信息系统课程的重要组成部分。在所有专业的管理信息系统课程的教学过程中，都应当采用理论讲授和实验教学相结合的方法，既注重培养学生的理论知识，又要提高学生的实际动手操作能力。管理信息系统作为企业信息化的核心和基础，虽然最终以软件的形式出现，但不能像程序设计类课程的实验教学那样，由教师完成问题的分析和处理算法的设计，也不能像软件工程的实验教学那样，仅重视技术教学而忽视学科知识。因此，管理信息系统实验教学体系的设计一直是困扰该课程教学的重要因素。根据课题组成员多年讲授管理信息系统课程的体会和深入地分析调查研究及借鉴相关院校的经验，笔者认为管理信息系统课程的实验并不仅限于机房，而是由参观、调查、分析设计、上机实验和实际检验等组成的综合整

体。具体包括五个实验环节：①充分利用学生认识实习或生产实习的机会，在学生实地参观企业时，有目的地引导学生对企业管理信息系统的应用状况进行观察、询问甚至亲自动手操作一番，然后就自己的感想、企业信息化现状及管理信息系统的作用等进行讨论总结，使学生对“什么是管理信息系统?”“管理信息系统有什么作用?”“管理信息系统包括哪些模块?”等问题能得到真正的认识和理解。②根据实验题目及内容进行分组调查。③调查结束后各小组进行讨论分析和系统设计。④上机编程和调试。⑤实际试用和修改完善。

为了各个环节的实验、案例分析与讨论和理论讲授之间的结合，我们设计并执行了以下管理信息系统实验教学体系：①演示型实验教学。其目的是解决感性认识问题，即让学生知道管理信息系统是什么。②案例型实验教学。通过分析一些和各个章节内容紧密联系的案例，让学生学会对系统进行分析评价，找出存在的问题及解决的方法。③验证型实验教学。主要围绕系统开发中的难点和关键点（例如，系统分析阶段中的详细调查、需求分析、系统硬件平台设计、安全设计等），设计一个模拟环境，给学生展示系统中的难点问题是如何解决的。④设计型实验教学。教师给定一个较小的任务模块，让学生自行设计完成。这样管理信息系统课程的实验教学就能够以不同实验解决不同问题，而且实验具有多层次、循序渐进、教师讲解、专家参与和学生动手相结合等特点。

三、管理信息系统实验教学内容设计

（一）演示型实验教学的设计

演示型实验教学就是通过演示一些教学用管理信息系统软件（如库存管理系统、工资管理信息系统、账户处理系统和文献查询系统等），让学生拓宽视野，了解管理信息系统的生产实际，更好地理解课程内容，掌握操作和使用方法，提高应用能力，做到理论联系实际。

具体实施时，教师先演示一个系统，讲解其基本结构和基本功能，然后让若干名学生组成一个实验小组，每位成员模拟系统的一类终端用户，按照系统设定的业务流程，完成相应的业务，了解企业运作和企业管理是如何在管理信息系统中实现的，了解管理信息系统是如何将信息技术与企业管理结合的。在实验中，还要求学生根据管理信息系统课程中的基本内容，分析与评价演示系统，并建立企业运作与管理的信息模型。该实验要求学生提交一份实验报告，内容分为两部分，一是阐述所演示系统的基本结构、功能和覆盖的业务及其流程，二是从管理、技术两个方面给出对系统的初步分析和评价，鼓励学生发现问题并提出解决方案。

（二）案例型实验教学的设计

案例型实验教学中，案例的选择和设计必须从教学目标出发，有意识地选取有关信息。所用的案例既要来自社会实践，还要具有针对性、知识性和可操作性。在管理信息系统课程的案例教学中，教师应针对每一章的具体内容及教学要求，选择并设计针对性、知识性和可操作性强的案例，既要有管理信息系统成功的案例，也要有失败的案例；既要有大型企业的案例，也要有中小企业的案例；既要有管理信息系统规划的案例，也要有系统分析和系统设计的案例；既要有管理信息系统开发的案例，也要有系统实施的案例。例如，通过"海尔"海外发展战略的成功案例，让学生总结成功的经验；通过"中国新时代旅游总公司信息系统"失败的案例，让学生分析失败的原因，并假定学生作为副总经理应如何采取对策；通过"中国服装外贸总公司信息化系统选择"的案例，让学生体会如何准确把握企业信息系统的需求，如何分析和选择供应商；通过"中国海洋石油总公司信息系统建设之路"的案例，让学生讨论信息系统的开发策略和具体选用什么样的开发方法。另外，还有一种选择案例的方法是由教师提出一些课题，例如，提出中小型企业的"账务处理系统""工资管理系统""固定资产管理系统""仓库进销存管理系统""商场销售管理系统""人事管理系统""学生选课系统""学生成绩管理系统""图书借阅系统"等课题，让学生自己去收集案例。让学生用课余时间去搞社会调查，上网或到图书馆收集资料，设计案例，提出解决办法，并完成系统分析和系统设计报告，然后写出文档和同学、教师相互讨论交流，这样可以收到更好的教学效果。

（三）验证型实验教学的设计

验证型实验可以针对系统分析、系统设计、系统实施的各个环节进行验证。例如，可以选择零售业客户关系管理系统作为背景，邀请超市经理（用户）作为被调查对象，教师作为系统分析员，学生作为观众，重点演示如何搞好详尽切实的调查工作。要求学生除了观摩外，还要记录整理超市经理与教师的对话，并与教师所做调查记录进行比较，分析问题所在，从而达到教学目的。该类实验可以围绕不同的背景和实验条件多次开展。

（四）设计型实验教学的设计

在设计型实验中，教师应根据学生计算机水平的高低，设计难度不同的实验题目，或针对一个题目采用不同的层次要求。

（1）针对计算机基础相对薄弱的学生，如工商管理专业和会计专业的学生，应将重点放在对管理信息系统（Management Information System，MIS）的引进上，让学生将精力集中在系统化的分析上，同时了解信息技术的发展及所能实现的功能，以及掌握该系统的使用方法。力求切合实际地引进 MIS 系统，对于引进的 MIS 实例（如 ERP、财务软件等），从管理学方法先分析其采用的管理模式，进行相关的问题识别，然后采用结构化软件开发方法，进行系统分析、系统设计和系统实施。在上机时指导学生根据 MIS 实例自己实现系统的某些简单功能，如数据库设计、查询和统计等。

(2) 针对计算机基础扎实的学生，如信息管理和信息系统专业的学生，在教学中应侧重系统开发方法，充分阐述面向对象的需求分析、软件设计和面向对象程序设计三项软件开发活动之间的平滑衔接，详细说明面向对象的软件开发和结构化软件开发方法之间优劣的比较和相互组合，将测试用例的生成技术和需求分析模型、软件设计模型以及形式化技术相关联。

上机时如果学生编程能力差，可让学生使用 Microsoft office Access（数据库管理软件）进行 MIS 的数据库系统的设计；如果学生程序设计能力强可让其采用 Visual Foxpro（数据库开发软件）或 Visual Basic（编程语言）或其他开发工具开发；如果学生不能掌握相应的开发工具，可考虑让其使用 MIS 自动生成系统。

四、提高实验教学质量的建议

（一）采用灵活多样的教学形式

教学方式灵活多样，有利于激发学生求知欲。例如，案例型实验在具体实施中，可以有多种形式，教师既可以进行典型示范引导，又可以进行逼真模拟训练；学生既可以进行个人练习，又可以开展小组讨论。教师可根据不同的教学内容创设问题情境，激发学生的求知欲，具体采用哪种形式，一定要根据教学目标、学生已有的经验和学习任务的不同来确定，切不可自始至终采用单一形式，从而影响教学效果。例如，要突出学生社会能力的培养，就应较多地采用小组作业形式，使学生交流更加频繁，让他们学会如何与他人打交道、如何合作、如何解决矛盾。对一些疑难的、有争议的、带有共性的问题可采用课堂讨论的方式。对于一些如“你如果作为企业老总应该如何办?”等需个人思考的问题，可采用个人撰写论文的形式；对于操作性很强的系统分析和设计的课题，首先由教师设计出规范的案例，并撰写出符合软件工程要求的文档，学生根据自己所选的课题，经反复讨论交流，参考规范案例，撰写出系统分析和系统设计的相应文档。

（二）加强实验教学的管理与指导工作

管理信息系统实验教学是学生锻炼自己运用理论知识解决实际问题能力的一个重要环节，因此不论是老师还是学生都应该重视这个环节，同时加强实验教学过程中的管理工作，进一步提高实验教学的质量，促使学生综合素质和实际能力的提高。

（三）组长负责制

在课程设计的实验过程中，实行项目负责人制度。组长负责进行项目计划制订、进度安排、过程监督和协调、绩效考核等工作，全面负责项目的实施和综合管理，对实验任务的完成负责。组长的任务主要包括：①计划制订和安排进度。依据“实验指导书”和“实验大纲”，在教师的指导下，制订详细的项目实施计划，明确各阶段的进度，进行小组成员的任务分工。②组长负责主要的协调和监督工作。组长要对整个实验项目的完成负责，必须做好项目管理工作，进行项目的进度控制和过程协调，对小组成员作出量化评价。组长对实验项目的成功与否起着关键的作用并负主要责任，组长有权对小组成员各实验阶段的工作表现及其工作成果进行评价。同时，组长的课程成绩不仅取决于他所具体完成的实验成果，还取决于他对所负责项目的管理结果。这样做，也是基本上模拟实际信息系统的开发过程，让学生得到较为真实和有效的训练。引导学生把所学的管理知识在实验项目开发的整个过程中具体地加以实践，学以致用，从而综合培养学生的各方面能力和素质。

五、结语

管理信息系统实验教学体系的改革研究旨在改变目前单一的管理信息系统实验教学的内容和方法，使其具有多样性、渐进性、动态性、互动性和多角色参与等特点。同时使每个实践环节能与理论教学同步，各环节都有明确的要求，各环节的实验、案例分析与讨论和理论讲授等能够相互结合。期望能使学生在教师的指导和参与下，能够在有限的时间内更好地将课堂讲授与实际应用相结合，更好地完成实验项目和学习任务。培养学生的项目开发和项目管理能力，以使其适应企业实际情况和要求，同时培养学生的组织能力、团队精神、协作精神和竞争意识，切实提高学生的专业水平和综合素质。

参考文献

[1] 贺盛瑜，赵卓宁．管理类专业 MIS 课程的教学方法与教学手段探讨［J］．四川教育学院学报，2003（7）：42－45.

[2] 蔡淑琴，石双元，汤云飞，等．“管理信息系统”课程的实验教学研究［J］．高等工程教育研究，2003（4）：84－86.

[3] 黄梯云．管理信息系统［M］．北京：高等教育出版社，2014.

作者简介：

高英（1974—），济南大学商学院副教授，硕士，研究方向为管理科学与工程。

张莹（1981—），济南大学商学院讲师，硕士，研究方向为医疗信息化。

基于能力本位观的经管类专业实践教学体系构建研究

葛金田　王　冉

摘　要： 专业实践教学，在经管类专业人才培养体系中具有不可替代的重要作用。当前，经管类专业虽然设置了实践教学环节，但这些实践环节多是在形式上完成了实践教学活动，而它对学生有多大程度的帮助却很难评价。实践教学的重要目的是培养学生的专业技能并提高他们的能力，这一点在当前的形势下显得尤为重要。

关键词： 能力本位；创新；实践教学

一、引言

经管类学科应用性强，紧贴社会经济生活，科学合理的实践教学体系对学生综合能力和创新创业能力的提升具有重要作用。而经管类学生的培养普遍偏文科性质，专业“技术性”不强，因此，培养的学生往往动手能力较差。具备实践能力是对经管类应用型人才的突出要求，但目前大多数经管类专业学生培养往往重课堂讲授，学生为了考试也往往只注重对理论知识的掌握，轻社会实践；多数学生在学习态度方面，也更重视课堂学习、理论学习，相对轻视实践锻炼。随着社会对人才竞争的需求加剧，社会对经管类学生的应用、实践能力要求越来越高，传统培养模式会导致经管类人才实践能力不足和社会适应力不够等问题。

能力培养是对学生的实践能力、动手能力、创新能力乃至综合素质的培养，能力培养导向的实践教学体系构建要进一步贯彻落实国家相关文件精神，通过改进人才培养的模式，着力提高人才培养的质量，以实现市场、高校、学生三者共赢的局面。能力本位观要求构建“以能力培养为中心”的教学体系，能力本位教育理念主要以培养具备实际能力的人才为目标，以实际职业中所要求的能力为核心开发课程教学目标、展开课程教学活动、实施课程教学评价活动。能力本位教育核心是从职业岗位的需求出发，先确定能力要达到的目标。学生职业能力的发展不是靠理论熏陶可以获得的，它必须靠长期的实践活动来逐渐形成和建构，学生主动积极地参与、教师认真负责地指导是学生学习的关键。

二、经管类专业实践教学体系建设现状及问题

专业实践教学是理论教学到社会实践的中间环节，经管类学科具有很强的实践性，迫切需要安排基于能力本位的专业实践教学环节。在经管类教学中引入专业实践环节，可以弥补当前教学环节上存在的不足，提高学生的主动性和积极性，培养学生的动手能力和创新精神。目前，我国的专业实践教学体系构建还处于起步阶段，大多数的实践都按照课程设置，依附于课堂教学，很少有学校建立起系统的专业实践课程体系，其建设的不规范制约了经济类实践效果的发挥。因此，对于经管类专业实践教学存在的问题，需要进一步改进。具体来说如下：

（一）对实践教学的重视程度有待提高

一是学生对实践重视程度不够，部分学生实训课积极性低，纪律性较差。二是多数教师仍将实践教学当作理论教学的附属部分，未能单独设立实践教学大纲。经管类大学教育往往以理论教学为主，通过理论教学向学生讲授理论知识；理论教学能传递知识，但是无法有效地培养学生的专业能力和综合素质。长期以来，本科院校都以理论教学为主，而对实践教学的各方面重视不足。虽然现在都在倡导将理论与实践相结合，但在教学计划之中的实践环节设置的比重偏低，同时很多实践教学环节也难以操作和执行，这使得学生无法通过参与实践教学活动来有效地提高他们的综合能力。三是对于经管类人才实践能力的培养不够重视，这导致学生所学的理论知识难以在实际工作中发挥作用。学生实践能力的培养和提高，对教师、教学资源以及教学方式上都有很高的要求。

（二）实践教学体系不够系统和完善

实践教学内容零碎，缺乏内在的有机联系，导致实践教学的目标与学生的实际学习往往存在很大的差异。为培养应用型人才，经管类专业在培养方案中设置了课程的实践环节和见习实习环节。这些不同的实践环节由不同的教师来执行，在进行实践教学活动时，这些不同环节的教师往往相互之间缺乏沟通，各自承担并完成各自的实践教学任务。各个实践教学环节和承担教师之间，因缺乏沟通和联系，导致要么在培养目标上有重叠，要么有些培养目标没有关注实践环节。分散的环节和分散的实施没有很好地形成一个系统性合力，使得实践教学体系存在很大的缺陷。同时实训教师专业素质与能力有限，实践“功底”不足，他们绝大部分是从高校或硕、博研究生毕业后直接进入学校承担教学业务，理论知识较全面而实践经验缺乏，这样的教师往往缺乏对学生实践活动进行指导的能力。实训教师数量有限，实训课程总学生数过多，而实训老师指导人数有限，课程时间有限，致使指导工作不充分。

（三）实践教学活动效果不明显

为了完成实践教学目标而进行的实践教学，往往只注重实践教学的过程和形式，完成了实践教学的过程即完成了实践教学活动。这种注重过程的导向，往往缺乏对学生的实习效果进行测评，不关注也不了解学生的实习效果，实践教学的初衷得不到有效落实。总体来看，过程导向思路下的实践教学活动的效果基本上得不到保障。

三、经管类专业实践教学体系构建的原则

（一）充分体现能力本位的思想，强化经管类学生的综合能力

在构建经管类专业实践教学体系时，必须充分考虑学生的职业需求，以市场为导向，满足职业岗位对学生知识、能力、素质的要求。在课程观上确立能力本位，摒弃学科本位，把就业导向、能力本位作为经管类专业实践教学体系的核心内容，不断强化学生职业技术的提高。将以人为本、能力本位的思想作为课程设置的理念，始终贯穿于经管类专业实践课程开发的全过程。

（二）打破传统教学体系，确立实践教学的中心地位

一切从实训出发，强化学生的动手能力，强调学生在实践中建构知识，提高经管类学生的职业技术能力。要进一步精简理论教学内容，教学内容应根据专业技术课和提高学生的专业实践能力的要求来设定。

（三）整合各个实践教学环节和资源，提高教学效率

经管类专业培养方案中设置了多种形式的实践环节，如实训、实验、见习和实习等，并为这些实践环节配备了相应的教学资源，学校应对多种实践环节和资源进行整合，提高教学效果。

（四）实践能力培养遵循连续性、模块化与渐进性的要求

实践能力的培养是一个循序渐进的过程。在教学计划中，实践教学环节要保持连续性，保证实践能力的培养在学生上学期间不断线，并且分阶段、分层次逐步推进。要采用模块化、渐进式的设计思路，将实践教学分为实验实训、企业见习、专业实习、综合设计、社会实践等形式，在学校培养阶段进行合理分配，形成由基础实践、专业实践、综合实践组成的模块化、项目化、系列化的相对独立的实践教学体系，体现实践能力发展的层次性、整体性和循环式上升的发展规律和能力形成机理的内在要求。

（五）产学结合与动态调整的原则

应用型大学教育必须走产学结合的道路，单纯的封闭式的校内实训和模拟训练，

是达不到培养效果的，必须放手让学生参加社会实践，走入企业，开展校企合作培养，学校和企业一起，研究并制订培养目标、实施培养过程，这样才能使学校培养的人才达到企业的要求。

四、以能力本位为导向的经管类专业实践教学体系构建的设想

（一）以能力本位为导向，建立新型的实践教学体系

高校应按照合适的比例，分配理论教学与实践教学学分，设计相对集中的实践教学活动模式。构建合理的实践教学体系，可分为经管专业技能训练、企业阶段实习和创新实践环节三个阶段；增强实践教学内容的系统性，将实践教学内容与拟培养的主要实践能力相对应，使教师对学生实践能力进行客观评价具有可操作性。教师需单独制订实践教学计划，以构建学生实践能力的整体培养目标体系。教师在设计相对独立的实践教学计划时，应把对学生的创新思想和实践能力培养的整体目标分解成各个子目标，落实到各具体实践教学环节中去。

（二）以提升学生的实践能力为核心，强化实践教学环节

教师应整合实验教学内容，实践教学的内容设计要根据各专业人才培养目标和要求，围绕学生必须具备的能力和技能，体现素质教育的基本要求，将学生的创新精神和实践能力的培养放在重要位置上。改革实践教学方法，大力提倡采用多媒体技术、网络技术、课件制作等技术手段增强学生对专业环境的体验和感受，激发创新思维，提高分析和解决问题的能力。改革实践教学过程监控和多样化考核方式，完善成绩考核办法，提高实践过程成绩所占比重。

（三）全面提升师资队伍实践能力，组建优秀的师资团队

高校应引进企事业单位理论扎实、实践经验丰富的专业人士充实实践教师队伍；聘请有工作经验的人员以及在实践基地有丰富经验的技术骨干作为兼职实习、实训指导教师，组建一支专职为主、专兼结合的实践教学师资队伍；培养有潜力的老师，到企业对口部门参加实际工作，积累教学所需要的职业技能、专业技术和实践经验。

（四）完善专业实践软硬件设施，建设高质量校内外实习基地

高校应实行开放式办学，把“企业搬到校园”或者在校内建设“企业的实验室”，学校通过为企业培养人才、向企业输送人才、开展科学管理咨询等方式向政府企业提供支持。政府部门和企业也应向学校提供科研经费，并为学生的生产经营管理实习、社会实践活动提供多方面的支持，实现校政企协同育人，建立优质、稳定的校外实习、实践基地。

五、结语

基于能力本位构建的经管类专业实践教学体系，在人才培养实际中，既体现了对经管类人才的技能要求，也符合学生实践能力发展的层次性、整体性和循环式上升的发展规律和能力形成机理的内在要求。这一教学体系的实施效果很大程度上取决于每一个具体培养环节的执行情况。下一步努力的方向就是要针对每一个实践教学环节和能力训练项目制订详细的实践教学大纲，规范和统一其教学目标、教学内容。

参考文献

［1］席仲雨．能力本位教学观指导下的职业教学改革［J］．中外教育研究，2009（5）．

［2］顾力平．高职院校实践教学体系构建研究［J］．中国高教研究，2005（11）：67－68.

［3］张延斌．试论经济管理类专业实验教学体系的建立［J］．实验室科学，2006（3）．

［4］袁江．基于能力本位的教育观［J］．中国职业技术教育，2005（3）：23－25.

［5］徐国庆．实践导向职业教育课程研究：技术学范式［M］．上海：上海教育出版社，2004.

作者简介：

葛金田（1964—），济南大学商学院党委书记，教授，博士，研究方向为城市与区域经济、流通经济（物流）、宏观经济等。

王冉（1994—），济南大学商学院物流工程硕士研究生。

微课在“中级财务会计”教学中的应用研究

贺翠芹

摘　要：“中级财务会计”是我国会计专业的一门核心课程，这门课程采用微课教学具有明显优势。因此，了解微课的兴起和特征很有必要，高校应构建“中级财务会计”微课教学模式，包括微课视频的采集与录制、微课视频的拍摄与制作、微课视频发布后的分析总结等。

关键词：微课；中级财务会计；应用

微课研究在学界已渗透到从理论到实践的各个层面，其发展前景广阔。翻阅资料可知，微课已在我国中小学教学中广泛使用，并且经常展开大规模的微课竞赛，然而，微课在高校还仅仅停留在理论研究方面，教师在日常教学中很少利用微课，甚至还在观望，尤其是在会计教学上，微课教学更是有待于开发。相对于传统的会计教学模式，会计微课教学具有明显的优势。“中级财务会计”是我国会计专业学生的一门必修课程，也是一门核心课程，它在整个会计专业课程体系中起到“承上启下”的作用。这门课的教学难点主要体现为以下两点：一是业务众多，又缺乏配套实践，学生即使当时耗费许多精力去学，之后也较容易忘记；二是教材语言晦涩，无论理论讲解或是实务操作都存在这一缺点，让学生很难理解，觉得枯燥。

一、微课的兴起与特征

微课是指时间在10分钟以内、有明确的教学目标、内容短小，集中说明一个问题的小课程。例如一堂45分钟的理论课，利用微课可以分成4段，每段10分钟左右。教师尽力让每一段内容都变得精练，同时，添入视频、图片，让学生很容易理解每个片段的内容，从而有兴趣去学。这种教学手段兴起于美国，最著名的代表人物就是“可汗学院”的创立者萨尔曼·可汗。这个孟加拉裔美国人为了辅导远在海外的表妹，把代数知识录成一个个10分钟左右的视频，然后发给她学习，结果这些视频被传到网上，成为大家争相追捧的对象。萨尔曼·可汗本人也因此由一名对冲基金分析员变成了一位专职教育者。国内也有学者在此领域耕耘，胡铁生教授早在2010年就提出“微课”的概念，只是，这种新兴产物随着近两年教育类投资的红火，才逐渐被广大师生所熟悉。微课将促使现有教学体系的全面革新，多年来低效率的课堂教学将在今后若干年内发生根本性的变化。

（一）微课是数字时代的产物，迎合了数字时代的需求

我们的学生已经进入了数字时代，他们现在接触的、感兴趣的、每天都在用的都是数码产品。数码产品的极大丰富，确实改善了我们的生活质量。在这样一个时代背景下，如果我们仍然抱着老一套观念止步不前，必然会落后于时代。如果我们能利用微课这种新时代的教学手段，把专业知识的讲解串成一部“大片儿”，学生自然会积极主动地参与到教学活动当中。

（二）微课碎片化的教学模式符合教育规律

传统的教育手段以教师讲授为主，而且“讲”的时间过长。研究表明，人的注意力集中的有效时间在 10 分钟左右。因此，把课程碎片化变成微课，并进行深层次加工，最后呈现在学生面前，起到的效果会更好。微课可以为学生提供有效的学习框架，可以使学生在学习过程中具有更多的主动权，学生可以视个体情况的需要，寻找适合自己的学习途径。

（三）微课具有很强的可操作性、实用性和实践性

微课课件的主要形式是 E－Learning（数字化学习）系统中的课程，学生可以通过在线浏览服务器获得网络课件，从而完成课程内容的学习。微课以教学知识点为核心，课程资源中可以配文字、图片、声音、视频等多种媒体信息，是一种有利于学生学习的资源形式。

（四）微课形成自主学习的资源库

微课因材施教，形成自主学习的资源库。高校可以将现有的课程拆分成视频碎片，形成一个具有大量视频信息的数据库，学生通过搜索关键字即可查阅大量的资料来进行学习。就像中国知网、万方数据库等搜索引擎一样，学生输入关键字，就会出现一系列索引文件，从中可以筛选出自己需要的知识。此类型学习是以问题为中心的学习和以案例为中心学习中的一个环节。

（五）微课有助于查漏补疑，巩固知识

微课既可让学生反复学习又能让学生查缺补漏，还能让学生强化巩固知识。按需选择学习，能更好地满足学生对各学科知识的个性化学习需求，是传统课堂学习的一种重要补充和学习资源的拓展。微课能够改变教师传统的听评课的模式，包括教师的电子备课、课堂教学和课后反思。

二、“中级财务会计”微课教学模式构建

（一）微课视频的采集与录制

微课视频的采集与录制需要收集各种资料，包括网络媒体资料。第一步，要精心策划好微课的制作。第二步，根据教学内容的难易来选题，要明晰录制哪些教学内容。第三步，控制好录制的时间，时长为5~8分钟，尽量做到录制的是教学浓缩的知识点。第四步，要抓住课堂教学内容的结构，通过微课视频缩短重难点讲授的时间。微课视频不仅要保障知识的质量与数量，还要保证讲授内容的首尾呼应、图像清晰、简单明了。

（二）微课视频的拍摄与制作

在微课视频的拍摄制作方面，教师应根据需要选择恰当的录制与制作工具。首先，用数码摄像机、智能手机以及平板电脑等拍摄工具进行拍摄，然后再对视频进行编辑。其次，采用录屏软件录制屏幕内容和屏幕内外的声音，声音可以来自计算机或录制者的话筒。最后，教师根据实际教学的需要，可以在网络中收集短小的视频片段，供学生观看。这样既填充了微视频的数量，又充分整合利用了各媒体网络资源作为教学素材，能让学生在学习过程中感受学习的趣味性，可大大提高学生的学习热情。

（三）微课视频的发布

教师可以在上课前发布微课视频，下课前抛出有关下次课所学内容的问题，再把下次上课的内容制作好并发布供学生学习。学生还可以通过师生在线互动交流，来及时反馈存在的问题。首先，在制作完成微课视频后，教师要充分利用慕课课程建设理念使用会计微课教学系统辅助课堂教学。在课堂教学开始前，教师上传视频至服务器。其次，教师在视频的下方增加文字说明、课后联系方式以及课堂测试题等。学生可以通过互联网、移动终端等进入会计微课教学系统，通过移动学习、网络学习等多种媒体学习模式观看老师精心制作的微课视频。学生在学习过程中，还可以反复观看视频内容，以确保理解和掌握教学，如遇到问题，学生可以充分发表自己的见解，就具体问题与教师和同学在线详细地交流，也可以在线评议。

（四）微课视频发布后的分析总结

微课视频发布后，教师要及时进行分析总结并与学生进行课后交流和互动，把课堂交给学生，让学生讲解自己通过视频所掌握的内容，由教师进行分析总结。在课堂教学环节，教师不再采取传统的讲授知识的方法，学生也不再是原来的被动的知识接收者。教师在对课前微视频讲述的知识点进行再度梳理的基础上，配以板书补充等其他形式，以此满足学生多方面的学习需要。与此同时，教师应针对网络互动中学生集

中反馈的问题进行集体讲解，以解决大部分学生的疑点和难点。

参考文献

［1］韩振宇．“微课”在“财务会计”教学中的应用策略探究［J］．兰州教育学院学报，2015，31（5）：73－74.

［2］邵艳．会计微课教学模式探析［J］．绿色财会，2015（3）：45－46.

作者简介：

贺翠芹（1960—），济南大学商学院副教授，研究方向为财务管理。

基于应用型人才培养目标的会计实践教学改革探讨

黄　景

摘　要：会计实践教学是当前会计教学中的关键内容之一，如何基于应用型人才培养目标提高实践教学质量是人们探讨的重点问题和核心所在。本文总结出高校会计实践教学中存在的主要问题，有针对性地提出了改进建议，以促进会计实践教学与理论教学协同发展，培养满足社会需要的应用型创新人才。

关键词：会计实践教学；教学体系；应用型人才

会计学专业教学需要在课堂教学之外，设置实践教学环节，引导学生自主学习，以运用和检验课堂教学成果，让学生了解和熟悉企业的运行状态，并预演和准备就业。会计实践教学不仅能健全教学手段，令教学形式得到极大的丰富，也可有效地提升学生们的实际操作能力，进一步推动会计教学的进步。国内已有超过600所高校开设了会计相关专业，通常设有特定比重的实践教学，然而实践教学与理论教学相比，还存在较大问题，如缺乏严谨科学的设计，教学计划与培养会计综合型应用人才的目的不统一，学生的实际操作水平有待提高。

一、国内高校会计实践教学存在的问题

（一）尚未构建起系统的实践课程体系

目前国内高校会计实践教学发展状况不尽相同，尚未形成一个科学系统的教学机制，跟风现象严重。许多应用型本科院校在会计实践教学方面，一般只开设基础会计、财务会计、会计综合实训和会计电算化这几门实践课程，较少专门开设成本会计、管理会计、财务管理、税法等实践课程。另外在开设的实践课程中，只有会计电算化这门课程是通过上机实验来实现的，其他课程一般都是通过在会计手工模拟实验室进行手工实验完成的。手工和电算化的会计实践教学环节没有任何交集，二者使用的会计实践资料也不同，学生实践后无法真正体会到手工会计和电算化会计之间的内在联系。

（二）电算化教学方式较传统

电算化教学中，多数高校仍采用教师起绝对主导作用的传统模式——教师安排教学进度，将操作步骤演示给学生，学生丝毫不差地模仿，机械重复。学生的积极性根

本没有调动起来，学生仍处于被动状态。

（三）实践教师队伍有待于丰富完善

会计实践课程的任课教师在掌握理论知识的基础上，还应具备会计实践经验。但很多高校的实践课程授课教师往往是从学校毕业后就直接走上教师工作岗位的，缺少在企业工作的经历，存在理论脱离实际的现状，而这一现状在很大程度上导致会计实践教学难以达到预期效果。

（四）实践教学场地不足，投入资金匮乏

随着国内就业难度的增加，各个企业单位选择人才的机会变大，会计实践教学的技术性也令用人单位宁愿高薪聘用全职从业者，也不想用低成本聘用实习生，这使得高校构建实践教学场地的难度进一步增加，特别是普通类院校。为了落实实践场地，一些高校甚至提出了零报酬的条件，然而依旧无法提起企业招收实习生的积极性，最终导致实践教学流于形式。

（五）校外实训基地存在局限性

会计实践教学的另一个主要途径是校外实习，应用型本科院校非常重视校外实习实训基地的建设。但是对会计学专业来讲，校外实习实训基地在会计教学实践中的局限性很明显：企业的会计机构不适合集中实习，更不能容纳大批学生参与实习；企业为防止凭证、票据、账簿的丢失和确保数据安全，不会让学生参观学习；会计资料对每个企业来说，都属于商业机密，企业不可能给学生提供批量实践操作的机会。因此，会计专业学生的校外实习真正接触会计实务的比较少。因此对于会计这个比较特殊的专业，我们不能单纯依靠校外实习实训，还应该开拓其他实习实训方式。

二、基于应用型人才培养目标的会计实践教学改革策略

（一）完善实践课程体系

各高校开设的会计实践课程一般有这样的几种模式：纯手工实训、电算化软件实训、计算机软件模拟手工实训、企业模拟沙盘实训等。这几种课程模式都各有利弊，恰当地选择实践课程的模式对教学效果影响很大。比如对于刚接触会计理论的大一或大二学生来讲，高校在开设会计学原理与中级财务会计的实训课时最好选择纯手工的实训模式，因为纯手工的实训模式最能体现从凭证到账簿到报表的会计核算基本理论流程，有助于加深学生对课本知识的理解。同时高校应开设专门的成本会计、管理会计、审计学、税法等实践课程。当学生进入到大三阶段后，高校可以选择会计电算化软件实训模式。大四阶段可以考虑企业模拟沙盘综合实训模式，让学生通过综合性模拟实践，整合所学的会计理论，将所学的会计知识系统化，夯实理论基础，同时培养

学生综合运用会计理论知识的能力和提高学生们的会计电算化能力。

（二）重视手工账实践教学

教师在实践课程中应首先强调业务单据的完整性、真实性和规范性，培养学生快速、准确地辨识并分类整理各种原始单据的能力，为培养学生正确处理记账凭证做好铺垫。同时，要培养学生的实际操作动手能力，即便是看上去很简单的会计工作也应纳入实践课程计划，循序渐进地夯实学生会计实务基础。

（三）改革实践教学方法

高校应鼓励体验式教学，激发学生的兴趣和参与专业实践活动的积极性。教师可以通过创设教学情境、合作教学、小组讨论、角色扮演等方式来加强学生的自主体验。教师还可以采用移动设备与学生进行在线互动，为学生提供丰富的会计学习资源，同时还能及时获得课堂教学的反馈，提高会计实践教学的实效性。有条件的院校应逐步将实践教学由单专业向多专业综合实训发展。在实践教学中融入经营实体知识，经营过程实景化，采用一系列会计实战场景模拟教学，使学生在特定的教学情境当中提高运用会计知识和技能解决实际问题的能力，有效缩短从学生到职业人的过渡时间。

（四）进一步提升教师的会计实践能力

高校要给教师创造实践访学的机会，鼓励教师利用业余时间或假期深入企业学习，鼓励教师去会计师事务所、税务师事务所兼职，高校应多途径创造条件让他们接触会计实务，积累实践工作经验，提高会计实务能力。高校人事部门还应鼓励支持教师参加中级会计师、注册会计师、特许公认会计师、国际注册内部审计师（Certified Internal Auditor，CIA）等专业技术资格考试，让教师在考试中更新知识，开阔视野，提升能力。同时，高校应聘请资深专业人士为学生开讲座，解答学生关心的专业问题，拓宽学生会计视野；邀请地方财政部门工作人员就最新会计准则、会计政策向学生说明，以更新学生知识，避免书本的滞后。高校教师可以与事务所共同开发案例分析，以真实的案例提高学生的课堂参与度和分析实际问题的能力，并强化学生的理解，加强记忆。教师可以与企业会计师研讨理论教学和实践教学，寻找二者协同的切入点，共同推进会计专业建设，打造既有理论知识又有专业能力的会计师资队伍。

（五）增加会计实践教学的资金投入

国内高校会计专业必须在很大程度上提高对实践教学的资金投入，设立专门性的实践机构，实时获取新的教材及教学案例；建立并健全专业的会计教学模拟实验室，而非将计算机教室作为实验室。这些均需足够的资金支持，高校内部的资金数额有限，会计专业院系可以通过主动筹款的形式，并且借助足够的专业程度来培养更多专业人才，凭借取得的报酬支持本校的会计实践教学工作。

（六）开拓校外实习基地

虽然校外实习基地对会计专业实践来说存在较大的局限性，但亦不能抹杀校外实习基地的重要性。会计学是一门实践性很强的学科，必须通过校外会计实习实训才能使学生真正掌握会计学科的基本方法和基本技能。另外，因为再先进、再高端的实训室也难以完全模拟或者还原会计实际工作的真实情景，所以加强校外实习实训基地的建设依然是会计专业加强会计实践教学的重要环节之一。针对会计专业在校外实习方面的特殊性，一方面，高校可以选择与会计师事务所、税务师事务所建立长期合作关系，互惠互利，校企共建，相互提供服务，组建产学研一体化的合作同盟，给学生创造实习的机会；另一方面，高校可以成立会计代理记账公司等，把“走出去”和“引进来”相结合，形成稳定的实习基地，吸收会计专业教师和学生参加日常的经营管理。

三、结语

综上，高校要想实现会计专业实践教学改革与创新，必须充分认识到当前应用型会计人才的实际需求，合理确定招生人数，完善实践课程体系，优化人才培养模式和课程设置，改革实践教学方法。同时，进一步提升教师的会计实践能力，高度重视校内外综合实训基地的建设，增加会计实践教学的资金投入，充分引入优质教学资源，拓宽实践教学渠道，努力提高学生的会计综合实践能力，真正实现高校会计人才的培养目标。

参考文献

[1] 于敏．应用型高校“双师型”教师团队实践创新能力的提升［J］．财会月刊，2013（9）：39－41.

[2] 陈薇．关于会计实践教学改革的探讨［J］．网友世界，2012（7）：25－27.

[3] 刘弋茜，陈建西．“校司合作”的应用型本科院校会计实训探索［J］．财会月刊，2013（5）：22－26.

[4] 张流柱，董文秀，银祥军．基于工作领域开发“会计循环综合实训”课程的理论与实践［J］．中国管理信息化，2011（1）：33－34.

[5] 吴东才，许慰君．会计专业解剖式实践教学方法探讨［J］．财会月刊，2009（10）：18－19.

作者简介：

黄景（1974—），济南大学商学院副教授，硕士，研究方向为会计学。

三方视角下酒店管理专业本科实习管理优化策略*

蒋 婷 石 岩

摘 要：酒店管理是实践性很强的应用型专业，学生在行业的综合实习是重要的教学环节，但实习管理的相关研究，尤其是本科酒店管理院校实习的相关研究比较匮乏。完善的实习管理可以帮助学生更好地积累行业经验，增强行业认同感；可以帮助酒店企业切实解决人才短缺难题，提供可持续发展的后备力量；可以助力高校优化实践管理和产学合作，从而形成一个良性“循环圈”。为此，本文将从个人、学校、企业三方视角入手，通过深度访谈法进行实证探索，提出酒店管理专业本科实习管理优化的建议和对策。

关键词：酒店管理；实习管理；本科实习；管理优化

一、引言

酒店业是成熟的国际性服务行业，改革开放四十多年来，酒店业飞速发展，对专业人才的需求不断增加。但目前酒店业却面临较大的人才缺口，尤其是人才的结构性短缺严重，成为酒店业发展最大的桎梏。酒店管理专业的本科生在毕业后很少会长久地从事酒店行业，他们留职意愿低的主要原因是实习满意度低，实习环节的成败与好坏对本专业毕业生未来在行业内留职的意愿影响深远。本文基于学生、酒店、学校三方视角，通过调研分析酒店管理专业本科学生的实习现状，找出实习存在的普遍问题以及解决方案，为学生、高校以及酒店企业提供更有成效的借鉴和指导。

二、文献综述

从选题上看，现有文献以酒店实习为独立议题的较少；从研究对象上看，大多数研究关注的是专科或者高职的酒店管理专业实习；从研究方向上看，多集中于酒店实

* 本文是山东省本科高校教学改革研究项目（项目编号：2015M043）的阶段性成果。

习生满意度、酒店实习生的心理研究、酒店实习生管理问题研究、酒店实习的效用、酒店实习存在的问题以及解决方案等，因此就酒店管理专业本科而言其研究基础和研究方向都十分狭隘。关于实习生的满意度以及影响因素中，邱慧等通过实证研究，针对不同类型的心理特征将旅游专业酒店实习生分为四大类：积极型心态、乐观型心态、盲目型心态、悲观型心态。不同心态类型的学生在实习前、实习初期、实习中后期、实习结束前这四个阶段的心理活动过程是完全不一样的，在酒店实习过程中的满意度也是不一样的。苏建军等利用相关分析方法分析得出酒店实习生满意度的影响因素应从三个方面来考量：实习酒店、学校和实习生个人。关于实习管理思路探索，牛自成、李晓杨在 2011 年提出了“三赢”实习模式。这种模式以学生为中心、学校为主导、酒店为主体，学校负责完善对学生的实习指导措施，加强与酒店的合作，酒店负责优化管理制度特别是对实习生指导制度。李馨提出酒店方面要调整策略，落实对实习生的人性化管理、系统化培养，满足实习生的被尊重感，通过轮岗制、丰富培训内容，提高实习成就感，奖励要多维化，激发实习生的工作热情；学校方面要完善实习管理机制，制定长线的渗透式实习动员方针，实行专业教师实习指导制，进行实习成绩阶段评定法。

综合目前对国内外的酒店管理专业本科实习管理研究成果可看出：首先，大多数研究较深的实习管理调查样本多取自高职或专科学校，对本科学校的适用性有待探讨；其次，在实习管理的创新性研究方面，大多局限于涉及一方或两方的实习研究，并没有具体完整的涉及酒店、学院、学生三方的实习管理模式的设计。因此，本文将从本科高校实习调查入手，摸清本科高校酒店管理专业实习状况和问题，深入分析，借鉴高职或专科院校的实践研究成果，从而为本科酒店管理专业实习工作提供有益的启示。

三、研究设计

（一）研究方法

本文在文献梳理的基础上，主要采用深度访谈法，通过设计访谈提纲，对拥有酒店管理专业的本科高校实习带队老师、实习单位负责人及实习生进行访谈，并将问题进行整理和分析，为创新管理模式的推演和设计作出理论参考依据。

（二）数据收集

数据说明：本次访谈所收集的数据是通过实地参访、网络采访、电话采访等方式直接获取的，其中针对已经参加或正在参加实习的酒店管理专业实习生访谈数据共 53 份，有效数据 51 份；高校实习带队教师 10 份，有效数据 10 份；酒店实习管理人员 10 份，有效数据 10 份。访谈内容主要有三方面，分别为各方对实习的期望、实习过程中遇到的不满以及对实习的建议和意见。三方访谈提纲和问题汇总如表 1 所示。

表 1　　三方访谈提纲和问题汇总

被调查者	题号	问题概述
酒店管理专业本科实习生	T1	自身实习期望
	T2	实习困难及解决方案
	T3	实习收获及未来职业选择
	T4	对学校的实习指导建议
	T5	对酒店的校企合作建议
高校实习带队教师	T1	对学生的实习期望
	T2	实习带队流程及困难
	T3	实习管理建议
	T4	学生突发情况及解决
酒店实习管理人员	T1	对学生的实习期望
	T2	对酒店管理专业本科实习生的实习工作感受
	T3	酒店管理专业实习存在的问题和建议
	T4	学生、校方以及酒店该有怎样的合作

（三）资料分析

1. 被调查者情况分析

（1）酒店管理专业本科实习生

受访的实习生中，男生 19 人，占受访人数的 37.3%，女生 32 人，占受访人数的 62.7%。比例分布状况与酒店管理专业目前在校生中女生多、男生少的比例状况是一致的。年级分布中，大三学生占受访人数的 54%，大四学生占受访人数的 46%，本科高校的学生实习均安排在大三或者大四学年。

（2）高校实习带队教师

接受采访的实习带队教师 10 人，男教师 3 人，女教师 7 人。其中，教授 1 人，副教授 5 人，讲师 4 人，全部为本专业教师。

（3）酒店实习管理人员

接受采访的酒店实习管理人员 10 人，其中男性 3 人，女性 7 人，皆为人力资源部负责实习生管理的经理或总监。

2. 实习情况资料分析

通过对酒店管理专业本科生的实习情况的访谈资料进行汇总和文本分析，整理归纳如表 2 至表 4 所示，其中题号与表 1 对应。

表 2　　酒店管理专业本科实习生访谈资料

题号	回答总结	占比
T1	有期望，尤其是对岗位多样化、工作经验、工作时长、职业发展、薪金待遇等方面期望较多	90%

续 表

题号	回答总结	占比
T2	困难：调休难，工作期间休息时间少（加班多），同事关系较差等；解决方案：自我协调或找领导协商	72%
T3	实习收获：学到新事物，与同事相处的能力，工作态度、方法以及生存能力；未来职业选择：选择朝九晚五工作、强度适中的工作	80%
T4	学校参与太少，希望学校每月至少有一次到学生实习地进行实习跟踪调研，并及时解决学生存在的问题，加强三方沟通等	90%
T5	高校要实地深入考察合作酒店，注意实习岗位多样性，多与合作酒店沟通，听取学生的意见等	92%

表 3　　高校实习带队教师访谈资料

题号	回答总结	占比
T1	对学生在成长及工作经验方面有较高期待	70%
T2	实习带队流程：学校与酒店洽谈合作，分配负责的地区或酒店，根据学生的选择分配带领的学生，与学生开会交流，送学生到实习点安顿，中途进行实习探望考察，实习结束收实习论文，评价学生实习表现等；困难：对学生实习整体比较满意，不同年龄段的学生有不同的表现，希望学生能更吃苦耐劳，遇事能自己解决	60%
T3	学生要提高各方面能力，磨砺意志；酒店要对实习生进行真正的培养和爱护；高校要投入更多精力	50%
T4	均有突发情况解决流程或规定	100%

表 4　　酒店实习管理人员访谈资料

题号	回答总结	占比
T1	对高校的期望：多注意培养学生的实践能力，夯实理论功底；对学生的期望：期望实习生能更快地适应工作环境，转变角色观念，学到有用的知识，能留在酒店	80%
T2	满意的是学习能力较强，理论知识充足，思想更开阔等；不满的是实践能力有待提高，大多不能吃苦，有点心高气傲等	90%
T3	问题和建议：各方加强沟通，互相根据情况进行改善等	100%
T4	三方进行有效沟通，高校制订培养方案时应参考酒店的建议；酒店在实习期间改善心态，从培养人才、留住人才的角度出发；学生加强自我修养，坚定自己职业发展方向等	70%

注：

①“回答总结”是指对所有访谈结果进行整合汇总，整理出较统一的答案；

②“占比”计算公式：占比 = 具有较统一答案的人数 ÷ 总人数 × 100%。

四、结果讨论与管理启示

根据资料分析的结果，分别从学生、酒店、高校三方视角提出实习管理优化措施如下。

（一）学生方面优化措施

1. 调整实习心态，减少实习抱怨

实习心态对于学生实习而言至关重要，拥有好的实习心态会使学生在实习过程中收获更多，相反，则会虚度浪费甚至度过一个煎熬的实习过程。这就要求学生在实习前要自行做好一些心态的转变，学校和家长都应该对学生做一些疏导和心态指导。但是最主要是依靠学生自己，适当转变自己学生身份，以员工的身份去要求自己，以劳有所得和学习为目的参与实习。

2. 加强自我约束，提高自我修养，做好长远规划

一方面学生要正确看待自己的能力和做好职业规划，根据自己的职业规划对实习地点和实习酒店作出选择。为此，每个高校对任何一个专业都应该开设“职业生涯规划课程”，学生可以根据自己的职业倾向测试结果以及职业意愿选择对自己最有利的实习方向，此外还要通过各种方式，不断提高自我修养。另一方面，高校要对当代大学生提出更高的要求，提高人才的素质。

（二）酒店方面优化措施

1. 合理地提高实习生的薪酬待遇，转变对实习生的观念，增强实习生归属感

酒店应有培养人才、留住人才的理念。在薪酬待遇方面，薪酬要以实习生可以在酒店所在的城市满足基本生活外，还有富余享受其他正当支出为标准，待遇上要尽可能为实习生提供方便，包括衣食住行各方面，尽量安排住宿靠近工作的酒店；酒店应转变对实习生“重用轻育”的观念，重视实习生的培养和发展，增强实习生对酒店的信心和归属感，多为实习生举办一些有关酒店文化以及融入酒店的活动等。

2. 加强与实习生的沟通

在实习过程中，良好有效的沟通可以给实习生的管理工作带来方便和意想不到的效果。在实习生培训以及实习工作中，酒店相关负责人尤其是酒店的高级管理层，应多与实习生进行交流沟通，这有利于及时了解实习生的工作心理，做好实习生的思想工作，提高工作效率。增加与实习生的沟通有利于增加实习生的融入感和对酒店的亲切感。

3. 制定合理的招聘规划，科学合理地挑选培养实习生

为酒店利益方面着想，酒店在招聘实习生时需要有一定的招聘规划和标准，这样有利于合理科学地培养酒店未来的发展对象，也可以更有目的地对其进行培训，设定其成长规划，既让实习生感受到发展的希望，也可以减少酒店对实习生一把抓最终却没能留住未来经营者的情况。

4. 酒店派遣酒店经理为指导教师

为更好地培养酒店需要的人才，也为了与高校的指导教师进行对接和合作，酒店在形势允许的情况下，可指定专门的酒店经理做实习生的酒店指导教师，专门负责指导实习生在酒店的实习，更好地为实习生、酒店、高校负责。

5. 为实习生创造良好的工作环境，公平对待实习生

酒店要在为实习生和酒店员工营造更有利于工作的环境方面下功夫。为更好地进行实习生工作，融洽酒店员工与实习生的关系也是一个重要的方面。酒店应加强实习生与酒店员工相互之间的了解和认识，破除“歧视”，公平对待实习生。

（三）高校方面优化对策

1. 做好实习合作三方规划，注重学生意见，规范实习动员流程

对于实习合作事宜，学生、高校、酒店要进行三方协商，尤其是高校在选择实习合作酒店时要充分考虑学生的意见和建议，制定好协商细则等。高校在联系合作的酒店时，需要提前召集学生代表进行意见征集，参与选择合作酒店的各项工作，甚至是同酒店洽谈合作。这样不仅可以增加学生洽谈合作以及交流的能力，同时又能使合作内容公开透明，赢得学生的理解和信任。

2. 回访工作必不可少

实习的回访工作应该包括两个大方面，一个是高校对实习生的回访。针对学生实习过程的动态心理变化、实习技能的提高、学生对实习酒店的建议和意见等学校应对学生的本科教学课程（包括课堂教学内容和方式的改进等）和实习安排规划（包括酒店合作与否、实习内容安排、酒店和学校之间的培养方案协议等）进行适度的调整，以适应时代发展的要求。另一个是高校对酒店的回访。高校应询问并讨论酒店对实习生的评价，作出对教学课程的指导，及时更新培养更适应新发展要求的学生，为酒店业和学生之间的链接做好准备工作，做好为社会输送源源不断人才的职责。

3. 实习结束后，做好总结工作

总结大会的内容首先应该是带队教师对本次实习总体情况的总结汇报，主要是出现的问题以及在教学方面应该注意和完善的问题。其次是各实习单位学生的汇报，这个汇报应该是整个实习单位意见和建议的汇总，由小组长或者推荐代表进行发言，以分享不同实习单位的实习心得和经验。最后是酒店方面代表对本次实习的报告，包括对实习生的表现、酒店方面的改进以及对学校教学方面的建议等。

参考文献

[1] 毕剑．旅游管理专业本科生酒店实习满意度及留职意愿调查研究［J］．河南理工大学学报（社会科学版），2011（3）：300－305.

[2] 邱慧，陶卫平，王珏．旅游专业酒店实习生的心理过程分析［J］．黄山学院学报，2011（1）：45－47.

[3] 苏建军，翟艳，黄解宇．酒店实习生工作满意度影响因素相关性分析［J］．运城学院学报，2010（5）：68－72.

[4] 于岩平，王寅．基于心理契约的酒店实习生满意度调查［J］．广西财经学院学报，2010（2）：35－39.

[5] 李馨．基于“90后”大学生特点再谈高职院校的酒店实习管理［J］．湖北广播电视大学学报，2013（6）：24－26.

[6] TERRY LAM，LARRY CHING. An Exploratory Study of an Internship Program：The Case of Hong Kong Students［J］. International Journal of Hospitality Management，2007（26）：336－351.

[7] OMAR E M KHALIL. Students Experiences with the Business Internship Program at Kuwait University［J］. The International Ournal of Management Education，2015（13）：202－217.

[8] LISA RUHANEN，RICHARD ROBINSON，NOREEN BREAKEY. A Tourism Immersion Internship：Student Expectations Experiences and Satisfaction［J］. Journal of Hospitality Leisure Sport Tourism Education，2014（12）：135－142.

作者简介：

蒋婷（1978—），济南大学商学院副教授，博士，研究方向为酒店管理。

石岩（1994—），外交学院硕士研究生，研究方向为酒店管理和外交学。

金融专业学生通过与营销相结合拓宽实习渠道

解传喜

摘　要：由于金融机构办公面积小，保密性强，人员配置少，工作紧张，学生到金融机构实习存在很大困难。具体体现为金融机构能够容纳的学生少、学生学不到核心知识、金融机构人员没有精力指导学生。通过与营销相结合，可以调动金融机构指导学生实习的积极性，同时能够解决金融机构实习生容纳量少的问题。

关键词：金融专业；学生；实习；营销

金融行业是经济发展的核心行业，通过融资贷款投资等影响着经济中的其他一系列行业。随着我国产业转型以及产业资本化，金融门类越来越多，在经济中的地位也越来越高，就业人数也越来越多，也吸引了大量学生选择金融专业。金融行业是与社会非常贴近的专业，学生要学好，需要对它有一个感性的认识，学生通过实习是认识金融行业的最好方式。但是金融专业的实习却又存在一定的困难，即虽然金融机构众多，但是无法找到能够接纳大量学生并给予很好指导的单位。如何克服这一难题是很多金融专业实习老师急切想得到的答案。

综合起来，金融专业学生实习困难的主要原因有以下几个方面。

（1）金融机构办公场所容纳不了太多学生。金融机构基本都是在办公楼里办公，办公楼相对工厂本身面积就小得多，能够接待人员的数量也很少，学生一多就容纳不下。金融机构的岗位都是根据人员而设置，不会空余出多少座位，而且金融机构所在的办公区域成本都很高，基于节约成本的考虑，机构都会尽量少占用面积。因此学生到金融机构实习也很难找到空余的位子。这就造成了金融机构能够容纳的学生少的情况。

（2）金融机构岗位的保密性，让学生很难接触到金融业务的核心内容。金融机构的很多岗位进行着资金的运作以及投融资的决策，这些运作和决策都涉及公司的重大利益，具有很强的保密性，一旦泄密，会给公司和机构带来重大损失。即使是金融机构内部，为保密需要都不允许员工彼此串岗。但是这些资金的运作以及投融资决策才是金融机构的核心业务，正是学生最需要掌握的内容。然而基于金融机构保密的原则，学生到金融机构去实习，是不可能接触到这些业务内容的。这使得学生到金融机构实习，学不到核心知识只能浮于表面，接触不到真正的金融内核，使实习效果大打折扣。

（3）金融机构人员业务繁忙，没有精力指导学生。金融机构的业务量一般都很多，一个人可能同时开展几个项目，每个项目都需要工作人员投入很大精力，因为业务一旦出现失误，不但会给客户带来很大损失，也会给公司带来损失，包括客户流失和客户的索赔。因此，金融从业人员的时间安排都很紧张，很难腾出时间来指导学生实习。另外，金融机构需要的人员层次比较高，为他们支付的薪水也很高，基于成本的需要，每个岗位上安排的人员少而精，这使得金融机构很难提供大量自身员工来指导学生实习。

正是由于以上原因，金融专业的学生在实习过程中遇到很大的阻力，难以找到合适的实习单位，难以学到有用的知识，难以接触到金融的核心内容。这让学校实习老师很为难，辛苦地为学生找了实习单位，学生收获却不大；而且年年去找实习单位，似乎都是在向这些单位寻求帮助，却没有让实习单位有所得，总不是长久之计；而实习的学生也因收获不大感到社会实习有些浪费时间，对社会实习不重视。

但是，这并不是说金融机构不欢迎实习生，实际上他们很欢迎学生去他们那里实习。因为他们也需要优秀的毕业生，只有得到优秀的学生才能使机构得以发展，而学生到金融机构实习，是他们认识金融机构的一个非常有效的途径，也是金融机构选择人才的一个很好的渠道，本质上是一个双赢的事情。因此，解决这一问题最重要的一点是找到一个好的切合点，把金融机构的利益与学生的实习目标有机结合起来，在合作中互惠互利，而不是一方给予，一方接受。仔细分析双方的需求与特点，结合与实习单位的合作，让实习学生切入金融机构的客户营销，以达到双赢的目的。

切入金融机构的营销活动，指的是实习学生不再坐在金融机构的办公室里实习，而是走出金融机构，面对金融机构的客户，在金融机构人员的指导下，替金融机构寻找客户、服务客户、销售产品。

（1）营销是金融机构非常需要而又没有止境的工作。任何一家金融机构都需要营销，不管金融机构如何高端，得到客户并将产品销售出去才有可能生存，金融机构往往投入大量人力与资本进行营销渠道的建设与维持，而营销的很多工作并不需要太高的技巧与技能，适合实习学生去做一些基础性工作。另外营销对于金融机构而言，是一项没有止境的工作。特别是在金融机构竞争非常激烈的今天，营销工作占据越来越重要的位置。安排实习学生营销，切合了金融机构的需求，会受到金融机构的欢迎。很多学生进入金融机构实习，都会被安排到营销岗位，也说明了金融机构对从事营销业务的人才的需求程度。

（2）金融营销也是学生必备而金融专业教学中未被重视的领域。当下的金融专业教学，主要致力于学生专业知识的教育和培养，因为金融产品本身就很复杂，学生确实需要投入很大精力去了解与学习金融的核心内容。但是，绝大多数学生学习金融知识进入金融机构后，很少从事金融产品的开发工作，更多的从事直接向客户提供金融服务以及向客户推销金融产品的营销工作。这类工作也是金融机构中最重要的部门中的工作，也是员工晋升最快和最有前途的工作。但金融营销在高校金融专业教学中并没有得到重视，而营销本身又是一门独立的学科。因此，在金融专业教学中不足的这一部分内容，需要学生通过实习完善。

（3）引入营销可以克服金融机构与实习学生所面临的困境。首先，克服了办公场地不足问题，当实习学生承担起营销工作时，他们就不必留在办公室，而是跑向市场，金融机构可以根据实习学生的多少安排营销任务，由此可以容纳更多学生。其次，对金融机构的指导人员起到了激励作用，实习学生取得好成绩会带动指导人员业绩的提升，因此金融机构指导人员会认真指导，实习学生可以学到更多知识。

然而，营销工作要想做好并不容易，它要求实习学生有更为全面的知识储备，既需要掌握所要营销的金融产品的特点，又要了解客户需求，还要具有与客户打交道的能力。虽然这些知识往往需要多年积累才能达到较高水准，但是如果提前做一些准备，即使是实习学生，也能够取得良好的成绩，自身也能获得迅速的发展，甚至找到自己的发展方向。这些知识将由金融机构的人员进行指导学习，但学校的实习指导老师可以提前发挥作用，他们可以在学生实习前以及实习中不间断地为学生提供帮助。

（1）熟悉实习所在的金融机构和部门的各种金融产品，对于这部分内容，实习生所在的金融机构会很乐意而且会很认真地教实习学生。作为实习学生，在了解金融产品的一般知识的同时，也要去了解金融产品的一些独特地方，甚至进一步了解同类或相似的其他公司的金融产品，以应对客户提问。全面的知识会令学生在面对客户的同时更有信心，也更能获得客户的认可。

（2）了解客户的需求。对于客户，金融机构会为实习生进行讲解，了解客户的特点、需求以及如何与客户打交道，甚至会带学生拜访客户作为示范。作为实习学生，应当以金融产品为核心对尽可能全面了解潜在的客户群体，以便灵活地与客户沟通，达到目标。与客户打交道将伴随着金融从业人员的整个职业生涯，对这方面知识的学习也是永无止境。

（3）学一些营销知识、基本礼仪及沟通技巧很重要。这有利于实习学生在与客户打交道时迅速建立起良好的关系，为后面的产品销售打下基础。

当然，金融机构实习只能解决一部分问题，学生在金融机构资金的运用及金融决策方面的实习，还需要借助学校建立的金融实验室来弥补。这就需要高校把学生到金融机构的社会实习与金融实验室的校内实习结合起来，两者缺一不可。

作者简介：

解传喜（1971—），济南大学商学院讲师，博士，研究方向为信贷与投资。

浅谈高校会计类创新人才培养体系

李洪光　张　前　孙忠强

摘　要：会计类创新人才是指具备创新意识、创新精神、创新思维、创新知识、创新能力，并具有优良综合素质的会计专门人才。高校会计类创新人才培养必须打破传统的以会计理论教学和课堂讲授为主、实践教学为辅的课程教学体系，构建集职业素质培养、专业技能训练和岗位综合能力提升为一体的创新人才培养体系。新时期高校对会计类创新人才的培养不能靠单纯传授专业理论、专业知识，而是要培养会计类学生的综合素质和能力。创新是会计发展的动力，会计类专业人才的培养必须实现创新与突破。研究与设计会计类创新人才培养体系，是我们必须面对和解决的问题。会计类创新人才培养体系是指按照特定的培养目标和人才规格以相对稳定的教学内容和课程体系，管理制度和评估方式等来培养会计类创新型人才的一整套内容。本文仅就课程体系、人才培养问题谈谈己见。

关键词：高校；会计类；创新人才；培养体系

一、高校会计类专业课程的设置及分析

大多数高校会计类专业定位为“培养全面发展的综合性人才，培养专业知识广博、专业基础扎实、具备创新创业能力和判断解决问题能力的高素质应用型专门人才”。关键词为“创新创业”“判断解决问题能力”。在以素质教育为教学理念的创新人才的培养模式下，会计类专业人才培养的目标就要适合各种层级，训练实践操作与动手学习的能力，具备最基本的会计类专业职业素养以及创新能力。社会的迅速发展对会计类专业人才的要求逐步提高，特别是创新型会计人才。新时代评价会计类专业人才质量高低的重要标志是创新力。各高校会计类专业培养方案也应时常修改，以适应社会对会计类专业人才的需求。大多数高校会计类专业开设的课程大体上分为通选课或公共课类、专业基础课类、专业课类、专业方向课类、实践课类和创新课类等。其中一些高校会计类专业“创新课类”课程不单设一类，而是放在其他类中。

（一）通选课或公共课类

会计类创新人才的培养，常常会受到本专业固有思维的影响。要根除这一现象就

需要通过专业的跨度、团队的合作来实现思维的“碰撞”。通过设置“通选课或公共课类”课程，打破专业的限制，拓展学生的知识面，满足学生多样化发展的需求。许多高校会计类专业开设多种通选课或公共课，所开课程尽量以学生为本，选课灵活、时间灵活，学生可以依据自己的时间和喜好选择。学生们还可以通过团队之间的交流，弱化了班级的观念，打破思维的限制，从而激发创新能力。

有的高校会计类专业开设的通选课或公共课包括创意与表现、教育改革与发展问题、大学生形象设计、创业成功学、创业管理、成功学概论、科学创新与思维、高新技术发展概论、创新设计与制作等，在一定程度上促进和提升了会计类专业学生的创新意识、创新精神、创新思维、创新知识、创新能力。

尽管这些课程解决了会计类专业学生有关创新方面的理论知识，但未能解决会计类专业学生的实践问题，需要进一步探讨与研究。

一些高校会计类专业（当然也包括其他专业）通选课的设置为本专业学生提供了创新理论知识学习的机会，再加上后续的实习实践类课程的学习与操作，学生的创新创业、判断解决问题能力以及综合素质将会大大提升。当然，随着时代的发展，对通选课或公共课类课程的设置，还需进一步研究，要使其具有科学与代表性，能够提高会计类专业学生的创新能力及素养，要能培养学生的兴趣，为他（她）们以后的职业发展提供帮助，适合社会对会计类创新人才的需要。

（二）专业基础课类与专业课类、专业方向课类、实践课类

专业基础课类这一层次的课程，其目标在于培养学生全方位发展，并奠定学生的专业基础（当然也包括创新专业基础）。通选课或公共课类课程能够使学生积累历史文化知识，了解和关注国内政策以及国际形势，提升对科学、艺术的欣赏力，对未来的发展有所计划并具备良好的职业素养。专业基础课类则在通选课或公共课类课程的基础上，奠定学生的专业基础。专业课类、专业方向课类、实践课类课程（包括创新创业类课程），进一步在专业基础课类课程基础上，培养和训练会计类专业学生的专业理论水平与实践能力。

这些课程的设置目的，是培养适应经济和社会发展的需要的会计类创新型人才。实践课类课程主要包括课程实习与训练、毕业综合实习与毕业论文。实践课类课程的目标是培养会计类专业学生的动手操作实践能力，在一定程度上培养和促进学生的创新能力。

一些高校为了解决课程设计中学生参加实践时间少、完不成创新能力培养的问题，鼓励并帮助学生参加有关创新创业竞赛，借以提高会计类专业学生的创新创业能力。大赛中有关“投资”“财务计划”“风险分析”等内容，较好地锻炼了会计类专业学生运用会计、财务、税收等专业知识的能力，训练了会计类专业学生发现问题、解决问题的能力。会计类专业是与学生今后的职业发展几乎无缝对接的专业，对会计类专业学生的教育尽量与其职业发展相结合，注重岗位训练，提高其适应财会岗位的能力。

高校会计类创新人才的培养，应突出“国际化”。在专业课类、专业方向课类课程设置上，设法逐步增加双语课程，提高双语课程比例。另外，实践课类课程（包括创新创业类课程）的设置，应设法扩大对外交流，开展国内、国际合作办学，互派学生，开拓会计类专业学生的国内、国际视野；还应设法校企合作，利用好校外学生实习基地，培养会计类专业学生的社会适应能力。高校与企业的交流合作，可实现互利双赢。高校应尽可能与社会企业签订较多的实习基地，为学生的课外实践提供支撑。通过与校外企业的合作，高校教师能够了解企业的运作，在以后的教学中可以有针对性地进行教学。同时，高校可以聘用会计行业专家参与制定会计类专业人才培养方案。聘用财会行业专家一起参与教学，传授其实践经验。聘请财会行业专家就企业会计、管理等热点问题开展讲座，让学生深入了解企业会计的实际问题。

高校会计类专业教育，要减少课堂理论教学内容或课程，增加实践课类课程。切实改变实践教学附属于理论教学的状况，增加及强化实践课类课程的教学。高校对会计类专业人才的培养，应制订一个合理的实践教学体系，让学生在创造力强的环境中学习与训练，为社会输送高质量的会计类专业人才。

二、高校会计类第二专业及分析

高校推行学分制极大地提高了学生的学习积极性。若学生有能力完成第一专业的学分，在学有余力的前提下可以兼修另外一门专业。很多高校都开设了会计学第二专业，在大一下学期期末，学校会下达报名通知。会计学第二专业的课程设置比较全面，基本与第一专业会计学培养方案相同，只是上课时间、上课强度等与第一专业会计学有所不同。非会计类专业学生必须首先要完成第一专业的课程，并在其余时间修学会计学第二专业各环节课程。会计学第二专业的开设，为国家培养出一批知识面广、思维灵活的社会紧缺的复合型专门人才。但会计学第二专业班级构成复杂，学生横跨很多专业，且每个专业学生接受的知识差别很大，这就使得会计学第二专业的学生能力不同。一些高校会计学第二专业班级人数多，相互影响程度大，这加大了班级建设的困难。

另外，学生在选取会计学第二专业时存在较大的盲目性和随意性。会计学第二专业的开办无疑给高校喜欢会计学专业的其他专业学生提供了自主发展与选择的空间。然而，一些学生在选择会计学第二专业上有很大的盲目性，在选择前并未对其进行全方面的了解。此外，学生选择会计学作为第二专业有很多外因，考虑到当今社会日趋严峻的就业形势，有些学生被迫选择会计学作为第二专业。

在一些学生眼里会计学具有较强的实用性，还有一些学生选择会计学第二专业并不是出于自己的兴趣爱好或是自己的生涯规划。由于会计学第二专业上课时间、上课强度等因素，教师在课堂上讲解的知识是有限的，许多具体知识的掌握主要靠学生在课下努力，但是学生在课下的学习与其主修专业在时间上存在严重的冲突，因此第二专业学生对专业知识的把握情况不理想。

会计学第二专业的招生是在全校范围招收非会计学专业的学生，学生构成复杂。专业的不同，导致每个学生的思维方式和接受知识的能力也不一样。学生所学的知识门类差异大，对会计学第二专业的学习能力也大不相同，这客观上加大了会计学第二专业教学的困难。会计学第二专业的教学目的是使学生们增长知识，多一条职业规划和就业去向。但是会计学第二专业的学生基本没有归属感，班级意识薄弱，同学之间严重缺乏沟通，每个班级的同学互不认识。会计学第二专业班级人数较多，学生在课堂上与老师交流少。因此如何做好会计学第二专业的教学，如何培养学生创新创业和判断解决问题的能力，需要我们深入研究。

三、高校会计类创新人才培养体系

我国大多数高校的会计类专业将培养目标定位在培养高级专门人才，侧重于理论教育教学，培养的学生尚难达到具有创新精神的高级专门人才的要求，满足不了社会对高素质创新会计人才的需要。

高校会计类创新人才培养体系应重点研究和设计创新性教育、教师的创新性教学、学生的创新性学习等方面的内容。

现代社会需要的人才是具备知识与技能、道德素养与能力的人。培养大批具有创新能力的会计类专业人才，成为高校会计教育的重中之重。素质教育能够培养学生的创新与实践能力，鼓励学生创新创业，加强学生的科学文化素养与专业技能，可以说素质教育给人才的培养指明了道路。会计类专业不仅要培养学生的专业技能，还要教导学生如何做人，塑造学生职业道德素养，使之对社会充满责任感，培养有担当、有素质、有能力的创新型会计人才。

高校会计类创新人才培养体系的创新，要尊重规律，在遵循高校会计人才自身的学习和教育规律的基础上，注重方法的创新，通过引导以及启发式的教学方法，使学生敢于实践创新。这一体系的创新既要研究并及时修改会计人才培养方案、课程设置，又要设法改变当前的教学机制，必须强化应用性，突出时代性，体现创新性。

参考文献

［1］姜英华．以会计类专业创新性、应用型人才培养模式为背景的金融会计课程教学改革［J］．商业会计，2016（24）：122－123.

［2］孙平，刘娟，马广林．浅谈创新型会计人才及能力其培养［J］．金融理论与教学，2015（5）：98－101.

［3］年素英．地方高校会计类专业人才培养模式创新的探讨［J］．经济师，2008（6）：108－109.

作者简介：
李洪光（1961—），济南大学商学院副教授，研究方向为财务会计理论与方法。
张前（1969—），济南大学商学院副教授，研究方向为财务会计理论与方法。
孙忠强（1963—），济南大学商学院副教授，研究方向为财务会计理论与方法。

翻转课堂在高校会计教学中的设计及展望

李丽华

摘　要：随着网络资源的丰富及教学手段的发展，翻转课堂成为一种新型的教学模式。本文对翻转课堂的理论基础及应用背景进行了细致的分析，在此基础上，本文针对会计教学的特点对翻转课堂进行了设计，并具体分析了翻转课堂在会计教学中的优缺点，最后对翻转课堂提出展望。

关键词：翻转课堂；微课；慕课

自20世纪80年代末以来，在教育教学中，多媒体的应用逐步达到顶峰。在传统的课堂教学中，教师是课堂的主体，学生被动的学习，这种传统教学模式将学生根据年龄划分成不同年级，制定统一的课表，希望学生在“一刀切”的课程中学有所成。然而，现代社会需要我们在处理信息时更加积极主动。在新一轮技术周期背景下，翻转课堂成了中小学及高等教育中的新兴术语，被评为进一步教育发展最重要的教学和技术之一。翻转课堂是一种混合学习方法，学生主动学习是翻转课堂的关键，学生在课外观看教学视频和在线讲座，将宝贵的课堂时间用于解决问题和实践应用。

一、翻转课堂理论基础

翻转课堂模式的目标是学生在课堂阶段从被动学习转向主动学习，以快速获取更为综合的分析、评价和应用的能力。根据布鲁姆对传统教学和翻转课堂教学模式的比较，翻转课堂意味着学生在课堂教学之前独立完成低阶认知过程（获取知识和理解），以便随后执行更高的认知学习过程（使用知识，分析，评估和应用），翻转后的课堂时间用于问题答疑、小组协作探究及个性化辅导等学习活动，大幅度增强了师生之间、同学之间及时有效的辅导与交流。Means，Toyama 等分析证实，使用混合学习（即将在线和自主导向的学习阶段与课堂学习相结合）会比完全在线研讨会或专门课堂教学有更好的结果，他们的进一步研究表明，学生喜欢与其他学生或与老师一起进行个人自主学习阶段的协作或互动学习；Prunuske 等认为在线学习材料对于解决低阶认知技能（如学习和理解）具有最大的影响；关于在线讲座，Nast 及 Burnette 表示，在线讲座与面对面的讲座并无区别，学生的注意力在仅仅10分钟后就会减少，平均15～20分钟后几乎完全丧失。在讲座之后，学生只大约记得讲座内容的20%。

翻转课堂模式就是促进学生加速学习。通过自主学习阶段和课堂阶段讨论的加强，促进学生团队合作、辩论和自我反思等。翻转课堂模式有利于增强学生自主学习的动机和积极的学习态度，促进高阶认知学习，提高学生解决问题的能力和批判性分析能力。

二、翻转课堂的应用背景分析

（一）多媒体教室的使用及电子技术的发展

电子媒体及信息和通信技术在教育中的应用，使得学习者在许多情况下可以在线学习。在线视频的使用者近年来急剧上升，25%的世界人口每天在他们的电脑或智能手机上观看在线视频，14～29岁的人群被证明特别喜欢视频。随着科技的发展，自制视频的制作和发布更加容易，开放式教育资源的发展加快了人们对教育的新认识。翻转课堂的教学内容可以是简短的教育视频，讲师甚至没有出现在屏幕上，采用演讲录音（声音和/或图片）、幻灯片、黑板录音、白板等简单的方式传达内容。屏幕录像也是受欢迎的形式之一，其中的软件程序可以实时记录监视器的内容和讲师的意见。课堂之外教师可以通过视频向学生传达知识，布置任务使学生撰写报告，课堂内师生可以参与专题讨论，将这些于视频中习得的知识应用于任务和测验。

（二）开放的教育资源

互联网上免费提供或开放的讲座视频数量，近年来不断上升。教师可以将这些教学材料整合到课程中用于视频的制作，补充和更新会计教学资源。从更多的开放性教学资源中获取内容，使得工作的重心从信息传输转移到信息处理。

（三）慕课（以下简称MOOC）

MOOC通常有几个组织者或主持人，并通过共同网站或学习管理系统进行协调。在一定程度上，MOOC是由参与者在论坛、聊天、社交网络、视频会议中的发言和讨论形成的，大多数MOOC都是基于开放式教学视频、屏幕录像和在线讲座传播知识。此外，快速、高效地制作视频的能力加快了MOOC中教育视频的广泛使用。翻转课堂可以与MOOC结合使用，通过教育视频传达的MOOC内容可以用于翻转课堂中学生的自主学习阶段，然后在课堂上进一步吸收、积累知识。

三、翻转课堂在会计教学中的设计

（一）会计教学内容的特点分析

会计学是一门理论性、操作性较强的学科，它以经济学、管理学的基本理论和知识为基础，主要财务会计的基础理论和基本技能，同时注重培养学生的实践能力，侧重于实务操作，培养学生分析和解决会计实际问题的基本能力和综合能力。会计学课程不断吸收近几年国内外学科发展的最新成果，反映国家会计法规体系的新变化，具有较强的理论性和实践性。会计学专业知识的掌握更适应于课题式的教学方式，而且会计专业课的内容非常多，有限的课堂学时并不能完全满足学生在理论及实践方面的需要。

（二）翻转课堂的设计

第一，考虑到会计学专业的课程特点，将课程内容划分为各知识模块，再将各模块分解为各知识点或技能点，包括会计课题建设和多个活动领域。

第二，完成微课等教学视频的设计及制作。教师可以选择创建自己的简短教学视频或引入现有的公开视频，屏幕录像或语音录入通常用于创建内部教学剪辑，剪辑的最佳长度在6~10分钟，视频长度最多20分钟，这个长度对应于平均学习者的最大关注度。在线教学中创建教学剪辑的趋势是显著的。与精心制作的高质量教育视频资料相比，简单的版本更节省时间，更具成本效益，更灵活，更便于快速更新。

第三，完善网络平台建设。互联网的出现使得参与式教学法得到更好的应用，一方面，互联网的趣味性、直观性、可操作性、创造性、互动性功能，可以调动学生的参与兴趣；另一方面，由于互联网时间的可延迟性和空间的非限制性，教师与学生可以进行不定时的、异地的互动，教师可以为学生提供参考资料来源及学习网站的相关网址，学生可以通过登录课程讨论区、论坛或通过QQ群、聊天室等进行小组之间或师生之间的交流。教师要做的是充分利用网络环境的优势，合理开发网络资源，做到资源有效利用的最大化，使每个学生都可以随时随地访问、获取公共空间上的微课等教学资源。云平台允许学习者在任何场合使用计算机或手持移动设备联网链接云端、观看微课，实现移动学习。另外，可考虑使用微信公共平台对微课进行管理，一方面提高微课在非正式学习环境中的使用率，另一方面为师生及同伴间的同步、异步互动提供交流平台。

第四，课堂教学更倾向于互动和解决问题。教师不应在课堂上重复网络上的内容。课程参与者必须充分了解课堂前的准备工作，这也是翻转课堂的关键。在课堂上，教师可以组织学生团队合作、小组讨论、基于问题进行学习、思维分享等。在课程重点领域，教师应精心准备材料，收集大量素材并进行筛选，对课程所用的案例进行精心编写，使学生更好地理解教学难点和重点。根据项目主题及学生需求选用适当的课堂交流方式，如进行模拟、探讨和辩论等，使翻转课堂从创造能力的激发过渡到知识的学习和积累。

四、翻转课堂在会计教学中的优缺点

（一）优点

翻转课堂消除了纯粹的理论知识在课堂阶段的传播，为课堂阶段的知识应用和成果转化提供了更多的时间，这使得教师和学生具有相对独立的地位，在知识互动和交流中可以交换和反思，并相应地共同创建教学活动。课堂中学生的更多参与是翻转课堂的优势所在。

翻转课堂可以使学生以自己的速度学习；通过小型任务和测验，提高了学生自我评估的可能性；在课堂上教师和学生充分交流，提高了直接反馈效率；教师和学生充分互动，能够及时处理、回答和讨论遇到的问题。

（二）缺点

翻转课堂的成功实施需要具备一定的先行条件，当这些条件不能满足时，翻转课堂的缺陷就出现了。翻转课堂的有效实施要求学生们借助一定的学习材料来做好自己的准备。一旦学生课前时间投入不充分，在线或自主学习阶段获取知识不足，学生将缺乏足够学习的动力或不懂高度复杂的内容。在这种情况下，教师只能在课堂阶段重新传播知识，课程参与者将没有足够的空间和时间来吸收和应用知识。当课堂阶段没有按照预设的内容进行时，课程参与者为下一课程做好准备的动机将下降。

教师备课材料的选择意义重大，使用开放资源可以节省时间，但同时也存在在线材料和课堂教学不一致的风险。教师必须事先了解他们选择并确定的在线资源的内容，以保证课堂上讨论内容的有效性。翻转课堂会使教师课前花费更多的精力去进行教学材料的选择、教学内容和模式的规划，以及对学生课前的初步指导。

五、展望

在高校会计教学中，将传统的讲授形式转向以学习者为中心的教学模式势在必行。这就要求教师将知识传播转移到在线、自我导向的学习模式，将练习和问题讨论应用于课堂阶段。翻转课堂在课堂阶段的重点从信息传输转移到信息处理，以学生为中心，促进学生自主学习。

（一）充分利用开放式教育资源，整合资源以适应学生的学习行为，为课堂讨论和知识同化提供空间

教师在更大程度上，必须在学习目标和教学方法以及实施一致性上制定一个教学

规划，使教师和学生有相当大的余地，满足课堂学习的需要，使在线学习和课堂阶段之间的联系清晰。只有这样，学生才能认识和利用翻转课堂的优点。

（二）建立激励机制

激励机制应激励学生积极地参与论坛讨论或测验，并由教师及时给予记录和评估。这样既可以向学生反馈知识和学习成绩，又可以让教师了解各学生的知识水平。

参考文献

[1] MEANS B, TOYAMA Y, MURPHY R, et al. Evaluation of Evidence – Based Practices in Online Learning: A Meta – Analysis and Review of Online Learning Studies [EB/OL]. Oxdorf: Association for Learning Technology, 2009. http: //repository. alt. ac. uk/629/.

[2] PRUNUSKE A J, BATZLI J, HOWELL E, et al. Using Online Lectures to Make Time for Active Learning [EB/OL]. Genetics. 2012, 192 (1): 67 – 72. http: //dx. doi. org/10. 1534/genetics. 112. 141754.

[3] NAST A, Schäfer – hesterberg G, ZIELKE H, et al. Online Lectures for Students in Dermatology: A Replacement for Traditional Teaching or a Valuable Addition [EB/OL]. J Eur Acad Dermatol Venereol. 2009, 23 (9): 1039 – 1043. http: //dx. doi. org/10. 1111/j. 1468 – 3083. 2009. 03246. x.

[4] BURNETTE K, RAMUNDO M, STEVENSON M, et al. Evaluation of a Web – based Asynchronous Pediatric Emergency Medicine Learning Tool for Residents and Medical Students [J]. Acad Emerg Med. 2009, 16: 46 – 50.

作者简介：

李丽华（1974—），济南大学商学院副教授，博士，研究方向为知识管理与财务管理。

关于大学创新实践教学的几点思考

李　森

摘　要：在产学研协同创新的背景下，高校应当注重大学生创新实践能力的培养。转变传统实践教学重知识传授、轻能力培养的观念；在实践教学中重视学生自主创新实践能力的培养，锻炼学生独立思考、解决问题的能力；重视激发学生兴趣；重视产学研协同培养创新人才实践基地的建设；重视改革教学管理模式。

关键词：协同创新；实践教学；实践能力

协同创新目前已成为政府、大学、科研院所及企业热议和关注的重要话题之一。这不仅显示了社会各界的敏锐眼光和理性认知，还说明了协同创新对社会经济发展、科技创新、大学改革与发展等具有重要意义。对大学而言，协同创新必须围绕其应有职能，即紧密结合人才培养、科学研究、社会服务和文化传承创新。作为大学教育的一个重要环节——实践教学，在新形势下，就显得尤为重要。笔者认为大学创新实践教学应做好如下几点。

一、转变传统实践教学重知识传授、轻能力培养的观念

传统实践教学，是指在整个教学过程中，学生在教师的组织和指导下，参加一定的实践活动，把理论知识运用于实践的教学环节。传统实践教学在某种程度上可能会禁锢学生的思维。牛津大学第一副校长麦克米伦教授曾在中外大学校长论坛上说，中国留学生不仅聪明，并且学习非常努力；但在思考问题的方法上，由于中英两种教育文化的差异，中国学生普遍易于接受知识，而英国学生则善于分析问题，并提出质疑。分析问题能力是在英国大学里最重要的学习能力要求，麦克米伦的讲话一针见血。由此可以看出，重视学生的知识训练，偏重于演绎思维方式的教学，是中国大学教学最为显著的特点。

纵观中国大部分高校，实践课程都被看成理论课程的附属品，因此教师必然不由自主地在进行实践教学时，沿用了理论课程的思维方式即演绎思维方式，从而完全没有达到实践教学的目的。实践课程应该是为培养学生的归纳思维，提高学生的分析问题能力和动手能力而开设。创新实践教学立足于实践教学，更有利于拓展学生的思维，

挖掘学生的潜力，因而为了充分发挥实践教学的效用，必须在教学观念上作出进一步的转变。

二、重视学生自主创新实践能力的培养

实践能力是人在实践活动中培养和发展起来的解决实际问题的能力，创新是人们改变客观现实的创造性活动。创新能力的形成和发展以实践活动为基础，实践能力是创新能力形成和发展的重要前提条件。创新的结果和效果要通过实践活动在现实世界中体现出来。

实践能力的内涵十分丰富，其构成要素包括基本生活能力、动手操作能力、学习思考能力、人际交往能力、职业活动实践能力等。对于高校而言，应重视对大学生自主学习能力、信息获取能力、观察分析能力、实验研究能力、表达沟通能力、交往合作能力等实践能力的培养。对于不同学科、专业的大学生而言，由于今后从事职业的要求不同，对其必须具备的实践能力的要求也不同。因此，我们必须根据高校不同学科、不同专业的实践能力的不同要求，根据不同大学生个体的实践能力差异，寻找不同的人才培养途径，构建不同的实践教学体系，选择不同的实践教学内容，采取不同的教学手段和方法。

在实践教学中，需要培养学生的自主实践能力，使学生实现从“学会”到“会学”的转变，从而达到“自奋其力，自致其知”。为此需要做好以下几个方面的工作：第一，自我导向能力的培养。既要使学生能准确理解教师制订的教学目标，又要使学生学会自己制定学习目标，并能对这些目标的正确与错误、全面与偏颇、有效与无效等方面进行分析鉴别，帮助学生逐步提高自我导向的能力。第二，自我调节能力的培养。一是在教学实践过程中，教师应根据教学的进展及学生的表现，对学生及时提示，引导注意，使之不断地进行自我监督；二是教师可设置一定的诱因，使学生操作有误，进而促使学生从反面理解自律的重要性及其运用；三是培养学生分层次、分步骤、分阶段进行练习的良好习惯，且对每一步都自我检查、自我调整。第三，自我检查能力的培养，即指导学生对整个学习过程进行思考检查，培养学生自检的习惯和能力，教育学生把它作为学习活动的重要部分来对待。

三、重视激发学生兴趣

兴趣是最好的老师，成功的真正秘诀是兴趣。“知之者不如好之者，好之者不如乐之者”，只有对所学的内容感兴趣，学生才会想学、爱学，才能主动学习、掌握知识。只有“好之”“乐之”才能有高涨的学习热情和强烈的求知欲望，才能以学为乐。创新实践教学就是要充分激发学生的学习兴趣，增强学生学习的主动性和积极性。具体可从以下几个方面着手：第一，提高教师自身素质，增强教学效果。教师在创新实践

教学中发挥着极其重要的作用，是能否实现创新实践教学的关键。教师也要不断的参加学术交流，了解学科前沿理论和发展方向，及时掌握社会发展动态，将获得知识的过程和创造性解决问题的方法积极、主动地教给学生。第二，结合专业特点，激发学习兴趣。教师要充分发挥专业特点，挖掘专业课的深层内容，并将专业课的理论知识与实践有机地结合起来，进一步培养学生的学习兴趣。第三，营造培养学生创新能力的环境。首先，扩大有利资源的开放力度，充分吸收和利用身边的先进经验、设备和成果。其次，建立激烈竞争机制，尽快将创新思维转化为科技成果。最后，经常组织学生参加学术交流、研讨会，将学生引入善于钻研、乐于创新、勇于实践的环境中。第四，引导学生动笔，撰写创新思维报告。在课程教学过程中，鼓励学生撰写小论文，根据所学理论，提出自己的见解和观点，形成自己的思维，这是培养学生分析问题和解决问题能力的有效方法，也能激发学生的学习兴趣。

四、重视产学研协同培养创新人才实践基地的建设

实践基地的建设，是推进高校实践教学改革的基础工程和基本保障，应将实践基地建设作为重要的基础设施建设来抓，通过理顺体制、加大投入、加强管理，使实践基地在创新人才培养中发挥重要的作用。首先，要建设好校内创新人才培养实训基地，营造校内科研实践氛围，实训基地要以贴近各行业专业新技能、新知识综合素质的全面训练为手段，以培养大学生的项目意识、创新精神和提高科研实践能力为目标，专业针对性实习，开发创新实践与大学生课外科技活动等相应的教学实习模块。其次，高校在专业建设过程中，要同时将该专业相关的实验室建设和实习基地建设等作为重要的专业建设内容，落实建设经费，制订切实可行的建设计划和师资培养、引进计划。实验室建设要统筹规划，优化配置，要按功能设置实验室，同一个实验室能承担不同专业、不同课程的实验教学任务，增强学科专业的适应性，提高使用效益。最后，建立校外实习基地，要按照互惠互利、技术先进、综合实用的原则，与企业、科研院所建立长期稳定的校外实习基地，提供创新人才实践能力培养的保障条件，包括为学生专业课程实习、生产实习、毕业实习、毕业设计、教师的实践锻炼等提供较好的条件。学校还可以利用校外实习基地，帮助企业进行技术更新、培训企业员工，开展科技服务、项目合作与攻关等实现互惠双赢。

五、重视改革教学管理模式

我国高校传统的教学管理模式，是在国家计划经济体制下形成的行政型教学管理模式。它是利用行政手段进行教学管理的一种模式，强调的是系统运作的规范化、程序化和制度化。这种管理模式具有集中统一、有章可循的特点，可以避免各行其是、任意行事，但是随着时代的发展，其缺点和弊端已越来越明显。创新实践教学有利于

大学生创新实践能力的培养，但必须以改革教学管理模式作为前提条件。在现有教学管理制度下，同一专业的所有学生，必须按照同样的教学计划按部就班地接受相同的教学内容，学生自由选择和自主安排的余地非常小，十分不利于创新实践能力的培养。因此，实行“完全学分制”“弹性学习制”等成为教学管理改革的首要之事。这些学习制度减少了专业人才培养中的共性和刚性要求，充分发展了学生的个性，可促进学生的创新精神和实践能力的充分发挥，为创新人才提供了脱颖而出的环境；这些学习制度还以制度的形式保障实践教学环节落在实处，承认学生取得学分途径的多样性和灵活性，鼓励学生利用自己的知识、能力和一技之长为自己赢得学分，同时又锻炼和提高了自己的综合能力；这些学习制度还要求改革学生考核评价体系，实行多样化考评制度，为大学生创新精神和实践能力的培养开辟出一条康庄大道。

创新人才的培养是一个国家和民族教育的核心，加快知识创新和创新人才培养，是推进我国现代化建设面临的一项十分紧迫而重要的战略任务。改变我国现行大学教学模式中对创新人才培养不利的因素，创造良好的创新人才培养条件，构建新型大学创新人才培养教学模式的内容和方法，是高等教育承担的重大历史责任，也是高校创新人才培养的关键和根本。

参考文献

［1］杨晨光. 高校要以育人为本　与各领域协同创新［N］. 中国教育报，2011－08－25（2）.

［2］孙进. 德国应用科学大学校企合作的形式、特点与发展趋向［J］. 比较教育研究，2012（2）：41－45.

作者简介：

李森（1969—），济南大学商学院副教授，博士，研究方向为国民经济学。

基于多媒体的创新实践平台的探讨

刘 鹏 常相全 梁 伟

摘 要： 针对高校大学生缺乏创新实践的机会和普遍缺乏创新型思维、创新意识的现存问题，本文提出建立一个基于多媒体的创新实践平台。探讨了平台的目标、框架和应用结果。

关键词： 创新；实践；多媒体

一、引言

在新的经济、教育环境下，国家明确指出创新的重要性，各种创新项目和比赛在大学校园中不断开展，各种创新活动的数量稳步增加。但高校目前的创新实践存在以下问题：①大学生应该具备的能力，不仅仅是解读和批判各种各样的媒体信息，更应当利用这些信息，创造更多有用的信息促进个人和社会发展。②缺乏创新团队，没有校园孵化器，许多学生参与创新实践无法找到志同道合的伙伴。学生之间迁就不同的个性和思维方式，将延长磨合期，并经常导致想法分歧、分工不明等。③缺乏有效的指导。大学生创新实践是一项系统工程，包括选题、方案、调查、讨论、分工、合作、试验、改进、推广等。如果问题发生在其中一步，后续步骤就会受到影响，因此教师的指导尤为重要。④缺乏信息平台。创新活动需要信息沟通良好的环境，因此建立一个信息平台至关重要。

二、创新实践平台的目标

高校应充分利用创新实践平台，将其融入教师日常授课中，增强科学的氛围，并把它付诸实践，教师和学生的多媒体素养将会在不知不觉中提高。创新实践平台的建设可以弥补理论课程的缺陷，它是一个开放的网络平台，可满足学生接受新的信息技术和分享创新经验的需求。

高校应提供各种级别的比赛团队孵化器。近年来，各种级别的大学生创新比赛全面展开，一些门户网站也基于各种各样的商业设计开展相关比赛。这些比赛为学生展示他们的全面的知识提供了巨大的机会。因此，高校可以通过建设创新实践平台启动设计比赛，然后教师可以选择候选人加入比赛，为他们提供有针对性的指导。教师与学生间可以交换创意，学习新技术，促进和谐，这也是一种良好形式的创新和实践。

三、创新实践平台的框架

世界上有超过3700所大学使用网络教学平台，其中包括一些著名的大学，如普林斯顿大学、哈佛大学、斯坦福大学。网络教学平台具有下列特点：①高可用性。网络教学平台容易安装和维护（可由工程师通过远程操作），使用B/S模型（客户端只需要安装浏览器，就可以很容易地使用它），具有分布式体系结构（数量的服务器和存储设备可以添加或减少，灵活满足用户不断变化的需求），简单而合理的用户界面，划分清晰的功能模块。②个性化。界面可根据用户需求定制。③开放性。利用构件技术开发插件，允许用户扩展平台上的功能。

创新实践平台的构建分析：

（1）基础：多媒体信息是拓展知识的基础，能够增强学生对显示案例的了解和认知，以提高他们创造和创新的能力。

（2）核心：通过让学生之间充分沟通想法和协调工作，形成团队整体的想法和创新思维。

（3）目标：创新人才的培养是创新实践平台的终极目标。学生应该通过各种比赛、创新项目和社会实践，提高自己的综合能力和显示自己的价值。

（4）入口：平台提供了四个入口。①学生入口：学生是创新和实践活动的主角，他们是这个平台的使用者，在平台上学习技术和交流思想，实践活动的结果可以丰富学生的认知。②教师入口：教师是创新和实践活动的引导者，他们可以给学生选择课题、战略、研究等，条件是保证学生的主动选择和思考。③参观者入口：除了学生和教师能参加创新与实践活动，其他教师和学生也可以访问平台的资源。他们可以加入讨论和互动等以活跃平台的创新氛围。④管理员入口：管理员应该负责平台的日常维护，主要利用识别登录系统来识别游客，给他们相应的权限。

四、创新实践平台应用结果

以济南大学为例，创新实践平台自建成以来，已经逐渐被广大师生认识和应用，不断发挥创新和引导的功能，希望以此可以鼓励更多的学生踏上他们的创新和实践道路。然而，高校应该意识到技术的发展（尤其是虚拟现实技术和交互技术）和大众审美情趣的变化，将导致新的多媒体创新实践平台培育的不确定性。因此，以下内容值得我们继续探索：不断拓展多媒体创新实践平台的种类和宽度，重视协调所有的区域文化；建立反馈机制，从实践创新的底层映射创新机制的建立，即构建模块来客观地评价结果；实践的结果应该导入资源库，有利于教师和学生创新素养的提高。

参考文献

KROHE J. Managing Creativity［J］. Across the Board，2010（9）.

作者简介：

刘鹏（1980—），济南大学商学院副教授，硕士，研究方向为信息管理及电子商务创新。

常相全（1974—），济南大学商学院副教授，博士，研究方向为信息管理。

梁伟（1979—），济南大学商学院副教授，研究方向为教学管理工作。

3D 背景下的国际教师学习共同体协同教学研究

刘 洋 赵 萍

摘　要：近年来，3D［Data（大数据）、Digitization（数字化）、Developing Economies（发展中经济体）］背景成为科研的焦点，国际间教师协同教研，有助于提高教师教学能力，甚至提高整体高校教师校本研究的能力。本文提出利用中英两国的教师合作科研的思维方式，构建一种新型教学和研究模式，旨在通过这种新模式促进教学改革，提升学生的学习乐趣和教学效果。大数据时代的到来，带给高等院校的数字化教学改革全新的依据和技术手段，同时也对教育工作提出了新的挑战和机遇。

关键词：3D；协同教学；学习共同体；校本教研

一、前言

随着大数据和数字化技术的大发展，中国作为发展中经济体之一，应高校的教学改革发展需要，积极推进高校国际化建设，加快协同科研和教学进程，已经成为必然趋势。3D 背景的应用和理念，逐渐被众多高校引入课堂的教学系统、课程的开发系统、校本教研和教师协同研究等方面。高校在国际化进程中面临着如何利用协同的思想和技术，去探索教学模式、科研合作、教学评价模式以及教学资源共享等问题。

在中国，高校一线教师一直扮演着高校里的核心角色，学生接受知识的方式依然以被动为主，英语学习也以“传统”方法——Specialized English Translation Instruction（SETI）为主。Cooperative Learning（CL）协同学习完全可以提高教师的业绩，改善教师的态度和动机，同时改善教师的知识结构和行为模式。高校教学中的协同学习指的是二人以上的团队（学习共同体）的教研和教学任务在课堂中的应用。根据 Kagan and Kagan（2009）提出的 4 个基本原则（PIES）——积极相互依赖（Positive Interdependence）、个人职责（Individual Accountability）、平等参与（Equal Participation）和同时互动（Simultaneous Interaction）。本文侧重研究中英两国高校教师组成跨文化团队（2 人以上）的协同科研与教学工作。

近年来，部分学者提倡的“协同研究”或“协同探究”更多的集中在推动教师与学校管理人员、校—校协同、校—地协同、校—所协同的研究上，然而，基于3D背景下的国际协同研究体系，无疑给校本教研研究提供了一个提升调动国际资源，与国外教师教学互补、协作并进、协同完成科研的机遇。

二、文献综述

（一）学习共同体（Learning Community，LC）

学习共同体是由教师作为学习者组成的群体，并且教师之间通过交流、沟通、资源共享完成教学和科研任务，有助于教师的专业发展和互动参与。教师通过高度互动的参与，吸取优秀教师科研和教学的经验，积极参与研究的过程从而获得发展的机会。学习共同体与校本协同研究，已经成为国际上的焦点，有效的教师专业发展，主要通过教师结合课堂教学实际的研究经验，促进专业成长和提升科研能力。但由于文化差异，国际间的教师互动多数未接受过专门的科研和教学训练。以“学习共同体”为单位来开展国际间有效的校本教学研究，成了充分调动各方专长的有效途径和资源互补的重要方式。

（二）优化校本教研研究建立研究共识

校本研究是以学校教师作为研究的主要力量。换句话说，教师即研究者，承担着当代教育工作和教学前沿的重要任务。在中国高校，校本教研研究作为一线教师从事教学研究的始发点，旨在将研究成果直接用于学校教育教学的日常工作，解决课堂教学中实际存在的问题，并且促进教师的专业发展，校本教研在建立研究型教学队伍的过程中具有不可替代的作用。近年来，校本研究缺乏可持续发展的能力，尤其在3D背景下，国际化教师的合作科研和教学提升极其有限。

传统的校本研究中，教师通过课堂教学实验或教学案例研究去改进教学方法，提高个人的教学能力。然而，这一方式具有最大弱点是教师缺乏研究共识——在研究目标（Goal）、关注焦点（Concern）和价值认知（Value）三方面达成的共识。响应国际化的大发展，中外校级间开始建立教师学习共同体，有助于研究共识的平台建立和发展。

（三）合作方法和学习协作模型（Collaborative Approach and Leaning Co-operatives，CALC）

合作方法主要是学校与学校间的互动联合教研。学习协作主要是教师与教师的协同研究和教学。根据高校的一线教师参与合作研究的技能以及组织机制支持的不同程度，中外高校间的“合作研究”发展和创新正处于初级阶段。在知识的分配和共享方面，研究人员为研究团队提供必要的理论框架、研究方法和科技支持，高校教师则为研究团队带来教学经验和各学校的学习情况，协助团队成员更清楚地了解学生的学习能力与态度。3D 的发展带给国际协同学习更大的空间，利用合作方法和学习协作模型可以更有效地提高一线教师的学术科研水平和教学能力。国际高校教师团队可以利用协同理念机制，开展协同共建科研项目和共享课程。

（四）协同教学理念和协同构建

美国华盛顿大学普林教授，曾将协同教学定义为一种基于两名或两名以上教师合作的教学组织形式，共同承担着一群（组）学生的全部或主要教学部分。另外，在中国，有些学者指出协同教学是两名以上的教师包括教学助理人员，利用一种基于专业的关系，组成教学研的团队，共同完成教学活动的一种教学模式和学术科研发展。近年来，高校国际间的合作具有了较为积极的大发展，中外教师合作协同科研能力不断加强。然而，非同一国家的两名或两名以上组成的教师团队，进行协同科研和教学的构建还处于初级阶段。本文利用协同学研究的理论，首先构建国际合作学术科研以及资源共享的科研生态环境，然后改善其国际间教师团队协作构建过程和应用（协同教学计划和协同课程建设），最后构建 3D 协同网络教学体系。

三、案例研究——中英协同教学中的问题和对策

（一）挑选合适的教师组成学习共同体

近年来，中国在海外的留学生人数不断地增加，国外教学急需引进中国教师。另外，随着中国不断地进行教育改革的深化，也同样出现了更多的留学生进入中国高校学习的情况，这也迫切需要中国加大引进海外教师协同教学。在这种情况下，中外合作教研和协同教学急需教师成员构成具有国际化。校本研究以中国某高校教师与英国某高校教师为例，由他们共同组成两人或两人以上的学习共同体。然而，在挑选教师的问题上，有如下几点问题。

（1）针对语言问题，挑选教师难度较大，中英双方高校教师都不能完全运用对方的语言去交流和写作。

（2）在不同的文化背景下，中英两国高校的科研方式、管理模式、写作特点、教学流程、教学计划、教学资源以及整体科研生态环境都大相径庭，因此，协同教学具有较大的难度。

（3）存在教学冲突，以中英两国的高校为例，因为时间差和地域差导致在国际课程安排中很难实现实时教学，所以协同教学难以发挥全部功效（例如，教师和学生不能实时沟通）。

针对以上问题，本文建议，首先要挑选合适的教师集中进行培训和访学，增强他们的语言水平和沟通能力，尽量实现外教执教、科研和教学环境仿真。在 3D 大背景下，利用大数据搭建数字化教学平台，可以不断地增强教师协同教学和科研的能力。同时，利用网络有效地协同课程建设（如设计课程内容、课程题库、案例分析和教学

计划等），中英两方可以通过良好的沟通共同录制相对典型的课程，比如国际金融、国际关系等课程，双方可以发挥各自学术优势，丰富知识结构，建立协同共享资源的数字化教程，最终强化校本研究效果。

（二）中英协同科研组的建立和专业发展

中英两国建立协同科研组，因为涉及团队成员之间的协调和资源分配，加上成员的学术研究背景不同，两国的学术写作、管理和评价系统不同，造成了国际协同科研组建立的困难和专业发展被动。在科研和立项方面，我们应首先立足于中英教师团队的建立。在合作办学的基础上，建成数字化视频的例会制度，学术写作参照国际的论文标准，经常对学术论文进行研讨和批示，尤其是高水平论文，更应该依托协同科研组完成，这样可以提高学术论文质量。另外，针对重大或国际项目申报，更应该以国际协同科研组为单位去争取申报名额，从而可以侧面地提高申报通过率和加大申请的力度。

四、结语

近年来，3D 背景下中英协同教学案例取得的成果表明，国际间建立起来的教师学习共同体在学术科研和校本教学方面具有提高科研能力、提高论文写作水平、促进教学质量提升、完善教师专业发展的作用。但在实施过程中，由于国际间合作学习的教师团队难以选拔合适的一线教师，因此建立 3D 协同网络教学体系有一定困难。国际协同创新教学策略不仅得到了验证和推广，而且促进了教师的专业发展，可以提高教师的科研能力和班级学生的学习效果。国际教师协同教学研究模式，能够更好地促进东西方文化的融合，更好地完善科研理论和教学实践的结合。在 3D 大发展的今天，国际间协同教学研究可以真正为提高教学质量而服务，为教学资源和教师专业发展提供良好的生态环境，为英文教学质量和课程设计的提高构建有效模式，具有较高的实践价值。

参考文献

［1］左菊仙，邓坚．大数据时代下的高职院校数字化教学模式探讨［J］．科技传播，2015（5）：135－136.

［2］朱思鸣．基于大数据思维的数字化教学模式构建［J］．微型电脑应用，2015，5（31）：42－49.

［3］NAVARRO P M，GALLARDO S E. Teaching to Training Teachers Through Cooperative Learning［J］. Procedia－Social and Behavioral Sciences，2015（180）：401－406.

［4］陈之权，黄龙翔．基于学习共同体的“校—研—教”华文校本协同研究

[J]. 现代远程教育研究，2012（6）：62－70.

[5] 刘小龙，冯雪娟．“学习共同体”的概念形成及教育特性分析［J］．江苏教育研究，2011（19）：62－64.

[6] 罗伯茨．学习型学校的专业发展——合作活动和策略［M］．北京：中国轻工业出版社，2004.

[7] 韩江萍．校本教研制度：现状与趋势［J］．教育研究，2007（7）：89－93.

[8] HOURCADE J J，BAUWENS J. Cooperative Teaching：The Renewal of Teachers［J］. Clearing House，2001，74（5）：242－247.

[9] FERNANDEZ C，CANNON J，CHOKSHI S. A U. S. －Japan Lesson Study Collaboration Reveals Critica Lenses for Examing Practice［J］. Teaching and Teacher Education，2003，19（2）：171－185.

[10] 范牡丹．“案例教学”：中小学教师培训的有效模式［J］．陕西教育，2008（12）：29－30.

[11] 郭春霞．行动研究：教师培训者教学技术水平提高的有效途径［J］．继续教育研究，2009（2）：124－125.

[12] NEAL P，MCCLELLAN L C，JAROSINSKI J. A New Model in Teaching Undergraduate Research：A Collaborative Approach and Learning Cooperatives［J］. Nurse Education in Practice，2016，（18）：80－84.

[13] BICKFORD D J，VAN VLECK J. Reflections on Artful Teaching［J］. Journal of Management Education，1997，21（4）：448－472.

[14] 张德锐．协同教学——理论与实务［M］．台北：五南图书出版公司，2002.

[15] 张玉美．中外合作教研室建设存在的问题和对策研究［J］．太原城市职业技术学院学报，2017（5）：82－83.

作者简介：

刘洋（1978—），济南大学商学院讲师，博士，研究方向为物流金融风险。

赵萍（1981—），济南大学物理学院讲师，硕士，研究方向为思想政治教育。

“双创”背景下工商管理专业应用型人才培养模式

马池顺

摘　要：在社会经济不断发展的过程中，企业之间的竞争越来越激烈，而企业是否能在竞争中取胜，关键还在于员工的能力，因此企业之间的竞争实质上是人才的竞争。高校所培养的工商管理人才是否具有较强的应用能力，就会影响企业未来的发展。本文对高校工商管理专业人才培养中存在的问题进行分析，并就工商管理专业应用型人才培养模式进行探讨。

关键词：工商管理专业；应用型人才；培养模式

社会经济的发展与工商管理之间存在紧密地联系，工商管理能够推动社会经济的发展。“大众创业，万众创新”的时代背景和社会不断发展与进步的过程，要求工商管理人才不仅要懂得工商管理理论知识，还要具备将这些知识应用到工商管理活动中的能力。因此，高校的工商管理专业在人才培养中，应以能力为导向，将学生培养成为高素质的应用型人才。

一、问题分析

（一）培养目标不明确

许多高校的工商管理专业在人才培养过程中，没有从地方经济发展的实际需求出发，也没有对地方经济的优势展开深入的调查分析，不了解社会对工商管理专业应用型人才的能力具体有哪些要求，从而使得高校的人才培养目标不明确，具有一定的盲目性。在传统的工商管理专业应用型人才培养模式中，高校基本将重心放在学生专业知识和技能的培养上，并围绕着工商管理专业未来的就业方向开展教学活动。但是，教学内容、教学活动的目标却不统一，也没有紧密地联系起来，以至于工商管理专业的毕业生应用能力较差。

（二）职业定位不明确

工商管理专业的毕业生往往职业能力欠缺，竞争能力不足，虽然有理论知识基础，但实践能力不强。企业在选拔工商管理人才时，却希望学生能够拥有多方面的能力，要对企业不同岗位的运作管理有一定的了解，以便能够快速地融入企业环境中。但是，学生在校期间的学习，基本以理论知识为主，接触社会的机会也很少，进入企业实践的机会则更少，导致大部分学生对企业不同岗位的需求都不太了解，因此学生在工作后还需要花费一段时间去适应企业环境。于是，许多学生在面对实际的工作时，都会感觉十分茫然，更谈不上发现和解决企业管理中存在的问题。鉴于此，企业在招聘到员工后，还需要对其进行再培训，这就会增加企业的运营成本。比如，学生在毕业后进入德邦物流工作，虽然在校期间学习到相关的管理知识，但对物流管理的了解却很少，对人力资源管理的了解也只是停留在很肤浅的阶段，学习过财务相关知识，但却不够深入。因此，德邦物流还需要对新进员工展开全面的培训，使其对物流行业的运作、岗位特点、岗位要求等有一定的了解，才能顺利地对各岗位的运作进行管理，并发现不同岗位在运作过程中存在的问题，再制定针对性的解决方案。在整个过程中，学生的系统知识并不是从学校学习来的，而是在企业的培训中形成的。

（三）不重视实践教学

学生的应用能力应该来源于实践，但在高校工商管理专业的人才培养中，学校却不太重视实践教学。虽然有的学校与外部企业建立合作关系，通过校企合作的方式为学生提供一些实践机会，但实践环节却流于形式，企业对实习生也不太重视。另外，在实践教学中，由于受到传统教学理念的干扰，许多学校只是对人才培养方案进行调整，而没有对学生在企业的实践部分进行学分设定，也没有对学生的实践结果进行考核。对企业来说，学生不是企业的正式员工，因此企业也不会以正式员工的标准对学生进行考核。学生的实践效果便无法得到有效的检验，以至于学生对实践环节也不加重视，其动手能力并没有得到真正的提升。此外，因为学校“双师型”教师数量比较少，许多教师虽然有丰富的工商管理知识储备，但却没有在企业工作的实际经验，所以在实践教学中，无法对学生进行有效的指导。比如，在市场营销管理的实践环节，因为教师没有在任何企业从事过与市场营销有关的工作，只是在理论上有所研究，所以教师对于汽车营销、电子产品营销、快速消费品营销等的具体要求，以及营销管理人员应具备的能力都不了解。因此，在对学生的实践活动进行指导时，教师只能根据自己的理解对学生进行指导，这样就会失去针对性。

二、培养模式

（一）明确工商管理人才应具备的能力

工商管理专业的毕业生应一专多能，要具备多方面的能力，才能成为社会所需要的应用型人才。首先是核心能力，工商管理专业的学生要能够掌握最新的管理技术，能够运用管理技术去发现企业管理中存在的问题，并采取最有效的措施解决问题，从而促进企业的可持续发展。从本质上来看，管理的目的就是改善，要能够发现管理中的异常，再消除异常，这是工商管理人才应具备的核心能力。其次是业务能力，学生无论从事什么岗位，都要具备该岗位应有的业务能力。因此，高校在培养工商管理应用型人才时，要注重提升学生的业务能力。比如，与生产有关的生产管理能力，在工商管理专业的学习中，学校应与机械制造、电气自动化、数控等专业建立合作，使学生能够通过这些专业的实习基地，对相关的生产活动进行了解，并亲身参与生产实践活动。在实践的过程中，学生可以掌握机械类产品的生产流程，以及生产管理中应注意的问题和应具备的能力，从而可以在以后的学习中，有针对性地提高自己的能力。最后是发展能力，学生在毕业后不仅要努力地发展自己，还要通过提升自己来促进企业的发展。因此，工商管理专业的学生应具备发展能力。发展能力要建立在积累和创新的基础上，是指学生要在本专业领域内，具备统筹、策划等专项的管理能力。这就要求学生在进入企业工作后，要树立终身学习的观念，要在一线管理岗位上不断地提升自己，使自己逐渐成长为企业的核心管理人才。

（二）加强并落实校企合作人才培养模式

校企合作是培养学生应用能力的主要手段，因此，高校在工商管理专业的教学实践环节，不仅要重视学生在校内的实验和实训，还要注重校外实训，加强与外部企业的合作，通过校企合作的方式对人才进行培养，不仅能提升学生的专业知识和技能水平，还能为学生撰写毕业论文提供实践素材。比如，在对工商管理专业的学生进行实践教学时，学校可与恒安集团建立合作关系，让学生可在学习期间到恒安集团参加实习。恒安集团的纸品属于快速消费品，快速消费品行业除营销管理和生产管理非常重要外，仓库管理也是非常关键的。学生在恒安仓库实践时，可学习如何对卷纸、手帕纸、方巾纸进行分类，并学会如何对不同系列进行分类管理，如茶语系列、优选系列、品诺系列等。在学习过程中，学生可了解仓库管理人员应具备的能力，以及仓库管理中应注意的事项，从而针对性的提高自己的能力，为集团的销售业务和生产工作奠定坚实的基础。同时，通过在恒安集团的实习，学生能够发现自身存在的不足，并针对自身的不足加以改正，还可为毕业论文积累写作素材。在校企合作过程中，学校要加强与企业的联系，与企业共同对学生进行监督管理，随时掌握学生的学习进度和发展情况，从而帮助学生快速成长，使其以后能够快速地适应企业的环境，并将所在岗位的价值充分地发挥出来。

（三）注重提升专业课程设置的实用性

高校在对工商管理人才进行培养时，首先应确保课程设置的合理性，不仅要能够包括完整的工商管理知识，还要注重提升课程内容的实用性。因此，在工商管理应用型人才的培养过程中，高校应开发一些新的实用型课程，并且在课程的开发过程中结合社会发展现状，以及社会对人才能力的具体要求，注重培养学生的计划控制、组织协调、决策支持、诊断、改善等方面的能力。比如，在教学过程中，想要更好地提高学生的实践能力，学校可邀请移动公司、圆通快递、美的集团等的资深管理人员到校开办讲座，为学生讲解现代企业的发展观，以及企业在未来发展中对管理人才素质的要求等，以便学生对自己的未来发展有更明确的定位。在专业课程的讲解中，教师可结合案例为学生讲解相关的专业知识，并在案例的基础上增加模拟实验和项目训练。以电子商务这门课程的教学为例，教师可结合淘宝、京东、唯品会等电子商务平台的管理和发展来进行案例分析，不仅要对这些电子商务平台的发展史进行分析，还要让学生明确电子商务管理中的要点，了解当前消费者的需求，以及电子商务管理所需的技能，使学生能够明确电子商务的运营模式以及其未来的发展趋势，从而可根据自身的情况，针对性地培养自己这方面的能力。在此基础上，教师可设置实训项目，如让学生设计校内购物平台，并制定相应的管理方案，以提高平台的知名度，让更多的用户主动注册成为平台会员，从而达到对平台进行推广的目的。

三、结语

综上所述，工商管理在很大程度上影响着社会经济的发展，因此，高校在培养工商管理专业应用型人才时，应结合社会发展的需要，明确培养目标。在实际的教学活动中，要注重实践环节，增强课程设置的实用性，并加强校企之间的合作，努力提升学生各方面的能力，从而使学生能够成长为社会所需的应用型人才。

参考文献

［1］刘丽建．中德应用型大学工商管理专业课程比较［J］．中国大学教学，2015（5）：92－96.

［2］程沛．基于应用型人才培养的工商管理教学改革分析［J］．企业改革与管理，2015（15）：65.

［3］陈有毅．论工商管理应用型本科人才培养模式研究［J］．科技资讯，2016（20）：101－102.

作者简介：

马池顺（1983—），济南大学商学院讲师，博士，研究方向为企业管理。

一个基于乱码处理问题的实验设计

马金柱　张　莹　张　鹏

摘　要： 课程实验是程序类课程的重要环节，学生能否认真、高效地完成实验内容是教学中的重要内容，本文拟以服务器后台开发乱码处理为例，进行分析，不仅为学生实验提供参考，也对教师如何指导提出建议。

关键词： 乱码；Servlet 编程；程序编码

本次实验是电子商务应用开发技术实验大纲的第四个（节选）实验，目的是让学生们学会如何处理表单与后台程序交互时可能出现的乱码问题，为基础性上机操作实验。实验要求学生能独立完成程序编程配置调试过程，掌握在处理乱码时常用的经典方法，理解出现乱码的原因以及处理方法有效性的机理，为以后大型程序的处理进行必要的知识储备。

一、实验问题描述

在学生熟练掌握开发环境的配置基础上，进行本次实验。

我们经常在访问一些 JSP Java 服务器页面及 Servlet（小服务程序）时，在浏览器一端会发现如下问题：

①汉字都成了“?”；

②浏览器中看到的 Servlet 页面中的汉字都成为乱码；

③Java 应用程序中界面中的汉字都成为方块；

④JSP/Servlet 页面无法显示 GBK（汉字内码扩展规范）汉字；

⑤JSP/Servlet 不能接收 Form（窗口或对话框）中提交的汉字；

⑥JSP/Servlet 数据库读写时不能得到正确的内容。

二、产生问题的原因

这些问题是因为编码不同造成的。英文字符是以字节来表示的，最常用的编码方式是 ASCII（美国信息交换标准代码）码，但一个字节最多只能表示 128 个字符（最高位没有使用），而汉字数量庞大，因此现在都以双字节来表示汉字，为了能够将汉字与英文字符分开，双字节每个字节的最高位一定为 1，这样一对双字节最多可以表示 64K 个字符，我们经常碰到的编码方式为 GBK、GB2312、BIG5、UNICODE 等。

GB2312 码是中华人民共和国国家标准汉字信息交换用的编码，是一个由中华人民共和国国家标准总局发布的关于简化汉字的编码，通行于中国大陆及新加坡，简称国标码。两个字节中，第一个字节（高位区）的值为区号值加 32（20H），第二个字节（低字节）的值为位号值加 32（20H），用这两个值来表示一个汉字的编码。GBK 是 GB2312 的扩展，它兼容 GB2312。BIG5 主要用于中国台湾等使用繁体汉字的地区。UNICODE 码是微软开发的解决多国字符问题的多字节等长编码，它对英文字符采取前面加“0”字节的策略实现等长兼容，如“A”的 ASCII 码为 0x41，UNICODE 码就为 00X41，利用特殊工具，各种编码之间可以互相转换。

Java 编程语言默认的编码方式就是 UNICODE，Servlet 程序也是用 Java 写的，因此默认编码也是 UNICODE 码。但我们通常使用的数据库及文件都是基于 GBK 编码的，为此在 Java 编程过程中，向网页输出中文字符串时［如用 out. println（String）String 为含有中文的字符串］，必须进行从 UNICODE 到 GBK 的转换。

三、实验过程

第一步：我们写一个命名为 FormExample. html 的简单表单。详细代码如下：

```
<html>
<head><title>servlet 汉字乱码处理示例</title></head>
<body>
<form action = "/myweb/servlet/ChineseProcess" method = post>
请输入你的名字：<input name = name type = text>用来 servlet 处理
<br><br>
        <input type = submit>
</body>
</html>//end of FormExample. html
```

表单运行效果如图 1 所示：

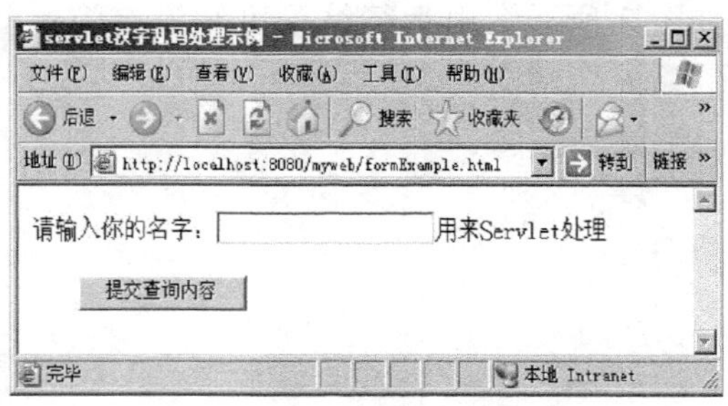

图 1　表单运行效果

这就是一个简单表单，它由一个用来接收用户信息的文本框和一个按钮构成。我们要注意表单中 form 元素的 action 属性的使用。我们将其放置在 C：\ resin－2. 1. 16 \ myweb \ 目录下。

第二步：再写一个命名为 ChineseProcess. java 的 Servlet 程序，程序详细代码如下：

```
import java. io. * ;
import javax. servlet. * ;
import javax. servlet. http. * ;
public class ChineseProcess extends HttpServlet {
public void service (HttpServletRequest req, HttpServletResponse resp) throws ServletException, IOException {
  PrintWriter out = resp. getWriter ( );
  resp. setContentType (" text/html; charset = GBK");
  String myName = req. getParameter (" name");
  out. println (myName);
  out. flush ( );
```

在程序中先引入常用的开发包，再新建一个 ChineseProcess 类，然后重写 service ( ) 方法，要注意 out. println（*myName*）可能会出现乱码问题，编译后将 ChineseProcess. class 文件放置在 C：\ resin－2. 1. 16 \ myweb \ WEB－INF \ Classes 目录下。

第三步：配置 RESIN 下的 resin. conf 文件，在它特定位置中加入以下配置代码：

```
<web - app id = '/myweb'>
<app - dir > c: \ resin - 2. 1. 16 \ myweb </app - dir >
<servlet servlet - name = 'ChineseProcess' servlet - class = 'ChineseProcess'/ >
<servlet - mappingurl - pattern = '/ChineseProcess'servlet - name = 'Chinese Process'/ >
</web - app >
```

这一部分代码的作用是让 Resin 服务器知道已经有一个 Servlet 程序了，我们将要通过表单调用它。

第四步：开启 Resin 服务器后，双击 InternetExplore. exe，在 URL 中输入 http：// localhost：8080/ myweb/FormExample. html 即出现图 1 的窗口，我们输入英文“University of Jinan”，如图 2 所示，点击“提交查询内容”，调用 ChineseProcess. class 的 Servlet 程序，得到的运行结果如图 3 所示。由运行结果可知没有问题，因为输入的内容被正确显示出来，但如果我们输入“济南大学”，如图 4 所示，点击“提交查询内容”，再次运行效果如图 5 所示，显示为乱码。

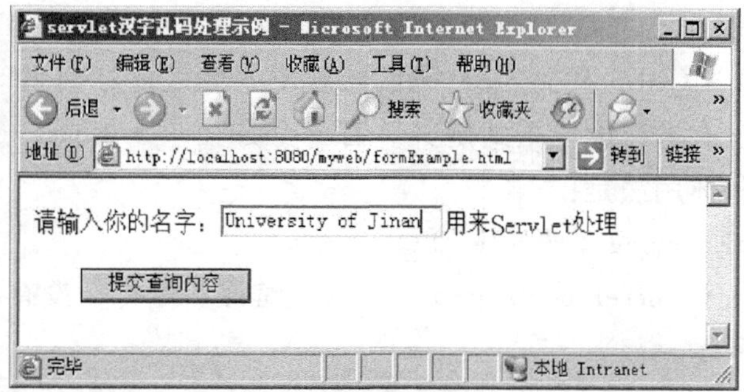

图 2　输入“University of Jinan”的窗口

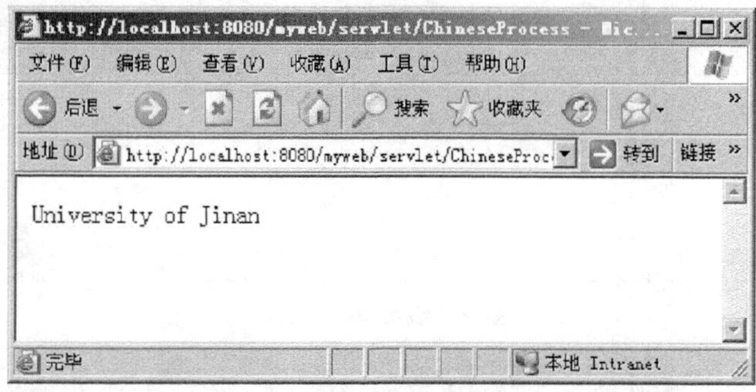

图 3　运行结果

图 4　输入“济南大学”的窗口

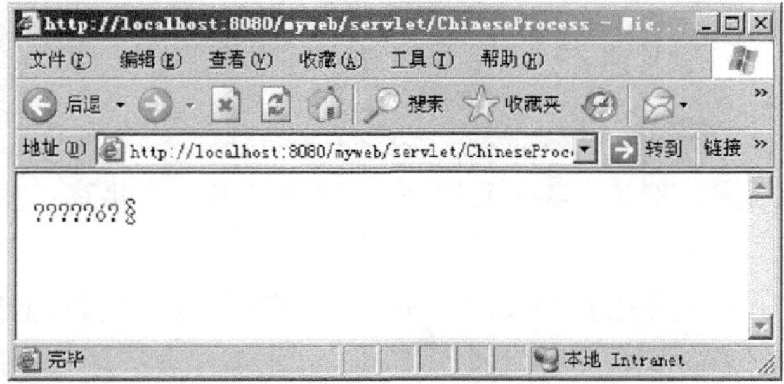

图 5　再次运行效果

可以看到，“济南大学”字符串被显示为乱码。这个问题如何处理呢？由前面的分析可知，这是因为UNICODE码到GBK码的转换出了问题，在后台Servlet程序在获取前台表单数据时，没有进行读取格式定义。有一个方法叫setCharacterEncoding（），它可以解决些问题。具体用法是：

req. setCharacterEncoding（“GBK”）;

将以上代码加入ChineseProcess. java中，再次编译、运行，没有出现乱码问题。最终运行结果如图6所示。

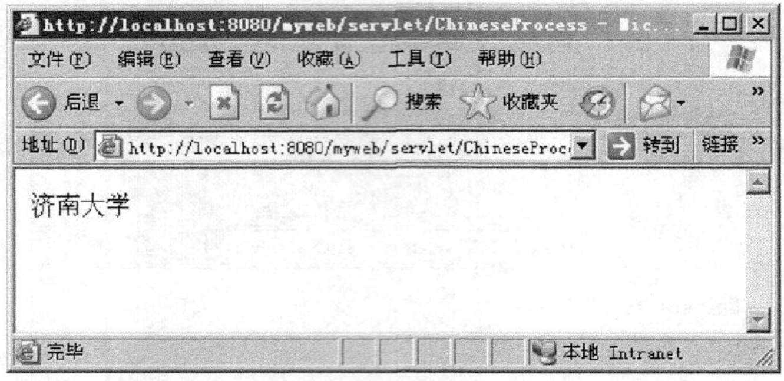

图6　最终运行结果

实际上，我们最常用的方法是先用reg. getHeader（）方法获取浏览器所能接受的字符类型，根据这一类型进行相关的设定，一个最通用的程序如下：

```
//简体中文浏览器
if ( clientLanguage. equals (" zh - cn")) {
request. setCharacterEncoding (" GBK");
response. setContentType (" text/html; charset = GBK");}
```

四、结语

通过本次实验，学生们应很好地掌握常用的乱码处理方法，以后在碰到此问题时能进行有效处理。

参考文献

［1］王路群，刘嵩，刘洁. Java高级程序设计［M］. 北京：中国水利水电出版社，2006.

［2］贺宇. 电子商务应用开发技术［M］. 北京：中国水利水电出版社，2005.

［3］瞿裕忠. 电子商务应用开发技术［M］. 北京：高等教育出版社，2000.

［4］柯新生. 电子商务——运作与实例［M］. 北京：清华大学出版社，2007.

作者简介：
马金柱（1975—），济南大学商学院讲师，硕士，研究方向为计算机应用技术。
张莹（1981—），济南大学商学院讲师，硕士，研究方向为医疗信息化。
张鹏（1980—），济南大学商学院副教授，硕士，研究方向为计算机应用技术。

旅行社实习管理探析
——以济南大学为例

梅 青 蒋 婷 孙淑荣

摘 要：旅行社实习是旅游管理专业应用型人才培养的重要实践教学环节。本文运用文献研究、实证研究、访谈法等研究方法，对实习学生、旅行社人员、学校教师等进行调查访谈，综合分析了济南大学旅游管理专业旅行社实习的教学效果，并提出了改进措施，以期提高旅行社实习的效果。

关键词：旅行社实习；实习管理；实习满意度

旅游管理专业是实践性很强的专业，专业实习对旅游管理专业人才的培养具有非常重要的意义。因此，笔者将旅行社相关管理人员和旅游管理专业的旅行社实习及其指导老师作为研究对象，通过文献研究法、实证研究和访谈法等，分析学生的实习情况，并提出改进措施，希望进一步提高旅游管理专业旅行社实习质量。

一、旅行社实习基本情况

1. 实习组织方式

旅游管理专业旅行社实习的组织方式主要有三种：①学校统一安排；②学校统一安排与自主实习相结合；③学生自主实习。学校统一安排可以让学生和实习单位双向选择，便于组织和管理，可以对学生实习过程中遇到的问题进行实时监控和及时反馈，但由于人力、财力及合作单位的限制，学生可以选择的旅行社较少；学校统一安排和学生自主实习相结合，是学生根据个人意向联系实习单位，学校负责与实习单位签订实习协议，能够充分发挥学生的积极自主性；学生自主实习，学生可以根据个人意愿和兴趣选择自己想去的旅行社，但旅行社地理分布广而杂，存在诸多安全隐患，学校鞭长莫及，不利于统一管理。调查表明，大多数实习是学校统一安排，极少数实习采用另外两种组织方式。

2. 实习时间

旅游管理专业实践性、操作性强，与市场联系紧密，因此，大多数本科院校的旅行社实习时间为半年以上，专科及高职院校一般为一年以上，个别院校分多次进行。

3. 实习岗位

学生旅行社实习岗位主要包括计划调度部、导游部、票务部和外联部，学生在以上部门进行实际操作以获得相关管理经验。

二、旅行社实习效果分析

1. 样本选取

本次研究样本主要为济南市部分与设立旅游管理专业的院校合作的旅行社的人力资源部经理、相关部门主管和济南大学的实习学生及实习教师。

2. 研究方法

（1）文献研究法

笔者运用文献研究法，系统收集、整理了关于旅行社实习效果的相关研究论文和期刊，分析它们的优劣之处和异同之处，并总结了旅行社实习的现状及问题，为本文主要论点的形成提供强有力的理论依据。

（2）实证研究法

笔者从教学论、心理学、系统论与控制论等多视角对旅游管理专业教学过程的影响要素进行系统分析与综合，归纳与演绎，最后得出结论。笔者以济南大学及其他学校的旅行社实习情况视为实证进行研究。

（3）访谈法

笔者走访了旅行社管理人员、学校实习教师和实习学生，了解旅行社实习过程中出现的问题及原因。通过调查研究和分析，对整个实习环节进行层层透视与反思，整理归纳出旅行社实习普遍存在的问题并提出相应的可行性解决对策。

3. 访谈数据分析

笔者经过先后走访济南市内十余家旅行社实习基地的 15 名相关管理人员、济南大学的 25 名实习学生及 8 名实习教师，与他们进行面对面交流。其中，旅行社对实习生的满意度评价如表 1 所示。

表 1　　旅行社对实习生的满意度评价

评价项目	很差（%）	较差（%）	一般（%）	较好（%）	很好（%）
适应能力	20.00	33.33	20.00	20.00	6.67
专业知识	6.67	13.33	20.00	33.33	26.67
学习能力	6.67	13.33	20.00	26.67	33.33
沟通能力	13.33	20.00	26.67	20.00	20.00
服务意识	6.67	26.67	20.00	26.66	20.00
抗压能力	20.00	20.00	26.67	20.00	13.33

续　表

评价项目	很差（%）	较差（%）	一般（%）	较好（%）	很好（%）
实际操作能力	26.67	33.33	17.33	16.00	6.67
人际关系处理	20.00	33.33	20.00	13.33	13.34
吃苦耐劳程度	20.67	30.00	23.33	19.33	6.67
团队协作意识	13.33	20.00	26.67	26.67	13.33
实习综合评价	13.33	20.00	20.00	33.33	13.34

根据表1不难看出，旅行社对实习生在专业实习过程中的专业知识、学习能力、服务意识等方面较为满意，而认为实习生在适应能力、实际操作能力、人际关系处理等方面普遍较差。由此可见，实习生在这些方面还有很多值得改善与提高的地方，应该加强实践能力的培养、注重职业能力的锻炼、培养沟通协调能力和吃苦耐劳的“老黄牛”精神显得至关重要（见表2）。

表2　　学校实习教师访谈结果统计

评价项目	满意（%）	不满意（%）
实习动员大会	75.0	25.0
过程跟踪指导	37.5	62.5
学生问题反馈	50.0	50.0
实习总结大会	37.5	62.5

学校实习教师访谈结果统计如表2所示，实习教师对学校在实习动员大会的安排普遍较为满意，而在过程跟踪指导、学生问题反馈和实习总结大会方面的安排不够满意，其中，对过程跟踪指导和实习总结大会满意的教师仅占37.5%，实习教师学生问题反馈满意度相对较高，不过也仅仅达到了50%。

表3　　学生旅行社实习满意度评价

评价项目	不满意（%）	较不满意（%）	一般（%）	较满意（%）	很满意（%）
高校实习前动员	14.81	23,33	21.51	26.23	14.12
实习基地	18.51	22,22	29.63	18.51	11.13
实习环境	7.40	11,11	30.74	30.93	19.82
实习岗位	14.81	18,51	33.33	18.55	14.80
岗前培训	11.11	25,93	33.33	18.51	11.12
薪酬待遇	22.22	37,04	18.51	14.81	7.42
工作内容	18.51	29,63	22.22	18.51	11.13

续 表

评价项目	不满意（%）	较不满意（%）	一般（%）	较满意（%）	很满意（%）
工作强度	22.22	40.74	18.51	11.11	7.42
学校跟踪指导	25.93	37.04	14.81	11.11	11.11
校企沟通状况	18.51	33.33	14.81	18.51	14.84
企业激励制度	29.63	40.74	14.81	11.11	3.71
返校实习总结	14.81	22.22	29.63	18.51	14.83

学生旅行社实习满意度评价如表 3 所示。学生是实习过程中的直接参与者和最终受益者，学生的反馈直接反映了实习效果的好坏。根据表 3 可以看出，学生对高校实习前动员、实习环境等总体满意度较高，而对实习基地和学校跟踪指导不够满意。

三、旅行社实习管理对策

（一）旅行社方面

1. 提供合理的实习薪酬

旅行社应根据工作能力和表现给实习生提供合理的薪酬和福利，这是对实习生合法权利的充分保证，同时还能充分提高实习生的工作质量和工作能动性，让实习生感受到工作的满足感，充分发挥创造性和主人翁精神，减少因心里不平衡带来的怠工心理和跳槽现象，使旅行社效益最大化。

2. 营造健康良好的实习环境

一是完善实习生工作制度和休假制度，为实习生具备适宜的休息时间提供充分保障。旅行社应该合理安排实习生的工作时间，让他们保持充沛的活力，而不是整天让他们加班，促使他们产生厌倦心理。二是对实习生的异地生活和宿舍环境多加关心，保障适宜的居住环境，发现问题及时和学校沟通。

3. 完善实习培训机制

旅行社应该制定全面、系统的培训体系，并给实习生配备专业的指导人员，利用他们丰富的行业经验，耐心地为实习生提供指导和帮助，尤其是要加强对实习生的技能培训，对实习生出现的问题及时答疑，提升实习生的实践能力。通过培训可以提升实习生的工作技能和工作效率，有利于旅行社实现效益最大化。

4. 尽可能实现轮岗实习

实习期间尽可能保证学生能够去不同的岗位上锻炼学习，增强他们对各部门操作流程和工作细则的掌握程度，并根据他们的性格、兴趣和不同职位的特点，给他们安排适合自己的职位，使他们能够找准自己的位置，明确定位个人的职业生涯规划，充分发挥自己的优势和特长。

5. 实行人性化管理

加强对实习生的关爱，正确对待实习生所犯的错误，营造健康的工作氛围，要像对待正式员工一样对待他们，正式员工拥有的福利，也能发放给实习生，增强对他们的教育和培养，这对实习生是有激励作用的，会使他们产生归属感，工作起来更加积极、主动。

6. 发掘培养潜在人才

旅行社真正的力量源泉来源于旅行社内部成长起来的人才，年轻的实习们思维活跃、悟性高、可塑性强，在管理过程中，管理者要具备可持续发展目光，密切注意挖掘实习生的发展潜力，留意有意向留在旅行社长远发展的实习生，评估他们的管理能力和综合素质，为日后的人才贮备提供依据，为旅行社注入新鲜血液，提升旅行社整体从业队伍的素质和核心竞争力。

（二）学校方面

1. 完善实践教学安排

首先，建立稳定优质的实习基地。从单一的传统“派遣制”专业实习形式向双向选择的“互惠式”专业实习形式转变。建立稳定的旅行社实习基地，加大对旅行社的甄选力度，与经济效益较好、知名度较高、管理较规范的旅行社达成长期可信的合作。

其次，提高师资力量整体水平，提高专业实习指导教师的实践能力和经验水平，打造一流的旅游师资团队。没有高素质的（双师型）实践教学师资队伍，实践教学的教学质量就得不到保证。学校应该鼓励教师定期去旅行企业培训和进修，熟悉旅行企业的服务标准和操作技能，学习先进的管理理念，积累丰富的行业经验。只有具备了完善的知识架构和开阔的行业视野，教师才能运用灵活多样的教学方式在学生实习过程中给予他们有力支撑。

最后，合理安排实习时间。学校管理层需要充分认识到办好高等教育的前提是以学生就业、企业需求为导向，转变办学思路。一是实习不宜安排在与学生考研、考公务员有强烈冲突的时间，避免阻碍学生的职业发展规划。二是充分考虑到旅行社的行业特点，尽可能在旅游旺季安排专业实习，实习时间不宜少于三个月，最好为半年，以满足旅行社获取经济利益的需求。同时保证了实习生有较为充足的时间去了解旅行社各部门，培养职业意识和职业能力。

2. 全面跟踪实习过程

首先，实习前积极动员，加强沟通。在学生实习前对学生进行必要的心理素质培训和职业技能培训，使学生明白实习的目的和要求，并适度提醒学生实习岗位上存在的困难和挑战。

其次，实习过程中派遣指导老师全面跟踪，及时反馈学生实习状况、及时把握学生心理变化和发现学生遇到的各种挫折，充分发挥桥梁作用，确保旅行社和学生的有效沟通，并通过社交软件、电话等各种方式对学生的具体问题作出具体指导，引导学生积极探索职业生涯发展。

最后，实习后及时组织实习总结与交流。重视实习效果定量评价，建立科学的实习考核制度。学校让学生发送给企业的考核表或者寥寥几字的单位评语难以客观真实地反映出实习学生的实习成效，学校在重视实习笔记、实习案例、实习报告的同时，应该制订更加科学、客观的评价标准。建立实习档案，对优秀实习事迹和个人进行宣传和表彰，为下一届学生实习奠定坚实基础。

（三）实习生方面

1. 做好充分心理准备

实习前学生应该加强思想教育，对自己高标准、严要求，提高心理素质和职业素养，端正职业态度，充分认识实习的可行性、必要性和重要性，把实习当作磨炼自己的机会，增强对培养相关技能和实践能力的重视程度，做好充分的吃苦耐劳的心理准备。

2. 拉近理想与现实的差距

学生在实习过程中要勤奋好学，不耻下问，时刻保持“求知若渴，虚心若愚”的心态，要有宽广的胸怀，遇到委屈和不平，及时和领导、同事沟通，建立良好的人际关系，避免消极情绪的产生。实习应该抱着向老员工学习知识和经验的谦逊态度，不能把眼光拘泥于暂时的收入，改变在校时不切实际的想法，缩小实习期望值和岗位实际值的差距，适当调整自己的薪酬期望，脚踏实地从基层做起，对实习过程中遇到的问题认真分析、深入研究，找出行之有效的解决问题的方法和对策，不断提高职业素养，树立行业自豪感，以适应旅游业发展的需求。

3. 正确认识职业生涯发展

实习结束后学生应总结经验与不足，正确认识自我，找到差距，消化吸收对自己成长有积极意义的信息，完善职业规划，明确努力方向，提高自身的社会竞争能力，与同学交流不同旅行社的管理模式及特点，使自己学有所得，在快速运用、消化和吸收所学专业技术知识和专业实操技能的同时，把自己的实习与旅行社行业紧密联系起来，以长远的眼光判断旅行社行业发展，为自己将来的就业、升迁和自我发展奠定基础。

参考文献

［1］周艺．论独立学院旅游管理专业实习中存在的问题及对策研究——以旅行社实习中常见问题为例［J］．旅游纵览，2011（4）：99－100.

［2］包亚芳，孙治，薛群慧．人格特质对旅游管理专业实习留职意向影响研究——组织社会化的中介作用［J］．旅游学刊，2012（6）：63－72.

［3］方法林．高职高专旅行社经营与管理专业校外实习管理研究［J］．教育与职

业，2012（3）：162－163.

［4］侯国林．高校旅游管理专业实习模式反思与创新［J］．旅游学刊，2004（3）：143－146.

［5］肖拥军，庄小丽．对旅游管理专业毕业实习研究的回顾与探索［J］．中国教育研究论丛，2007（3）：281－283.

作者简介：

梅青（1970—），济南大学商学院教授，硕士，研究方向为旅游管理。

蒋婷（1978—），济南大学商学院副教授，博士，研究方向为旅游管理、服务营销。

孙淑荣（1975—），济南大学商学院副教授，硕士，研究方向为旅游管理。

证券投资学模拟投资教学的思考

齐德华

摘　要：证券投资学课程应用性强，开展模拟投资教学意义重大。在分析实验室仿真交易和网络模拟两种模拟投资教学的具体类型后，本文详细分析了模拟投资教学的四个实施步骤，高校为开展模拟投资教学提供借鉴。

关键词：模拟投资；网络模拟；仿真交易

一、开展证券投资学模拟投资教学的意义

证券投资学是目前高等院校经济管理类专业的核心课程，是金融学专业的必修课程。该课程实用性强，适应面广，知识更新快。但是，要想达到理想的教学效果，仅仅依靠理论的讲授及学习是远远不够的，必须具备实践教学过程。如果仅仅依靠理论讲授，学生很容易忘记，而如果让学生积极参与实践模拟，则会使其更好地理解、掌握和运用所学知识。积极开展模拟投资教学，可以增强学生学习兴趣，提高学生学习积极性，增强学生参与实践的能力，是提升证券投资学教学实践效果的有效途径之一。

二、证券投资学模拟投资教学的两种类型

模拟投资教学大体分为以下两种类型：实验室仿真交易和网络模拟交易。

（一）实验室仿真交易

实验室仿真交易，主要通过利用所在学校建立的专门实验室，借助于各种证券投资学仿真教学模拟软件，要求学生模拟开户、模拟交易，期末以其操作业绩作为实验课程成绩，计入最终期末总评成绩。

这种模拟投资教学的优点是，时效性强，可以在正常交易时间内，同时集中学生上机实验，便于老师统一指导和管理，方便集中收集大量完整的原始实验数据，便于以后的反馈、总结和分析。

但是它的缺点也很明显，一方面它需要的实验室占地规模大，需要同时容纳多个

班级，大约一百或几百名不等的学生同时上机；另一方面，建设模拟实验需要购买专业软件，比如 Bloomberg（彭博）终端、WRDS（沃顿）金融数据库、同花顺、万得等，再加上后期维护耗费费用巨大，还需要花费大量的资金用于电脑、空调、投影、桌椅、防火防盗设备等硬件设施的购买及更新换代，总体估算这一整套资金投入规模达几百万元，这对一般学校可能会构成很大压力，而且平时除上课使用外闲置时间比较多，可能使用效率不高。

（二）网络模拟交易

模拟投资教学的第二种形式是网络模拟交易，最常见的比如的“模拟炒股”活动。网络模拟交易的第一种方式是利用便利的网络条件，组织学生在一些财经网站开设模拟炒股账户，让学生参与模拟炒股、炒汇。

网络模拟交易的第二种方式，是利用移动终端下载专门的软件，进行开放式模拟投资交易。目前，可用于模拟股票交易的软件很多，常见的比如中泰齐富通模拟炒股、同花顺模拟炒股、大智慧模拟炒股、通达信、叩富炒股、优顾炒股、富途牛牛、爱投顾股票等。这些软件都可以结合真实股票行情撮合成交，除了资金是虚拟的以外，其他如交易时间、数据都与沪深两市同步，交易操作、行情查看等大部分核心功能也都已实现免费使用，极大保障了模拟操作的真实感。另外，相关软件在“自选股”添加、移除、分类和排序，个股、板块及市场的实时行情，买卖交易、撤单、查询，实时资讯要闻，技术分析指标，数据统计、分析，股票查找等方面的功能也都比较完备，与真实交易并无差异；在交互设计、视觉效果和细节处理上也都较为人性化；在页面布局、功能展示上也比较清晰合理，完全能够满足模拟炒股的实践教学需要。硬件方面，下载运行模拟炒股软件所要求的移动终端配置不高。随着手机、平板等通信工具的广泛普及，大学生基本上已是人手一部手机。因此，学生进行模拟炒股在硬件方面也不存在限制。此外，运营商流量资费的逐步下调、校园 WiFi（无线网络）和公共场所 WiFi 的有序开通，都为移动终端模拟炒股提供了有力的外部环境。网络模拟交易是目前比较流行的一种模拟投资实践教学手段，很多国内高校都先后采取了这种办法。

网络模拟交易这种模拟投资教学模式的优点很明显，它基本不需要学校太大资金投入，也突破了实验室时空规模的限制，方便灵活。缺点是比较分散，不利于老师监督和统一管理，时效性比较差，不利于及时收集完整的各种实验数据。

三、证券投资学模拟投资教学的实施步骤

（一）认真开展模拟投资事前引导，要让学生端正学习态度

在实际教学中可以发现，由于模拟资金的使用具有比较“任性”的特殊性，部分学生认为反正资金是模拟的，并不是真的，认为模拟操作的对错输赢都无关痛痒，因此并不认真对待模拟投资活动，对模拟操作的结果漠不关心。即使亏损严重或盈利很

多，部分学生也不在意，很少思考投资盈亏的深层次原因。甚至，有时候模拟大赛结束时排名靠前的同学是那些“很少”或者“较少”操作的同学——这显然偏离了举办模拟大赛的初衷。

因此，在开展模拟投资前，教师要反复深入强调模拟投资的重要性，及其对提升证券投资实践能力的重要作用，使学生端正学习态度，认真对待模拟投资活动。要让学生认识到成功不能依赖侥幸，要依靠反复大量的交易操作总结对错经验，才能一步一步提高投资分析和操作能力。对学习证券投资的人来说，从认真开展模拟投资，到少量资金实盘操作，到大量资金正式实盘操作，是成为成功者必由之路。

（二）狠抓模拟投资事中指导，保证实训效果

以利用移动终端进行开放式模拟炒股为例，教师在教学中应当努力做到“三个统一”，即统一下载模拟炒股软件、统一讲授软件使用方法、统一创建比赛。

1. 教师指导统一选择下载模拟炒股软件

通常情况下，尽量选择那些任课教师熟悉、软件升级更新快、提供的免费功能多且操作简便的软件。比如，任课教师一直使用业内口碑较好的同花顺炒股软件，对其功能、操作都较为熟悉，那么就可以要求学生统一下载安装，这便于任课教师统一讲授、同步操作，也可以结合当地实际情况，下载当地券商的软件，比如济南当地的中泰证券的中泰齐富通。这样既可以开展模拟操作，以后也可以做实盘操作。

2. 教师课堂统一讲授软件使用方法

大部分学生因为以前从未接触过，初次安装模拟炒股软件时，对大部分功能都不太熟悉。任课教师可以单独拿出 1 ~ 2 个课时集中讲授该款软件使用方法，包括软件主要功能介绍、分时及 K 线图页面的相关盘口术语、初步的交易操作等，指导学生熟悉使用模拟软件。

3. 教师公布比赛规则统一创建比赛

很多模拟投资软件在模拟练习区都会提供一个模拟账号及 10 万元或 20 万元的模拟资金供客户模拟练习，任课教师需要在软件相关网站创建一个比赛。创建比赛，需要设置比赛名称。为了便于监督学生模拟操作情况、及时传递各自收益排名信息，选课学生应该统一账号注册格式，比如姓名首字母 + 学号；统一使用同等规模模拟资金，比如统一使用 10 万元模拟资金；统一模拟投资操作开始时间和结束时间，比如开课学期的前 10 周等。这样，每个人都知道自己的排名及其他人的排名，有利于信息公开和考核公平，方便学生进行比较和交流。

（三）完善监督和激励机制

1. 监督机制

为了便于监督考核，教师可以将学生按班级、专业或宿舍分成小组，每个小组 5 ~ 8 个人，设一名小组长负责敦促、监督、记录组员出勤、课堂学习以及模拟炒股的情

况，并定期组织小组成员学习交流等。小组长可首先从主动担当者中选取，也可以选取曾经有炒股经历或经验的同学，或者正在备考和已考过证券从业资格证的同学，或者学生会干部、社团负责人等担任。然后每个班设置两名课代表（最好是一男一女，便于同性信息交流以及激发性别间的竞争），负责出勤考核、成绩记录、任务传达、问题反馈、疑问解答等，每个课代表下设5～6个小组长。同时，为了激励课代表和小组长本身努力学习并尽职尽责帮助其他人学习与进步，对他们的收益测定可以是加权式的。比如，课代表最终收益＝课代表自身收益×50%＋所负责小组长平均收益×50%；小组长最终收益＝小组长自身收益×50%＋所负责普通学生平均收益×50%。

2. 激励机制

（1）提高实践能力考核占总分数的比重。强化对实践能力的考核，提高实践能力考核分数在课程评价体系中所占的比重，这样有利于激发学生的学习兴趣，从而达到理想的教学效果。在证券投资学考核体系中，可以适当提高过程考核或者能力考核的分数占比，具体占比上限可以根据各自院校的相关文件或实际情况自行制定。

（2）开展现金红包奖励。为了提高学生模拟投资的积极性，可以设置一定金额的现金奖励。奖金的分配和获得主要依据学生职务和模拟炒股收益。比如，两个课代表收益较高的可获奖励40元，较低者没有；小组长收益最高的前两名各奖励30元；普通学生收益最高的前五名各奖励20元。为保证承诺的可信性，可以在期初先行给每个课代表发放100元红包，期末根据各自应得收益由课代表转发。

（3）破格评优激励。破格评优是一种荣誉和精神奖励，可以给获得者带来巨大的精神满足。对于破格评优的设置可以有效提高目标效价，从而激发学生自主努力学习、认真开展模拟操作的动力。破格评优的资格可以根据学生的平时表现以及模拟炒股收益综合测评，比如，过程考核都已参与的，普通学生（无旷课记录）模拟炒股收益排名前15%的，小组长（无旷课记录）最终收益排名前30%的，以及两个课代表（无旷课记录）期末总成绩可直接评为优秀的。这部分同学可以不参加期末考试，直接进入优秀成绩等级。

（四）完善建立毕业生信息反馈档案，反推课程建设

在当前条件下，总会有一部分同学毕业后可能从事证券行业工作，或者自己从事相关投资活动，这些就是我们提升模拟投资教学质量的原因。高校应过积极沟通、调查了解，及时掌握学生毕业后对证券投资课程开展模拟投资教学的评价和反馈意见，并将之反馈到以后的模拟投资教学改革中去。该信息可以通过以下途径获得：一是对毕业后从事证券行业的学生发放调查问卷，或者电话访谈、实地约谈或在校庆或班级周年聚会时等，调查和收集他们对模拟投资教学的意见和建议；二是毕业生个人实际从事证券投资活动后主动提出意见和建议。通过建立毕业生信息反馈档案，为证券投资学课程模拟投资教学和课程建设积累第一手实用材料，从而有效地提升教学质量和水平，也能进一步提升在校学生的培养质量。

参考文献

[1] 李刚，鞠佳．基于移动终端开放式模拟的证券投资学实践教学改革［J］．辽宁工业大学学报（社会科学版），2017（6）：136－138.

[2] 林峰．基于心理素质训练的《证券投资学》实践教学改革研究［J］．山东纺织经济，2017（5）：59－63，51.

[3] 王英姿．应用型本科高校《证券投资学》课程教学改革研究［J］．时代金融，2016（36）：350，355.

[4] 张丽．基于 AHP 的证券投资学实践教学指标体系研究［J］．亚太教育，2016（28）：94－95.

[5] 李刚，鞠佳．基于财商培养的证券投资学课程教学改革［J］．北方经贸，2017（8）：144－145.

[6] 陈卫，郑罡．应用型人才培养目标下《证券投资学》教学改革中的几点思考［J］．金融经济，2017（4）：154－155.

[7] 贾荣言．《证券投资学》模拟化实践教学研究［J］．河北企业，2017（1）：140－141.

作者简介：

齐德华（1972—），济南大学商学院副教授，硕士，研究方向为金融投资。

案例教学法在财务管理教学中的应用

王芳云

摘　要：案例教学法解决了财务管理教学与实际脱节的问题，对财务管理教学具有重要的意义。要使案例教学达到预期目的和效果，应在教师选择案例、学生课前准备、课堂讨论与引导、教师总结与评价方面进行一系列活动。本文还指出了案例教学法存在的主要问题。

关键词：案例教学法；财务管理；应用

一、引言

1829 年英国法学界开始使用案例教学法，1919 年哈佛商学院将它引入商学教育，使其在 MBA 教育中得到长足发展，并对世界管理教育产生了巨大影响，后来案例教学法被广泛用于其他学科，如医学、经济学、管理学、社会学等，是一种深受学生欢迎的教学方法。1979 年我国工商行政代表团访问美国后，将案例教学介绍到国内。谢敬中简单介绍了案例教学法；郑淑芬（2008）介绍了案例教学法的作用、实施环节及需要注意的问题；杭建民、王莉（2003）探讨了财务管理专业案例教学法；杨雪敏（2004）、胡爱荣等介绍了案例教学法在财务管理教学中的应用。这些研究表明，案例教学法已经被越来越多的学者认同，具有一定的理论意义和应用价值，但其不足之处在于缺乏具体操作实例。本文结合笔者多年的教学经验，在介绍案例教学法的概念及意义的基础上，阐述如何运用案例进行教学，并指出案例教学法应注意的问题，以期对财务管理教学有所启示。

二、案例教学法的概念及意义

（一）案例教学法的概念

柯瓦斯基（Kowalski）认为，案例教学法是一种以案例为基础，进行研讨的教学方法。舒尔曼（Shulman）认为，案例教学法是将案例作为教学媒介的一种教学方法。曼莎斯认为，案例教学法可以包括大班级及小团体的讨论、案例里的角色扮演或案例撰写。哈佛工商学院也曾将案例教学界定为：一种教师与学生直接参与共同对工商管理案例或疑难问题进行讨论的教学方法，这些案例常以书面的形式展示出来，它来源于实际的工商管理情景，学生在自行阅读、研究、讨论的基础上，通过教师的引导进行全班讨论。我国的《教育大辞典》将案例教学法定义为“高等学校社会科学某些科类的专业教学中的一种教学方法，即通过组织学生讨论一系列案例，提出解决问题的方案，使学生掌握有关的专业技能、知识和理论。”案例教学有狭义和广义两种：狭义的是哈佛式的案例教学，即教师使用事先写好的案例，组织、引导学员讨论，从中学习管理学知识；广义的则包含各种互动式的教学方法。财务管理案例教学法是在学生学习和掌握了一定的会计理论与财务管理知识的基础上，通过剖析财务管理案例，让学生把所学的财务管理理论知识运用于实践活动中，以提高学生发现、分析和解决实际问题能力的一种教学方法。

（二）案例教学法在财务管理教学中的意义

1. 案例教学符合会计学专业的人才培养目标

会计学专业的培养目标是培养德、智、体全面发展，人文素质与科学素养深厚，基础扎实、实践能力强、具有创新精神的高素质应用型专门人才。财务管理学是会计学专业的一门专业必修课，是理论和实践相结合、具有很强实践性的综合性的应用学科。本课程的总体目标是在学生掌握财务管理学的基本方法、提高财务管理的基本技能的基础上，培养学生扎实的理论基础、较强的实务决策能力。这就要求教师在注重理论教学的同时，更要重视实践教学。在教学中，教师应结合该课程和专业特点，选择典型案例进行教学，引导学生深入角色分析案例，从而培养学生分析问题和解决问题的能力。若财务管理的课堂教学与实际脱节，采用纯理论教学的方法，培养出来的学生就显然不符合上述培养目标，不能满足社会对财务管理人才的需求。

2. 案例教学法具有传统教学方法不可替代的作用

传统教学方法以教师讲授为主，考试时以一些记忆性的问题和选择题代替分析性的问题，课堂讲授过多地强调教师的主导性，忽略了教师和学生的充分交流，不利于学生创造能力的发挥，随着应试教育向素质教育的转变，传统的教学方法已经不能适应社会的需求。案例教学是一种理论联系实际、启发式的教学相长的教学过程，具有传统教学方法不可比拟的优越性。郑淑芬（2008）认为，案例教学法有助于培养学生的创新意识，提高学生分析问题和解决问题的能力，促使学生学会学习，提高学生与人沟通、合作的能力。王青梅、赵革（2009）认为，案例教学法是一种致力于提高学生综合素质，面向未来的教学模式，目的是提高学生对知识理论的理解及应用能力，提高和培养学生的评论性、分析性、推理性的思维和概括能力、辩论能力以及说服力方面的能力和自信心。案例教学法能够使学生认知经验、共享经验，促进学生扩大社会认知面以及激发学生解决一些社会问题的愿望和相关能力，案例教学法也有利于培养和发展学生的自学能力和自主性思维习惯。

三、案例教学法实施的具体程序

一般来说，财务管理案例教学法的实施主要包括教师选择案例、学生课前准备、课堂讨论与引导、教师点评与总结四个阶段。要使案例教学达到预期目的和效果，教师要把握好以下几个环节。

（一）教师选择案例

1. 选择恰当的案例

实施案例教学法，教师对案例的选择至关重要，这是案例教学法能否有效实施的前提和关键。教师精心选择的案例，可以让学生有针对性地开展准备工作。宋媛媛、黄庆阳（2006）认为教学案例从整体而言，应具有内容完整、基本要素一致的特点，从单个案例而言，应具有实用性、典型性和理论与实践相结合的特点。谭爱强（2009）认为选择案例时应把握目的性、时效性、启发性、真实性的原则。目前可以利用的案例资料包括国家政策、股市行情和企业财务报告等；另外，王棣华（2016）的《财务管理案例精析》，王化成、欧阳宗书（2016）的《财会案例评论》，周炜（2016）的《财务管理案例分析》，汤谷良、何瑛（2016）的《上市公司财务管理案例》，汤谷良、韩慧博、祝继高（2017）的《财务管理案例（第三版）》等著作，也提供了大量的具有中国特色的公司案例。

2. 实施的时间

案例准备工作需要学生花费大量时间，因此教师通常在讲完财务管理学第一章总论和第二章财务管理的价值观念后，学生学习了财务管理的概念、特点、财务管理环境、财务管理的目标，掌握了时间价值、风险报酬等相关理论后，结合财务管理专业的教学内容，提供三个综合性的案例（包括筹资、投资、利润分配方面），让学生进行案例分析。提前布置可以使学生有充裕的时间进行准备，在后续教学过程中，每次讲完相应的章节和内容后，教师应利用一节课，组织学生分析、讨论和归纳案例，从而发现问题、分析问题和解决问题，作出决策或提出建议。通过这种教学互动，有助于加深学生对理论知识的理解，使学生所学的理论知识能与实践结合起来。总之，案例教学的进度与课堂理论教学进度，从时间和内容上应该相辅相成。

（二）学生课前准备

济南大学的财务管理学是在大三上学期开设的，在学生已学完基础会计、中级财务会计，学生掌握了会计基本原理和会计核算流程的基础上，系统掌握财务管理学的筹资决策、投资决策、营运资本决策、分配决策的基本理论及实务决策方法。此时学生已经有了一定知识积累，掌握了基本专业理论知识，但如果案例过多，则会加重学生的学习负担，因为学生不可能有那么多的时间来分析、研究和讨论案例。因此，一般将一个自然班级拆分为3个小组，每组10人左右，由班长和学习委员根据专业特长、性别等确定每组的成员，每个小组分别准备一个案例。学生通过阅读案例材料，查阅指定的资料和读物，收集必要的信息，在了解案例的各个细节与数据后，对数据进行整理，抓住问题的关键，初步形成关于案例问题的原因分析和解决方案，在该阶段各小组应完成相应的讨论发言材料并做成PPT。

（三）课堂讨论与引导

集中讨论是案例教学实施的重要环节，每次教师讲完相应的章节后，各个小组要派出自己的代表，在课堂演讲准备的内容，发表本小组对于案例的分析和处理意见，并对其他小组成员及老师提出的质疑进行解答，发言时间一般控制在30分钟以内，本小组的其他成员可以代替发言人回答问题。小组间也要互相交换观点，学生在积极发言阐述自己观点的同时，也要认真聆听其他人的见解，这一过程是学生发挥的过程，教师应充当组织者和主持人的角色，进行积极的课堂引导，教师可以提出几个意见比较集中的问题和处理方式，组织各个小组对这些问题和处理方式进行重点讨论，从而将学生的注意力引导到问题的合理解决上来，使学生对案例所反映出来各种问题有一个更加深刻和完整的认识。

（四）教师点评与总结

由于案例的答案经常不是唯一的，教师现场点评需要总结案例讨论的结果，针对与案例有关的资料及整个讨论情况进行归纳、评价，阐明案例分析和评价的重点和难点。同时，教师要对学生在讨论中提出的解决问题的思路、途径等进行总结评价，对发言学生的表现给予评价。对学生的学习成果进行考核，是案例教学法的必不可少的环节，教师要将学生课前的准备及讨论的参与情况列入考核目标，以增强学生学习的动力。为了鼓励学生积极参与，教师要对学生采用多元化的评价考核，综合考虑学生案例准备是否充分、资料是否翔实、思路是否清晰、重点选择是否科学、能否抓住主要问题及其实质等，以小组为单位打分。

四、案例教学法存在的问题

尽管案例教学法具有许多优点，但它也存在着许多问题和难点，如课时有限、存在学生“搭便车”的现象、经典案例不足等。

（一）课时有限

财务管理课程包括大量的财务理论和财务计算等内容，然而财务管理课程课时有限。例如济南大学财务管理课程共84课时，教师完成教学大纲的任务已经很紧张，再进行案例分析则显得更为困难。每学期只能针对财务管理的重点内容选择三个经典案例，让学生参与，不能将学生实质性地由学习的客体转变为主体。

（二）存在学生“搭便车”的现象

由于案例教学法侧重于分析案例，对学生学习的主动性和自觉性要求较高，要求学生在课前、课中进行认真的准备，将所学知识进行系统预习和灵活运用，需要学生有很好的配合。部分学生由于习惯了“灌输式”教学，即“老师教什么，学生听什么”的知识传递方式，不能积极参与到案例讨论中，不习惯主动发言、主动参与讨论，因此不容易融入案例的探讨中；或是出现完全相反的局面，学生发言内容过于分散影响教学。学生可能会沉默寡言或发言偏离主题，无法达到既定的课程目标，而且，案例教学的课堂对班级人数也要有所考虑，人数过多不利于案例讨论。可现状是大多数教学课堂人数都较多，因此，案例教学法的成效可能因学生背景、学科类型及班级人数而异。

（三）经典案例不足

案例自身也有其局限性，很多案例参与者没有亲身经历，案例所附的研究问题很难全部适用，恰当的案例难以选取，自编案例费时费力同时也受到教师自身学识的限制；不当的案例会适得其反，使学生无法掌握学习的要点和理论知识。这就要求教师花费比平常更多的时间准备熟悉教材和准备案例，从而加重了教师的负担。

总之，通过案例选择、学生准备、课堂讨论与引导、教师总结与评价考核等方面的一系列活动，案例教学法解决了财务管理的课堂教学与实际脱节的问题，达到了预期目的和效果，同时应注意案例教学法存在的主要问题，这也是今后我们要努力研究的方向。

参考文献

[1] 武亚军，孙轶．中国情境下的哈佛案例教学法：多案例比较研究［J］．管理案例研究与评论，2010，3（1）：12－25.

[2] 王青梅，赵革．国内外案例教学法研究综述［J］．宁波大学学报（教育科学版），2009，31（3）：299－301.

[3] 谢敬中．案例教学法简介［J］．成人教育，1983（6）：30.

[4] 郑淑芬．案例教学法的作用、实施环节及需要注意的问题［J］．教育探索，2008（4）：56－57.

[5] 杭建民，王莉．财务管理专业案例教学法探讨［J］．天津大学学报（社会科学版），2003，5（1）：68－70.

[6] 杨雪敏．案例教学法在财务管理教学中的应用［J］．教育理论与实践，2004，24（8）：43－44.

［7］胡爱荣．案例教学法在财务管理教学中的应用［J］．会计之友，2005（4）：59.

［8］宋媛媛，黄庆阳．案例教学法在财务管理教学中的应用研究［J］．湖北经济学院学报（人文社会科学版），2006，3（6）：154－155.

［9］王丽南，于晓红．案例教学法在财务管理教学中的应用［J］．财会通讯，2009，3（6）：154－155.

［10］谭爱强．论案例教学法在高职财务管理教学中的应用［J］．教育与职业，2009（12）：116－117.

［11］黄艳艳．案例教学法在财务管理专业教学中的应用［J］．中国乡镇企业会计，2011（10）：163－165.

［12］陈德智．管理案例编写与教学［M］．上海：上海交通大学出版社，2005.

［13］王棣华．财务管理案例精析［M］．北京：中国市场出版社，2014.

［14］王化成，欧阳宗书．财会案例评论（第2卷第1期）［M］．北京：北京大学出版社，2016.

［15］周炜．财务管理案例分析［M］．上海：立信会计出版社，2016.

［16］何瑛．上市公司财务管理案例［M］．北京：经济管理出版社，2016.

［17］汤谷良，韩慧博，祝继高．财务管理案例［M］．北京：北京大学出版社，2012.

作者简介：

王芳云（1968—），济南大学商学院讲师，研究方向为财务管理。

基于“先做人，再做事”理念的创业成功学课程改革研究

王庆东

摘　要：培养大学生创业精神和提高大学生创业素质是创业教育的主要内容。针对大学生群体的特点，本文归纳了高校创业成功学课程存在的问题，探讨了创业成功学课程的改革方案，提出在创业成功学课程中彰显“先做人，再做事”的理念，引导大学生走上先做人、再做事、后成功的发展之路。

关键词：创业成功学；大学生；创业素质

随着世界经济的日益发展和全球化的进程，国内和国际市场对具有高技能和创新工作能力的高学历人才有着越来越广泛的需求。对初涉市场经济的毕业生来说，创业教育可以有效提高他们的知识和技能，激发创新潜能，挖掘创业潜力，为他们的创业做好前期教育，避免由于自我定位和市场定位把握不准而导致创业失败。但由于大学生成长环境及创业教育内容局限等的影响，许多大学生不会与人沟通，处理人际关系只靠在社会中摸索，会走许多弯路。高校创业成功学课程有必要增加并扩充大学生人际关系方面的内容，彰显“先做人，再做事”的发展理念，从而使大学生在构建良好人际关系的基础上，在创业过程中降低风险，实现创业梦想，体现自身价值。

一、大学生群体的特点

大学生的心理正处于逐步走向成熟，但尚未达到一般成年人真正成熟的阶段。当代大学生朝气蓬勃，思维敏捷，创造力强，在自我意识、思维能力、情感和意志等诸多方面较青少年时期已相对成熟，但仍有主观、幼稚、片面的一面。大学生群体有以下特点。

1. 情绪波动大，对情绪的控制能力有待提高

大学生活与中学生活完全不同，校园活动更为丰富，大学生也开始逐步接触社会。大学生的情绪控制能力与他们对周围环境和对个人的认识的发展有密切关联。如果受到内心需要和外界环境影响的强烈刺激，他们的情绪容易产生较大波动而表现出两极性，既可能在短时间内从高度的振奋变得十分消沉，又可能从冷漠突然转为狂热，从而造成消极的后果。这种情况常使一些大学生陷入理智与情感的矛盾和冲突之中，从

而感到十分苦恼。大一新生刚进校，基本上处于对学校的认识比较模糊和较为谨慎的阶段，情绪波动的原因多为远离家乡独自求学的孤独和对新生活的不适应；而大二、大三的大学生情绪波动较为明显，自我怀疑的频率显著提高。经过了大一时期对学校环境的适应及认识不断深入，这个时候各种问题开始暴露出来，在处理诸如人际关系冲突或者其他类似问题时，遇到的情况更为复杂，再加上他们对自身要求较大一有显著提高，因此情绪波动较为明显，挫败感、自我怀疑是最常见的问题，达不到自己的预期标准常常让大二、大三学生无比困扰；处于大四阶段的学生，经过了大学四年的洗礼，他们的社会化程度相比较而言可能更高，对社会和自我的认识也相对较为深入，对自我情绪的认识和掌控水平也相对较高。由此可见，大学生对自我情绪的认识和掌控在不断发展的过程中，还会表现出不同阶段的不同特点。

2. 自我认知进一步发展成熟

在大学生时代，恰当地认识自我，实事求是地评价自己，是自我调节和人格完善的重要前提。目前大学生对自身的认识总体比较清楚，对自身的评价也较为积极和正面，但还不能很好地给自己定位。他们迫切要求深入了解自己和发展自己，十分重视维护自己的名誉，更希望得到别人的尊重和理解。有少数人难以充分了解和正确认识自己，不能坦然承认自己和欣然接受自己、欣赏自己，常因为缺乏自信而妄自菲薄。他们一旦遇到自己无力解决的困难或遭遇到某种挫折时，就容易产生对现实不满的过激行为或强烈的自卑感，自暴自弃，甚至导致行为失控。

3. 抽象思维迅速发展，但主观片面性较强

在接受高等教育的过程中，大学生的抽象思维获得了迅速发展，并逐渐在思维活动中占据主导地位。他们不再听从老师和家长所灌输的思想，而是遵循逻辑的规律，自己试图对问题进行独立思考，尝试全面地看问题、独立地认识问题和解决问题。思维的独立性使其批判性有所增强。大学生群体对信息的接收虽快，但略带盲从，对于媒体上纷繁复杂的信息缺乏准确的判别力；同时，大学生的社会阅历不够丰富，他们常常把问题看得过于简单而陷入主观、片面和“想当然”的境地。因此，大学阶段他们的思维能力发展尚处初级阶段，思维的广阔性、深刻性和辩证性都需要进一步提高。

4. 心理承受能力较弱，意志薄弱

大学生群体遭遇的问题主要有：学业、人生规划、人际关系、恋爱、家庭关系、经济等方面的问题。由于能力和经验的不足，大学生中的相当一部分人面对问题时心理承受能力较差，情绪容易受到严重影响，在行为上不知所措。一些从小父母娇生惯养、过度溺爱的大学生，一旦遇到不如意的事情，则表现得蛮横无理、不讲道理，或者作出一些违反社会规范的反常举动，而一些性格内向的大学生，由于不善于与人交往，面对挫折则会感到抑郁。

综上所述，大学生心理发展尚处在一个不成熟的阶段。对大学生自身而言，正确认识自身心理发展的水平和特征，尤其是迅速弥补和发展尚未成熟的一面，有利于日后积极健康的心理发展和做好走向社会的积极准备。

二、高校创业成功学课程存在的问题

目前，越来越多的高校开展了创业成功学课程，并取得一定的成效。但是，我国的创业成功学在目标确立、培养模式、课程设置、师资配备、实践体系等方面，依然存在许多问题，这严重影响了创业成功学课程的教学效果。

1. 教学目标模糊，忽略了大学生的特点

创业成功学以人为本，融合教育学、人才学、伦理学、心理学、历史学、社会学是一个集多学科为一体的交叉性学科。许多普通高校多将创业成功学教学的重点放在课本知识和技能培训方面，而且学生在进行实习的时候，学校也多安排固定的工作岗位给学生。但是经济的发展需要创新，创业成功学也要适应社会的快速发展，要针对学生的特点进行不断地改革和创新。目前许多学校还无法意识到对学生进行创业教育的意义，在日常教学当中只是将创业成功学课程当成学生实习或者工作之前的就业指导之一，同时创业教育也常常忽略大学生在人际交往和沟通方面存在的问题，片面传授脱离实际的创业理论，这使得许多学生在创业方面得不到适当、完整的指导。

2. 课程设置不科学，针对性较差

创业成功学课程是高校开展创业教育活动的载体，是实现创业教育目标的关键。发达国家创业成功学课程设置大多具有系统性、开放性、针对性等特点。目前，我国创业成功学课程设计缺乏系统的规划，其针对性和操作性等方面也存在着严重的不足。有些高校开展的创业成功学课程与学生专业、学科的基础知识相脱节，不能发挥学科优势。大多数的国内高校没有将创业成功学课程作为一门系统化的素质教育课程来设置，有的高校甚至简单地把创业成功学等同于职业规划，教学内容就是在就业指导的基础上加入部分创业内容。目前，创业成功学课程还没有引起足够重视，且创业成功学课程与专业课程之间的关系并未被处理好。创业成功学在大多数高校只是在经济学院和商学院开设的选修课，或是全校公共选修课，很少有专业或专职的教师对学生创业进行系统指导。学生修课的目的，也更多地停留在“混学分”的低层次认知上，根本没有意识到创业素质培养的重要性。

3. 创业教育内容不完善

现在我国大多数高校没有完善的创业教育教学体系。在创业教育教材的选择上，高校较为普遍的做法有两种：一是将国外的创业学教材直接翻译使用，造成教材讲述的内容与中国市场实践严重脱节；二是将国内外零散的创业案例稍加梳理印刷成册，造成教学内容太过“就事论事”，缺乏对创业活动普遍规律的提炼，缺乏普遍的指导意义。在进行教学的时候，多是按照老师的想法进行讲授，无法真正根据不同学生情况给予针对性的指导。同时在进行专业课程教学的时候，过多地将重点放在理论教学方面，而忽略了增加创业教育的内容，使得学生无法将自身的专业知识与创业过程进行结合，影响了学生创业的成功率。

4. 缺乏专业的教师队伍

我国在推行创业成功学方面没有完善的支持措施，在专业教师方面还有明显的不足。许多教师只是凭借自身的经验或者课本的内容进行教学，无法形成比较完善的教学体系。由于创业成功学具有比较强的合理性和实用性，因此，创业成功学课程的教师不仅需要具备完整的理论知识，还需要具有较多的创业经验，但是实际工作中很难使教师兼顾两者，从而符合创业成功学课程的要求。

5. 创业实践体系不完善

目前，尽管一些学校已经开设创业成功学课程，但是只是理论上的学习，没有提供实际的实践机会，而且许多学校多将创业的场地设置在校园内，使得学生可以发挥的空间明显缩小，这样不仅无法使学生完成创业的目标，也会影响学生进行创业的积极性。

三、高校创业成功学课程的改革方案

在知识经济时代，一个优秀的创业者，必是一个善于创新的人，而创新人才的培养则取决于高校正确的、与时俱进的创业人才培养目标和培养体系。

1. 针对大学生的特点，改革人才培养目标，创新课程体系

专业教育是创业教育的基础，创业教育则是专业教育发展的趋势，要加强二者的融合。首先，要将创业教育理念渗透于整个高校教育课程体系中，在人才培养体系内，考虑创业教育课程的设置，才可能取得良好的效果。在编写或选择教材时，要针对创业教育的不同阶段和学生的不同需求，既要注重内容的通识性、基础性和全面性，又要强调实践性、创新性和个性化。其次，要加强创业成功学课程与专业课程的融合。创业成功学有利于加深学生对专业知识在市场应用、实践操作方面的理解，有利于激发学生对本专业的学习兴趣。要尽可能地把创业成功学课程融入高校通识教育体系和专业教育体系中，教师要结合专业课特点，尽可能地把专业知识与创业知识相联系。理论课程的重点是要引导大学生基于自身的专业背景去寻找创业机会，针对不同专业的学生有所侧重。再次，创业成功学课程要结合大学生的特点。大学生群体思维开阔，但是人际关系处理及沟通能力较差，创业成功学课程要重视大学生的心理成长教育，在内容安排上要体现“先做人、再做事、后成功”的理念。最后，创业成功学课程必须引入实践课程，实践课程才最能体现创业成功学的特点和本质。高校要加强创业实践基地的建设力度，让学生将学到的创业知识和技能运用于实践操作。创业实践有校内模拟实践，如高校举办的创业计划大赛；有校外创业实践，校企合作背景下的创业实践是一种更接近真实状态的创业尝试。

2. 加强课程设置的覆盖力度和科学性

考虑到目前国内高校的实情，创业成功学课程可以以通选课的方式向全校开放，让有志于创业的学生都能得到良好的创业教育，但必须加强考核，不能让其沦为“混学分”的课程。

3. 重视创业成功学课程教师的选择与培训

首先，高校要选聘既有一定创业理论知识，又有一定创新精神的高素质专任教师。其次，要大力鼓励教师“走出去”，到企业中挂职锻炼，这是增强教师实践经历最有效的方式。最后，还要将教师“请进来”。剑桥大学的创业教育师资，不仅有来自“世界500强”的大企业、国际知名银行、国家经济部门的高层管理者，还有来自财务、营销、人力资源等相关领域的资深专家，多元化的师资使学生的视野得到了有效拓展。我们也要学习这种经验，多设立一些“优秀企业家进校”的项目，让学生能近距离了解市场发展和创业者的生存状态。

4. 帮助学生树立正确的创业观念

对于接受创业成功学教育的大学生，我们要让其明确创业成功学不仅仅是用来创办新企业，更重要的是学习创业者解决问题的思维方式，提高识别和把握机会的能力，学会高效整合资源，学会构建良好的人际关系，强化判断力和执行力的训练。创业成功学的核心就是要培养学生的“企业家精神”——善于把握机会、敢于创新、理性冒险、团队精神等，这些素质是在任何一个工作岗位上都是十分需要的，也是职业生涯能否取得成功的关键要素。我们还要让学生认识到，其实与创业者的个人素质、团队组建和资源整合相比较而言，资金并不是创业的最大障碍。

四、结语

高校在推进创业成功学课程发展的同时，应充分重视它对提升大学生未来竞争力的重大意义，积极借鉴国外创业教育的先进经验，针对大学生的特点，在确立教育目标、优化课程设置和增强师资配备等方面作出科学规划，为创业成功学课程提供有力支持。

参考文献

［1］杰弗里·蒂蒙，小斯蒂芬·斯皮内利．创业学［M］．周伟民，吕长春，译. 北京：人民邮电出版社，2005.

［2］李晓元．关于大学生创业教育的理性思考［J］．科教导刊，2012（10）.

［3］刘洋．中外高校创业教育模式比较研究［J］．徐州师范大学学报，2012（11）.

［4］罗梅．英美高校创业教育对我国高校创业教育的启示——以剑桥大学和斯坦福大学为例［J］．钦州学院学报，2012（8）.

［5］张玉利．创业管理［M］．北京：机械工业出版社，2015.

作者简介：

王庆东（1967—），济南大学商学院讲师，研究方向为电子商务、商务谈判。

多元化课程考核评价方式创新实践研究
——以济南大学计量经济学课程为例

薛　珑

摘　要：针对传统的课程考核中普遍存在的注重终结性考核忽视过程性评价，注重考核知识内容忽视评价实践能力的现象，为切实提高济南大学经济类专业人才培养质量，计量经济学课程在修订的教学大纲的基础上，大胆进行了多元化课程考核评价方式创新实践研究。多元化课程考核评价方式除包括传统的期末课程考试外，还增加了上机实践操作、撰写课程论文、书面综合作业等多种评价方式，在学期的不同时段分别对学生开展考核评价。这种多元化课程考核评价方式，实现了课程考核评价的真正价值，使学生从知识的被动接受者，转变为知识的主动寻求者，有助于提升学生的研究能力与实际工作能力、社会实践能力与创新思维能力，最终提高学生的综合素质。

关键词：多元化；课程考核评价；实践创新

一、引言

教育教学评价是根据一定的教育价值观或教育教学目标，运用可行的科学手段，通过系统的收集信息资料和分析整理，对教育教学活动、教育教学过程和教育教学结果进行价值判断，为提高教育教学质量和教育教学决策提供依据的过程。教育教学评价的方方面面都体现出一定的教育教学思想、教育教学目的和价值取向，而课程考核评价作为教育教学评价的一个分支，是学校、教师客观评价学生的总体表现及对课程知识掌握程度的一种方式。课程考核评价因其作为改进教学目标、优化教学方案、促进学生发展的有效手段，可以为教师提供必要的反馈信息以调整和改进教学，提高教学水平，因而成为高等学校教学工作的一个重要环节。

随着我国高等教育大众化进程加深，全社会对高等教育质量的关注达到了前所未有的程度，作为人才培养质量关键环节的课程教学，成了各级各类教育学者、教师及教育管理人员探讨与研究的热点环节。与此同时，贯穿此过程中的教学质量问题，包括课程考核评价的实施理念和实践过程存在的问题，也引起了广泛的关注和研究。

二、多元化课程考核评价方式创新实践的现实背景

传统课程考核评价体系是基于传统教育理念的基础，有一定的合理性和便捷性，在一定程度上提高了课堂教学效率。然而随着新教育理念对高等教育领域的整体冲击，传统教育教学中以教材为中心、以教师为中心、以课堂为中心的“三中心”理念逐渐被分崩瓦解。“以学生为中心”成为各项高等教育教学改革创新的出发点和落脚点。考核是教学的指挥棒，没有多元化的课程考核评价方式，就不能科学地引导学生的学习兴趣；若是考核方式不完善，在考核中不能充分考虑和体现学生的个性，就不能真正地激发出学生的创新意识和创新思维，也就不能很好地挖掘学生的潜力。传统课程考核评价方式的单一，评价形式僵化，缺少对学习过程的评价，考核评价指标体系与课程培养目标体系脱节，评价反馈机制缺失等弊端日益显露。有学者形象而又具体地概括了传统课程考核评价方式的弊端，即“五多五少”——“闭卷多，开卷少；笔试多，口试少；理论多，实践少；统一考试多，因材施考少；一次定性结论多，数次综合评价少”。

计量经济学是济南大学商学院经济类本科专业的核心课程之一，它是以一定的经济理论和统计资料为基础，运用数学、统计学方法与电脑技术，以建立经济计量模型为主要手段，定量分析研究具有随机性特性的经济变量关系。该课程是广泛用于社会经济实证研究的重要工具，学习和掌握这门课程，可以使学生掌握现代经济学研究和经济分析的基本理论与方法，能够建立和应用计量经济学模型分析现实经济问题，提高学生发现问题、分析问题、解决问题的能力以及运用计量经济学理论与方法分析、解决相关领域实际问题的能力。

计量经济学课程的内容具有理论较为抽象、实践应用灵活的特点。在济南大学过去的计量经济学课程考核中，一直采用的是标准化、规范化的试卷考试方式，即以学生考试分数的高低来评价学生学习成绩和对教学内容的掌握程度，只能考共性的、统一的东西，学生的个性很难得到体现，不利于全面地考核学生的知识、技能与能力。这种考核评价方式，抹杀了学生的个性，不利于学生创新思维的挖掘和创新意识的培养。考核内容依附教材，过多强调逻辑的严密性、思维的严谨性，以课堂、教师、教材为中心命题，题型标准化，内容教材化，不利于学生发散性思维和创造性思维的培养。考核形式以每学期期末考试为主，期末考试成绩占总考核成绩的70%，而平时成绩只占30%，且平时成绩中缺少过程性考核，这种考核评价方式所形成的分数，被作为划分学生等级的依据，不利于激发学生的学习热情，不利于培养学生的创新精神。与此同时，这种考核评价方式，仅仅是为了考核而考核，难以通过考核对学生在学习方面存在的问题进行认真、系统的分析，难以通过考核反馈指导教师在教学中加强教学改革，难以有效地促进教学水平的提升；在考核评价中往往只注重了理论考核，而没有注重实验和实际应用能力的考核。

三、多元化课程考核评价方式创新实践措施

综上所述，在过去的计量经济学课程考核中普遍存在着注重终结性考核忽视过程性评价、注重考核知识内容忽视实践能力评价的现象，长此以往将不利于教学质量和学生素质的全面提高。为了切实促进教学质量的提升和进一步培养经济学专业本科生的专业实践能力与创新思维能力，济南大学已经在2014版本科培养方案中，针对计量经济学课程的教学大纲进行了修订，主要体现在保证48个理论学时基本不变的前提下，增加了16学时的上机实践学时。但要真正落实多元化课程考核评价方式创新，仅仅修订教学大纲还是不够的，还需要对课程考核评价方式进行全面的改革与创新，在具体实践中一一落实。

计量经济学课程全面开展多元化考核评价理论考核方式创新的实践措施具体为：考核评价方式包括传统的期末理论考核，占比50%，还增加了上机实践操作、课程论文写作、书面综合作业等多种评价方式，共占比50%，不同的考核评价方式在学期的不同时段分别开展，如表1所示。

表1　　　　计量经济学多元化课程考核评价

序号	考核评价内容	具体形式	考核占比	考核评价目的	考核时间
1	书面综合作业	每章节后自选1～2题	10%	对学生理论知识掌握程度的考核	授课全过程
2	上机实践操作	7次分章节上机操作加1次综合上机考核	20%	对学生上机实践操作能力的考核	授课全过程
3	课程论文写作	论文	20%	对学生用理论指导实践，解决经济问题综合能力的考核	授课后期
4	期末理论考核	闭卷	50%	对学生课程理论知识综合掌握能力的考核	课程结束

另外，在多元化课程考核评价方式的具体实践中，还需时时注意教师与学生两大主体的有效配合，从而更好地完成整个考核评价。教师在做考核准备工作时，还要及时收集学生在学习过程中的常见问题和信息反馈，随时将具有共性和特性的问题纳入课程考核评价中。学生则要积极配合教师，充分利用课上和课下时间完成各项课程考核任务。

对教师来讲，在具体工作中应注意：①教师在设计上机考核问题时，必须重视考核问题的可行性，具体性，真正激发学生讨论探究的积极性。综合考核问题的选取应紧密结合经济热点问题、焦点问题，需要具有启发性和可操作性，同时考虑学生的理解和接受能力。②学生进行课程论文选题时，往往是选择现实的社会经济问题，教师可提供几类选题方向，让学生参阅已有的建模案例和研究报告，启发引导其选择符合自身能力范围的选题。③教师要定期检查学生的理论学习、上机操作等考核任务完成

情况及其所遇到的问题，根据学生的掌握程度，进行学习过程中有针对性的指导，督促学生在规定的时间内，按照规范的格式撰写课程论文并及时上交。

对学生来讲，多元化课程考核评价方式将考核贯穿于课程教学全过程，因此学生在学习之初就能明确课程的学习目标，应注意全程积极配合与认真对待：①充分利用集中上机时间，结合具体任务认真练习软件操作，有问题及时向教师求助。②在课程论文的写作中，学生需要有较丰富的经济学理论知识，而且要求前期有较全面的知识储备，包括大量阅读相关文献资料及了解社会热点问题等，在课程论文初步独立完成后，还可以通过学生及师生间的多次讨论，不断进行修正和完善。总之，多元化课程考核评价方式会占用学生不少的课余时间，这就要求学生要具有较强的主动性。

四、结语

开展多元化课程考核评价方式创新实践，将形成性评价与终结性评价相结合，对学生的整个学习过程进行更科学合理的评价，有利于全方位观察学生的智力特点和学习类型，因材施教的同时增加教学的趣味性与互动性。只有这样，才能实现课程考核评价的真正价值，使学生从知识的被动接受者转变为知识的主动寻求者，不但对提高课程教学效果将起到事半功倍的作用，更能提升学生的研究能力和实际工作能力，提升学生的社会实践能力与创新思维能力，最终提高学生综合素质，进行多元化课程考核评价方式的创新实践研究是切实提高济南大学经济类专业人才培养质量的迫切需要和有力保障。

参考文献

[1] 徐伟民，黄俊华. 基于学生发展的多元化课程学习评价方式改革的理论与构建［J］. 武汉轻工大学学报，2016（4）：107－109.

[2] 张蕤，徐鹏，方明峰. 基于过程性评价的、多元的地方综合性高校课程考核方式［J］. 重庆理工大学学报（社会科学版），2014（4）：129－133.

[3] 田翠杰. 本科计量经济学“任务驱动型”实验教学体系设计［J］. 教育教学论坛，2017（10）：279－280.

[4] 姜丽丽. 计量经济学课程教学改革探索［J］. 经济研究导刊，2011（26）：258－259.

[5] 韩春蕾，罗文海，相静. 形成性评价在医学类院校统计学专业课程考核中的应用——以计量经济学课程为例［J］. 卫生职业教育，2015（2）：26－27.

作者简介：

薛珑（1977—），济南大学商学院副教授，博士，研究方向为应用经济学。

国际经济与贸易专业实践教学与应用型人才培养研究

杨卫红　赵　惠

摘　要：国际经济与贸易专业需要培养具有较强的实际操作技能、良好的创新能力、沟通应变能力和团队协作能力的适应国际化发展需求的高级应用型人才。其中，较强的实际操作能力是应用型人才培养的基础，因此，加强实践教学，培养社会、企业急需的应用型人才，是国际贸易专业的教育教学改革方向。

关键词：实践教学改革；应用型人才；校企合作

一、国际经济与贸易专业实践教学的意义

实践教学是高校应用型人才培养的重要环节，实践教学质量的好坏直接关系到高校的人才培养质量。高等院校要提高教学质量，必须从强化实践教学、加强学生创新能力的训练等方面着手。在国外，实践教学已深深根植于各大学的办学理念之中并形成制度化。以美国麻省理工学院、加州大学伯克利分校和英国剑桥大学等世界一流大学为例，在其办学理念和使命中，都渗透了实践教学的思想，并通过多种途径培养和提高学生的实践能力，日本的大学也十分强调实践教学的重要性，推行了企业实习制，以强化学生的实践能力。

我国对高等院校的实践教学体系改革非常重视，《国家中长期教育改革和发展规划纲要（2010—2020年）》中提出，要加强实验室、校内外实习基地、课程教材等基本建设，深化教学改革，支持学生参与科学研究，强化实践教学环节。教育部发布的《关于全面提高高等教育质量的若干意见》（教高〔2012〕4号）中提出，要创新人才培养模式，强化实践育人环节等。

国际经济与贸易专业是一个实践性、应用性、综合性很强的专业，重点培养应用型国际贸易人才。济南大学所在的山东省是全国对外贸易大省，该省对国际贸易应用型人才有着很强的市场接受能力和就业吸引力。因此，根据国际贸易发展的特点，结合我校的自身优势，加强实践教学，培养学生的动手能力、实践能力，培养社会、企业急需的应用型人才，是商学院国际贸易专业的教育教学改革方向。

二、国际经济与贸易专业实践教学中存在的问题

目前，济南大学国际经济与贸易专业的实践教学主要包括两方面的内容，即校内实践教学和校外实践教学。其中的校内实践教学主要包括课程教学中的案例教学和模拟实训。校外实践教学是与学校当地的外贸公司密切合作，建立校外实践基地，定期安排学生去实习。这两种实践教学方式有机地结合才能够提升学生的动手能力，但是因为存在以下问题，所以国际经济与贸易专业的实践教学还有待进一步加强。

（一）教学中重理论教学、轻实践教学

我校国际经济与贸易培养方案 2014 版中涉及实践教学的专业核心课程大约有七门，这些课程都是以课堂的理论教学为主，在培养方案中，尽管每一门课程都有实验学时，国际贸易实务有 8 学时，外贸单证实务有 4 学时，其他课程也有相应的实验学时，但相比理论教学的时间还是偏少，不足以完成教学实验的基本要求，实践学时最多的国际贸易实务课程的实践教学，仅占总课时的 17%，其他课程实践教学学时的比例更低。

（二）实践教学模式单一，实验项目缺乏综合协调

我校国际经济与贸易专业使用的是 Sim Trade 外贸实习平台和外贸单证实务教学系统等，开展形式是教师选定实验项目进行讲解。在大多数情况下，教师都是选择一单的进出口贸易业务流程作为教学的主体，通过引导和模拟平台的帮助，让学生扮演模拟贸易环节的辅助角色，这些角色包括贸易的出口商、贸易的进口商、贸易的供应商、银行等，进行进出口贸易整套流程的演示和操作。

在实际教学中，实验课程的教学学时零散，教学内容随意性大，而且实验内容没有基于课程群体系的统筹安排，有时重复，有时缺漏。

另外，课程的考核方式在一定程度上也使实验课流于形式，课程的结业考试成绩基本以书面考试成绩为准，不包括实验课成绩。这一方面加大了教师安排实验课的随意性，另一方面也导致学生不能积极按照要求完成实验。

（三）校外实习基地建设薄弱

外贸公司一般规模较小，校外企业在接收实习生时，能接收的人数有限，加上外贸公司担心客户信息的泄露，不愿意接纳短期实习的学生。这样就使学生实践锻炼的平台不足，对该专业的实践教学产生了影响。

（四）学校重视不够，实验专业教师素质有待提高

现阶段我国的高校教师大多是毕业后直接分配到学校的，社会实践经验少，而实践教学中的课堂案例多是真实存在的，需要教师有丰富的外贸实践经验。另外，外贸

业务随着物流技术和信息技术的发展，具体的操作方式也日新月异，即便是有实践经验的年长的教师，也会因为长时间不接触外贸业务，而不能及时掌握外贸领域发生大的变化或者新的发展，使得国际经济与贸易实践难以合理有效展开。

三、国际经济与贸易专业实践教学改革措施

（一）增加实践教学的比重，整合课程资源

可以适当减少理论教学的学时，增加实践教学学时。首先，在理论讲授后增加案例分析。在完成每一章节的课堂讲授教学后，教师从案例教学资源库中选取相应章节的案例，准备案例讨论。将学生分组，每组3~4人。学生小组对案例做分析，其他小组对分析作出评价，最后教师进行综合点评。该阶段的教学目的是使学生将书本知识结合实际，做到融会贯通。其次，教师应设计以能力为导向的实践教学项目。这种实践教学是开放性的，不以课程为基础，而是以学生的能力培养为目标。在低年级开设以锻炼函电处理能力、单证处理能力的实验项目，锻炼学生用外语准确地撰写询盘、发盘、还盘、接受、催证、改证等业务处理函电的能力；锻炼学生运用计算机制作各种外贸单证的综合能力等。针对高年级的学生，主要开设以锻炼商务谈判能力、业务操作能力以及人际沟通能力为主的实验项目，学生在参与过程中遵循“不卑不亢、互惠互利”的谈判原则，用外语进行业务谈判和进口业务谈判，最终达成共赢的贸易协议。

另外，为了弥补课内实践的单一和不足，高校应组织学生参加行业协会举办的各类比赛，比如通过参加中国国际贸易协会主办的POCIB（Practice for Operational Competence in International Business，国际贸易从业技能综合实训）全国大学生外贸从业能力大赛，提高学生的实际操作水平。POCIB重点针对国际贸易及相关专业的高校学生以及国际贸易行业的新进人员，以提高学习者的外贸综合业务技能为目标，该项目采用仿真的在线国际贸易操作方式，学生可以在短期内全面体验国际贸易企业运作的过程，获得对国际贸易相关工作的系统性认识，熟练掌握相关的工作技能。比赛中采用量化的评价方式，从国际贸易业务的各个技能点出发，对学习者的操作能力进行综合有效的评价，避免了传统授课和培训过程中因授课环境和个人因素所带来的培训效果的差异。

（二）加强校企合作，提升教师的实践教学水平

出于学校与企业的关系或者个人关系，企业接收了部分学生，但是安排的实习岗位常常与学生专业不符，校企合作协议流于形式，学生一轮实习过后收获较小。因此，要以政府为主导，校企合作，共建校外实习基地，这样不仅给学生提供更多的实习机会，也可以给教师提供学习的机会。

1. 政府主导校企合作

利益是企业参与校企合作的重要动力。政府作为校企合作的主导者、驱动者，要建立针对参与校企合作企业的正向补偿机制与政策优惠措施，采取必要的激励措施鼓

励企业参与。国际经济与贸易专业对口国际贸易公司，一般没有产品生产实体，公司规模不大，区域布局比较松散，地方政府可以发挥纽带作用，建立学校与行业协会的对接机制，将松散合作靠政府作用凝结起来，产生规模效益，在区域内进行统一规划和资源整合，实现校企合作资源的最佳配置，达到有序、高效、和谐的校企合作运行状态。

2. 学校的教学资源企业共享

学校的优势是智力、人才、良好的教学软硬件设施等丰富的教学资源。通过校企合作共建校外实践教学基地，学校可以将丰富的教学资源应用于企业，提升企业的工作效率与管理水平，帮助企业开拓国际市场，提升企业知名度与影响力。同时，有利于丰富专业教师的社会实践经历，提升其专业技术水平和综合素质，有利于建设高水平的“双师双能型”教师队伍。

3. 企业的社会资源学校共享

通过校企联合，鼓励行业专家进校园、企业家进课堂，传授创业知识、分享创业经验，使师生掌握行业发展动向，拓宽专业视野，更好地制订学习计划，有的放矢地进行专业学习。

四、结语

综上所述，对国际经济与贸易实践教学进行改革是不容易的，但是为了提升它的有效性，高校应该高度重视它存在的问题，并且通过不断地改善和研究，建立全新的实践课程体系。同时，高校也应注重加强校企合作以及对高校师资队伍的建设，通过不断的努力促进国际经济与贸易专业的发展和进步，为中国贸易经济的发展贡献自己的力量。

参考文献

[1] 王芳，付桂红．普通高校国际经济与贸易专业本科课程体系的优化与改革［J］．吉林工程技术师范学院学报，2011（1）：210－212.

[2] 陈晓艳．国际经济与贸易专业实践教学体系构建创新研究［J］．对外经贸，2015（10）：156－157.

[3] 刘世鹏．浅谈技术应用型大学国贸专业实践教学体系的构建［J］．经贸实践，2015（10）：270.

作者简介：

杨卫红（1969—），济南大学商学院副教授，博士，研究方向为国际贸易。

赵惠（1970—），济南大学商学院副教授，硕士，研究方向为国际贸易。

基于情景模拟剧的案例教学研究

张　博　顾方哲

摘　要：情景模拟法和案例教学法，是两种在大学课堂教育中较为流行的新式教学方法，因其贴近现实，受到广大师生的喜爱，但这两种教学方式也存在诸多缺陷。鉴于此，本文在结合二者长处的基础上，引入剧本元素，力求在一场情景模拟剧中，以动态的情景变换和案例分析激发学生对案例本身的思考，探讨不同情景中各个角色的心理活动、应对方式、言谈举止等，结合课本（讲义），将理论现实化、形象化、生动化、简易化，达到教学相长、探索深思的目的。课堂实践表明，与传统教学法相比，学生对此种教学方法的认可程度、理论知识反应程度、与现实结合程度、对理论知识理解和掌握的程度、未来应用于实践教学的态度评价、学生自主学习主动性方面都表现出了较为明显的改进或提升。

关键词：情景模拟；案例教学；剧本

《国家中长期教育改革与发展规划纲要（2010—2020 年）》提出了“促进高校办出特色。建立高校分类体系，实行分类管理”和“建立现代职业教育体系”的要求。在教育部的指导下，以应用技术高校为办学定位的地方本科院校（简称应用技术高校）等单位发起院校转型的风潮，一些院校紧跟形势成立了应用技术高校（学院）联盟。由此可见，推动应用技术型高校的建设将是未来较长一段时间内的政策导向。

对于应用技术型的解读，从课程教学方面来说，它是更加贴近现实、更具时代特色的教学方式。

旅游管理和酒店管理专业因其所处行业的特殊性，更需要在教学中尽可能地贴近实践、还原实践。如何将有限的教学资源最大限度地与实践相结合是国内外旅游教育专业普遍面临的问题，也是教育工作者一直关注的问题。

传统教学方式下的教学资源在应对新环境、新形势下出现的教学需求方面已显吃力，在传统教学法的课堂上较难将理论与实践相结合，于是出现了以管理学（尤其是 MBA）和心理学为教学背景的案例分析法和情景模拟法，二者更多的流行于商学院的教学体系中。

但这两种教学方法也存在诸多缺陷，情景模拟法在对现实业务的模拟中容易归于平淡化，即对普通业务的机械重复，在课堂这一封闭环境中往往很难达到对现实情景最大限度上的还原。同时，由于情景模拟法事先固定了某一特定场景及故事，学生在应对意外（突发）事件时，对于突然的场景变换及之后的事态发展难以从容应对。

案例教学法以现实事件为模板，经过加工后，在课堂教学中讨论，从而达到启发学生、教学相长的目的，这种教学法在管理学教学中的应用更为常见。但也同样存在不足，在课堂中对案例进行讨论时，学生往往难以真正进入故事中的角色，也就难以对案例中的问题进行设身处地地思考以及基于案例背景的问题延伸。同时，案例分析教学也容易沦为模式化教学，即“提出案例—划定知识点范围—自主选择知识点分析案例”的模式，这也就丧失了案例教学激发思想碰撞的本意。

一、基于情景模拟剧的案例教学法简介

基于以上考虑，本文在结合了已有的情景教学法和案例教学法相关研究和实践的基础上，加入剧本元素，提出基于情景模拟剧的案例教学方法。

该教学方法以案例分析为背景，以情景模拟为环境，用剧本的方式将二者相融合，力求在一场情景模拟剧中，以动态的情景变换和案例分析激发学生对案例本身的思考，探讨不同情况下、不同情景中各个角色的心理活动、应对方式、言谈举止等，结合课本（讲义），将理论现实化、形象化、生动化、简易化，达到教学相长、探索深思的目的。

（一）构成要素

1. 案例

案例一般是在旅游、酒店管理的现实中出现的典型的富有多种意义的事件陈述，是情景模拟剧案例教学素材的初级资料来源，是后续根据案例改编剧本的最原始的素材。

案例的选择主要来源于各种旅游、酒店管理实践案例集、酒店内刊、从业人员经验交流、实习生实习心得等。

案例的选取要具有典型性和一般性，同时要考虑到其能否剧本化，避免沦为简单的业务流程重复性操作或模式化案例分析。

2. 剧本

在前期所选案例的基础上，设定案例的实施场景、角色人物以及相应的衔接（主体事件）或激发（随机事件）事件。

（1）主体事件。主体事件为戏剧整体的推进性事件，衔接戏剧主体场景间变换，是整个情景模拟剧剧情发展的主线性事件，一般需事先设定，并对主体事件下的场景、人物角色、行为心理、言谈举止等预先设置，以保障剧情发展的顺利进行。

（2）主体情景。主体情景是主体事件下的戏剧情景，保障主体事件的顺利发生，并按预想发展至下一情景，是整个剧情发展的整体性背景。主体情景并不唯一，是随着主体事件变换的需要而改变。

（3）随机事件。随机事件是随着剧情的推演，在不同的情景中随机发生的事件。

随机事件可以是预先设计的，也可以是随着剧情的进展随机发生的。

随机事件与主体事件的区别是，主体事件在整个戏剧进行中起衔接和贯穿始终的作用，一般为一个有机的整体，目的在于保障整个戏剧按原计划顺利进行。而随机事件一般是独立发生的，个体之间独立存在，目的在于对主体事件下的不同种情况进行探讨，起到举一反三、拓展思维的作用。

但也需要强调的是，主体事件和随机事件并不是独立存在的，其关系如同树干与树枝，主体事件是剧情发展的有力保障，随机事件是主体事件的有益补充，二者合一，共同构成情景模拟剧的有机整体。

（4）随机情景。随机情景是随机事件下的戏剧情境，保障随机事件的顺利进行。随机情景可以以主体情景为背景，也可以是由随机事件决定的特定的戏剧情景。

（二）实施方式

1. 课堂模拟环节

课堂模拟环节由情景模拟剧贯穿始终，情景模拟剧主要由情景、事件、人物三个方面构成。其中，人物由实践教学班级的同学自愿报名担任不同的角色。

情景：主要交代案例发生的背景、时间、地点、人物等信息，另外根据情景性质的不同（主体情景、随机情景），可以包括人物间的矛盾冲突、人物心理活动等信息要素。

事件：是触发戏剧矛盾的扳机，既是不同场景间承转的纽带（主体事件），也可以在同一场景中触发不同的突发事件（随机事件），是牵引模拟剧向下进行的信息源。

人物：是模拟剧中最重要的角色，戏剧冲突、人物性格都通过人物来表现。在随机安排的情形下，不同的学生对同一人物会表现出不同的性格特征，从而达到不同的戏剧效果，或者进一步产生新的冲突和矛盾，在整个过程中，通过模拟角色的表现达到引发学生讨论和思考的目的。

整个课堂情景模拟剧由主体事件和主体情景作为剧情牵引，在剧情的发展过程中会有随机事件以及相应的随机情景出现，这些随机事件（情景）可以是预设的，也可以是在课堂对某一场景（事件）进行讨论的过程中偶然出现，但无论是何种情况，都可以进行相应情景的模拟，并进行反思与总结。

2. 课堂讨论及反思环节

在模拟环节结束后，教师将对模拟剧中的各种情景下出现的情况、人物特征、心理活动、言谈举止、随机事件模拟的不同种情景对比等进行分析，引导学生结合相关理论知识进行讨论和反思，目的在于将理论最大限度地融入实践，并让学生观察理论知识在实践中的推演及应用。

3. 课后教研总结环节

完整的教学组织离不开对教学方式的反思与总结，在吸取相关研究经验和成果的基础上，教师应开展相关教研总结及讨论活动，评价教学效果，提出改进方向，制订改善方案，形成良性循环，构建“教—学”互动的教学体系。

二、教学实践及效果评价

（一）教学实践

为了检验此种教学方法的效果，笔者选择济南大学酒店管理学院的小班授课班级进行实践，案例选取自钟志平主编的《饭店管理案例教材》。

原案例：客人素质与服务策略

“五一”黄金周，长沙每个酒楼的生意都很火爆，我实习的饭店也不例外，每天都要接待很多客人，形形色色，非常辛苦。这段时间我被安排在一个餐饮包间做服务工作。

一个很忙碌的晚上，我负责的包间来了一批客人，看上去是做生意的。客人落座之后就点菜、点酒，我有条不紊地进行着相关服务。

酒过几巡，一位中年客人明显不胜酒力，开始叫我倒茶。我端来茶水以后他竟然抓着我的手不放，让我陪他喝一杯。由于从来没有遇见过这样的情况，我顿时手足无措，不知如何是好，本想用力挣脱，但是看他已经意识不清，万一闹起来，对饭店影响不好，再说，经理和领班一直告诫我们：“顾客是上帝”，不到万不得已不要得罪客人。

于是我面带微笑地说：“不好意思，先生，我们饭店有规定，上班时间是不能喝酒的，否则我会受到处罚，请你不要为难我好吗？”这位客人跟没有听见一样，硬是要我喝。他旁边的客人看我无助的样子，就劝他不要为难小姑娘，但他还是置若罔闻，在推拉中我把茶杯打翻在地，摔坏了。

门外的服务员听见声音，急忙将领班叫来给我解围。领班来了以后解释说：“她是新来的实习生，刚上班，很多业务还不是很熟练，希望大家不要介意”，然后说，“饭店规定上班时间服务员是不能喝酒的，也请大家谅解，如果硬要为难的话，饭店会坚持自己的规定，不会让步的。”

随后领班端起一杯茶水说：“为表歉意，我以茶代酒敬各位一杯，然后再给大家打个九折，希望大家以后多来我店捧场！”

其他客人们看到领班不卑不亢的样子就一起劝那位客人不要胡闹，这件事就这样得以圆满解决。

按照前文所述，整体教学环节根据案例分为三部分，分别为：

1. 课堂模拟环节

课堂模拟环节的剧情按照 4 个主体事件展开，分别为“客人点菜就餐—醉酒大叔灌酒—大叔发酒疯—领班出场”，每个主体事件都有相应的主体情景与之对应。

随着情景的更迭，人物角色及其职责也在变换，同时，担任角色的同学也在更换，这样做的目的主要有三点：让更多的同学参与进来形成互动，调动群体积极性；不同人的应对方式、处事方式不同，可以形成模拟者和旁观者双向的思考；更多不同类型人的模拟更容易激发对事件本身的讨论，出现“非预设”性质的随机事件，调动学生主动思考的能力，而这也是此种教学法的目的和魅力所在。

在主体事件进行的过程中，会预先设定一部分随机事件，目的在于让同学感受在外界条件相同的情况下，单独考察某一特定因素的变化对事件整体产生的影响。本案例中考察的是在其他条件不变的情况下，性别因素在服务员角色的实际工作中对事件整体产生的影响，这些都是通过不同性别人的处世态度、处事方法、言谈辞令等表现出来，进而让学生感受并思考的。

另外，随着剧情的推进，同学在课堂讨论中也会出现“非预设”性质的随机事件，这显示了课堂教学中学生主动思考的能力，同时也反映了此种教学法对于开放式互动教学的包容与支持。

2. 课堂反思及讨论环节

在课堂反思及讨论环节中，首先要对前一环节中的事件进行梳理、回忆，在此过程中，教师应引导学生对事件中各种角色的心理、行为、角色职责等结合理论知识进行讨论和反思，同时对并行事件进行比较，针对某一知识要素进行实践模拟融合，加深理解理论与实践间差异与关联性的理解。

3. 课后教研总结环节

课后教研总结环节中，教师可结合课堂记录、课堂摄影纪录片、讲义等资料，以教研小组的形式探讨课程教学中存在的问题，提出改进的方向和意见。

（二）教学效果评价

对教学效果的评价，以同一班级随堂调查问卷的形式，从学生对教学方法的认可程度、理论知识反映程度、与现实结合程度、对理论知识理解和掌握的难易程度、对此方法未来应用于实践教学的态度、学生自主学习主动性方面予以考察，具体考察问题及考察结果如表 1 所示。

由下表的问卷调查统计数据可以看出，学生在对教学方法的认可程度、理论知识反映程度、与现实结合程度、对理论知识理解和掌握的难易程度、学生自主学习主动性方面都表现出了较高的赞同态度，反映出此方法在实践教学中取得了较好的教学效果。

对于此方法在未来应用于实践教学的态度方面，持赞成以上态度的学生已超半数，达到 53. 8% 。此种教学方式还处于尝试阶段，学生及教师还需一段时间去适应。不过，从教学效果和学生自主学习主动性来看，相信随着时间的推移，会有更多的学生乐于接受将此种教学方式应用于实践教学。

表 1　　基于情景模拟剧的案例教学法课堂教学效果考察结果统计表

序号	考察方向	问卷问题	回答人数及所占比例	选项					问题回答总样本数
				A 非常赞同	B 赞同	C 无所谓	D 不赞同	E 非常不赞同	
1	对教学方法的认可程度	与传统教学方法相比，对“基于情景模拟剧下的案例分析”教学方法整体上持________态度。	回答人数	17	11	5	0	0	33
			所占比例（%）	43.6	28.2	12.8	0	0	—
2	理论知识反映程度	此种教学方法可以较为集中的反映所学（教）课本中的某一（些）（理论）知识，你对此观点持________态度?	回答人数	4	21	6	3	0	34
			所占比例（%）	11.8	61.8	17.6	8.8	0	—
3	与现实结合程度	此种教学方法真实的反映了现实（实践）中的情景，你对此观点持________态度?	回答人数	12	18	4	0	0	34
			所占比例（%）	30.8	46.2	10.3	0	0	—
4	对理论知识理解和掌握的难易程度	与传统教学方法相比，采用“基于情景模拟剧下的案例分析”教学方式之后，对书本（理论）知识的掌握和记忆更加容易，印象更加深刻。你对此观点持________态度?	回答人数	20	9	1	0	0	30
			所占比例（%）	51.3	23.1	2.6	0	0	—
5	对此方法未来应用于实践教学的态度	希望在以后的课程中尽量采用“基于情景模拟剧下的案例分析”教学方式。你对此观点持________态度?	回答人数	7	14	7	3	0	31
			所占比例（%）	17.9	35.9	17.9	7.7	0	—
6	学生自主学习主动性	如果以后让同学自己以小组为单位设计情景模拟剧本，你们觉得是（此题选项为：A 可行 B 不可行 C 无所谓）	回答人数	25	6	2	—	—	33
			所占比例（%）	75.8	18.2	6.1	—	—	—

三、结语

本文在研究了情景模拟教学法和案例教学法之后，提出了基于情景模拟剧的案例教学法，并将其应用于教学实践进行效果评价，从评价结果来看，与传统教学方式相比，新式教学法的优势集中体现在以下 4 个方面：

（1）适应国家导向的新形势下教育改革背景。当前，我国高校教育改革的方向之一体现为“现代职业教育体系”的建立，实现这一目标的重要基础性环节之一，就是采用更加贴近现实、更具时代特色的教学方式。基于情景模拟剧的案例教学法也正是在这种背景下提出的，是顺应新形势下的教育改革方向的。

（2）适应信息时代背景下大学生群体对于抽象化理论形象化信息获取的方式变革。当代大学生群体是成长于“大数据”背景下的一代，对于信息的捕捉和接受能力远高于以前的大学生群体。这也对大学教育工作提出了更高标准的要求，即如何在信息化的时代背景下，以何种方式让知识以最为快速、有效的传播渠道为学生所接受，在最短时间内达到最显著的教学效果。

时代的变迁，学生群体特征的变化使得教学方式也在不断变化，传统教学方式在新的群体特征下已出现变革的需求，即使是20 世纪 80 年代末出现的案例教学法、情景教学法在知识快速发展的今天，也同样面临这一问题。因此，适应新群体的需求特征是未来大学教育变革发展方向，本研究是在基于当代大学生群体对于实践需求特征把握的基础上提出的新型教学方式改革，是对抽象化理论形象化信息获取方式的尝试。

（3）对于传统情景模拟和案例分析教学法的不足之处起到了扬长避短的作用。传统情景模拟和案例分析教学法各自都有不足之处，而且这种短板效应随着授课对象群体需求特征的变化也愈显突出，新式教学法的尝试在对传统教学法的优势的地方予以兼收并蓄，并以紧密结合实践为导向，是对传统教学方式的继承和发扬。

（4）为整合现有教学资源并在此基础上开发新式教学资源，提供了良好的包容性平台。基于情景模拟剧的案例教学法，是依托于现有教学资源环境的，在对现有教学资源进行有机重组、改造的基础上，形成具有自身特色的教学方式和教学资源，同时，对于相似教学法及教学资源的利用，也提供了充分的发挥空间，新式教学法的目的是提供一个具有良好包容性的实践平台，在此基础上发挥众多教学要素的作用，以合力去开发适应不同群体特征的教学方式和教学资源。

参考文献

［1］刘华，曾九江．情境案例教学在高职酒店管理专业教学中的运用［J］．职教论坛，2012（35）：28－29.

［2］钟志平．饭店管理案例教材［M］．北京：中国旅游出版社，2010：14－15.

作者简介：

张博（1982—），济南大学商学院讲师，博士，研究方向为旅游管理和酒店管理。

顾方哲（1984—），济南大学历史与文化产业管理学院讲师，博士，研究方向为文化产业管理。

高校实践教学运行模式构建的思考与建议*

张　宁

摘　要：实践教学是综合职业能力导向教学体系中的重要环节，是培养学生专业技术实用能力、解决实际问题能力的重要手段。高校应从培养目标出发，以岗位操作技能训练为基础，以会计实践培养为重点，构建与理论教学体系相结合，理论促进实践能力提高的实践教学运行模式。

关键词：实践教学；技能训练；综合职业能力

应用型人才培养，说到底就是人才培养的教学改革，在应用型人才培养目标定位及培养路径认识上要明确思想、坚定市场观念。推进教学改革的前提是更新教育观念，高校要围绕教师怎样教、学生怎样学等问题，思考人才培养方案、教学计划、课程大纲、教学方法、教学手段等系列教学措施改革，在推进专业实践教学改革上形成共识。本文结合济南大学商学院综合职业能力导向实践教学的现状，进行如下思考并提出相关建议。

一、实践教学运行模式构建基本导向

（一）明确实践教学地位，加大实践教学投入

造成实践教学相对弱势的重要原因在于，长期以来高校实践教学的重视不足、投入不足，实践教学在整个教学体系中地位较低。因此，应进一步加大实践课的学时，在课堂教学中加入实验并多采用多媒体辅助教学、案例教学、模拟现场等方式，同时改革考核模式，加强会计专业实践、实训基地的建设。近年来，为了顺利实施“一体化工程”，济南大学商学院通过多种途径和多个渠道与省内企业协商和沟通，积极开展实践教学基地的建设，各系分别根据自身专业特点展开工作。在教师队伍上，实行产教结合，建立稳定的专职教师队伍，利用实践教学基地等，加强“双师”教师的培养，

* 基金项目：山东省本科高校教学改革研究项目：综合职业能力导向的经管类专业“理实一体化”实践教学模式研究（2015M040）。

让他们既具有扎实的科学文化基础知识和较高教学水平，又具有较强的专业实践能力和丰富的工作经验，逐步形成基础课教师和专业课教师的有机结合，专职教师一专多能。同时聘请一批实践经验丰富、业务能力强、较为稳定的兼职教师，请他们参与研究和判定教学改革方案，承担一定的教学任务，及时将实践中的新理念、新方法引入教学中。针对年轻教师缺乏教学技能与实践经验这一情况，在师资队伍建设上为教师提供各种继续教育的机会，为教师更新知识、了解和吸收最新研究成果提供方便，不仅教师个人受益、学生受益，学校更受益，为教师创造条件，定期到有关企业锻炼，为教师进行科研和社会调查研究提供机会。同时，利用实验室增加学生动手实践的机会，为有特长和个性需要的学生发展个人潜能创造有利条件，满足个性发展的需要，为优秀学生提供更好的学术发展平台和空间。

（二）优化实践教学计划，改革实践教学方法

首先，实践教学体系的改革，应从优化和完善综合职业能力导向实践教学计划做起。当前济南大学综合职业能力导向的整体教学计划还存在一些不足，如有些课程比较陈旧，新课由于缺乏专业教师而无法设置，实践教学计划的指导思想，教学的目标都不是很清楚，往往是模仿别的院校。因此，要立足于实际教学情况制定系统的专业实践教学计划。第一，要明确实践计划的指导思想，即内外结合。明确校内实验室和校外实践基地是保证实践教学效果、提高实践教学质量的重要物质基础，是专业教学的重要一环。第二，确定起点高、定位准、具有前瞻性的校内实验室和校外实践基地建设目标，制定一套完整的建设计划，根据计划具体实施。使学生在校内实验室和校外实践教学基地，完成综合职业能力导向实践教学大纲的要求，为学生毕业后，迅速适用实际工作要求打下坚实的基础。第三，对一些实用性很强的课程可以增加实践教学环节。以创新实践为导向，系统全面地设计实践教学的计划、方案、实务教材、实例、模拟教学模式、课程设计、毕业设计、实习和实验教学等。

其次，要改革实践教学方法，强调仿真性和互动性。在保证案例教学、情景模拟教学的同时，改革实验室管理的方法，加强实验队伍建设，建立实验技术人员的学习培训机制。从实验课程体系、教学内容、教学方法和教学手段上突破传统的模式，按照学生能力形成的规律，通过“知识的掌握与深化——基本实验能力的形成——创新精神的培养”来逐步实现由理论到实际的过渡，促进学生知识、能力、情感、素质的协调发展。

（三）坚持校企合作的人才培养道路

为了使教学过程尽量贴近企业，符合企业的实际需求，我们应积极采取“走出去、请进来”的方式，与企业关联互动，即校企双方开展广泛的合作，共同探讨人才培养模式改革，丰富充实教学内容，提升学生动手实践能力，并利用高校人才资源优势，为一线企业技术人员开展培训和项目策划，实现校企合作共赢。每年定期安排专业主

任及相关专业教师走访用人企业，了解学生实习情况，获取企业对学校培养方向的评价及要求，将获得的信息及时反馈给学校教学部门，及时对教学方向和教学内容做调整。企业也可与学校可共同开发课程与教材，使教学过程和内容与企业同步，增加相应的案例分析、讨论课和实训课，使学生置身其中。在教学上，也可以开展校企合作，加强教学与企业实际工作的联系。一方面，让学生通过企业实习或者是事务所实习等实践性教学过程直接参与企业的经营活动；另一方面，将有丰富经验的企业实际工作者以客座教授的身份请进来开设企业讲座课程，以增强教学内容的实践性和应用性，增加学生的感性认识。综合职业能力导向人才培养需要注重较强的实践性和操作性，因此，根据职业能力培养的目标和方向，在校企合作模式下进行综合职业能力导向的教学改革，改变教学观念，更新机制，不断完善教材和课程设置、更新教学内容；改进教学模式，提高教学质量，使该专业能够培养造就出具有创新意识、创新能力和较强应用能力的技能型市场营销专门人才，从而达到双方共赢，使学生顺利就业，更为企业提供优质的人才资源。

二、强化实践教学效果的路径与模式思考

（一）继续探讨校企合作建设实践教学基地的新模式

多数企业由于对校企合作建设实践教学基地缺乏战略的思考和实践的经验，在校企合作中处于消极与被动状态，使校企合作最终成为企业对学校的公益支持或功利性的投资，陷于有“合”无“作”的状态。教育的生产性和消费性告诉我们，真正的校企合作应是双方自愿、风险共担、优势互补、利益共享的。今后应努力建立起一个可持续发展的、具有良性循环机制的、实现教育资源优化组合的实践教学基地管理机制，并且解决校企合作建设实践教学基地的资金筹措问题。校企合作建设实践教学基地不仅是学校与企业的合作、教学与生产实践的合作，也是一种科技与经济相结合的合作行为，应有相应的政策法规来调节、规范和推动，并提供必要的资金保障。

（二）加强毕业环节的教学质量控制

企业追求的是生产和经营的利润，学校追求的是培养人才的质量。培养适应社会需求的高层次人才是高等教育的办学宗旨，因此，学校在毕业生实习内容安排、毕业论文选题等方面，都应该尽量与社会接轨和贴近，并且要强化毕业环节的质量要求，不能迫于“一次性就业率”评价的压力，默许学生“翘课”以求职或复习考研，放松对毕业论文或毕业设计的要求，使得“大四教学虚化”和“毕业论文边缘化”的现象愈演愈烈。另外，学校应实习企业资格审查制度和选择标准。实习企业的资质直接关系到学生的实习质量，因此，学校要挑选管理规范、适应学科特点的企业建设实践教学基地，重视质量，严格把关。

（三）发挥"双导师"制在实践能力培养中的效果

与传统模式相比，"双导师"制是由校内外两名教师共同负责指导学生毕业实习的全过程，两位指导教师之间既有协作，也有一定分工。校内指导教师侧重学术指导，而校外指导教师则强调实践工作能力的指导，包括学生认识问题、分析问题和适应社会的能力。为保证学生毕业实习顺利进行，双方应共同协商制订实习计划，校外指导教师应掌握学校对学生毕业实习的基本要求，熟悉毕业实习指导手册的内容，如本科生培养目标及培养要求、实习生实习的目的与要求、实习生守则、实习单位的权利与义务、对实习生的考核要求等，能自觉协助校内指导教师对实习生进行共同管理。校内指导教师则要主动加强与校外指导教师和实习学生的联系，为实习学生指定相应的参考资料，提供先进的研究方法，并指导学生完成学位毕业论文的撰写。

（四）加强教师课题与毕业环节的结合

毕业论文选题应与教师的科研课题内容相结合。高等院校大部分教师都有自己的科研课题，他们的课题内容大都经过精心论证，反映了学科发展的方向，具有一定的先进性和较强的实际应用意义。毕业论文选题是学生撰写毕业论文的关键，选题的性质、难度、分量，对能否达到本科教学环节所规定的目标是至关重要的。学生介入教师的科研课题是提高毕业论文创新性的有效措施。教师的科研课题一般都具备较高的创新性，学生在参与进来以后，可以在整体研究步骤中截取一小部分，从而比较快地了解专业发展的新水平、新动向，获得比较高的起点。这样能够调动学生学习的积极性，锻炼学生的科学研究能力。并且加大指导教师的指导力度。指导教师要对学生的时间作合理的安排，对每个阶段的任务要给予明确指示。指导教师的专业知识结构和水平直接影响着学生毕业论文的质量。因此，充分发挥指导教师的作用是提高毕业论文质量的关键。

参考文献

[1] 潘懋元．什么是应用型本科［J］．高教探索，2010（1）：10－11.

[2] 张海军．普通本科院校应用型市场营销专业实践教学体系的探索与思考［J］．教育与职业，2009（12）：12－14.

[3] 姚吉祥．应用型本科院校教师实践教学能力缺失及对策研究［J］．合肥工业大学学报，2010（3）：139－142.

[4] 何成辉．应用型本科院校学生能力培养任务途径的探讨［J］．中国高教研究，2002（3）：114－116.

[5] 左健民，郑锋．产学研相结合为培养高素质的应用型人才开拓新路［J］．中国高教研究，2002（8）：145－146.

［6］李铁敏．市场营销专业人才培养及课程体系建设探索［J］．湘潭师范学院学报（社会科学版），2004（6）：149－151.

［7］古广胜．经济全球化与我国市场营销专业人才培养模式的创新［J］．商场现代化，2005（12）：293－294.

［8］刘元林，孟庆强，潘莉．实践教学质量监控与评价指标体系的构建研究［J］．实验技术与管理，2011（1）：19－24.

［9］安俊秀．构建“兴趣本位，任务驱动教学”的课程体系论［J］．教育理论与实践，2008（8）：59－60.

［10］常永胜．市场营销专业实践教学体系探索［J］．山西财经大学学报（高等教育版），2006（6）：31－33.

［11］丁杰．新建地方本科院校青年教师队伍的现状透视及策略［J］．黑龙江高教研究，2006（3）：95－97.

［12］王广彦．科研成果向教学内容的转化研究［J］．理工高教研究，2009（4）：120－123.

作者简介：

张宁（1976—），济南大学商学院副教授，研究方向为纳税筹划、财务管理。

参与试错式课程内容组织研究
——以管理统计学为例*

张　鹏　杜培林　梁　伟　马金柱

摘　要：对于常规“最优路径”式课程内容组织方法存在的一些弊端，本文提出了“参与试错式课程内容组织”方法，其过程主要包括理清知识承继逻辑树、理清现实应用问题树、理清在学科发展中出现的时间树、优化课程大纲与授课计划、持续反思与改进，其价值在于提高教学效果，帮助学生强化知识学习深度，认识创新过程和激发探索激情，并加深对课本知识简洁、经典、优雅之美的理解。

关键词：参与；试错；逻辑树；问题树；时间树

一、参与试错式课程内容组织的提出

为了帮助学生快速、准确地掌握课程知识体系，课程内容在组织方面往往直接具有“最优路径”——按照最简洁、最经典、最优雅的过程与形式给出知识。“最优路径”式课程内容组织一方面具有显著的积极效果，大大降低了学生学习成本，提高了学生学习效率，帮助学生打下坚实基础；但另一方面，由于“最优路径”往往并非知识形成的真实过程，因此可能会影响到学生对于知识创新过程的正确认识和模仿学习，而且“最优路径”一般直接跨越了知识创新中的弯路与陷阱，也不利用、发挥挫折在学习中的强化作用。这体现出的一个重要问题是“最优路径”教学中忽视了“错误”的价值。在课堂教学中学生出现的错误是一笔重要的教学资源，学生应该获得“出错”的权利和更宽阔的思维空间。让学生试错，还有方法论训练方面的价值，试错法是波普尔（Popper）科学方法论的核心，试错对于学生提高学习能力意义重大。还有一个值得关注的问题是，尽管目前参与式教学研究和实施较多，但参与式教学往往只关注具体单元知识的学习参与，忽视了学科总体层面、知识脉络演进形成的研究参与。因此，教师有必要在课程内容组织中尝试进行一些变革，以进一步提高教学效果，而重

* 济南大学教学改革与研究项目“问题导向、参与试错式课程内容组织研究——以本科《统计学》课程为例”（JZC1505）、“移动互联网络环境下的高校教学模式研究——以高校‘慕课’与教师‘自媒体’为例”（J1508）。

现知识形成的实际路径，让学生亲历知识发展中的典型曲折是关键入手点，参与试错式课程内容组织正是基于此提出的。

二、参与试错式课程内容组织的内涵与价值

参与试错式课程内容组织是指教师在组织课程内容时，适度重现知识创新过程中实际路径和关键障碍，通过引导学生参与问题树的分析与绘制、亲历知识创新史中的弯路与陷阱、分析既有“最优路径”的成因，达成强化学生学习认知深度、培养学生创新能力等目的的课程内容组织方法。参与试错式课程内容组织包括“参与”和“试错”两个关键点，“参与”强调学生不仅参与具体知识模块的教师的教学过程，还要参与知识模块间的演进逻辑，即知识发现者的研究过程；“试错”强调教师应有选择的将前人探索过程中走过的弯路与坠过的陷阱呈献给学生尝试，让学生在错误中加深认识。

我国自古有“纸上得来终觉浅，绝知此事要躬行”“行是知之始，知是行之成”等教育理念，而当代教育教学研究，亦进一步印证和发现了亲历实践和场景参与对于记忆、激励机制以及创新等学习认知领域的重要规律，这些研究成果是参与试错式课程内容组织的理论依据。参与试错式课程内容组织能够在三方面对学生有所帮助：一是通过参与环节，尝试使学生触及伟大学术思想形成的曲折过程，帮助学生理清知识树、认识创新过程和激发探索激情；二是通过试错环节，利用经典谬误、陷阱问题等负面激励（学习困惑）学生初步了解知识脉络布局成因、强化知识学习深度；三是可以加深学生对课本知识简洁、经典、优雅之美的理解。

三、参与试错式课程内容组织的实施过程

1. 理清知识承继逻辑树

现有课本大多基于知识承继关系展开，因此这部分工作可以借鉴课程经典教材的目录展开。理清知识承继逻辑树的主要过程包括三部分：

（1）找出起到承继作用的关键知识点，并据此排序相关内容模块。例如，以离差分解思想为关键知识点，方差分析是专门介绍该思想的章节，而回归分析则在其拟合优度评价指标判定系数中利用了这一思想，因此宜将方差分析章节前置于回归分析章节；以 P 值决策思想为关键知识点，应该考虑将假设检验章节前置于方差分析、相关分析、回归分析等章节前。

（2）找出不同章节的公共知识点，据此区分章节间的关联性，以关联性作为章节是否邻近安排的依据。例如，距离测度方法不是统计学的专有模块，不宜单列一章，但却是统计学一些核心模块的公共知识点。距离测度方法是距离相关分析、聚类分析、判别分析的公共基础，因此可以将距离相关分析、聚类分析、判别分析三部分置于相近位置。类似的，主成分分析和因子分析也宜置于相近位置。

（3）整合（1）（2）结果，建立逻辑树。章节内容间不一定必然存在显著的关联，对于与其他章节联系确实不明显的章节，如正交试验设计，可以考虑按照其在课程中的相对重要性、难易程度等因素安排位置。

2. 理清现实应用问题树

理清课程内容在现实应用中的问题树是参与试错式课程内容组织的核心。问题树的梳理与建立，一方面，能够揭示知识模块间的演进逻辑，是实施参与试错式课程内容组织“参与”的基础；另一方面，问题的析出，为“试错”提供了来源范畴。理清现实应用问题树的主要过程包括五部分：

（1）分析各章节基本内容的早期应用领域及当前可用领域，设计基本知识点的典型问题。如因子分析可在早期应用领域设置问题“如何识别多个可测指标背后发生作用的少数几个主要因子”；现在因子分析还经常作为问卷效度检验方法之一使用，因此可在现在可用领域设置问题“对于初步设计完毕的调查问卷，如何检验其效度”。

（2）对于各章节基本问题进行拓展，依据拓展原因设计拓展知识点的导入问题。例如，在引入多重共线性检验与处理部分内容时，可以设计存在共线性问题的回归问题让学生求解，引导学生分析、发现问题，理解拓展知识点的必要之处。

（3）分析各章节应用领域间的相关性，设计过渡问题。例如，两独立总体均值比较常使用独立样本 t 检验方法，但现实中常有多个（>2）独立总体均值比较的问题，即有待在独立样本 t 检验方法的基础上引入方差分析法，对此可以设置类似“如何比较两种产品销量均值，四种产品呢”的问题。

（4）整理章节内部的现实应用问题树。例如，数据收集与整理部分理论知识相对庞杂，可以通过管理学为什么需要数据、可以从哪些途径取得数据、主要途径是什么（管理统计为问卷调查）、如何设计调查问卷并实施调查、取得数据后为什么要预处理、如何处理等系列问题串联统领。

（5）整合（1）至（4）结果，建立逻辑树。

3. 理清学科发展中出现的时间树

这部分是参与试错式课程内容组织的质量提升点。整理课程内容在学科发展中出现的时间树，旨在明晰知识发现者的研究过程，对于认识一般科学发展规律、就内容模块再思辨有较重要的意义，也是有价值引导问题的重要来源。理清学科发展时间树的主要过程包括三部分：

（1）确定各章节内容的起源时间，分析其出现背景和学者学缘关系。分析章节内容起源时间和出现背景是基础，分析学者学缘关系是重要手段，关键在于发现和提炼不同学派的基本方法论，并加深对学科科学的认识。

（2）分析学科发展史中的重大争论。如统计学国势派与政治算术派的争论、描述统计学与推断统计学的争论、经典统计学与贝叶斯统计学的争论等。这些历史上的重大争论，往往是深刻科学思想的碰撞，带来创新性新思想的迸发，具有很高的学习、借鉴价值。

（3）分析历史上困扰统计发展或推动统计学迅速发展的关键问题。如概率定义、大数定律、极大似然估计、计算机技术对于统计学特别是多元统计学发展的帮助等。将这些问题适度引入课程，有助于加深对课程知识体系的理解。

4. 优化课程大纲与授课计划

综合“知识承继逻辑树”“现实应用问题树”和“在学科发展中出现的时间树”，对于已有课程大纲和授课计划进行调整，重点有三个方面：

（1）优化知识模块的出现次序，优先考虑问题树次序。

（2）丰富课程问题。新增问题的着重点是逻辑过渡问题、历史上典型应用问题、经典学派争论问题与学科发展关键问题。

（3）强化学生在学习中的深度参与。这一点的重点是让学生参与思考，回走学科经典路线，实踏逻辑陷阱，寻求创新求解思路，尝试触及伟大学术思想形成的曲折过程，辨清知识树，认识创新过程。

5. 持续反思与改进

参与试错式课程内容组织需要深刻理解学科知识体系，挖掘大量相关知识，并对教育教学规律和教学对象有较深认识，难以一蹴而就，因此在实施中应该注意不断反思，发现问题，找出问题，解决问题，争取持续提高教学效果。

四、参与试错式课程内容组织的实施要点

（1）强调明确目标，必须紧密对接人才培养方案。

（2）强调逻辑上、问题上、学缘上的因果联系。

（3）强调知识立体化，从模块知识拓展至模块间层次格局、从理论知识拓展至科学史知识。

（4）强调问题引领与导向。

五、结语

“最优路径”式课程内容组织有其显著的积极效果，但也存在着一定局限，一是没有立体呈现学科真实发展过程，二是忽视了学生学习中出现的错误的价值。对此本文提出了参与试错式课程内容组织方法，探讨了其实施过程与实施要点，以期提高教学效果，帮助学生理清知识树、强化知识学习深度、认识创新过程和激发探索激情，并提升对课本知识简洁、经典、优雅之美的理解。参与试错式课程内容组织原则、方法尚处于摸索阶段，有待于进一步探讨。

参考文献

［1］韩华球．错误：一笔重要的教学资源［J］．课程·教材·教法，2005（3）：

26－30.

［2］沈立人．任何创新都有试错过程［J］．江苏社会科学，2001（1）：9.

［3］余永定．试错的记录：我对世界经济研究的一些心得［J］．世界经济，2004（3）：3－9.

［4］袁同凯，房静静．论记忆的空间性叙事［J］．新疆师范大学学报（哲学社会科学版），2016（1）：53－60，62.

［5］罗良，张玮．利用测试促进学习：记忆心理学的研究进展与教育启示［J］．北京师范大学学报（社会科学版），2012（1）：43－50.

［6］黄秋风，唐宁玉．内在激励VS外在激励：如何激发个体的创新行为［J］．上海交通大学学报（哲学社会科学版），2016（5）：70－78.

［7］潘永兴，柳海民．激励教育的理论诠释［J］．东北师大学报（哲学社会科学版），2011（3）：181－184.

作者简介：

张鹏（1980—），济南大学商学院副教授，博士，研究方向为管理科学。

杜培林（1980—），济南大学商学院副教授，博士，研究方向为管理科学。

梁伟（1979—），济南大学商学院副教授，研究方向为教学管理。

马金柱（1975—），济南大学商学院讲师，硕士，研究方向为计算机应用技术。

论经管类专业 ERP 沙盘模拟的学与教

张 前

摘 要：结合 ERP 沙盘模拟的特点，本文阐述了学习者在沙盘模拟对抗中应遵循的基本理念，以济南大学为例，介绍了 ERP 沙盘模拟课程教学计划的设计，指出了教师在该课程中的地位与作用，最后探讨了当前教学中普遍存在的两方面问题。

关键词：经管类专业；ERP 沙盘模拟；学与教

为了适应社会对人才培养的需求，提高学生学以致用的能力，尤其是培育学生的沟通能力、合作意识和团队精神等职业综合素质，许多高校建立了专门的 ERP 沙盘模拟实验室，在经管类专业开展 ERP 沙盘模拟教学。ERP 沙盘模拟采用团队对抗形式对学生进行训练，让学生基于实战巩固知识、培养技能、提升素质。纵观 ERP 沙盘模拟教学，学生们在兴趣中参与、在行动中融入、在对比中反思、在总结中收获，有效实现了知识、技能和素质三者有机结合，拉近了知与行之间的距离，为学生提供了一个良好的职业成长平台。

一、ERP 沙盘模拟的特点

1. 直观性

ERP 沙盘模拟以沙盘教具为载体，将企业资源状况和管理流程全部展示在模拟沙盘上，把复杂、抽象的 ERP 管理理论以最直观的方式呈现，让枯燥的理论学习变成鲜活的管理实践，易于学生理解和接受，同时，身临其境的感官体验能够极大地激发学生的学习兴趣和主观能动性。

2. 实战性

ERP 沙盘模拟让学生直接参与企业运营，通过“做”来“学”，也就是在参与中学习，强调“先行后知”，基于实战模拟理解管理思想、领悟管理规范、提升管理能力，在实战中培养管理人才，与传统的课堂灌输授课形式截然不同。

3. 竞争性

ERP 沙盘模拟采用团队对抗的形式进行训练，参加实训的学生被分成若干个小组，分别代表同一行业存在竞争关系的不同企业。在模拟运营中，各个小组面对同行竞争、市场与产品单一、资金与产能不足等困境，需要使出浑身解数，在获取资源、占领市场、争夺订单及赢得利润等方面进行较量。

4. 协作性

每个小组由 5 ~ 7 名学生组成，分别担任企业经营过程中需要的主要管理者，如 CEO（首席执行官）、营销总监、生产总监、采购总监、财务总监等，他们各司其职、各负其责、团结协作、共谋发展。在模拟对抗中，学生们将遇到企业经营中经常出现的各种典型问题，他们必须一同发现机遇，分析问题，制订决策，实现企业资源的有效配置与协调，保证企业流畅运转，取得商业上的成功及持续成长。

5. 自主性

ERP 沙盘模拟以教师为指导、学生为主体，学生们组成的经营团队主导了课堂的进程和走向，教师由“教学”变为“导学”，学生有充足的自由来思考和尝试企业经营的重大决策，品味商场竞争的残酷和企业经营的不易，感受承担责任的乐趣与艰辛，在参与、体验中实现从知识到技能的转化，在操盘后的总结交流中再完成从实践到理论的二次升华。

6. 综合性

ERP 沙盘模拟涉及企业人、财、物、供、产、销等经营要素，经历市场分析、制订战略、营销策划、组织生产、现金预算、投融资管理等一系列关键环节，要求学生们综合运用战略管理、营销管理、生产管理、物流管理、财务管理、会计核算等多个学科领域的知识，并在实践中使所学知识得以融会贯通，为相关学科知识的衔接提供了一个平台。

二、学习者应遵循的基本理念

理念是行为之魂，没有先进的理念就没有先进的实践。笔者认为，在 ERP 沙盘模拟对抗中，学习者应遵循以下基本理念。

1. 从错误中学习，在失败中成长

在模拟经营过程中，不要怕犯错和失败，学习的目的就是发现问题，并努力寻求解决问题的手段。在学习过程中，往往是谁犯的错误越多，谁的收获就越大，认识也越深刻。不会在失败中找出经验教训的人，他通向成功的路是遥远的。所以，要保持积极乐观的心态，一个人如果心态积极，乐观地面对逆境和接受挑战，那么他就成功了一半。尤其是在竞赛中，冠军只有一个，除了冠军外也许都会有些失意，这很正常，但失意只是暂时的，成长需要磨炼。

2. 一切用数据说话

在模拟经营过程中应力求精通规则、计算深远，看懂市场预测和会计报表，科学的决策依靠周密严谨的计算和翔实可靠的数据支持。否则，一切跟着感觉走，结果只能是沦为“四拍”式管理——拍脑袋决策、拍胸脯保证、拍大腿后悔、拍屁股走人。

3. 知己知彼，百战不殆

在战略的制订和执行过程中，千万不要忘记竞争对手，竞争对手的市场开拓、产品研发、ISO（质量管理体系）认证、产能大小、现金多少、甚至广告投放习惯等都是必须关注的，只有对竞争对手有正确的评估才能准确推断出其战略意图，从而避实就虚，寻求战略优势。

4. 细节决定成败

关注细节，是一种习惯，要在平时点滴中培养。很多时候我们会说“运气不好”，由于某个失误导致经营失败太可惜了，但究其根本，都是因为在细节上没有掌控好，犯了致命“失误”，导致满盘皆输。一个好的财务（计算）可以保证公司不死，一个好的市场（博弈）可以让公司壮大，在这两个条件差不多的情况下，那么不犯错或者少犯错的团队就可以走得更远。高水平的巅峰对决，比的就是细节的掌控。

5. 稳中求进，不可贪胜

模拟经营的前期注重战略，后期讲究战术，但是如果战略不好，再好的战术也派不上用场，因此前期是竞争的关键，此时企业资源较少，必须量力而行、循序渐进。产能的扩张必须以市场需求为依据，以现金预算为基础，以发展壮大为目标，以稳健适度为原则。可以说，能够自然流畅地展开各项资源的企业，必然会在竞争中占据优势地位。墨守成规、不思进取不可能使企业发展，但那种急功近利、试图一蹴而就的心态更是经营的大忌。

6. 办企业就是办人

在模拟企业中，CEO 是灵魂，财务是核心，营销是关键，生产是基础，采购是保障，五位一体。企业经营的好坏，一方面取决于企业的决策；另一方面取决于团队成员的参与程度、默契程度和互补程度。团队成员之间不仅要敢于沟通，更要善于沟通。在制订决策时，团队成员应集思广益、畅所欲言；而一旦作出方案，就应该各司其职，认真履行好自己的职责，保证企业战略意图的贯彻执行，所谓“胜在策略，赢在执行”。当企业运营出现问题时最能考验团队的凝聚力，此时，不能推脱责任，更不能互相埋怨和指责，要学会以欣赏、尊重、宽容的态度对待同伴。企业的兴衰成败归根结底取决于人。

三、教学计划的设计

ERP 沙盘模拟课程采用体验式学习方式，遵循“体验→分享→提升→应用”的逻辑，按照“情景设置→沙盘载体→模拟经营→对抗演练→教师评析→学生感悟”这样一个基本过程设计教学环节。

以济南大学会计学专业的本科教学计划为例，在第 6 学期开设 ERP 沙盘模拟课程，安排在正常教学周内上课，计划学时为 24 个，以物理沙盘作为教学平台。结合 ERP 沙盘模拟的特点，每次授课应尽可能采取连续性教学，授课计划如表 1 所示。

表 1　ERP 沙盘模拟课程授课计划

课程内容	教学要点	学时（个）
构建模拟企业	1. 角色分工与职能定位 2. 认识沙盘教具 3. 设定模拟企业初始状态	1
模拟运营规则介绍	1. 模拟运营规则的说明 2. 重要事项操作演示	1
起始年运营	1. 企业经营流程的关键环节 2. 会计报表的编制	1
独立运营前的准备	1. 市场预测方法 2. 广告与选单注意事项	1
第一年运营	1. 投放广告 2. 选单 3. 模拟经营	2
评析与小结	财务分析与案例点评	2
第二年运营	1. 投放广告 2. 选单 3. 模拟经营	2
评析与小结	财务分析与案例点评	1
第三年运营	1. 投放广告 2. 选单 3. 模拟经营	2
评析与小结	财务分析与案例点评	1
第四年运营	1. 投放广告 2. 选单 3. 模拟经营	2
评析与小结	财务分析与案例点评	1
第五年运营	1. 投放广告 2. 选单 3. 模拟经营	2
评析与小结	财务分析与案例点评	1
第六年运营	1. 投放广告 2. 选单 3. 模拟经营	2
回顾与总评	1. 小组总结评价 2. 学生代表发言 3. 教师评析与总结	2
学时合计		24

四、教师在课程中的地位与作用

在 ERP 沙盘模拟课程中，教学活动从以“教”为中心转向以“学”为中心，学生成为教学活动的主体，学习活动成为教学活动的中心，教师课堂讲授与学生自主式、互动式、体验式学习相结合，教师的作用也从以课堂讲授为主，转向以教学设计与组织，指导、监控和考核学生的学习活动为主，由“全盘授予”转变为“适当诱导”。在这个过程中，教师是处在辅助的地位上，但这并不意味着教师是无所作为的旁观者，恰恰相反，教师在课程的不同阶段分别扮演着导演、顾问、观察家、分析家等角色，发挥着不可或缺的作用。扮演好这些角色，对教师的群体互动能力和临场应变能力要求很高。因此，如何组织教学对任课教师是个考验。

教师的作用在评析与总结环节显得尤为突出。教师现场案例评析是 ERP 沙盘模拟教学环节中的点睛之笔，也是精髓所在，绝不是可有可无的。教师都要结合 ERP 沙盘模拟对抗中形成的模拟企业运营案例，找出学生们普遍困惑的问题，针对现场典型案例进行深层剖析，透过现象深入分析企业的经营，从中找出薄弱环节或症结所在，再提出切实有效的解决之道。例如如何安排团队成员的分工与协作，如何评估企业的内部资源与外部环境，如何编制现金预算，如何制订细分市场的广告方案，如何安排采购计划和生产排程，如何分析企业的财务状况和经营成果，如何处理风险和收益的关系等。通过案例评析，使学生不仅知其然，而且知其所以然，帮助学生打通知识脉络，提高知识运用能力。

尽管 ERP 沙盘模拟没有标准答案，但是，如果教师谈不出一些具有独到之处、对学生有所启迪的见解；如果教师不能从企业经营的战略战术乃至哲学的高度谈出几点高屋建瓴的看法，那么这教师的现场点评与总结不仅是有缺陷的，而且会在一定程度上降低学生参与下一次课堂互动讨论的积极性。此外，教师还要善于为学生们自主、互助学习创设良好环境，因为只有在宽松、和谐、相互尊重的氛围中，学生才可能有独立意识，并敢于大胆提出想法、表达思想，从而迸发出创新的火花。可见，与传统的单纯讲授式教学相比，教师在 ERP 沙盘模拟课程中扮演着难度更大的重要角色，这无疑对教师的学识水平、执教能力和敬业精神提出了更高要求。

五、教学中存在的问题

1. 认识方面

人们面对新生事物总会萌发恐惧感，而这种恐惧感又会导致人们对新生事物产生不正确的认识，因此接受一样新生事物需要的不仅是认知，更需要具备颠覆传统观念的勇气。对于 ERP 沙盘模拟这种新型实践教学模式，部分教师在认识上也存在误区，认为 ERP 沙盘模拟“就是个游戏”“登不上大雅之堂”，仅仅是把 ERP 沙盘模拟实验室当作一个对外展示学校风采和教学特色的窗口，没有完全认识到 ERP 沙盘模拟教学的深刻内涵及其价值所在。高校在实验室建设方面往往朝令夕改，缺乏长远的规划和发展思路。这方面是高校 ERP 沙盘模拟教学进一步发展面临的最大潜在障碍。

2. 学时方面

在传统课堂灌输授课形式下，教师完全能掌控教学进度，而 ERP 沙盘的教学进度还受制于学生的主观能动性和学习能力，对于各部分内容的学时安排要有弹性，“学时偏少”是当前很多课程普遍存在的问题。

参考文献

[1] 张前. ERP 沙盘模拟原理与实训［M］. 北京：清华大学出版社，2017.

[2] 张前. ERP 沙盘模拟实战［M］. 北京：人民邮电出版社，2017.

[3] 张前. ERP 沙盘模拟对抗中的筹资与投资攻略［J］. 财会月刊，2013（20）：126－128.

[4] 何晓岚，楚万文，孔维林. ERP 沙盘模拟实用教程［M］. 北京：北京航空航天大学出版社，2010.

作者简介：

张前（1969—），济南大学商学院副教授，研究方向为企业沙盘模拟教学。

对于构建大学生创业能力测度体系的研究思考

朱孟斐

摘　要：高校的不断扩招使得毕业生数量逐年增长，就业难，创业成功率低成了新的问题。在大学生开展创业之前对其创业能力进行测度迫在眉睫，本文通过对构建大学生创业能力测度体系的必要性、指标体系的构建、大学生创业能力测度的方法以及应注意的问题展开研究，以期对大学生创业进行合理的指导，提高大学生的创业成功率，为改善高校创业教育提供帮助。

关键词：大学生；创业能力；测度体系；方法

近年来，我国高校毕业生人数逐年大幅增长，据相关数据统计，2017 年大学毕业生达到 749 万人，高校毕业人数创历史最高，堪称史上更难就业季。与此相伴，大学毕业生待业人数也逐年大幅增长。尤其是经济进入新常态后，大学生就业形势更加严峻、竞争更加激烈。鼓励大学生创业是解决就业难问题行之有效的方法，创业学生既能解决自身就业问题还能提供就业机会。但是大学生创业成功率非常低，这说明并不是所有的学生都适合创业，有相当一部分大学生由于自身的素质及对创业的认识不足，仅凭一种热情而导致创业失败。因此，在大学生开展创业之前对其创业能力进行测度，并进行合理的指导和针对性的培养对于提高大学生创业成功率、改善高校创业教育具有重要意义。

一、构建大学生创业能力测度体系的必要性

（1）针对大学生创业问题，地方政府不断出台相关支持政策，尤其是中华人民共和国人力资源和社会保障部等 9 部委联合实施了 2014—2017 年“大学生创业引领计划”，大学生创业环境不断趋好，但从整体看大学生创业仍不尽如人意。目前我国大学生毕业后选择自主创业的比例不到 1%，而发达国家一般为 20% ~30%；大学生创业成功率很低，一次创业成功率不到 3%，二次创业成功率不到 10%。大学生创业缺乏经验和资金，一旦失败将产生心理恐惧。据南开大学的一份调查报告显示，89% 的大学生已对创业产生恐惧心理，并明确表示不会选择自主创业；49% 的被访大学生表示，缺

乏相关的创业技能和实战经验是创业过程中的最大障碍。“大学生不愿创业、创业失败率高”的现实对构建大学生创业能力测度体系提出了更加迫切的要求，如果能在大学生创业之前对其创业能力进行测度，检验其是否具备创业的基本素质，对于提高创业成功率、降低创业风险具有重要的意义。

（2）教育部于2012年8月出台《普通本科学校创业教育教学基本要求（试行）》（教高厅〔2012〕4号），目前全国高校已经广泛开展了各种模式的创业教育，一大批接受创业教育的毕业生走向创业之路。提升大学生创业的能力已经成为大学开展创业教育需要解决的首要任务。《国家中长期教育改革和发展规划纲要（2010—2020年）》中提出，今后一个历史时期对学生的培养要坚持能力为重，在能力提升的要求下优化知识结构丰富社会实践，强化学习能力、实践能力、创新能力等能力方面的培养。大学生创业能力测度体系的建立，将会进一步明确创业教育的内容和培养目标，为高校创业教育、创业课程改革起指导作用，从而有效提高创业教育效果。

二、大学生创业能力测度指标体系的构建

（一）构建流程

（1）收集原始指标，初步确立备选指标。根据已有的文献，对文献中的指标进行梳理，选择出现频数较高的指标作为备选指标，剔除重复指标，建立备选指标库。

（2）利用问卷调查法补充备选指标库。对创业者、毕业生、高校老师等进行问卷调查，补充出现次数高的指标到备选指标库。

（3）利用德尔菲法提取特征要素。选取15位专家对备选指标进行打分，其中包括5位高校创业教育老师、5位成功创业者、5位大学教师及研究学者，剔除得分较低的指标。

（4）设计测度指标体系结构。采取理论分析法、小组讨论法、专家评议法、访谈法等方法，对提取的各类备选指标进行归纳综合，在理论和逻辑上提取其共同因素，凝练上位指标，初步形成一个体系结构。

（二）指标体系

根据上述流程，初步建立起“大学生创业能力测度指标体系”，如表1所示。该指标体系主要从四个方面对大学生创业能力进行测度，分别是创业知识、创业能力、创业意识和创业品质。

表 1 大学生创业能力测度指标体系

创业知识	法律知识
	管理知识
	专业知识
创业能力	机会识别能力
	自主学习能力
	领导决策能力
	管理沟通能力
	组织协调能力
	开拓创新能力
创业意识	创业意愿
	创业动机
	创业价值观
创业品质	自我控制力
	冒险精神
	挫折承受度
	意志力
	诚实守信

（1）创业知识是要求创业者应具备“T”型知识结构，熟悉企业管理的有关专业知识，懂得所在创业领域的有关理论知识，并了解一定的法律知识等。这个指标主要包含三个方面，一是法律知识，创业者应了解与创业活动有关的法律知识，比如，企业法、公司法、税法、民商法等法律；二是管理知识，创业者应该熟知人力资源管理、财务管理等方面的知识；三是专业知识，创业者应该要了解创业领域相关的专业技术知识。

（2）创业能力是指“自我谋职”能力，包括关键技能、隐性知识在内的，能够使创业者更好履行职能的整体能力，具有差异性和可塑性等特征。这种能力与市场行为相结合，就是小型企业的创建与经营，或者说是指一种能够顺利实现创业目标的特殊能力。这个指标主要包含六个方面：一是机会识别能力，创业者应该具备一定的机会识别能力，即发现机会、辨别机会和选择机会的能力。机会识别能力对于创业者选择是否创业非常重要，具有良好的机会识别能力，也是创业者能够并将创新机会转化为丰厚利润的基本素质要求。二是自主学习能力，它是对创业者的个人素质和能力的必要要求，在创业前需要学习创业知识，在创业过程中还需要继续学习、加深和扩宽已有的创业知识领域，创业知识的深度和广度决定了创业实践能够达到的高度。三是领导决策能力，领导能力指创业者在创业过程当中统揽全局，合理放权，为实现组织目标带领组织内成员努力的能力，决策能力是指创业者在面对问题和机遇的时候，能够从问题或机遇本身以及其相关关系出发，进行认知、分析判断、进而选择最佳解决方案的能力。四是管理沟通能力，管理能力是创业者能力素质在管理上的体现。管理能力包括创新能力、经营决策能力、分析判断能力以及指挥协调能力等。五是组织协调能力，创业者在创业过程中面对剧烈变化的外部环境，为取得组织的生存与长远发展而进行总体规划、协调各种资源和关系的能力。六是开拓创新能力，它是运用知识和理论，在科学、艺术、技术和各种实践活动领域中不断提供具有经济价值、社会价值、生态价值的新思想、新理论、新方法和新发明的能力。

（3）创业意识是指在创业实践活动中对人起动力作用的个性心理倾向。这个指标包含三个方面：一是创业意愿，它是创业者对从事创业活动与否的一种主观态度，是人们具有类似于创业者特质的程度以及人们对创业的态度、能力的一般描述。二是创业动机，是引起和维持个体从事创业活动，并使活动朝向某些目标的内部动力。它是鼓励和引导创业者为实现创业成功而行动的内在力量。三是创业的价值观，是指在创业过程当中创业者对各类事物的看法，是创业者在一定的思维感官之上而作出的认知、理解、判断或抉择，也就是创业者认定事物、辨别是非的一种思维或价值取向。

（4）创业品质主要指创业的心理品质。创业是一项具有很大挑战性的活动，良好的心理素质在成功创业的道路上是必不可少的。创业者要勇于冒险和承担责任，充满自信，善于控制情绪，并且要时刻坚定自己的创业信念无论遇到任何困难和挫折。这个指标包含五个方面：一是自我控制力，当创业者在遇到挫折、压力和诱惑时一定要保持冷静；二是冒险精神，创业者要敢于面对严峻形势的挑战并勇于承担风险；三是挫折承受度，指个体在遭遇挫折时，能不能承受打击，有没有摆脱和排解困境从而使自身避免心理与行为失常的一种耐受度；四是意志力，创业者应该具有坚强的毅力和抗挫折能力；五是诚实守信，创业者要具备基本的做人和做事的品质，要诚实守信。

三、大学生创业能力测度的方法

由于大学生创业能力是一种包含多种能力在内的复合能力，因此针对不同能力的特性在进行测度时需要采取不同的测度方法，如对于创业知识的掌握程度，可以采取笔试测试的方法；对于创业能力的测度，可以采取专家面试、教师打分、民主评议等多种形式进行综合把握；对于创业意识的测度，可以采取心理测试的方法进行测度。大学生创业能力测度的方法如表 2 所示。

（1）笔试测试：笔试是一种与面试对应的测试，是检测学生学业水平的重要工具。这种方法可以有效地测量大学生的专业知识、管理知识等。

（2）专家面试：专家面试是通过专家面谈的形式来考察大学生某些创业能力，如管理沟通能力等，通过专家面试可以初步判断大学生是否具备某些创业必需的能力以及能力的高低与否。

（3）民主评议打分：民主评议是组织部分人对测评对象在日常生活中的各类表现

进行综合评价打分的方法。通过该学生所在班级的班委、同学、教师等，可以了解其在日常的生活学习当中的各类表现，如组织协调能力、诚实守信等，能够比较客观地了解到真实的情况。

（4）心理测试：心理测试是指通过一系列的科学方法来测量被评者的智力水平和个性差异的一种科学方法。我们可以通过心理测试的方法了解到大学生内心真实的想法，如创业意愿、创业动机、创业价值观等。

表 2　　大学生创业能力测度的方法

	要素	具体内容	载体及方法
创业知识	法律知识	企业法、公司法、税法、民商法等	笔试测试
	管理知识	人力资源管理、财务管理、市场营销等	笔试测试
	专业知识	计算机、金融保险、工商税务等	笔试测试
创业能力	机会识别能力	能否快速识别机会，并把握有利机会	专家面试
	自主学习能力	各类知识的涉猎面和学习深度	根据考试成绩、各类证书获取数量和质量打分
	领导决策能力	分析判断选择最佳方案	根据是否担任班干部、在各类活动中担任角色打分
	管理沟通能力	能否与他人进行良好有效沟通	专家面试
	组织协调能力	与同学的合作、与老师工作的协调	民主评议
	开拓创新能力	富有创意，有创新精神	依据参加创新创业大赛的次数及名次打分
创业意识	创业意愿	创业意愿的强烈程度	心理测试
	创业动机	创业的目的	心理测试
	创业价值观	创业者的价值取向	心理测试
创业品质	自我控制力	遭遇挫折、失败、压力时是否能保持冷静	心理测试
	挫折承受度	对困难的承受程度、乐观程度	心理测试、专家面试
	意志力	是否具有坚强的毅力和抗挫折能力	心理测试
	冒险精神	是否勇于面对挑战并承担风险	专家面试
	诚实守信	是否能履行诺言、诚实做人	民主评议

四、构建大学生创业能力测度体系应注意的问题

（1）测评内容合理性

建立评价体系时须坚持合理性原则，既要考虑大学生的创业教育目标、学习、生

活的实际情况，又要着眼于大学生的成长、成才。一是要做到评价体系内容具有合理性，既要考查学生生活中涉及创业的方方面面，又要有所侧重，更好地为学生发展服务，为创业教育服务；二是要做到评价体系建立具有合理性，要掌握由总到分的原则，突出重点；三是要做到管理方法具有统一性、公平性、客观性。

（2）测评指标可操作性

测评体系的内容的准确有效性，建立在对大学生各方面的行为积累大量信息的基础上。如果大学生创业评价体系设计过于简单、内容缺乏，就会使创业教育的质量受到影响，达不到大学生创业评价设计要求。因此，该体系的建立既要照顾各方面因素，又要注意这些内容指标的可测性。

（3）评价主体参与性

建立该体系最终目的是加强对大学生的创业教育、增强大学生的创业意识。该评价体系的建立是一项系统工程，需要负责学生工作的教师们积极配合，更需要学生主体的广泛参与。

参考文献

［1］彭钢．创业教育学［M］．南京：江苏教育出版社，1995.

［2］王英杰，韩军峰．就业指导与创业教育［M］．北京：中国铁道出版社，2002.

［3］李国平，郑孝庭，李新平，等．大学生创新创业教育质量的模糊综合评判与控制方法研究［J］．特区经济，2004（9）：170.

［4］中华人民共和国教育部高等教育司．创业教育在中国：试点与实践［M］．北京：高等教育出版社，2006.

［5］吴志锋．大学生创业能力研究概述［J］．中国电力教育，2009，6（139）：163－164.

作者简介：

朱孟斐（1988—），济南大学商学院讲师，硕士，研究方向为思想政治教育。

当代大学生就业难问题与择业路径分析

朱青梅　王　冲　王景霞

摘　要：自1999年我国开始对高等教育进行大规模扩招之后，我国每年的大学毕业生数量急剧增加，大学生对岗位需求快速增大，导致大学生就业越来越困难，最终造成大学生待业人数的堆积。通过对大学生就业的外部环境因素和内部条件因素进行分析，本文认为政府和学校应该重视大学生就业问题，并且应采取相应的措施；同时，大学生应该树立正确的就业观，完善基本能力和综合素质。当代大学生就业难问题需通过各方共同努力加以解决。

关键词：大学生就业；心理；因素；措施

针对现在的大学生就业难的问题，不同的人有不同的观点。有些专家认为，在一定程度上的超前教育模式是很有必要的，也是社会发展的必然；还有些专家认为，就业难的问题一方面是产业结构调整不当造成的，另一方面是因为人事改革的制度不适应当代的形式……如此种种。笔者认为，造成大学生就业难就业率低的最重要的原因，是现在的大学生的就业心理与政府和学校以及社会的就业形势不协调。

一、相关研究综述

（一）国外对大学生就业问题的探析

西方经济学家对失业的现象有了长期的关注和研究，对失业的理论也进行了研究和分析。例如，凯恩斯的失业理论的前提是生产资料私有制，假设社会是完全自由竞争的，在古典经济时期，在自由竞争的条件下，工资是按劳动力供求变化而发生变化的。

近年来，西方主要的资本主义国家的经济状态因为经济危机的原因进入了停滞的状态，一些西方经济学家从结构的角度对失业现象进行分析和解释，从劳动力市场不完全性这一角度分析了大学生就业问题，认为劳动力之间的差异是难以替代的。

（二）国内对大学生就业问题的探析

国内学界关于大学生就业问题已经有了较深入的研究。中国专家和学者针对我国的新的形势，全面分析了中国社会发展和经济结构与毕业生供给数量和结构。部分学者认为，大学生就业难的原因是社会对劳动力需求速度减缓与社会劳动力增速过快之间的矛盾，社会所要求的人才与学校输出的人才之间的矛盾；还有部分学者认为，就业政策及求职机制不健全也会导致大学生就业难的问题，他们认为必须保证就业信息流畅以及求职机制完善才能保证大学生就业。国内学者通过分析宏观和微观条件对大学毕业生就业的影响，来探究各个因素给新形势下大学生就业带来的利与弊，并做了详细的研究与见解。

二、当代大学生就业形势

从 2001 年年底开始，“大学生就业择业困难”的问题一直是社会讨论的热门话题。不仅仅是在中国，西方国家也面临着这个严峻的问题。因为大学生关系到祖国的未来，关系到祖国的经济的发展，是本国经济命脉，而眼下出现的这一现象是各国所关注也是最想解决的问题。大学生就业面临着前所未有的挑战，具体表现如下。

（一）毕业生的人数不断增加

随着社会经济的不断持续发展，特别是近年来人口的不断增加，大学毕业生的数目也在持续增加。据中华人民共和国人力资源和社会保障部统计，2014 年我国大学毕业生的人数为 727 万人，2015 年为 659 万人，2016 年达到 715 万人，据教育部预计，以后每年高校毕业生人数将会以 30 万人左右的速度增加。这些只是应届毕业生，而之前毕业的大学生的“沉积”会更进一步地增加大学生待业人数。

（二）毕业生的就业比率下降

近几年，即使就业岗位不断增加，但是因为当前大学毕业生人数基数持续增加，所以当前大学毕业生就业率仍旧呈下降的趋势。2014 年，全国大学毕业生就业率不足 80%，毕业生在毕业半年后就业率为 84%；2015 年，全国大学毕业生平均就业率仅为 69%；2016 年，大学生的就业压力更大。调查显示，到 2016 年 6 月，大学生整体就业率为 37.5%。

（三）大学生就业难会给社会造成危害

大学生就业难问题不仅造成现在我国的人力资源的严重丢失和浪费，而且会给毕业生心理造成压力，影响我国经济的发展。

1. 造成我国人力资源的严重丢失和浪费

人才是经济发展的重要资源。当大学生毕业之后不工作或者没有找到合适的工作，就会失去大学生应有的社会价值，从而造成了人力资源的浪费。

2. 影响人力资本投资积极性，影响大学生的身心发展

就业难的现象引发了读书无用的说法，很多家庭为了自己的孩子上学，把所有的资金都用在学业上，甚至不惜借钱贷款，但是结果并不能令他们满意，以致部分贫困的家庭直接不让孩子上学了。据调查农村地区的资料分析，五成以上的家庭有这种不想让孩子上大学的想法，近两成父母明确认为上大学没有太大的用处，还不如让孩子尽早步入社会积累经验。

毕业生就业难，直接影响到在校大学生身心健康和学习情绪。对在校大学生就业心理调查研究显示，74% 以上的大学生认为当前的压力主要来源于就业，49% 的大学生对于将来就业前途感到没有目标。面对就业的压力，有不少大学生觉得很焦虑，从而抑郁。这让本来朝气蓬勃的年轻人失去了色彩，严重影响了学生身心健康。

三、大学生就业难出现的原因

针对大学毕业生就业难这一现象出现的原因，笔者认为应从外部环境因素和内部条件因素两方面来考虑。具体来说如下。

（一）外部环境因素

大学毕业生就业，首先受到的是外部环境因素的影响，包括政府、学校、社会、用人单位。

1. 政府

政府针对毕业生就业的宏观调控将对大学生毕业之后的就业心理和观念有着很深的影响。社会经济产业结构的不合理性导致当今的社会不能为大学生提供足够的、合适的岗位。

2. 学校

高等教育的专业设置和形式缺乏合理性，使得高等学校的人才的定位和对于人才培养的层次，不能适应高校毕业生的就业市场。高校由于受到应试教育的影响，很少或是极少对高校毕业生综合素质进行培养与教育，专业课程设置上也不能完全满足市场需求。专业课程设置的过程中，总是针对某个职业而设置，或是仅仅想立足学校自身师资条件，而并非面向未来就业市场的需求，其结果就是，战线拉的不够长，结构性矛盾甚是突出。

3. 社会

我国的经济发展十分迅速，但产业结构有待优化，大学生就业难或者失业很大程度上与这一方面失衡有关。配第—克拉克定律指出，经济的发展、社会的进步与居民平均收入的增加会让本国的就业结构发生相应的变化，由于收入差距的驱动，会使劳动力从第一产业转向第二、第三产业转变，所以说，第三产业人数越多，这个国家越发达。

4. 用人单位

用人单位常常担心把应届生培训成熟之后，应届生会辞职，从而造成公司资源的损失，因此，他们不愿意聘用大学应届毕业生，从而导致大学毕业生不得不面临着无薪实习或者半薪实习，这就无形给大学毕业生造成了心理上的压力。

（二）内部条件因素

大学生就业难也有自身内部条件因素，具体来说如下。

1. 大学生自身素质与能力条件

大学生就业难的内部条件因素大部分都是大学生自身素质与能力满足不了用人单位的要求，主要体现在：①团队合作能力差。当前，大学生中独生子女占绝大部分，自立能力不足深深影响着他们的团队合作能力。②大学生自身缺少自主创业的思想和能力，也是导致大学生就业难这种现象发生的重要原因。大学生由于心理上担心创业风险和本身能力上的不足，致使他们大多数人在毕业之际思考的都是找工作，而并非创业。

2. 当今大学生择业就业心理

大学生就业难的原因不仅仅是大学生的能力问题，更重要的因素体现在大学生就业心理上存在着与社会脱节的现象。具体表现在：①思想和心理脱离了现实。大学生毕业之后仍处于以自我为中心的观念中，当真正进入这个社会的时候，会体现出一种浮躁、盲目、脱离现实的境界。②一味地根据自己的“严格要求”求职。大学生毕业之后，都想去大城市，喜欢高工资低劳动强度的工作。由于他们自身设置的门槛太高，导致就业职位比例严重不协调，因此出现了大批毕业生“失业”的现象。

四、新时代下大学生就业难的解决方案

大学生能否就业，能否找到合适的职业，不仅仅关系着大学生自身生存与发展，更重要的是关系到整个社会乃至整个国家未来经济发展的命脉。因此，大学生就业问题的解决需要社会、政府、学校、用人单位、学生等多方面努力协调发展。

（一）政府、社会与学校合理的调整

1. 政府、社会方面

①对农村投入加大力度，努力减少城乡之间的差距，努力发现并调节大学生结构性失业问题。针对基层单位的工作条件、薪酬，政府应采取相应的扶持计划，在条件允许的范围内适当提升。②改善对西部地区的就业政策，用完善的福利待遇吸引大学

生去西部发展，不仅能够缓解东部人才过度密集的问题，从经济发展的角度看，还能够发展西部的经济，实现双赢。③加大对企业等用人单位的监管力度，避免因待遇薪资等这些因素导致大学生失业。

2. 学校方面

一方面，学校要合理设置专业和课程，调整专业以及专业课程，向着长远的、稳定的社会需求方向发展，站在需求的基础上进行，努力避免结构性失业现象的发生；另一方面，学校应加强对学生的实践能力展开教育，让大学生认识到自己的职业规划与自身的责任。不仅如此，学校还要针对大学生创业能力的指导和培训采取相应的措施，让大学生养成多思考、多实践、多创新的良好思维。学校在发展自身影响力的同时，也要与学生共同发展，不能顾此失彼，两者缺一不可。

（二）用人单位

第一，用人单位应自觉遵守《中华人民共和国劳动法》的规定，不能做有损劳动者权益的事，应时刻注意，劳动者是用人单位发展的支撑力量。第二，用人单位在招聘过程中，不能有伤害应聘者自尊心自信心的行为，也不能出现歧视员工的现象。第三，用人单位按照自己招聘岗位的需求进行招聘，必要时不要过度在意大学应届毕业生无工作经验，可根据岗位适当地放低要求。第四，公司内部要制定完善的晋升制度，让应聘者看到美好的未来。

（三）大学生自我提高

大学生在校期间不应只是注重文化知识的学习、素质的修养和提高，更应该重点培养实践能力和思维能力。要培养自身创新的能力和意识，大学生就要调整思想观念，改变以往的依赖心理，借助学校的创业指导，养成勇于思考、敢于创新的能力。大学生毕业之后，自身应该注意要转变就业观念，摆脱自身虚荣心、依赖心理。大学生应当增强择业的主动心理，适当降低自己的求职要求，要保持求稳定、求长远的就业心理去求职。

五、结语

本文对当代大学生就业状况进行研究，重点分析了造成大学生就业难、就业率低的原因，并对当代大学生的就业心理与政府、学校、社会以及用人单位的就业形势进行分析，最后提出相应建议，以期对政府、学校、用人单位、学生等有所帮助。

参考文献

[1] 曾宪植．从大学生就业难看我国教育体制改革的迫切性［J］．新视野，2009

(4).

[2] 王洪鸣. 大学生就业难问题的成因及解决途径 [J]. 教育评论, 2004 (6).

[3] 邹文武. 从当前大学生就业难问题反思我国高等教育的体制缺失 [J]. 现代教育科学, 2009 (6).

[4] 谢洋. 在校大学生心理健康状况调查 [N]. 中国青年报, 2006-03-31 (5).

[5] 王靖. 大学生就业难: 成因分析及对策思考 [J]. 青海社会科学, 2007 (1).

[6] 沈国琪, 陈万明. 大学生就业难的经济、社会关联性因素分析 [J]. 辽宁教育研究, 2008 (12).

[7] 孙明亮. 当前经济形势下大学生就业取向分析 [J]. 重庆电子工程学院学报, 2009 (3).

[8] 赖德胜. 劳动力市场分割与大学生毕业失业 [J]. 北京师范大学报, 2001 (4).

作者简介:

朱青梅 (1962—), 济南大学商学院教授, 研究方向为劳动经济学。

王冲 (1986—), 齐鲁理工学院商学院讲师, 研究方向为学生管理。

王景霞 (1982—), 齐鲁理工学院招生办公室, 研究方向为招生管理。

关于提高高校教师教学水平的思考

庄　锴　童西子

摘　要：提高高校教师教学水平是提高高等教育质量的关键因素之一。为提高教学水平，高校教师应当构建自己对教学的个性化视角，根据教学目的形成一套完整的价值观体系。在教学过程中，教师应了解并妥善处理学生的思想压力和学习中的情感因素，认识到具有挑战性的学习对学生的积极意义，给予学生适当的反思时间，来巩固所学知识以致进一步有效学习。

关键词：价值体系；压力；情感；挑战；反思

我国的高等教育取得了令人瞩目的成就，随之而来的是社会各界对高等教育质量提出的越来越高的要求。提高高等教育质量涉及诸多因素，如高校管理、评价、考核机制、高校教学理念、教师教学水平、学生所受基础教育状况等。其中，以教师良好素质为基础的教学水平的改善能有效地促进以提高高等教育质量为目的的大学教学改革。大学教学活动是极其多变和复杂的，即便一个教师以良好的心愿和辛勤的汗水投入其中，也不一定能取得期望的结果。与此同时，随着高校的扩张，不断有新人进入高校教师队伍并在教学一线工作，改善高校教师教学水平已成为亟待解决的重要任务。

一、逐步构建自己对教学的个性化视角

高校教师要根据教学的结构化形式和根本目的构建一套完整的有个性的价值观、信念和理念体系，并据此调整自己奋力前进的方向。高校教师有时会面对一些风险，如由于年龄的增长、学习能力的降低而被时代所淘汰；过度追求虚无缥缈的完美而禁锢不前；无法超脱现实而无奈。在纷繁复杂、充满不确定的高校教学过程中，总有意想不到的事情打乱教师精心准备的授课计划，面对如此窘境，几乎每个教师都会有泄气、情绪低落、怀疑自己的能力甚至想放弃教师这个职业的心理感觉和体验。如果构建一套有个性的充满批判思维的教学价值观、信念、理念体系，就能减少这种不确定性给教师带来的困惑。清楚量化的目标将帮助教师走过那些不知该何去何从的迷惑期，在此时期，教师将会坚定地养精蓄锐。高校教师不仅仅是在一个特定的、范

围狭小的领域内讲授教学内容的讲授者，更是一个帮助学生认识世界、改造世界的推动者。

高校教师应当构建自己的教学价值观、信念和理念体系，这样其教学活动的中心会更加明确，学生会对其能力更加信任。

二、洞察学生的思想压力和情感因素

在大多数情况下，很多学生有妄自菲薄的思想压力，总是感觉到周围的人比自己更有能力，比自己更自信，甚至会感觉到，总有一天自己较差的实际水平会被周围的人揭穿。这种被称为“蒙骗现象”的感觉普遍存在于各种领域。高校教师在教学实践中应该想到学生会有这种自己主动贴上“差生”标签的现象。不仅学生存在这种现象，教师也不例外。有的教育专家在台上给经验丰富，既有深刻理解力又有创新力的同行作报告时，也常常怀疑自己的演讲是否能给听众带来帮助和建设性的意见。

学生们经常会用带有情感色彩的词语来表达他们的学习体验，但在各项教学研究中，涉及情感因素的研究少之又少，究其原因是与探讨学生千差万别的情感因素相比，用事前设定好的成绩考核标准来检查学生的学习表现更为简单易行。学生在学习过程中表现出来的情感变化非常多样，在解决了超出自己能力范围的难题时会表现出欣喜若狂，在没有表现出自己认为应该具有的自信时会表现出情绪低落，在遇到同学和教师的讥讽或受到不公正待遇时会表现出怨恨。

教师应当正视在教学过程中学生所表现出来的情感，无论是积极的还是消极的。同时让学生了解他们所呈现出的情感对教师产生的强烈反作用，这样学生就会知晓教学过程是和人们的情感交织在一起的。

学生缺乏自信心是十分常见的现象。教师可以采取一些适当措施来减少这种心理现象对学生的干扰。如果措施得当，可以将这种心理问题控制在一定范围内，而不会太大程度地干扰学生的学习。首先，当学生在学习时表现出羞涩、自信心不足，认为自己没有建设性的想法时，教师可以用真诚的、尊重的、理解的态度帮助学生塑造存在感，让他们认为自己对别人是有价值的。当教师指出学生的某些不足时，也要赞扬他们的闪光点，哪怕是荧光般的闪光点。其次，教师应坦诚地告诉学生，自己有时也会有这种缺乏自信的感觉，特别是那些受到学生崇拜的教师，当他们告诉学生即便是教师有时也会产生那种力不从心、无所适从的感觉，学生的心理问题就会有所缓解。最后，让学生们彼此坦诚地说出自己的感觉，让大家知道，几乎每个人都有这种心理现象，这对消除学生的这种心理有积极的作用。

作为教师，要承认学生在学习过程中存在情感这一事实。学习是一种有限理性的活动，伴随着痛苦、快乐、忧伤、沮丧等各种情感。当学生在学习过程中展示出各种情感时，教师不要把它当成一种影响学生学习效果或违背课堂行为规范的不得体行为，应该让学生按照自然的本能去释放和处理他们的情感，同时要分析、思考学生为什么会产生这种情感。

对于学生在学习过程中表现出来的正面、负面的情感，教师应当给予同等程度的重视。可以让学生写学习日志，教师可以通过查看这些学习日志，了解学生个人或班级的学习情感状况，因为这些材料中隐含着大量学生认为在课堂上不太适合表现的情感因素。这些情感不是没有，而是被学生们压抑控制住了。

三、学习中的挑战与反思

当学生遇到完全陌生和未知的领域，需要他们掌握一些以前未学过的技能进入该领域来解决难题时，学生们将面临挑战。这些学习过程具有的挑战性赋予了学生们更多的意义和体验，让学生对自身的看法产生了根本性的转变。经过不懈努力、克服重重困难成功应对了挑战，这种历练会让学生信心倍增。积极应对挑战是学习者成长道路上的关键性事件。因此，教师在实践中要小心谨慎地对待这些事件，尽管这些事件对教师来讲是习以为常的，但对学生来说这是一种具有转折性的变化。

实际运用原则是高校教师颇为推崇的原则，无论是理科、工科还是其他学科。教师应当给予学生适当的时间，让他们充分感悟行动和反思的相互作用，让学生在实际生活工作中检验、体会教师讲授的教学内容。实际运用原则的核心思想是，让学生们在实践中对前人的理论或经验加以反思，再把从实践中获得的新经验用于新的研究当中，从而推动新理论的产生。但现实情况却常常和我们的想法背道而驰，学生们几乎从不用他们所学的理论或以往的经验去思考和解释他们正在面对的事物，也不试图来构建他们已有的认知体系或结构与新理论、新想法之间的关联。学生需要有一个认真思考的时期，才能深刻地、有意义地理解所学内容。遗憾的是，在教学过程中，教师和学生都有意或无意地忽略了这个时期。

促进学生进行具有挑战性的学习，对学生的学习过程意义非凡。教师在这个过程中要注意两方面的问题。一是不要过度肯定学生的积极表现，否则会让他们进入自我满足、自我陶醉的境地，进而会阻碍他们探索新领域，理解新观点，也不会审视自己习惯性思维的正确性。二是不要对学生否定过多，否则会让他们陷入自己总是比别人差的心理误区。因此，教师在培养学生挑战精神的时候，要根据学生的特点，比如性格特征等，周密考虑，把握好分寸。

教师授课时在讲课内容的深度方面可以多花点时间，适当牺牲讲课内容的广度。参考书目可以少一点，但应要求学生精读几本权威著作，还可以在课堂上留出点时间让学生对教师所讲的内容进行反思。

高等教育质量提高的关键是教学水平的提高。提高教学水平不是一朝一夕、一蹴而就的事情，需要教师们以坚定的信念、批判性的思维、高度的热情、毕生的精力去实践，这不仅是职业赋予教师的责任，也是时代赋予教师的使命。

参考文献

[1] 斯蒂芬·D·布鲁克菲尔德. 大学教师的技巧 [M]. 周心红，洪宁，译. 杭州：浙江大学出版社，2005.

[2] SYMTH W J. A Rationale for Teanhers' Critical Pedagogy: A Handbook [M]. Victoria: Deakin University Press, 1986.

[3] EBLE K E. The Aims of College Teaching [M]. San Francisco: Jossey - Bass, 1983.

[4] MEYER C. Teaching Students to Think Critically: A Guide for Faculty in All Disciplines [M]. San Francisco: Jossey - Bass, 1986.

[5] SCHON D A. The Reflective Practitionner: How Professionals Think in Action [M]. New York: Basic Books, 1983.

作者简介：

庄锴（1974—），济南大学商学院副教授，硕士，研究方向为企业管理。

童西子（1991—），齐鲁师范学院经济与管理学院助教，硕士，研究方向为经济与金融。

研究生教育教学研究

创新型物流工程硕士培养模式研究

陈宁宁　李　明

摘　要：在经济全球化和业务电子化的发展背景下，作为国民基础产业的物流业更需要随着新形势的变化，培养更具有创新性的专业应用型人才。在这种新形势下，要认真贯彻落实中央提出的实施人才战略的要求，需要建构合理的物流工程专业人才培养模式。本文以物流人才需求和物流工程硕士培养现状为基础，提出“导师团指导＋项目化考核”的培养模式，希望能使物流工程专业的硕士研究生培养朝着更加系统化、柔性化的方向发展，促进创造性思维的培养和创新性教学。

关键词：创新型；物流工程；培养模式

一、引言

党中央、国务院作出的建设创新型国家的决策，是事关社会主义现代化建设全局的重大战略决策。建设创新型国家，核心就是把增强自主创新能力作为发展科学技术的战略基点，走出中国特色自主创新道路，推动科学技术的跨越式发展；就是把增强自主创新能力作为调整产业结构、转变增长方式的中心环节，建设资源节约型、环境友好型社会，推动国民经济又快又好发展；就是把增强自主创新能力作为国家战略，贯穿到现代化建设各个方面，激发全民族创新精神，培养高水平创新人才，形成有利于自主创新的体制机制，大力推进理论创新、制度创新、科技创新，不断巩固和发展中国特色社会主义伟大事业。

当前我国正面临着产业结构转型升级，作为十大振兴产业的物流业也迎来了快速发展的关键期，特别是近年来电子商务的迅速发展，极大地促进了现代物流业的发展，现代物流业也对物流专业人才提出了更高的要求，2014 年 9 月国务院发布的《物流业发展中长期规划（2014—2020 年）》中就提出了强化理论研究和人才培养的保障措施。高校是创新人才的培养基地，高等教育的主要任务是要培养既能适应经济社会发展，又能引领经济社会发展的高素质人才，当前国内高校物流专业人才培养虽然已经形成了一定的规模，并在一定程度上满足了物流产业发展的人才需求。但是由于各种因素的制约，目前高校物流人才的培养还存在着一定的问题，尤其是各层次物流专业人才培养定位不清、培养目标不明确等问题导致物流专业人才创新能力不足，人才培养与人才市场需求不相匹配。本文的研究目的就是建立满足人才市场需求的物流专业创新人才培养体系。

二、物流人才需求分析

从市场和就业需求来看，企业发展需要的应用型物流人才大致可分为：技能型物流应用人才，即掌握基础物流理论和相关技能的中初级实用型人才；职业型应用人才，即精通现代物流商务环节与物流运作部门进行沟通的协调管理型人才；创新型物流应用人才，即制定物流总体发展规划、相关物流政策和物流人才培养方案的设计规划创新人才。根据市场对物流人才的不同需求，高校对培养物流管理专业学生不同层次的应用能力的重点也就不同。

三、物流工程硕士培养现状

（一）物流专业教师缺乏，物流实操经验欠缺

物流是一个相对新兴的专业，又是一个注重实际操作能力的专业。当前国内高校中的大部分物流教师并非物流专业科班出身，而是由经济类、管理类相关专业转型而来。这就造成他们专业知识储备不够，同时也没有物流行业的实践经验，因此导致师资力量缺乏，不能满足物流专业创新人才培养的需求。

（二）培养目标不清晰

表面上看，各高校在人才培养目标方面的提法不尽相同，但其基本思想都是注重复合型人才或专门人才的培养。这些基本思想都没有错，但没有体现出本科生、研究生与高职、高专生的差异，主要原因在于培养目标和层次还不够明确。以地方应用型本科院校为例，他们在制定培养目标时应面向地方经济建设和社会发展，着眼于培养具有创新精神和复合型知识结构的应用型高素质专门人才。在人才培养规格方面，哪些是学生应当了解、熟悉和掌握的学科知识、专业知识，哪些是学生应当具备的能力，各高校都有具体的规定。然而，大多数高校并没有完全站在企业和社会用人的角度，也很少聘请企业参与人才培养规格的拟定过程，导致其培养规格没有细化，也没有体现高素质人才所特有的属性。

（三）教学与实践相脱节

当前物流类专业的教学更注重理论知识的传授，然而物流行业发展迅速，许多书本上的知识难以及时更新，没有与现代物流实际相结合，因此，培养出的物流专业学生强基础、轻应用、缺创新，不能满足现代物流业对物流人才的要求。

（四）物流“双创型”人才培养模式没有得到根本性的确立

多年来，创新和创业逐渐成为高校人才培养目标的重要指标，各种政策、制度和措施在不断地出台，但高校人才培养模式仍没有得到根本性转变，主要是因为各种政策、制度和措施没有形成一个系统的体系，而只是在传统培养模式基础上的局部修正和补充。

四、基于“导师团指导+项目化考核”的培养模式研究

物流业作为服务业，与其他产业的联动必须要具备服务性、专业性、广泛性和实用性，因此，物流工程专业本身就是一个实践性很强的专业。同时，物流工程专业的硕士研究生培养又要充分考虑其技术和知识层面的提升和创新，因此推出“导师组团化的教学培养”和“项目化管理与考核”的培养模式。该想法主要来自“最大公约数”和“最小公倍数”两个名词，希望既能共享教师资源，又能最大限度地落实每个教师和学生的需求，旨在让学生拥有广泛的知识积累和深度的应用实践。培养模式的要点有两个方面。

（一）加强专兼结合的专业教师队伍的建设，导师组团构建综合师资团队

针对传统教育模式下出现的师资力量不强、实践教学设施不齐等问题，有些学者提出教师组团构建综合师资团队的构想。在早期物流教学改革中，关于师资问题也有学者曾提出过“双导师制”和“双师型”，但落实起来也是难度很大，而导师组团模式，主要是搭建一个导师平台，根据市场需求和项目要求，由传统的“一对一”或“一对多”的指导模式转变为新型的“多对多”的指导模式。这样的做法可以构建综合师资队伍，组合共享教学资源和优化教学课程体系。

同时，导师组团模式，既包括高校专业课老师也包括企业导师，双方联合对学生进行培养。校企合作是基础，导师组团模式是关键。校企合作是培养高素质技能型专门人才的基本途径，培养计划的制订和实施过程应主动争取企事业单位参与，充分利用社会资源，学校应与企事业单位共同制定和实施培养计划。培养计划中的各个教学环节既要符合教学规律，又要根据企事业单位的实际工作特点妥善安排。明确树立人才培养目标，努力探索和实践结合、校企合作的新型物流人才培养模式，突出高校的办学特色，推动高校物流专业的持续健康发展。

（二）产、学、研相结合，以项目化教学为载体培养物流高技能应用创新人才

产、学、研相结合是高等教育发展的必由之路，要积极探索校企全程合作进行人才培养的途径和方式。校企合作是培养高素质技能型专门人才的基本途径，高校

培养计划的制定和实施过程应主动争取企业参与，充分利用社会资源。高校应与企业共同制订和实施培养计划，即校企合作是基础，产学研是根本，必须要在专业设置与调整、教学计划制订与修改、教学实施、实习实训以及学生就业等方面，充分发挥企业和用人单位的作用。同时，项目化教学是教学改革的瓶颈，高校要打破传统的教学方式，以项目化教学为手段，培养出更多的有针对性的物流技术型人才。

项目化教学仍需以专业课程设置为中心，提高学生学习物流专业技能的积极性，应以高校专业课程设置为中心，不断地提高学生的实践能力，积极推行与生产劳动和社会实践相结合的学习模式，把工学结合作为人才培养模式改革的重要切入点，带动物流专业调整与建设，引导课程设置、教学内容和教学方法改革。人才培养模式改革的重点是教学过程的实践性、开放性和职业性，实验、实训、实习是三个关键环节。要重视学生校内学习与实际工作的一致性，将校内成绩考核与企业实践考核相结合，探索课堂与实习地点的一体化，积极探索工学交替、任务驱动、项目导向、顶岗实习等有利于增强学生能力的教学模式。

五、结语与展望

“导师团指导＋项目化考核”培养模式是结合当前企业对物流人才需求的创新性提出的，同时也是为了高效有质地培养创新型的物流专业应用型人才。这种培养模式对学校、对专业、对导师、对企业和社会、对学生，都提出了更高的要求。对于学生而言，多导师的选择，有利于培养学生的主动性和组织能力，激发学生的创新性思维，充分发挥学生学习的主动性、积极性；项目化管理使得学生对企业生产与物流流程等过程有了直观感受和切身体验，有助于学生对当前学习内容所反映事物的本质、规律形成较深刻的理解，促进认知结构的形成和完善。从长远来看，物流工程专业的研究生教学，应该高度重视理论与实践的结合，高度协调数据统计与案例分析，高度加强对学生的创新性、主动性和自我管理能力的培养。最后，本文从全日制物流工程硕士培养过程中出现的问题着手，提出相应的培养模式，希望能使物流工程专业的硕士研究生培养朝着更加系统化、柔性化的方向发展，促进创造性思维和创新性教学，为国家物流事业的发展培养出更多优秀人才。

参考文献

［1］刘联辉．应用型物流管理本科专业人才培养方案构建［J］．湖南工程学院学报（社会科学版），2005（1）：78－80.

［2］邹安全，罗杏玲，张蕾．“导师组”模式在物流管理专业人才培养的应用［J］．物流技术，2012（4）：157－160.

［3］梁君荣，高亚辉．与时俱进，革新培养模式——试述研究生培养的多元化导

师组负责制［J］. 中国教育导刊，2006（4）：93－94.

［4］杨德坤. 加强实践性教学环节，培养合格的高级应用型物流人才［J］. 中国水运，2006（11）：247－248.

［5］王世杰，郑鹏，王洁. 以规范的导师组架构提高研究生培养质量［J］. 沈阳工业大学学报（社会科学版），2009（4）：373－376.

作者简介：

陈宁宁（1979—），济南大学商学院副教授，硕士，研究方向为物流与供应链管理。

李明（1978—），山东建筑大学信息与电气工程学院讲师，博士，研究方向为自动分拣系统效率优化和配送中心规划设计等。

商学院研究生人才培养模式探析

冯 群 周彦莉 王廷蔚

摘 要：商学院研究生是继承与发展未来经济与管理理论、公司管理实践甚至国家宏观政策的生力军，其人才培养模式至关重要。通过阐述现阶段商学院研究生培养存在的问题，本文从招生、培养、监督等环节提出研究生人才培养模式，并提出了相关措施建议。

关键词：研究生；人才培养；商学院；模式

研究生是本科生经过大学四年学习后选择继续深造，以科研为主要学习任务的高层次人才。2013 年教育部等部委联合下发《关于深化研究生教育改革的意见》提出，到 2020 年基本建成规模结构适应需要、培养模式各具特色、整体质量不断提升、拔尖创新人才不断涌现的研究生教育体系。研究生人才的培养，是高校科研实力的体现，也是为国家科研工作储备后备力量。商学院是集经济、管理、金融于一体的综合性学院，其研究生培养对国家未来宏观经济政策、公司科学决策、经济与管理理论拓展，以及高校自身的发展都有着重要的现实意义。

一、目前研究生培养存在的问题

改革开放以来，商学院研究生教育培养体系已日趋完善，研究生数量也渐成规模，但一系列问题也随之而来。

第一，招收研究生规模较大，很多研究生科研目标不明确。随着研究生招收规模扩大、录取标准降低，很多研究生根本没有从事科研的兴趣和动力，仅仅为了获得学位，甚至有些研究生在读研期间以找工作为主要目标，没有把科研作为主要任务，研究生读研的目标出现多样性。

第二，研究生招生规模过大，但导师数量有限，研究生培养质量难以保障。在现在研究生培养过程中，一名导师带几十名研究生现象非常普遍，导师并不能完全掌握每名研究生的学术状态，研究生与导师沟通交流减少，失去了一对一针对性培养的机会。

第三，商学院研究生与企业管理实践联系密切，研究生科研机会与导师资源关系较大。与理工类研究生不同，商学院研究生从事科研工作较多与企业实践联系，企业资源多、人脉广的导师更容易出成果，而企业资源较少的导师不容易获取企业数据，这就造成了导师资源的不同与研究生科研成果差异的不公平。

第四，研究生培养与社会需要存在部分脱节。研究生培养模式与经济社会发展之间的脱节，在就业环节可以充分表现。硕士研究生处于本科生与博士研究生之间，一般达不到博士研究生的学术造诣，大多数商科硕士研究生考公务员，或者与本科生竞争公司岗位，在就业方面专业特色并不是特别突出。博士研究生就业方向一般为高校或科研院所，选择公司就业的较少。

二、人才培养模式

研究生教育是一种学术探究活动，同时也是一种专业教育。研究生人才培养，需要按照研究生教育每一个阶段的特点，遵循研究生的发展规律，根据研究生的知识结构、学科特点和社会逻辑的深化要求，调整研究生人才培养的内容、结构和模式。在内容方面，要引导研究生关注学术领域与知识前沿，美国学者博耶提出“发现的学术、整合的学术、应用的学术和教学的学术”，研究生教育的内容应合理确定，探索实践性知识和缄默知识外显化的有效途径；在结构方面，学科结构设置、分化与整合都需要纳入考虑范围，将学科特点与问题逻辑整合统一，学科框架在知识结构上起到奠基石作用，学科壁垒可以根据具体问题选择性突破；在模式方面，用社会结构和生产方式的变革指导研究生教育发展模式的构建，保持研究生教育与社会需求之间必要的张力。具体来说，研究生人才培养模式包括以下几个环节。

招生环节：重视研究生质量。目前部分高校博士研究生招生已实行“申请—审核制”，研究生提交发表论文、毕业论文等个人成果审核通过即可参加复试，无须再参加初试考试，从而体现研究生招生重视前期科研成果、科研能力的基本思路。研究生的选拔应该体现科研能力为主的原则，尽量选拔具有科研兴趣与科研实力的优秀人才，否则研究生目标不明确，对科研没有兴趣，难以产生高质量科研成果，也是对研究生资源的一种浪费。恰当树立研究型大学品牌形象和定位，通过新闻媒体和行业组织宣传办学特色、学科平台和培养机制，引导研究生对研究生教育形成科学合理的预期。

培养环节：研究生教育不仅要重视科研与学位论文，还要重视课程学习，尤其是统计软件和数据分析软件的学习，让学生巩固专业基础、接触学科前沿、学习科研方法、接受实践训练、培养创新能力，无论对学生将来工作还是继续深造都具有重要意义；优化研究型大学课程教学理念和模式，引进国外前沿教材和文献，增加双语教学和研讨教学的比重；既要实行导师负责制，又必须重视对研究生班级的整体指导，研究生辅导员、专业负责人等也需要对研究生加以指导；既要重视研究生在国内高校的流动交流，也要重视国际交流，可以让研究生通过参加国际会议的方式了解国外学术动态。营造研究型大学研究生国际化培养环境，加强国际化师资队伍建设，推动中外合作办学，加大对研究生访学研究、短期交流、参加国际学术会议的资助力度，形成跨文化交流的校园环境。在导师方面，遴选具有科研实力、创新成果强的优秀人才担任研究生导师，导师队伍富有活力，给研究生提供专业指导。

质量监督环节：内部监督方面，每学期考核研究生课程学习、科研论文状态，对明显落后的研究生提出警告，督促其完成学习任务；改革研究生教育质量评价机制，注重科研创新能力和职业胜任能力的综合考核。外部监督方面，目前外部监督已形成体系，比如，学位授予点定期评估，学位论文抽查，执行力度已相当严格。在质量监督环节，更重要的是加强学校研究生处和导师对学生的内部监督。

三、措施建议

第一，稳定研究生招生规模。研究生的招生应结合学院师资、科研经费等多方面条件，不能盲目扩招，每名导师带的研究生数量不能超出指导能力。稳定了研究生招生规模，研究生各项管理措施才能实施到位。

第二，加强对研究生导师的考核。研究生导师是研究生培养质量的关键，导师应确保投入足够的时间、精力与经费培养研究生，促使研究生作出高质量的科研成果。在导师考核中，除导师科研经费、科研成果纳入考核范围外，导师对研究生一对一指导的次数也应该列入考核标准。

第三，研究生从事科研任务的时间应该纳入研究生管理规定中。研究生除科研活动外，还可能有外出兼职等个人活动，但研究生从事其他活动的时间不能占用科研活动的时间。一般高校都规定研究生必须发表一定数量和一定质量的论文才能满足毕业要求，如果对论文要求较高，研究生压力增大，可能一部分研究生无法按时达到毕业要求；如果对论文要求较低，那么一批低质量论文就会产生，甚至影响学校声誉。因此，各高校无法按照统一标准作出规定，多是以奖励的形式鼓励高质量论文产生。仅仅靠导师约束，有时也难以起到有效作用，甚至使导师和研究生产生矛盾。在研究生规定中，可以把研究生从事科研的时间纳入管理规范，从制度上保证研究生从事论文写作的时间。加强国家奖学金、国家助学金和专项奖学金等对研究生的激励作用。

第四，商学院与企业之间的联系资源可供研究生科研活动使用。为解决资源较少的导师难以获取企业数据难题，商学院与企业之间建立的有效联系可以供研究生科研使用，学院提供研究生学术活动的资源支持。创新研究生校企协同创新和联合培养模式，通过产学研联合培养等途径，培养具备理论知识和科研能力的创新人才。

四、结语

目前我国商科的研究生教育，已面临从规模扩张向质量提升的战略转型阶段，全面提升研究生培养质量，已成为当期和未来一段时间我国研究生教育的重点任务。研究生培养中，加大对研究生教学、科研和资助的投入，健全以政府投入为主、受教育者合理分担培养成本、培养单位多渠道筹集经费的研究生教育投入机制。加强研究生培养条件和能力建设，建立仪器设备与平台、重点实验室和产学研实践基地等优质资源共享机制，从政府、高校、学院、企业、社会多方面联合培养研究生高素质人才。

参考文献

[1] 刘贵华，孟照海. 论研究生教育的发展逻辑 [J]. 教育研究，2015 (1)：66－74.

[2] 张蓓，文晓巍. 研究型大学研究生教育满意度模型实证分析——基于华南6所研究型大学的调查 [J]. 中国高教研究，2014 (2)：64－69.

[3] 吴文刚，周光礼. 模仿与创新：中国学位与研究生教育百年回顾 [J]. 高等教育研究，2014 (10)：46－51.

作者简介：

冯群（1986—），济南大学商学院讲师，博士，研究方向为项目安全管理。

周彦莉（1984—），济南大学商学院讲师，博士，研究方向为管理科学与工程。

王廷蔚（1980—），济南大学商学院讲师，博士，研究方向为数据挖掘。

国际化视野下的经管类研究生培养模式创新研究

葛金田　张小涵

摘　要： 高等教育国际化是未来我国教育发展的方向，随着国际科研项目的不断增加，研究国际化视野下经管类研究生培养模式创新意义重大。本文以经管类研究生培养模式的现状为基础，从课程体系、教学方法、教学团队、国际合作与交流平台四个方面对经管类专业国际化办学进行分析，提出该专业研究生创新人才培养切实可行的途径。

关键词： 国际化；经管类专业；创新能力；研究生培养模式

伴随着经济全球化发展趋势，世界各国间竞争越来越体现为对人才需求的竞争，培养具有国际竞争能力的拔尖创新人才已经成为各国高等教育发展的共识。为响应国际潮流与国家“大众创业、万众创新”的号召，培养国际化创新型人才成为高等院校人才培养的重中之重。经管类专业作为一门典型的应用型学科，在培养创新型人才尤其是研究生人才方面具有天然的学科优势，也是国家教育转型的目标之一，然而经管类专业在探究研究生教育国际化培养模式方面仍存在诸多问题亟待解决。本文正是针对经管类研究生创新人才培养进行研究并提出一系列可行性方针及对策。

一、经管类研究生创新能力培养现状

近年来，研究生创新能力的培养日益受到各高校的重视，文科类高校也不例外。虽然各类高校研究生创新能力培养取得了不少成绩，研究生的创新能力也有一定的提升，但总的来看，文科类专业尤其是经管类专业，相比理工科专业来说，研究生创新能力普遍较弱。比如，高福霞在对重庆高校研究生创新能力进行比较研究后认为，无论在创新思维能力、创新智力能力，还是知识结构、学术创新能力方面，理工科硕士研究生的得分均高于文科硕士研究生的得分。赵耿、郑雪峰认为，造成这种状况的根本原因就在于文科类高校研究生培养缺乏广阔的学术视野和合理的知识结构；教学方式固化，缺少与实践的深入联系；研究生的感性知识不足，培养途径单一；研究能力不强，应用能力欠缺等。纵观学者们对经管类专业研究生创新能力培养的研究，不难看出，我国经管类专业研究生创新能力不强已成共识，虽然造成这种状况的原因是多方面的，但是一个根本原因就是经管类专业研究生的培养主要局限于校内培养、理论学习和课堂教学，缺乏国际交流与沟通。如何在国际视野下提升经管类研究生创新能力，对未来经管类研究生培养模式构建起着至关重要的作用。

二、研究生教育国际化的发展趋势

大学自产生之日起就被赋予了国际性的灵魂，开放办学、流动办学、合作办学是大学生存和发展的必由之路。教育国际化要求我们从观念上认同国际化，认同人才培养的目标应该首先从全球视角出发，站在这一战略高度把握教育的本质和作用。教育国际化起源于西方发达国家，美国以其敏锐的视角领先于其他国家开创了教育的国际化，把培养全球意识视为保持美国国际经济竞争优势的战略措施。2012 年，美国高等教育界创建了“大规模在线开放课程”。在线开放课程与以往的网络教学、远程教学不同，它挑战了人们对传统封闭式教育的观念，打破了封闭式教育的束缚，通过资源整合使世界各地的学生都能有机会接受同等水平的教育。20 世纪 50 年代，日本政府开始将国际化教育观念引入到本国的高等教育体系中，并将其作为日本人才培养、国家生存与发展的重要举措。韩国高等教育国际化的起步也非常早，尤其在最近 20 年取得了一定的成果，主要表现在以下方面：在高等院校设置国际研究学院；积极举办各级、各专业的国际学术会议；鼓励本国教师和学生广泛使用英语，鼓励教师用英文发表高水平科研论文；制定应对教育国际化的措施。进入 21 世纪，发达国家教育国际化已经达到了一定的程度并在世界范围内起到了引导作用，越来越多的发展中国家也开始意识到人才培养必须与国际接轨，建立了与本国经济和社会发展程度相适应的国际化人才培养模式。当代教育国际化正在经历由政府主导向院校主导的转变，政治因素在教育国际化背景的驱动下逐渐失去主导地位，高校开始主动寻求各种机会与国外高校合作，如实行联合办学、互换学生、学分互认等。

三、经管类研究生教育国际化的改革需求与方向

为了增强高等院校的国际竞争能力，培养具备国际视野、了解世界多元文化、能在国际舞台上展示各学科领域的优秀成果、具有国际合作精神的高素质人才，我国在 20 世纪 80 年代开始实行教育的对外开放。国家在政策上放宽了高校对外办学的限制，一大批大学毕业生尤其是经管类专业研究生选择了出国留学、访问和继续深造，为我国改革开放注入了新的活力。顺应时代需要，经管类专业研究生国际化人才培养得到了国内高校的广泛关注，先后有清华大学、北京师范大学、同济大学等高校开展了基于国际化视野下经管类专业创新人才培养模式研究，研究成果体现在教育观念国际化、

人员交流国际化、课程设置国际化、交流与合作国际化等方面，为国内兄弟院校经管类专业国际化人才培养模式创新提供了借鉴和参考。国内高校在经管类研究生国际化人才培养方面进行的探索虽然拓宽了学生的国际化视野，但是借助海外交流的形式出国的研究生毕竟数量较少，尽管教育部委托国家留学基金委每年选派一定数量的研究生以访问学生、联合培养博士生等身份出国进修，但每所高校每年选派的学生数占全体学生总数的比例不足1%。因此，在开放式办学过程中还存在很多值得深入思考和探讨的问题，如国际交流层次不高，学术交流、短期讲学等国际合作不够深入，缺乏常规性的制度来保障国际合作的实施等。经管类专业研究生培养要与国际知名学府接轨并具有普遍性，进行教育改革已势在必行。

四、经管类国际化研究生创新能力培养方案设计与实践

随着各高校招生规模的扩大，如何保证人才培养的质量，尤其是创新人才的培养质量，越来越受到高等院校的重视。在国际化办学趋势下，高校各专业应根据自身办学特色、现有师资力量、对外联系情况等特点，建立适应本专业发展的研究生国际化人才培养体系。经管类专业要在总结、借鉴其他高校研究生国际化人才培养体系的基础上，通过修订培养方案、调整课程体系、增设双语课程、引进海外人才、定期举办国际学术会议等措施，摸索出一套适应当前学校发展水平的研究生国际化人才培养方案。

（一）修订人才培养方案，构建国际化课程体系

课程国际化是教育国际化的一部分。教育国际化要求高校在课程设计中将跨国界、跨文化的教育理念融合到教学和科研活动中。因此，在调整课程设置时，应该增加一些文化素质课程以拓展学生的国际视野，增强学生的国际意识，让他们更好地理解全球的多元文化。在教学大纲制订方面，可以参考国外同类课程的教学大纲，补充和增加引进国外原版优秀教材的数量以满足授课的需要，让学生能够及时了解相关学科的国际前沿研究。商科院校经管类专业研究生课程应逐步引用英文原版教材进行授课。此外，学校还应积极与国外高等院校建立合作办学关系，每年邀请国外相关领域学者到国内高校为学生进行理论授课，双方院校的学生也可以利用假期时间互访，进行短期社会实践，经费由两校共同承担。以上实践活动不仅能开阔学生视野，而且让学生不出国门就能了解发达国家的教育理念和教学方式。

（二）采用国际化教学方法，提升学生自主学习与研究性学习的兴趣

西方发达国家的高等教育注重培养学生的学习能力，教学方法通常灵活多样，包括启发式教学、探究式教学及讨论式教学等。而我国高等教育的授课方式主要以传授知识为主，因此要改变以往填鸭式的授课模式，就必须做到提升学生自我学习能力，

培养他们阅读文献、总结学科发展热点及掌握学科未来发展动向的能力，鼓励学生通过组建课程小组、课后查阅资料以及课上汇报讨论等模式进行理论课学习。此外，改革课程考核方式，摒弃以往“教师讲什么、学生就记什么、考试就考什么”的传统考核方式，不断探索国际化人才培养模式。

（三）建设国际化的教学团队，打造国际化师资队伍

高等教育国际化，首先，体现在师资队伍的国际化，没有具备国际化视野的师资队伍就培养不出具有国际化特色的研究生。可以动员经管类专业课教师积极申报国家留学基金委资助等各类出国进修项目，在提高专业理论的同时，也为教师提高英文水平扩展了途径，从而提高专业课教师的全英/双语教学水平，提高双语教学课程的授课效果。其次，要面向世界知名大学招聘人才。在引进人才时，对于有海外留学背景的经管类相关领域的人才优先录取，这样才能极大地改善教师的学缘结构，增强学校的知名度和国际化程度。通过采用双语教学进行授课，反过来也会吸引更多的留学生来校交流，有利于提升本专业国际化办学的氛围。

（四）打造国际合作与交流平台，拓宽人才培养的国际化渠道

商科院校应积极利用自身学科优势，定期组织召开经管类国际会议，为经管类专业研究生提供与国际知名专家面对面交流的契机，拓宽学生的视野。同时，可与国外院校及科研院所建立长期合作关系，共同申请国际课题，鼓励研究生积极参与。此外，对有意向考博的经管类研究生，应鼓励其申请国家留学基金委资助的国家建设高水平大学公派研究生等项目，到国外院校进行联合培养博士生学习，进一步推动本专业人才培养国际化的渠道。

五、结语

伴随着经济全球化和区域经济一体化步伐加快，研究生教育国际化越来越受到当今世界各国的认同，教育国际化也成为创办高水平一流大学的必经途径。综合来看，高等教育国际化有利于促进多元文化的国际融合，有利于培养学生的国际竞争意识和能力。经管类专业院校应顺应高等教育国际化发展趋势，与海外大学积极建立联系与合作，以培养具有国际化视野的创新人才为出发点和办学宗旨，在实践中积累经验，为其他专业研究生国际化人才培养模式提供参考和借鉴。

参考文献

［1］高福霞．重庆市高校硕士研究生创新能力现状及其培养研究［D］．重庆：重庆大学，2007.

[2] 赵耿，郑雪峰．研究生创新能力培养中的感性知识需求［J］．学位与研究生教育，2007（6）：31－32.

[3] 郝吉明．系统创新，共建共享［C］．高校环境类课程教学系列报告会，2013.

[4] 刘秀玲，谭会萍，苗芳．国际化人才培养系统的构建与实施［J］．大连民族大学学报，2010（4）：383－389.

[5] 王玉霞，刘巍．西方发达国家高等教育国际化研究［J］．当代世界，2010（1）：74－76.

[6] 刘正良．发达国家国际化人才培养模式的改革与启示［J］．现代教育科学，2009（1）：18－22.

[7] 吴雪梅，贺高红，潘艳秋，等．建设国际班平台，培养国际化化工人才［J］．化工高等教育，2013（2）：1－3，14.

[8] 王焱，徐亚妮．高等教育课程国际化探析［J］．教育与职业，2013（23）：125－127.

[9] 张家成，刘晓辉，李陶然．基于国际化视角的新型国际商务人才培养的思考［J］．科教文汇，2012（8）：43－44.

[10] 马玉龙．国际视野下重庆市高层次医学人才培养模式创新研究［D］．重庆：重庆医科大学，2015.

[11] 郭强，卞月妍．基于国际化路径的研究生创新教育模式探析——以同济大学中意学院为例［J］．中国研究生，2014（11）：9－10.

作者简介：

葛金田（1964—），济南大学商学院党委书记，教授，博士，研究方向为城市与区域经济、流通经济（物流）、宏观经济等。

张小涵（1993—），济南大学商学院应用经济学硕士研究生。

对于美国研究生教育的几点思考

王 虹

摘 要：美国高等教育中的研究生教育处于世界领先水平，已经形成了自己独特的教育体系。尤其在研究生课程设置、教学手段与方式和师资配备等方面均具备较强实力和特点，有许多值得我国高校研究生教育学习和借鉴的先进理念和成功做法。

关键词：教学方式；课程设置；课程评估；教学特点

第二次世界大战以后，美国高等教育一直处于世界领先水平，其中的研究生教育更是具备较强实力。笔者2016年在美国纽约州立大学布法罗分校访学期间观摩了该校的Design thinking for social practice（设计思维在社会工作中的应用）、Principle in Creative Problem solving（创造性解决方法）等研究生课程，感受到他们无论在研究生课程设置、教学方式、师资配备等方面都有值得我们学习的理念和做法，下面结合这两门课程，谈谈对美国研究生教育的几点思考，以期对我国的研究生教育有所借鉴。

一、研究生培养的整体情况

尽管表面上美国的研究生覆盖率没有中国高，但美国的确是世界上研究生规模最大的国家，美国研究生教育已经脱离精英教育阶段而过渡到了大众化教育阶段，使我们造成错觉的原因是美国昂贵的学费迫使大部分本科生毕业后先工作一段时间，这期间毕业生一方面偿还本科期间的学费贷款，另一方面可以积累部分研究生期间的学费。因此在美国研究生群体里，年龄层的跨度相当大，在美国读完本科以后的继续教育和终身学习已经成为大部分人的自觉行动，这是非常值得我国高等教育借鉴的地方。

二、课程设置十分灵活

正因为美国研究生群体中相当一部分是边工作边读书，所以美国研究生的课程设置相当灵活，有些学校几乎将全部课程都安排在晚上和周末，一个全职妈妈也可以在丈夫下班后将孩子交给丈夫，自己到学校上课。灵活的上课时间尽量照顾到所有人，使其可以在工作之余兼顾学业。研究生课程中除了必修课以外，还提供大量的选修课程。研究生群体中一部分是为了今后职业的更好发展，另一部分是对某一领域有兴趣希望继续深造，因此课程的安排就会有一部分偏向于职业发展的实际应用方向，也有一部分偏向于学术的理论研究。这些侧重会通过优质的数量庞大的选修课来实现，通常情况下美国高校开设的研究生选修课程数量是我国高校相同专业的数倍之多。

同时，在美国读研究生学制相当灵活。我国二到三年学制的硕士和四到六年学制的博士，如果不能按时毕业，对学生和导师都是一件压力很大的事情，但是在美国，尤其是学术型研究生，时间似乎并不是最重要的事情。

三、互动式教学

在教学方式上，美国的研究生课程全部是以学生为核心的教学模式，以小班教学为主，特别强调师生间的对话、互动和讨论。教授的讲授在教学环节中只占较少部分。而在整个课程的设置中，阅读是重中之重，大量的学术理论的阅读贯穿了教学的整个过程，学生在课上课下都要完成相当数量的阅读。同时，他们也十分注重对学生与社会外界的紧密合作。偏向职业发展的课程，教授都会邀请行业的专家或者前辈来到课堂做演讲和交流。注重理论学术的课程，教授就会与其他高校的资深教授学者连线，让学生有机会了解最权威的见解和最前沿的理论。

四、强调动手能力

美国的整个教育体系都十分注重对学生动手能力的培养，高等教育也不例外。美国中小学教学楼里有很多的实验室，里面有各种各样的工具，比如汽车维修、编织拼布和房屋修缮等工具。笔者在布法罗分校认识一位叫 Steve 的老师，他是创造学研究所助理教授，他的主要工作职责是帮助主讲教授教学，为师生们提供实验设备。在他的实验车间里除了讲台和课桌，还有很多台数控车床、3D 打印机等设备。在所有的师生眼里，与其说 Steve 是一位助理教授，不如说他是一位能工巧匠，他启发和帮助学生们实现创意，艺术设计、酒店管理、机械制造等专业的同学都要向他提交自己的创意手工作业。

五、课堂教学与线上课程相结合

因为教授课堂教学的时间总是有限的，所以美国高校线上线下相结合的教学方式非常值得借鉴。Peer tutors（一般是在线教学辅导）就是很好的例子。Peer tutors 分为 peer 和 tutor 两个部分。第一种是 Peer reviewing（同辈观察），意为同学们互相评估作业完成情况。具体操作：学生将作业上传至云端，由教授随机分配给互助小组内的成员，学生可以自助下载组内其他成员的作业并进行评估及反馈。在 Google drive，即谷歌提供的云端服务器上，学生实时直播互相修改作业的进程并进行讨论。此举的意义在于减少教授工作量和重复工作的时间，活跃同学关系，增进线下友谊，培养团队意识及责任意识，最重要的意义是，这一举措令学生在批改同学作业的过程中学到能够使自己下次更好完成作业的知识和技能。第二种是 tutor（辅导教师），tutor 分为线上和线下，均免费并实行预约制，由学习成绩优异的学长学姐担任。线上值班 tutor 负责批改学生作业并对文章结构及发展方向提出建议；线下 tutor 一般在图书馆值班，每人每天平均两个小时，由学校发放助学工资。线下 tutor 与学生面对面讨论作业的细节，帮助学生深入理解教授布置作业的意义，高年级同学大都已经熟悉教授的思路，即教授希望学生在每一章节从何种教材中可以收获何种能力。这样做的好处是：①为学习成绩优异的同学提供了勤工俭学的好机会；②促进跨年级交友；③帮助教授节省时间；④吸引学生去图书馆学习且有效延长学生在图书馆的停留时间。

六、重视课程评估

每个学期结束，都会有课程评估环节，学生对教授的评估会反馈给教授，以便教授在下一轮课程教学时做出调整。一般情况下，课程评估会设计成问卷，包含以下内容：①对于本门课程教授设计的课程大纲是否满意？②教授是否针对课程理解和考试提供了便捷和有效的帮助？③你通过这门课程得到了什么？④你是否会将这门课推荐给其他同学，为什么？课程大纲指的是每门课第一堂课上教授向学生提供的详细的日程表，包括每天阅读作业的页码数和每次周考的时间、考查重点和打分体系（如是突击测验则需要提供频率和在期末考试中占分比例）。问题②通过学生的具体反馈，着重反映教授在课下时间对学生的辅导情况。在美国，教授每天要预留至少 3 小时的办公时间，专门用于解答学生在学术方面遇到的各种问题。问题③意在加强学生自我思考，让学生知道攻读学位的意义不仅仅是通过考试和得到学分。问题④考虑到了学生的切身利益，也从侧面帮助教授改善和加强具体的课程设置。在美国，大学学生可以通过 Rate My Professor（评价我的教授）网站了解所选课程任课教授本人及其所授课程的方方面面。在论坛上，不同于学校官方提供的评教考核卷，学生可以自由评价教授。一名教授的个性、爱好甚至着装风格都会成为学生讨论的热点。美国大学教授的教学风格也是多种多样的，或慢条斯理，或紧跟时事，或注重考勤，论坛的存在使得学生可以通过了解教授的授课风格来选课。

七、强大的师资力量

众所周知，诺贝尔奖至今为止的获奖者，大多数集中在美国学术界。美国的一流大学一般为规模较小的私立大学，学生人数相比州立大学也要少得多。较少的学生数量和较多的教授人数是美国高等教育一直能领先世界水平的重要保障，我国高校师生比与美国高校相比还存在较大差距。美国本身就是多元文化，每个高校都可以全球聘请师资，因此教授们是来自全世界的拔尖人才，这为美国的学术研究领域注入了强大的活力。比如环境科学专业的同学在教授指导下做课题，不同背景的导师会引导他们把视野放到欧、亚、非、南北美洲各地，这种大尺度的宏观研究对学术进步的作用无疑是巨大的；生态学和环境科学等学科，因为环境本身是全球共通的，所以使学生培养起一个全局视野是十分珍贵和难得的。

以上是笔者在美访学期间观摩美国高校研究生教学得到的一些粗浅认识。不妥之处，敬请指正！

参考文献

［1］朱光兆．美国 Ed. D. 教育概况及经验［J］．当代教育科学，2013（11）：39－40.

［2］胡明晖．美国研究生教育发展模式研究——以乔治梅森大学公共政策为例［J］. 河南教育，2015（2）：42－45.

作者简介：

王虹（1966—），济南大学商学院副教授，博士，研究方向为工商管理。

面向本科与研究生协同的课程衔接问题研究

——以计量经济学为例*

王 健 冯素玲

摘 要：本科和研究生教育的合理衔接对于各阶段培养目标的实现至关重要。对于计量经济学而言，由于本科和研究生存在本质的区别，教师讲授的内容和方法各不相同，因此前后的合理衔接，更有利于人才培养目标的实现。

关键词：课程衔接；协同教学；计量经济学

一、引言

计量经济学是以数理经济学和统计学为基础，对经济问题进行数量验证的经济学分支。计量经济学的产生，使得经济学对于经济现象从以往只能定性研究，扩展到可以同时进行定量分析的新阶段。1998 年 7 月，教育部高等学校经济学学科教学指导委员会确定高等学校经济学门类专业的门公共核心课程。其中，计量经济学第一次被列入经济类专业核心课程，各大院校经济类专业本科生和研究生都开通了计量经济学课程。研究生和本科生是接受教育的两个阶段，两者有效、合理地衔接能促进本科生迅速进入研究状态，尽快完成本科生向研究生的过渡，使研究生顺利发展和成长。本文结合计量经济学的教学和学习，浅谈一下本科生和研究生协同的课程衔接问题。

二、本科生和研究生的区别

（一）学习目的与方法不同

研究生学习的主要目的不再是掌握知识，而是要学习如何创造知识，即学习如何做学问、如何做研究（包括理论研究与实验研究）。研究生的主要学习方法不再是单纯

* 山东省研究生教育创新计划项目：地方高校硕士研究生学缘结构分析及其优化路径研究（SDYY16016）济南大学教研项目：济南大学经济学专业实验教学体系构建与优化研究（JZC1418）。

的读书与听课，而是在研究的过程中学习。当然，研究生仍然需要掌握新知识、仍然需要读书与听课；但这已不再是学习的主要目的与方法，而仅仅是研究的补充或为研究服务的手段。经常有同学说，为了给某项研究打好基础，一定要先修完哪几门课。这话听起来并不错，但一定不能走极端。正确的方法应该是，掌握一定的基础知识后，一边研究问题一边补充相关知识。如果你非要等到将所有基础知识都掌握了再着手研究某一问题，那恐怕你一辈子都开始不了真正的研究。

（二）专业能力的培养层次不同

本科时期是学生打好专业基础的时期，侧重专业的普及教育、全面传授，而研究生阶段则是专业提高的时期，培养的是专门人才，自然注重对学科某个方面、某个侧面或某个层面的重点研究。本科生的培养侧重于专业领域方向上的基础知识的积累，学生在此基础上对专业前沿和深层次问题有一定认识就可以了，只要求学生能够综合运用所学基础知识、基本理论和基本技能，进行初步的科研训练。而研究生的培养则需要参与到导师的日常社会调查或者实验室试验之中，能够协助导师完成专业前沿和深层次问题的解决，相应对专业知识和专业能力的要求就要高很多，毕业后基本上需要有一定的独立从事科研的能力。

（三）培养模式不同

本科生的班级人数一般较多，这种情况下授课教师对于每个学生的关注度就会减少很多，相应的，对学生的了解、认识以及针对性培养就会少很多。授课方式上，人数太多直接限制了讨论式教学方法的展开，本科生一般是班级整体授课，主要以讲授法为主，老师无法真正掌控学生的听课状态，学生主动参与的积极性与可能性也大大降低。而研究生的培养，在现今模式下主要采取导师制形式，一个导师带两名左右的研究生，导师有更多精力关注每个研究生的特色专长和个人知识背景，可以对研究生展开针对性的训练，同时也能够对每个研究生严格要求，督促他们按照相应培养方案完成学业任务，在个人能力培养上更为直接有效。在授课方式上，也更加灵活多样，无论是专题教学、案例教学、学术讲座，还是讨论式教学，都可以采用，大大激发了研究生学习的自主性和有效性。

三、本科生和研究生课程的协同衔接

（一）教学方法协同衔接

计量经济学研究包括建立模型、估计参数、模型检验、模型应用四大步骤。在大多数的计量经济学的教学中，比较侧重于参数估计和各种检验的理论和方法。而对于经济问题的分析设计过少，使得很多学生将其当作一门数学课程来学习，而忽略了经济学的要义。对于如何根据经济学理论、从经济问题出发建立模型、如何根据已建立的模型分析实际经济问题等讨论得较少，结合实例的分析和应用就更少，导致学生面对实际经济问题或现象，在提出建模设想、选用具体估计方法建立模型、查阅相关资料、收集调整数据、诊断发现问题和改进估计方法等各计量经济建模环节都存在问题。在本科阶段要侧重于课堂教学侧重于理论知识的讲授，强调理论体系的系统性和完整性，并将实际经济问题结合起来提出具体的建模思想。实验教学则侧重于对学生进行能力、技巧和操作方法上的训练，包括计量软件的学习，材料的收集和数据的分析等。

从对不同层次学生的具有从事本专业实际工作和科学研究工作的能力要求来看，学历教育层次越高，能力要求越强。具体来说，本科要有初步利用计量经济模型分析简单经济问题的能力，研究生要具有发现问题、识别问题、并能够利用计量经济模型深入分析复杂经济问题的能力。而高层次学历教育科研能力的培养，是以低层次教育为基础的，因此理应重视低层次阶段的教育与培养。

由于本科生阶段的计量经济学侧重于基本理论的掌握，因此在教学方法上，采用黑板与多媒体教学相结合的模式，尤其是对于计量经济学的数学推导和逻辑推理，采用多媒体方式并不能使得学生真正了解和掌握数学推导的过程，从而很难理解数量之间的逻辑关系。因此，采用板书的形式更适合这部分的教学。多媒体教学侧重于计量经济学经济问题的理解和计量软件的教学。板书和多媒体教学的两者结合更适用于计量经济学。而在研究生阶段，由于侧重于研究生学习能力、科研能力和创新能力的培养，要采取以学生为主体的研究型教学模式，用类似科学研究的方式获得发现问题与解决问题的能力，具有“重过程”“重应用”“重体验”“重参与”的特点，对于激发学生的学习兴趣、培养学生的创新意识与能力具有积极的作用。因此，在教学方法上本科教育与研究生教育要做到教学方法相补，层层递进与深化，研究生是本科教育的延伸和提高。本科阶段应采取以传统教学方式为主，研究性教学为辅，研究生阶段应采取以研究性教学为主，传统式教学为辅。

（二）教学内容协同衔接

因为经济学专业硕士研究生很多是跨专业报考的，很多学生在本科阶段并没有学过计量经济学，所以在教学内容安排上，要适当照顾这些没有基础的学生。不过由于研究生已经具备一定的自学能力和研究能力，对于计量经济基础内容，学生完全可以通过自学掌握。因此，对于本科阶段的计量经济学内容，教师少许介绍些即可，而不必占据太多的时间，尤其是不能将本科阶段与研究生阶段的计量经济学完全等同。

本科阶段计量经济学主要侧重于经典的计量经济学模型，经典计量经济学的模型是随机模型，模型设定是基于经济学理论为导向的，模型结构是线性或者可以化为线性的，解释变量具有同等地位，模型具有明确的形式和参数；数据类型是以时间序列数据或者截面数据为样本，被解释变量为服从正态分布的连续随机变量；估计方法仅利用样本信息，采用最小二乘方法或者最大似然方法估计模型。

研究生阶段计量经济学模型主要侧重于非经典计量经济学模型，非经典计量经济学主要包括：微观计量经济学、非参数计量经济学、时间序列计量经济学和动态计量经济学等。非经典计量经济学的内容体系：模型类型非经典的计量经济学问题、模型导向非经典的计量经济学问题、模型结构非经典的计量经济学问题、数据类型非经典的计量经济学问题和估计方法非经典的计量经济学问题。

四、结语

本科与研究生教育作为高等教育的两个阶段，既有区别，又有联系。本科教育侧重于基础知识的储备，而研究生教育侧重于创造新知识的培养，本科知识储备研究生能力培养的基础，因此本科和研究生的课程教学和能力培养应做到合理衔接。本文针对计量经济学课程，结合本科生和研究生人才培养目标的不同，探讨了计量经济学课程在不同阶段的教学内容和教学方式的合理衔接问题。在计量经济学的教学过程中，我们要充分认识到本科教育和研究生教育既相辅相成，又相对独立的特性，本科课程和研究生课程只有协同衔接，才能达到提升人才培养质量的最终目标。

参考文献

［1］杨院．本科生教育与研究生教育衔接方式的国际比较［J］．高等工程教育研究，2010（6）：73－76.

［2］王锋，陈权宝，吴从新，等．研究性“学”与研究性“教”的有效策略探讨——以《计量经济学》课程为例［J］．金融教育研究，2014（1）：84－88.

［3］张磊，钱振东，刘腾爱．研究型大学本科—研究生教育衔接模式探索［J］．东南大学学报（哲学社会科学版），2013（15）：127－130.

［4］王锋，陈权宝，吴从新，等．本科与研究生课程的教学衔接问题探讨——以计量经济学为例［J］．教学研究，2016（39）：66－70.

作者简介：

王健（1980—），济南大学商学院讲师，博士，研究方向为区域经济发展。

冯素玲（1975—），济南大学商学院院长，博士，研究方向为信息经济、互联网金融、公司治理等。

“双一流”建设背景下研究生教育改革策略研究

魏芳芳　冯　群　孙彤彤　张　晓

摘　要：我国“双一流”建设的提出，是深化教育改革，提升我国高校教育水平的重大举措。研究生教育在“双一流”建设中具有重大的意义和作用。目前，我国的研究生教育还存在一些问题，在“双一流”的建设中也面临着新的机遇和挑战，需要对双一流建设背景下研究生的教育改革策略进行研究。

关键词：双一流；研究生教育；改革策略

自 1995 年以来，“985 工程”“211 工程”“特色重点学科项目”和“优势学科创新平台”等重点项目的实施，提升了我国高等教育的水平。然而，随着这些项目的实施，高校身份固化、竞争缺失以及重复交叉等问题也逐渐暴露了出来。从各级政府的财政拨款来看，“985 高校”和“211 高校”几乎成了高校贫富的分水岭。为了解决这些问题，也为了加强我国高校资源的整合，2015 年 10 月国务院印发了《统筹推进世界一流大学和一流学科建设总体方案》，以进一步推进高校和学科的建设与发展，该方案以下简称“双一流”建设。

如果说“211 工程”和“985 工程”是我国高校汇集办学资源，提高高校教育综合实力的集结号，那“双一流”建设就是中国高校积蓄力量，冲刺国际前沿的冲锋号。“双一流”建设的提出，旨在推动我国一批高水平的大学和高水平的学科，进入世界一流行列或者前列。这些高校将成为培养各类高素质型人才的培养基地，也将成为知识发现和科研创新的重要源泉。“双一流”建设对于推动我国高等院校的科研水平、支撑国家的创新发展战略、促进高等教育的发展以及践行社会主义核心价值观都具有非常重要的意义。在双一流的建设中，研究生的教育是非常重要的一个方面。前国务院副总理刘延东多次在国务院的学位委员会指出，“我国高水平大学建设要取得新突破，就必须把建设一流的研究生教育体系放在重要位置”。

一、研究生教育在“双一流”建设中的地位和作用

研究生教育对我国双一流的建设具有非常重要的作用和意义。研究生教育作为高

等学校人才培养的顶端教育，担负着为国家培育创新型高端人才以及培育具备高水平的科研能力的尖端人才的使命。研究生教育代表着高校教育的水平和质量，是引领“双一流”建设深入发展的关键，也是“双一流”建设的重要组成部分。“双一流”的提出为我国研究生的教育提出了新的要求，研究生培养制度的改革和发展，是推动“双一流”顺利实施的关键。进一步完善我国的研究生教育体系和机制，打造世界一流的高质量的研究生教育，为我国的创新发展和全面小康社会的建成提供智力支持和人才支持。

在“双一流”的建设背景下，研究生教育的目标是什么？“双一流”的提出，对研究生教育提出了什么新要求？研究生教育面临着哪些机遇和挑战？研究生教育应该从哪些方面进行改革？这些都是研究生教育需要思考的问题。故而本文拟以“双一流”背景下的研究生教育为题，分析目前研究生教育存在的问题，并针对这些问题提出解决方案，为更好地推进“双一流”建设提供对策和建议。

二、研究生教育培养现状和存在的问题

近年来，我国的研究生教育取得了很多成就。然而，我国的研究生教育还不能完全适应社会的发展以及对人才多样化的需求。我国的研究生教育和世界一流水平还存在很大的差距。目前，我国的研究生教育主要存在以下问题。

（一）培养模式单一

目前，我国的研究生教育对于研究生的培养，较多地偏向于科研型人才的培养模式。在很多学校的培养体系中，研究生导师更多地偏重于对学生的科研指导和训练。然而，研究生毕业时，大多数硕士研究生从事的工作与科学研究无关，这就造成了研究生培养模式与社会需求的脱节。

近年来，我国为了解决研究生培养与社会脱节的矛盾，推行了工程硕士。工程硕士推行的目的是和企业对接，在为研究生分配学校导师的同时，配备企业导师。然而，目前工程硕士的培养与企业的对接比较少，大多数工程硕士依然缺少实践的机会，在研究生阶段依然很少学到工作中需要的技能和知识。另外，对于学术型硕士的培养，更多的培养学生参与科研项目和论文写作的能力。对于学术型硕士，不能根据他们的就业期望提供相应的指导和训练。

（二）优秀生源少，入学门槛低

研究生入学考试的录取，国家划定了国家线和单科线。很多学校都是依据国家线和单科线的标准来决定进入复试的学生名单，并在很大程度上依据学生的入学考试的成绩排名来决定学生的录取。录取过程中很少考虑考生本科阶段的学习状况、动手操作能力、实践和创新能力。这种录取方式很可能把一些单科受限的优秀生源拒之门外，

再就是不可避免的招收到很多高分低能的学生。研究生的教育在注重学生具备扎实的理论知识的同时，也应更注重学生的个人能力、创新能力和发展潜力。而只通过考试决定学生的录取，很大程度上只能考查学生的理论知识掌握情况以及应试能力，而不能客观地反映研究生个人的实践动手能力、创新能力和科研潜力。另外，随着研究生的扩招，很多高校为了招到计划数目的研究生，不惜降低入学门槛，这势必降低了研究生的生源质量。

（三）教学内容固化，没有新意

目前，研究生教育培养计划中的课程大多为理论课，实践课很少。而且很多理论课程都是对本科课程的重复，缺乏深度和广度，很难引起学生的兴趣。研究生的教学方式上，大多还是老师主讲，学生缺少参与和讨论。这不利于激发研究生的创新性思维，也不利于学生了解学科的最新进展和动态，因此，研究生的教学方法和教学内容需要改革。

三、“双一流”建设背景下，研究生教育的改革和发展策略

针对研究生教育目前的发展现状和存在的问题，本文提出以下改革和发展策略。

（一）调整研究生的培养模式

我国的学术型研究生的数量远远多于专业型研究生的数量。而国外则是专业型研究生的数量远远多于学术型研究生的数量。从这个角度看，要使我国的研究生教育与国际接轨，应该调整我国学术型研究生和专业型研究生的比例结构。

另外，应该根据研究生未来的就业期望，分为科研型研究生培养模式和应用型研究生培养模式。对于想致力于从事科研的研究生，应该制订有利于提升学生学术素养和科研能力的培养计划，让学生多参与接触科研项目，而不是一味被动地接收课本上的理论知识。导师应该努力提升自己的科研水平，来引导科研型学生提升自己提出问题、分析问题和解决问题的能力。对于未来就业不想从事科研工作的研究生，应该制订有利于提高他们就业能力的实践课程培养计划，而不应过多的设置理论课程。对于这类研究生，高校应该多联系企业，为学生提供更多的实习和实践的学习机会，实现理论与实践的结合和对接，使学生能够适应社会的就业需求。

（二）调整研究生的招收方式，提高入学门槛

针对目前研究生的录取方式，应试教育仍然根深蒂固。对于研究生的选拔，入学考试成绩不能作为唯一的衡量标准。笔者认为，除了入学考试成绩外，应该增加其他衡量学生个人能力和创新能力考察的相关项目，并将考试成绩和这些项目按照不同的比重，共同决定学生能否进入复试以及进入复试的成绩排名。通过这些途径旨在降低

招收高分低能的学生，以及避免将一些国家线和单科线受限但实际却很优秀的学生拒之门外的遗憾。另外，高校应该制订严格的研究生准入标准，要遵循宁缺毋滥的准则，保证研究生的生源质量。

（三）调整研究生的教学体系结构

目前，研究生的课程体系结构与本科基本类似，由公共课、专业基础课构成，致力于使学生系统地掌握本专业的基础知识，而不是根据学生的研究兴趣和研究方向去设置一个有着内在联系的知识体系结构。研究生第一年基本都在忙碌的上课，这使得学生在研一时没有精力和时间从事科研工作或者实践学习。在这些问题的改革方面，笔者认为，应该减少学生课程设置中的必修课程，而应增加选修，更多地让学生根据自己的学习兴趣和研究方向选择学习内容。另外，导师的教学方式也不应该采用灌输传授方式，而应该采用多讨论，多思考的方式提高研究生的思维创新能力。导师对研究生的指导不应是告诉研究生怎么做，而应是引导研究生思考问题，进而探索问题的解决方案。

参考文献

［1］房京，李程，胡杰．“双一流”背景下军队研究生教育创新发展［J］．军事交通学院学报，2016（12）：71－75.

［2］李辉．“双一流”建设背景下研究生教育国际化研究［J］．中国成人教育，2017（7）：30－34.

［3］许星．“双一流”建设背景下研究生培养模式探索——以农科类院校为例［J］．中国高校科技，2016（12）：48－51.

［4］耿有权．“双一流”建设视域中的研究生教育［J］．学位与研究生教育，2016（8）：1－5.

［5］李明轩．“双一流”建设研究述评［J］．漯河职业技术学院学报，2017（4）：75－77.

［6］夏小娜，禹继国，刘宪伟．“双一流”目标驱动的计算机学科协同创新培养体系［J］．计算机教育，2017（7）：14－18.

［7］徐岚，陶涛．高水平研究生教育是“双一流”的突出特征——“研究生教育和世界一流大学建设”国际学术研讨会综述［J］．高等教育研究，2016（7）：104－109.

［8］石建伟，宋文武．关于中国高校研究生教育的现状、存在的问题及对策的探讨［J］．新教育时代，2015（20）.

［9］李海梅，孙娟，孙迎坤，等．浅谈研究生教育中存在的问题及对策［J］．教育教学论坛，2015（46）：279－280.

作者简介：

魏芳芳（1987—），济南大学商学院讲师，博士，研究方向为城市交通管理。

冯群（1986—），济南大学商学院讲师，博士，研究方向为安全管理。

孙彤彤（1985—），济南大学商学院讲师，博士，研究方向为信息管理与信息系统、敏捷项目管理研究。

张晓（1987—），济南大学商学院讲师，博士，研究方向为公司金融。

山东省经济类学术型硕士研究生招生状况研究

吴学花　孙晓燕

摘　要： 山东省是中国的一个经济大省和人口大省，也是高端经济学人才的需求大省。通过对山东省经济学学术型硕士招生的调查发现，山东省目前只有15所高校具有经济学学术型硕士的授权点，这些学校较集中地分布于省会济南和沿海城市。在专业结构方面，理论经济学招生院校较少，应用经济学招生院校较多，尤其是金融学、产业经济学、国际贸易学等与现实经济发展密切结合的专业招生院校和招生规模都较大。在规模方面，总体规模偏小，每年只有500余人，且呈现出很大的校际差异化。在招生指标控制较严格的情况下，济南大学商学院需要首先练好内功，注重研究生培养质量、提升导师学术和教学水平、加强学科建设，在此基础上逐步提升生源质量，增加硕士授权点，进而扩大招生规模。

关键词： 经济学；学术型硕士研究生；专业结构；招生规模

硕士研究生教育是我国高等教育体系中培养各类专业人才和创新人才的关键阶段，在满足我国社会经济发展对高素质人才的需求方面发挥着重要作用。山东省作为一个人口与经济大省，对高端人才的需求规模较大，尤其是对经济学专业人才有较大的需求。笔者所在的济南大学商学院，2007 年开始国民经济学专业的学术型硕士研究生招生，2010 年改为按照应用经济学一级学科招生，目前尚无理论经济学硕士点，多年来，招生规模一直在 10～15 人。为了学科发展需要，笔者对山东省高校的经济学专业的学术型研究生的招生情况进行了调查和分析，以期对济南大学经济学专业硕士研究生培养提供帮助与借鉴。

一、招生学校情况

截至 2017 年，山东省境内招收经济学类学术型研究生的高校共有 15 所，分别是山东大学（包括威海分校）、中国海洋大学、中国石油大学（华东）、济南大学、山东财经大学、青岛大学、山东师范大学、山东农业大学、青岛科技大学、青岛理工大学、山东理工大学、烟台大学、聊城大学、山东省委党校、山东工商学院，其中前三所是“211 高校”。

山东省经济学类学术型硕士招生高校区域分布如表 1 所示。从区域分布看，15 所高校共分布于 8 个城市，其中济南市有 5 所，青岛市 4 所，烟台市 2 所，东营、泰安、淄博、聊城四市各 1 所。山东大学济南本部和威海分校都有经济类硕士招生，记为 1 所。济南和青岛两市高校占了总数的60%，济南、青岛、烟台三市则占了73%，因此，区域分布呈现出集中于省会城市和沿海城市的特征。

表 1　山东省经济学类学术型硕士招生高校区域分布

所在地	高校数量	高校名称
济南市	5	山东大学、山东财经大学、山东师范大学、济南大学、山东省委党校
青岛市	4	中国海洋大学、青岛大学、青岛科技大学、青岛理工大学
烟台市	2	烟台大学、山东工商学院
威海市	（1）	山东大学（威海分校）
东营市	1	中国石油大学（华东）
泰安市	1	山东农业大学
淄博市	1	山东理工大学
聊城市	1	聊城大学
共计	15	

二、专业结构

根据教育部《授予博士、硕士学位和培养研究生的学科、专业目录（1997 年颁布）》，经济学一级学科分为理论经济学和应用经济学两个一级学科，理论经济学一级学科又下设政治经济学、经济思想史、经济史、西方经济学、世界经济和人口资源与环境经济学 6 个二级学科，应用经济学一级学科下设国民经济学、区域经济学、财政学、金融学、产业经济学、国际贸易学、劳动经济学、统计学、数量经济学和国防经济 10 个二级学科。目前上述山东省 15 所高校一部分按照一级学科进行招生，一部分部分按照二级学科招生，具体情况如下。

（一）按照一级学科招生院校

从一级学科招生来看，2017 年，山东省尚无高校按照理论经济学一级学科招生，都是按照二级学科进行招生。按照应用经济学一级学科招生的有 5 所院校，分别是中国石油大学（华东）、济南大学、山东理工大学、青岛理工大学和聊城大学。

（二）按照二级学科招生院校

1. 理论经济学下设二级学科招生院校

理论经济学一级学科下设 6 个二级学科。山东省实行理论经济学下设二级学科招生的有山东大学、山东财经大学、山东师范大学、青岛大学、山东理工大学、山东省委党校 6 所院校。其中，世界经济的专业的招生院校数最多，除山东省委党校外的其余 5 所高校皆有招生；政治经济学、西方经济学、人口资源与环境经济学专业的招生院校都有 4 所；经济思想史和经济史的招生院校都只有 2 所，如表 2 所示。

表 2　　山东省理论经济学二级学科招生院校一览

理论经济学二级学科	高校数量	高校名称
020101 政治经济学	4	山东大学、山东财经大学、青岛大学、山东省委党校
020102 经济思想史	2	山东大学、山东财经大学
020103 经济史	2	山东大学、山东财经大学
020104 西方经济学	4	山东大学、山东财经大学、山东师范大学、青岛大学
020105 世界经济	5	山东大学、山东财经大学、山东师范大学、青岛大学、山东理工大学
020106 人口资源与环境经济学	4	山东大学、山东财经大学、山东师范大学、青岛大学

6 所高校中，山东大学和山东财经大学的招生涵盖了理论经济学下设的所有 6 个二级学科；青岛大学在除经济思想史、经济史之外的其余 4 个学科招生；山东师范大学在西方经济学、世界经济和人口资源与环境经济学 3 个学科上有招生；山东理工大学和山东省委党校只在 1 个二级学科招生，分别是世界经济和政治经济学专业。

2. 应用经济学下设二级学科招生院校

应用经济学一级学科下设 10 个目录内二级学科。山东省按照应用经济学下设二级学科进行招生的院校共有 9 所，分别是山东大学、中国海洋大学、山东财经大学、山东师范大学、山东农业大学、青岛大学、青岛科技大学、烟台大学和山东工商学院。其中金融学（含保险学）和产业经济学两个二级学科招生的院校数量最多，除山东师范大学、烟台大学外，其余 7 所高校在这两个专业都有招生。国际贸易学、数量经济学、区域经济学的招生院校各有 6 所，国民经济学、财政学（含税收学）、统计学的招生院校各有 5 所，劳动经济学招生院校有 3 所，国防经济目前尚无院校招生，如表 3 所示。

9 所院校中，山东财经大学作为一所规模较大的财经类院校，其经济类专业设置也最为全面，招生涵盖了除国防经济学之外 9 个专业；山东工商学院的招生专业同为 9 个；山东大学的招生涵盖了除区域经济学、国防经济学之外的其余 8 个专业；青岛大学在金融学、财政学、区域经济学、统计学、数量经济学、产业经济学、国际贸易学 7 个专业招生；中国海洋大学在国民经济学、区域经济学、金融学、产业经济学、国际贸易学、数量经济学 6 个专业招生；青岛科技大学在区域经济学、金融学、产业经济学、国际贸易学、数量经济学 5 个专业招生；山东农业大学在财政学、金融学、产业经济学、国际贸易学 4 个专业招生；山东师范大学只在区域经济学、烟台大学只在国民经济学 1 个专业招生。

表 3　　山东省应用经济学二级学科招生院校一览表

应用经济学二级学科	高校数量	高校名称
020201 国民经济学	5	山东大学、中国海洋大学、山东财经大学、烟台大学、山东工商学院
020102 区域经济学	6	中国海洋大学、山东财经大学、山东师范大学、青岛大学、青岛科技大学、山东工商学院
020203 财政学（含：税收学）	5	山东大学、山东财经大学、山东农业大学、青岛大学、山东工商学院
020204 金融学（含：保险学）	7	山东大学、中国海洋大学、山东财经大学、山东农业大学、青岛大学、青岛科技大学、山东工商学院
020205 产业经济学	7	山东大学、中国海洋大学、山东财经大学、山东农业大学、青岛大学、青岛科技大学、山东工商学院
020206 国际贸易学	6	山东大学、中国海洋大学、山东财经大学、山东农业大学、青岛大学、山东工商学院
020207 劳动经济学	3	山东大学、山东财经大学、山东工商学院
020208 统计学	5	山东大学、中国海洋大学、山东财经大学、青岛大学、山东工商学院
020209 数量经济学	6	山东大学、中国海洋大学、青岛大学、山东财经大学、山东工商学院、青岛科技大学、
020210 国防经济	—	—

三、招生规模

当前，研究生规模与结构的调控权仍然主要掌握在政府主管部门手中。高校每年的招生数量都受主管部门的计划控制。2017 年，山东省经济学领域硕士研究生的计划招生规模约为 550 人，15 所招生院校中超过 100 人的只有两所，其中山东财经大学计划招生规模在 170 人左右，山东大学计划招生规模在 130 人左右；之后是中国海洋大学，其招生为 90 人；其余 12 所高校招生规模都在 50 人以下，其中青岛大学的计划招生规模为 40 人，山东工商学院、山东理工大学和山东农业大学的计划招生规模为 20 人左右；剩余的 8 所院校（山东师范大学、青岛科技大学、济南大学、中国石油大学（华东）、烟台大学、聊城大学、青岛理工大学共同、山东省委党校）的计划招生规模都不到 20 人。由于近年来，专业硕士学位招生规模逐渐增大，加上考生对于“211”“985”高校及北上广学校的青睐，省一些内非“211 高校”，尤其是地理位置不占优势的学校，实际招生规模往往达不到招生计划，因此招生规模之间的差异更加显著。

四、济南大学经济学硕士点建设与发展建议

济南大学作为山东省人民政府和教育部共建的综合性大学、山东省重点建设大学，但在硕士点建设方面相对落后。相比省内其他硕士点建设情况较好的学校，济南大学经济学学术型硕士点建设需要在以下几个方面继续努力：

一是增加硕士授权点。目前，济南大学只有应用经济学硕士授权点，还没有理论经济学的招生资格。根据目前商学院的师资力量和科研实力，已具备申请理论经济学硕士授权点的实力，学院应做好相应规划和准备，尽快申请理论经济学硕士点。

二是招生规模需进一步扩大。商学院当前的导师数超过每年的招生数量，不能保证每个导师每年都有学生带，或者新遴选的导师前几年都没有学生带，造成了师资力量闲置。因此，亟须扩大招生规模。可以通过增加硕士授权点，扩大金融专业硕士招生规模等措施，实现研究生教学的规模效应。

三是招生质量需要提升。虽然济南大学的招生规模较小，每年只有 10 ~ 15 的名额，但是相比山东大学、中国海洋大学等，济南大学是非“211 高校”；相比青岛大学，济南大学的地理位置不占优势；相比山东财经大学，济南大学是综合类院校，对经济类学生的吸引力不强。因此，以上这些因素从客观上导致济南大学的生源质量较差。

对于上述存在的问题，济南大学需要首先练好内功，将重点放在研究生培养质量提升、导师学术和教学水平提升、学科建设和发展方面，提升济南大学在考生和社会中的知名度和认可度，逐步提升生源质量。在此基础上，争取招生数量的逐渐增加，实现人才培养、教学提升、学科发展的相互促进、良性互动。

作者简介：

吴学花（1974—），济南大学商学院副教授，博士，研究方向为产业经济学。

孙晓燕（1971—），济南大学商学院副教授，硕士，研究方向为劳动经济学。

高校研究生与导师关系对学生满意度的影响

周 媛 陈 虎

摘 要：随着研究生教育的不断发展、招生规模的不断扩大，研究生和导师之间关系的特殊性和复杂性也日渐明显，成为高校管理中的工作难点。本文通过调查分析得到以下几点结论：第一，在研究生的师生关系中“师徒关系”属性最为明显，其次是“科研伙伴关系”属性，同时存在微小的“雇佣关系”属性；第二，研究生与导师的沟通方式主要是面谈，其次是微信、QQ 和 E－mail 等网络手段和电话、短信等通信手段；第三，科研伙伴关系对师生沟通频度、师生关系满意度和学习绩效满意度存在显著正影响；第四，面谈的沟通方式对师生沟通频度、师生关系满意度和学习绩效满意度存在显著正影响；第五，沟通频度对师生关系满意度和学习绩效满意度存在显著正影响；第六，师生关系满意度对学习绩效满意度存在显著正影响。本文最后根据研究结果提出了相应的管理启示。

关键词：师生关系；沟通方式；沟通频度；关系满意度；学习绩效满意度

一、引言

随着硕士研究生教育的不断发展、招生规模的不断扩大，在高校的研究生工作中，协调学生与导师的关系是常规工作也是重点工作，然而研究生和导师之间关系的特殊性和复杂性也日渐明显，成为高校管理中的工作难点。本文以济南大学商学院的研究生为调查对象，对师生关系进行了调查。调查设计如下。

为了可以有效地从统计学角度对师生关系进行描述，本文借鉴了周文辉（2010）研究中的 7 个问项，以及周海银（2015）研究中的 2 个问项，合计 9 个问项。根据这 9 个问项制成调查问卷，对济南大学的 70 个在籍研究生进行了调查。调查采用李克特 5 级量表形式，以“很不赞同—很赞同”分别由低到高赋 1～5 分。对回收的样本进行人工筛选后获得了有效样本 66 份。首先，笔者通过因子分析和信度系数检验对量表和样本的可信度进行检验；其次，采用频度分析揭示该校研究生与导师的关系现状；最后，通过回归分析的方法检验高校研究生与导师关系对学生满意度的影响。

二、数据分析

（一）信效度分析

本研究使用SPSS 22.0对回收样本进行分析，信效度分析如表1所示，回收样本共70份，经筛选获取有效样本66份。笔者首先对样本进行了探索性因子分析，采用最大方差进行正交旋转。结果显示，两部分的*KMO*值分别为0.765和0.750；而巴特勒球形检验值为189.206，*P*值均为0.000，说明该量表适合检验分别支撑各个变量的因子分子。根据已有研究显示，以特征根大于1为提取标准进行公因子抽取，经正交旋转后，应对因子载荷不足0.5的、公因子方差提取值不足0.4的、公因子只有单一题项的、未锁定在相应公因子内的题项进行剔除。本研究使用的量表因子载荷均在0.6以上，公因子方差提取值均在0.5以上，而在解释力度的贡献率方面，师生关系、师生沟通和满意度的解释方差贡献率分别为35.449%、17.001%、14.433%，总方差解释贡献率也达到了66.892%，因此提取的公因子在统计学角度对各变量有较为理想的解释效果。

表1　　信效度分析

因子	题项	因子载荷	公因子方差提取值	Cronbach's α	解释方差贡献率
师生关系	科研伙伴关系	0.706	0.508	0.651	35.449%
	雇佣关系	0.942	0.907	0.799	
	师徒关系	0.649	0.551	0.703	
师生沟通	面谈	0.758	0.602	0.652	17.001%
	微信、QQ和E-mail	0.759	0.877	0.685	
	手机通话与短信	0.932	0.912	0.677	
	沟通频度	0.823	0.743	0.617	
满意度	师生关系满意度	0.826	0.739	0.636	14.433%
	学习绩效满意度	0.751	0.582	0.649	

（二）频度分析

频度分析结果如表2所示。在师生关系方面，首先，有29名学生在深层次认为自己与导师是科研伙伴关系，占43.9%；有14名学生在次深层次认为自己与导师是科研伙伴关系，占21.2%。该题项的均值为3.96，也就是说“科研伙伴关系”在研究生与导师关系中扮演了重要角色。其次，有44名学生在浅层次认为自己与导师是雇佣关系，占66.7%；有10名学生在次浅层次认为自己与导师是雇佣关系，占15.2%。该题项的均值为1.65，也就是说“雇佣关系”在研究生与导师关系中虽然存在，但不扮演重要角色。最后，有32名学生在深层次认为自己与导师是师徒关系，占48.5%；有14名学生在次深层次认为自己与导师是师徒关系，占21.2%。该题项的均值为4.13，也就是说“师徒关系”在研究生与导师关系中扮演了最重要角色。

在师生沟通方面，首先，有31名学生在深层次认为自己与导师的沟通是通过面谈完成的，占47%；有19名学生在次深层次认为自己与导师的沟通是通过面谈完成的，占28.8%。该题项的均值为4.19，也就是说“面谈”在研究生与导师沟通环节中扮演了最重要的角色。其次，有22名学生在中层次认为自己与导师的沟通是通过微信、QQ和E－mail等网络手段完成的，占33.3%；有18名学生在次深层次认为自己与导师的沟通是通过微信、QQ和E－mail等网络手段完成的，占27.3%。该题项的均值为3.50，也就是说“微信、QQ和E－mail等网络手段”在研究生与导师沟通环节中扮演了次重要的角色。最后，有26名学生在中层次认为自己与导师的沟通是通过电话和短信等通信手段完成的，占39.4%；有16名学生在次深层次认为，自己与导师的沟通方式是通过电话和短信等通信手段来完成的，占24.2%。该题项的均值为3.37，也就是说“电话和短信等通信手段”在研究生与导师沟通环节中扮演了第三要的角色。在沟通频度方面来看，有21名学生在深层次认为自己与导师的沟通频度为频繁，占31.8%；有19名学生在次中层次认为自己与导师的沟通频度为普通，占28.8%。该题项的均值为3.69，也就是说该学校学生认为自己与导师的沟通频度介于普通和频繁之间。

在满意度方面，首先，有41名学生在深层次对自己与导师关系是满意的，占62.1%；有13名学生在次中层次认为自己与导师关系是满意的，占19.7%。该题项的均值为4.39，也就是说该校学生对自己与导师的关系状态是介于满意和非常满意之间的。其次，有22名在中层次对自己的学习绩效认知为满意，占33.3%；有21名学生在次深层次对自己的学习绩效认知为满意，占31.8%。该题项的均值为3.66，也就是说该校学生对自己学习绩效是介于普通和满意之间的。

表2　频度分析结果

区别	题项	浅层次	次浅层次	中层次	次深层次	深层次	均值	标准差
师生关系	科研伙伴关系	3（4.5%）	2（3.0%）	18（27.3%）	14（21.2%）	29（43.9%）	3.96	1.122
	雇佣关系	44（66.7%）	10（15.2%）	7（10.6%）	1（1.5%）	4（6.1%）	1.65	1.129
	师徒关系	1（1.5%）	1（1.5%）	18（27.3%）	14（21.2%）	32（48.5%）	4.13	0.9748
沟通方式	面谈	0（0.0%）	2（3.0%）	14（21.2%）	19（28.8%）	31（47%）	4.19	0.8809
	微信、QQ和E－mail	4（6.1%）	7（10.6%）	22（33.3%）	18（27.3%）	15（22.7%）	3.50	1.140
	手机通话与短信	6（9.1%）	5（7.6%）	26（39.4%）	16（24.2%）	13（19.7%）	3.37	1.160
	沟通频度	2（3.0%）	8（12.1%）	19（28.8%）	16（24.2%）	21（31.8%）	3.69	1.136
满意度	师生关系满意度	0（0.0%）	1（1.5%）	13（19.7%）	11（16.7%）	41（62.1%）	4.39	0.8571
	学习绩效满意度	2（3.0%）	5（7.6%）	22（33.3%）	21（31.8%）	16（24.2%）	3.66	1.027

（三）回归分析

为了揭示各变量间的线性关系，本研究采用了 9 次回归分析，模型摘要如表 3 所示。显著性均在 P 值小于 0.01 的水平上显著，说明模型均具有较好的拟合度。回归分析结果如表 4 所示。

表 3　模型摘要

模　型	P	R^2	调整后 R^2	F 值	显著性
师生关系→沟通频度	0.536	0.287	0.253	8.321	0.000***
沟通方式→沟通频度	0.558	0.311	0.278	9.342	0.000***
师生关系→师生关系满意度	0.420	0.176	0.137	4.428	0.007**
沟通方式→师生关系满意度	0.665	0.442	0.415	16.373	0.000***
师生关系→学习绩效满意度	0.605	0.366	0.336	11.953	0.000***
沟通方式→学习绩效满意度	0.451	0.203	0.165	5.268	0.003**
沟通频度→师生关系满意度	0.693	0.480	0.472	59.145	0.000***
沟通频度→学习绩效满意度	0.610	0.372	0.363	37.985	0.000***
师生关系满意度→学习绩效满意度	0.605	0.366	0.357	37.021	0.000***

注释：*** 表示 $P<0.001$；** 表示 $P<0.01$。

表 4　回归分析结果

区分	题项	沟通频度		师生关系满意度		学习绩效满意度	
		β 值	t 值	β 值	t 值	β 值	t 值
师生关系	科研伙伴关系	0.468	4.176***	0.448	4.068***	0.350	2.901**
	雇佣关系	-0.195	-1.769	-0.190	-1.782	-0.120	-1.029
	师徒关系	0.012	0.106	0.121	1.102	0.090	0.749
师生沟通	面谈	0.556	5.787***	0.551	4.911***	0.387	3.310**
	微信、QQ 和 E-mail	0.267	2.334*	0.300	2.468*	0.206	1.509
	手机通话与短信	-0.012	-0.105	-0.094	-0.766	-0.402	0.689
	沟通频度	—	—	0.693	7.691***	0.610	6.163***
满意度	师生关系满意度	—	—	—	—	0.605	6.084***

注释：*** 表示 $P<0.001$；** 表示 $P<0.01$；* 表示 $P<0.05$。

以 P 小于 0.05 为评判指标可以发现以下几点关系：

第一，科研伙伴关系对沟通频度、师生关系满意度和学习绩效满意度在 P 值小于 0.001 水平上呈现显著正影响。也就是说研究生与导师关系中如果呈现出来越多的“合作伙伴关系”，师生间的沟通就会越频繁，同时学生对师生关系满意度也越高，并且对自己的学习绩效满意度也越高，而雇佣关系和师徒关系的属性则对后置变量不存在显著影响。第二，面谈的沟通方式对沟通频度、师生关系满意度和学习绩效满意度在 P 值小于 0.001 水平上呈现显著正影响。也就是说研究生与导师的沟通过程中越多的用面谈的方式来进行，师生间的沟通就会越频繁，同时学生对师生关系满意度也越高，并且对自己的学习绩效满意度也越高。微信、QQ 和 E－mail 等网络沟通手段对沟通频度和师生关系满意度在 P 值小于 0.05 水平上呈现正影响。也就是说微信、QQ 和 E－mail等网络沟通手段对于提升师生间的沟通频度和关系满意度在一定程度上存在改善作用。第三，沟通频度对师生关系满意度和学习绩效满意度在 P 值小于 0.001 水平上呈现显著正影响。也就是说研究生与导师的沟通越频繁，学生对师生关系满意度也越高，并且对自己的学习绩效满意度也越高。第四，师生关系满意度对学习绩效满意度在 P 值小于 0.001 水平上呈现显著正影响。也就是说研究生对师生关系满意度也越高对导致其对自己的学习绩效满意度也越高。

三、结论与启示

本研究得到以下几点结论：第一，在研究生的师生关系中“师徒关系”属性最为明显，其次是“科研伙伴关系”属性，同时存在微小的“雇佣关系属性”；第二，在沟通环节主要是通过面谈的方式来完成，其次是微信、QQ 和 E－mail 等网络手段和电话与短信等通信手段；第三，科研伙伴关系对沟通频度、师生关系满意度和学习绩效满意度存在显著正影响；第四，面谈的沟通方式对沟通频度、师生关系满意度和学习绩效满意度存在显著正影响；第五，沟通频度对师生关系满意度和学习绩效满意度存在显著正影响；第六，师生关系满意度对学习绩效满意度存在显著正影响。

本文根据研究结果得出以下启示：首先，在研究生阶段，有意识的改善传统的“师徒关系”，并且还要有意识地规避“雇佣关系”。导师与研究生应当注重培养“科研伙伴”的属性。考虑到研究生的特性，在注重继续深化学习的同时，更注重科研能力的培养与科研成果的形成。所以说导师应当有意识地提高研究生在科研范畴内与导师的对等关系，具体可以表现为征求研究生的意见、加强讨论、给予其更多的权限，这不仅可以有效地维护师生关系，还可以提升学生的学习绩效。其次，导师再忙碌也要注重与研究生的面谈沟通，方式可以更灵活化，借助用餐和茶歇时间进行沟通，不仅可以节约时间，还可以有效地强化师生关系。在学校管理层方面可以适当地设置教学区域内的休闲空间，是以适当赋予其一些经营属性。最后，导师在与学生的沟通环节应当注重方式的多样化，这有利于提高学生与导师的沟通频度。

参考文献

[1] 周文辉，张爱秀，刘俊起，等．我国高校研究生与导师关系现状调查［J］．

学位与研究生教育，2010（9）：8－14.

［2］刘武，张金凤，陈玉芬，等．硕士研究生课堂教学满意度评价模型的实证分析［J］．现代教育管理，2009（12）：102－104.

［3］周海银．普通高校课程建设的向度——基于山东省普通高校毕业生课程满意度的调查［J］．教育研究．2015（10）：37－46.

［4］钱佳，汪德根，牛玉．城市居民使用市内公共自行车的满意度影响因素分析——以苏州市为例［J］．地理研究，2014（2）：358－371.

［5］周玮，黄震方，殷红卫，等．城市公园免费开放对游客感知价值维度的影响及效应分析——以南京中山陵为例［J］．地理研究，2012（5）：873－884.

［6］陈虎，尹映集，王颖超．仆人式领导方式、职员工作压力和工作满意度关系研究［J］．统计与决策，2017（6）：100－103.

［7］汪德根，陈田，刘昌雪，等．发达地区居民对节假日调整影响休闲旅游的感知分析［J］．地理研究，2009（5）：1414－1426.

作者简介：

周媛（1979—），济南大学商学院研究生办公室主任，研究方向为研究生管理。

陈虎（1986—），济南大学商学院讲师，博士，研究方向为消费者心理行为与设施服务改善。